Wilhelm Heinrich Riehl

Kulturstudien
aus drei Jahrhunderten

Riehl, Wilhelm Heinrich

Kulturstudien aus drei Jahrhunderten

ISBN: 978-3-86741-311-4

Auflage: 1
Erscheinungsjahr: 2010
Erscheinungsort: Bremen, Deutschland

© Europäischer Hochschulverlag GmbH & Co KG, Fahrenheitstr. 1, 28359 Bremen (www.eh-verlag.de). Alle Rechte beim Verlag und bei den jeweiligen Lizenzgebern.

Erstes Buch
Historisches Stillleben **5**

    Der Homannische Atlas   5
    Studien in alten Briefstellern   16
    Volkskalender im achtzehnten Jahrhundert   25
    Das landschaftliche Auge   36
    Das musikalische Ohr   50
    Alte Malerbücher als Quellen zur Volkskunde   63
    Der Kampf des Rokoko mit dem Zopf   77
    Die Napoleonische Kunstepoche   87
    Samuel Amsler - Ein Charakterkopf aus der Münchener Kunstschule   106

Zweites Buch
Zur Volkskunde der Gegenwart **123**

    Die Volkskunde als Wissenschaft. Ein Vortrag   123
    Der Geldpreis und die Sitte   137
    Augsburger Studien   155

Drittes Buch
Zur ästhetischen Kulturpolitik **197**

    Unsere musikalische Erziehung   197

Erstes Buch
Historisches Stillleben

Der Homannische Atlas

1853

Wenn man in Nürnberg die malerische Straße zur alten Reichsburg hinaufwandelt, dann liegt uns zur Linken das stattliche Haus weiland Johann Baptist Homanns. – Suae Caes. Majestat. Geographus, des römischen Kaisers Geograf, pflegte sich der merkwürdige Mann zu unterschreiben, der dem Kloster und der Notariatsstube entronnen war, um seinem Stern zu folgen und der erste deutsche Landkartenverleger seiner Zeit zu werden. Dieses Haus ist jetzt ein stilles Privathaus; vor hundert Jahren dagegen hatte eine staunenswerte Betriebsamkeit ihren Sitz darin aufgeschlagen.

Homann hatte ein gutes inneres Recht auf seinen Ehrentitel eines Geografen der kaiserlich römischen Majestät, denn für die Aussaat geografischer Kenntnisse unter allem Volk des Heiligen Römischen Reiches hat keiner so durchgreifend und andauernd fast ein Jahrhundert lang gewirkt, als er und seine Erben und Geschäftsnachfolger, das »Homannische Haus.«

Der Homannische Atlas, diese Landkartensammlung ohne Ende, war seiner Zeit ebenso zum Sprichwort geworden, wie bei den vorhergegangenen Geschlechtern Adam Rieses Rechenbuch. Auch dieses hatte seine ungeheure Verbreitung durch das ganze Reich, zahlreiche Nachdrücke ungerechnet, hauptsächlich den Nürnberger Pressen zu danken. Adam Rieses Rechenbuch lebt im Volksliede fort, und in dem populären Epos vom und für den deutschen Philister des achtzehnten Jahrhunderts, in der Jobsiade, ist dem Homannischen Atlas ein Denkstein in Knittelversen gesetzt.

Heeren bezeichnet die Kartographie der ersten Hälfte des siebzehnten Jahrhunderts als die holländische Periode, der zweiten Hälfte als die französische, die erste Hälfte des achtzehnten Jahrhunderts aber als die *deutsche Periode*, und zwar letztere wegen des herrschenden Einflusses der Homann'schen Offizin. Vom rein fachwissenschaftlichen Standpunkte kann man es bezweifeln, ob Homann ebenbürtig sei, gleich einem Mercator und Cassini an die Spitze einer Epoche der Landkartengeschichte gestellt zu werden. Im Sinne des Kulturhistorikers aber hat Heeren Recht. Die volkstümliche Breite deutscher Bildung und jene verschmelzende Kraft, womit sie den besten Besitz fremder Nationen sich stets eigen zu machen weiß, spricht epochemachend aus Homanns Kartenblättern. Sein Atlas ist ein fortlebendes Zeugnis für die allgemeine Liebhaberei der geografischen Studien, welche das achtzehnte Jahrhundert auszeichnet. Mit der Französischen Revolution war dem friedlichen geographischen Dilettantismus und zugleich der Epoche des Homannischen Atlasses ein Ende gemacht. Als die Jakobiner kamen, vergaßen die deutschen Reichsstände die Kartenaufnahme ihrer Duodezgebiete, vergaß das große Publikum die Wilden und ihre Palmwälder und den Traum von dem idyllischen Leben der Naturvölker, dem es am warmen Ofen, eingenickt im weichen Polstersessel moderner Zivilisation, so behaglich sich hingegeben hatte.

Mit den Landkarten ging zugleich eine ganze Schule von Kartenzeichnern aus dem Homannischen Hause hervor. Ausgezeichnete Mathematiker und Geographen, wie Tobias Mayr und Johann Matthias Haas legten den Grund praktischer und technischer Tüchtigkeit bei Homann. Der Erstere versuchte sich im Anfange des achtzehnten Jahrhunderts sogar schon mit einem historischen Atlas und einem kleinen Kartenwerk zur biblischen Geographie. Überall regt sich wimmelnde Emsigkeit, Bild und Grundplan von Land und Meer recht gemeinnützig zu machen. So werden unter anderem auch die Reliefkarten, welche man schon im siebzehnten Jahrhundert erwähnt, aber inzwischen wieder vergessen hatte, hundert Jahre später neu ersonnen und praktisch ausgebeutet, und zwar zunächst in dem Lande, welches von Natur das meiste Relief besitzt, in der Schweiz.

Einzelne Züge aus der Lebensgeschichte von Kartenzeichnern der Homann'schen Periode bekunden, wie man die Kunst der Landkarten damals mit einer Begeisterung ergriff, die eben nur in Tagen des jugendlichen Aufschwunges solcher Betriebsamkeit vorzukommen pflegt, und entzündet an der neu erwachten begeisterten Vorliebe aller Gebildeten für das geographische Studium. Es ist als hätten jene Kartenzeichner mitgeahnt, dass sich die Wissenschaft vorerst des Bodens, auf dem wir stehen, versichern müsse, um gegen den Abend des Jahrhunderts die Welt zu bewegen. Wie Homann der äußeren Bestimmung zur Kanzlei und zum Kloster entflieht, damit er der inneren Berufung zu den Landkarten folge, so arbeitete sich Martin Hieronymus Mair vom Zimmermann zum Kartenzeichner, Mathematiker und Landgeometer hinauf. Sein Landsmann, Matthäus Seutter von Augsburg, ein Schüler und nachgehend ein Nebenbuhler Homanns, begann mit der Bierbrauerei; aber auch ihn trieb sein Genius aus dem Brauhause in das Atelier des berühmten Kartenzeichners, und der zum Brauer bestimmte Knabe beschloss sein Leben – gleich seinem

Lehrmeister – als kaiserlicher Geograph und geschmückt mit einer kaiserlichen goldenen Gnadenkette.

Die Geographie war durch das ganze achtzehnte Jahrhundert ein Lieblingsstudium der gebildeten Welt. In den Köpfen der Masse begann es licht zu werden, wenigstens in Betreff der größeren Erkenntnis der Erdkunde. Die Aufklärung wollte nicht bloß in den theologischen Himmel hineinschauen; sie blickte nicht minder neugierig über die Erde hin. Die großen Weltumsegler in der zweiten Hälfte des Jahrhunderts ließen den fünften Weltteil, den die Holländer gefunden, während wir uns im Dreißigjährigen Kriege herumschlugen, jetzt erst in vollen und bestimmten Umrissen vor den staunenden Augen Europas aus dem Meere aufsteigen. Wer damals in den Volkskalendern, in Unterhaltungsbüchern und Jugendschriften recht interessant werden wollte, der führte die Leser – nicht mit Fabeln wie vordem – sondern mit dürrer geographischer Weisheit – auf irgendeine Insel des Stillen Ozeans; und in einem ABC-Buch aus Großvaters Zeit wird beim O in rührenden Versen geklagt, dass Cook auf »Owaihi« erschlagen worden.

Die »Kinderfreunde« und Fibeln der Nationalisten und Philanthropen predigen von der kulturgeschichtlichen Macht des Homannischen Atlasses. Das Gewicht der geografischen und Reiseliteratur in der Aufklärungsperiode ist vergleichbar dem Einfluss, mit welchem die Naturwissenschaft jetzt den Geist der Zeit zu beherrschen beginnt. Physik und Chemie klopfen bereits an die Türen der Frauengemächer und sie werden noch weiter dringen. Wie vor siebzig Jahren die Reisebeschreibung das Kindermärchen, die Robinsonade Fabeln, Sagen und Legenden in Schule und Haus verdrängte, so wird man in dreißig Jahren physikalische Miniaturapparate als Nürnberger Spielzeug verkaufen und chemische Präparate eigens für Experimente in den Puppenküchen der achtjährigen Kinder herrichten.

Die eigentlichen gelehrten System- und Schulzöpfe schauten vor hundert Jahren die Erdkunde noch ebenso sehr über die Achsel an, wie später ihre Nachfolger die Naturwissenschaften und heute die Volkskunde. Es half aber nichts und wird nichts helfen. In den Enzyklopädien ließ man die Erdbeschreibung gar nicht als eine besondere Wissenschaft gelten, man rubrizierte sie meist wie einen zufälligen Anhang unter die Geschichte.

Dieser stillen Verachtung gegenüber beurkundet sich aber der allgemeine geografische Heißhunger unserer Groß- und Urgroßväter um so lauter in dem wunderbaren Eifer, womit man sich plötzlich auf die populäre geografische Literatur warf.

Selbst die allgemeinen Bestimmungen der mathematischen Geographie, die wir nach den Schuljahren wieder vergessen wie unsere Schulfreundschaften, fesselten damals durch den Reiz der Neuheit. Unter den Homannischen Karten findet sich eine Planiglobentafel von 1746, worauf die Erdhalbkugeln eigens für den Standpunkt der Nürnberger gezeichnet sind: der Halbkreis der Erdoberfläche, wie er sich ausnimmt, wenn Nürnberg im Mittelpunkte steht, eine eigene Antipodenkarte von Nürnberg und ein *hemisphaerium sphaerae obliquae pro horizonte Norimbergensi*. Der Nürnberger ließ sich damals seinen Gulden nicht gereuen, um nicht bloß im Wort, sondern auch im Bilde zu erfahren, wo eigentlich die Leute zu finden sind, deren Fußsohlen sich genau der St. Lorenzkirche zukehren und die unter seinen eigenen Fußsohlen umherlaufen, wie die Mücken an der Stubendecke.

Solche kartographische Experimente waren unsern Vorfahren eben so neu und anziehend, wie uns das Verbrennen eines Diamanten.

In dem *alten* »Antiquarius des Rheinstroms« (von 1740) ist noch bei jedem kleinen Neste dessen geographische Länge und Breite nach Graden und Minuten pflichtlich angegeben. Diese Bestimmungen, die schier bis zu den Dörfern hinabgehen, waren größenteils gewiss nur so aufs Ungefähr gegriffen, ein wohlfeiler gelehrter Hokuspokus. Es gehörte aber einmal zur feinen Bildung, dass ein mit der Perücke gekrönter Stadtbürger wisse, unter wie viel Graden *longitudinis et latitudinis* sein vaterstädtisches Rathaus liege. Von den Gebildeten in Dachau wird es aber heutzutage wohl kein Einziger mehr an den Fingern herzählen können, wie viel Grade und Minuten Dachau von der Insel Ferro und vom Äquator entfernt ist, und von den Gebildeten in München wissen auch nicht mehr Viele die Lage ihrer Stadt auswendig zu bestimmen. Kämen unsere Urgroßväter aus dem Grabe zurück, sie würden das für einen bedeutenden Rückschritt in der geographischen Volksbildung erklären. Die alten holländischen Kartenzeichner überragten unsern Homann in der Feinheit und wissenschaftlichen Genauigkeit ihrer Platten, und bedeutende Kartenwerke, welche um die Mitte des Jahrhunderts in Paris und London erschienen, kamen jenen klassischen Mustern von Amsterdam sehr nahe. Selbst in Russland tat sich die Staatsindustrie der Akademie von St. Petersburg mit glänzenden kartographischen Taten hervor, und mit den alten Karten der Berliner Akademie kann der Homannische Atlas ebenso wenig nm den Preis wissenschaftlicher Gediegenheit ringen. Aber er ist unvergleichlich in der naiven Universalität seines Gesamtinhaltes. Denn er verbreitete nicht nur die geographische Bildung überall hin, sondern er nahm auch die Mittel dazu höchst ungeniert überall her, wo er sie am besten fand. Da nämlich die

Homann'sche Offizin nicht bloß Originalkarten lieferte, sondern auch holländische, französische, englische, russische und selbst italienische Blätter bis auf den Punkt nachstach, so bildet der vollständige Homannische Atlas eine Art Enzyklopädie der Kartenzeichnung aller Nationen damaliger Zeit. Die Augsburger Kartenverleger waren dann flugs wieder hinter den Homannischen Blättern her und stachen die Nachsuche noch einmal nach. Oder es traf sich wohl auch umgekehrt, dass sich das Nürnberger Haus die Originalplatten aus dem rivalisierenden Augsburg zu Nutzen machte. Denn die Arbeiten von Seutter, Lotter u. a. in Augsburg konnten mit dem Homann'schen Fabrikat wohl in die Schranken treten, aber sie beherrschten nicht durch ihre Masse den Markt gleich jenen.

Wir sehen uns eben hier noch einem Kulturzustande gegenüber, wo der mangelhafte Schutz des literarischen Eigentums nicht verderblich wirkt, sondern fördernd. Je tiefer die Bildung ins Volk dringt, umso strenger muss jenes Eigentumsrecht begrenzt werden. Hätten wir zu Homanns Zeit internationale Verträge zum Schutz des Landkartenverlags besessen, so würde der deutsche Kartenstich, so plump und fehlerhaft, wie er war, noch lange stehen geblieben sein. Währt dann aber diese Schutzlosigkeit noch fort, wenn Kunst und Handel bereits auf den eigenen Beinen steht, dann wird sie beides eben so sicher zerstören, wie sie es früher fördern half. Darum ist es ganz natürlich, dass der Begriff eines literarischen Eigentumsrechtes erst spät und bei hochentwickelter Kultur zur klaren Ausbildung kommt.

Geistliche Fürsten, Grafen, Herren und Städte, deren Gebiet nicht groß genug war, dass der Verleger auf eigenes Wagnis eine Karte hätte stechen mögen, setzten wohl ein gutes Stück Geld daran, auf dass eine recht große Spezialkarte in folio auch von ihrem Lande in der berühmten Nürnberger Werkstatt entworfen und dem Homannischen Atlas einverleibt werde. Es war das eine Standes- und Ehrenausgabe. Indem der kleine Herr sein kleines Land in gleich großem Format neben den großen Ländern in dem klassischen Atlas prangen sah, hatte er eine Urkunde gestiftet seiner souveränen Herrlichkeit, die wohl im Maß, nicht aber in der Art von jener der großen Herren verschieden war.

Dadurch ist eine Masse der kleinsten Aufnahmen in die Homann'sche Sammlung gekommen, wie sie die ältere Kartographie wohl keiner anderen Nation aufzuweisen hat. Ja wir finden dort Spezialkarten von Ländchen und Stadtgebieten, die wir selbst heute höchstens für eine Amts- oder Gemeinderegistratur, nicht aber für die Öffentlichkeit ausarbeiten würden. Nur der deutsche Partikularismus machte es möglich, dass sich die alte Landkartenzeichnung so ins Kleinste und Einzelste ergeben konnte. Allein er stiftete damit einen guten Wert. Unsere Vorfahren wären gewiss nicht so leidenschaftliche Geographen geworden, hätten die Kartenzeichner nicht dem damaligen dreihundertfältigen Lokalpatriotismus so wohl getan, indem sie jedes Reichsland, das anderthalb Mann zur Reichsarmee zu stellen hatte, so groß und stattlich mitten unter die Weltkarten setzten.

Durch ein seltsames Spiel des Zufalls fehlt in meinem Homannischen Atlas trotz der vielen Spezialkarten winziger Reichsländer – eine Karte von Deutschland. Statt ihrer ist eingefügt eine französische Karte *de l'Empire d'Allemagne*, und zwar, wie die Titelvignette sagt, entworfen zum Handgebrauch des Herzogs von Burgund (1787). Diese Karte ist in der Tat interessanter, als wenn selbst Tobias Mayrs damals weltberühmtes Blatt von Deutschland die Sammlung zierte. Der Pariser Zeichner hat zur Instruktion des französischen Prinzen ein Großdeutschland an den Westgrenzen herausgezeichnet, wie es allerdings hätte sein sollen, wenn man im deutschen – nicht aber im französischen – Geiste des Reiches Vollbestand gewahrt hätte. Ganz Elsass, Lothringen und die Schweiz erscheint nämlich hier noch mit einbegriffen in der *Haute-Allemagne*, Holland in der *Basse-Allemagne*, gewiss nicht um die Macht Deutschlands, sondern vielmehr dessen Ohnmacht als eines bloßen geographischen Begriffs zu versinnbilden. Zugleich mochte die Ausdehnung des deutschen Oberrheinischen Kreises bis an die Quellen der Saone, Marne und Maas an die alte Theorie der Reichsstandschaft Ludwigs XIV. erinnern, der deutscher Reichsstand war, wenn er in unsere Angelegenheiten drein reden, und souveräner König von Frankreich, wenn er drein schlagen wollte.

Die populäre Karte im achtzehnten Jahrhundert sollte über das Allgemeinste belehren, sie sollte ein gezeichnetes Handbuch der Geographie sein: Aber sie vermaß sich noch nicht eines wissenschaftlich genauen Bildes der Landesoberfläche. Darum genügt ihr noch eine bloß symbolische Bergzeichnung, wo wir bereits zur bildlichen Schraffierung aufgestiegen sind; bei den Städten und Dörfern dagegen, wo wir jetzt lediglich ein symbolisches Zeichen setzen, versucht sie ihrerseits ein kleines Abbild aus der Vogelperspektive, wobei es nicht darauf ankam, wenn ein Kirchturm etwa zwei Stunden Wegs weit ins Land hineinragte. Nach dem Muster der großen französischen Kartenwerke fügte man am Rand gern allerlei belehrende Weisheit bei. Wusste man kein besonderes Terrain in die Länder fremder Weltteile einzuzeichnen, so schrieb man eine gedrängte historische Abhandlung auf den weißen Raum der *terra incognita*, wie dann etwa Hoch-Asien und Inner-Afrika zu solchen Exkursen ein treffliches Papier bot. Erst allmählich schwinden diese Schulübungen aus den Kinderjahren der Kartographie – ein Fortschritt, der sich im Verlauf des Homannischen Atlasses sehr anziehend beobachten lässt.

Politisch-statistische Volkskunde konnte man aus seinen Blättern viel besser lernen als wissenschaftliche Landeskunde. Darum ward auch die Spezialkarte hier kaum noch als Reisekarte angelegt, während sie jetzt immer ausschließlicher Reisekarte wird. Die Menschen des achtzehnten Jahrhunderts kannten das beneidenswerte Glück des modernen Fußwanderers noch nicht, nach einer in genauer Terrainschraffierung wissenschaftlich durchgearbeiteten Spezialkarte ein fremdes Land sicher zu durchstreifen, ohne jemals einen Bauer um den Weg zu fragen, ja die Eingebornen zu veriren, indem man ihnen zeigt, dass man als Fremder kraft der guten Karte oft ebensoviel und mehr von der Plastik ihres Landes weiß als sie selber, mit einem gewissen Feldherrnbewusstsein am Morgen seine Marschdispositionen selber zu treffen und am Abend wie Cäsar quasi *re bene gesta*, zur vorbestimmten Stunde pünktlich in's Quartier einzurücken. Der Fußwanderer gewinnt eine solche Specialkarte lieb wie seinen besten Freund: Sie rät und hilft ihm in den Zweifeln des Marsches, und in den leeren Stunden einsamer Rast braucht er ihr nur recht genau in das treue Gesicht zu sehen, so belehrt sie ihn über Landes- und Volkskunde oft besser wie ein Professor und repetiert mit ihm theoretisch die praktischen Studien des Tages.

Solche Wanderkarten suchte man freilich auch in den fleißigsten Blättern des Homannischen Atlasses noch nicht; eher verlangte man Forst- und Jagdkarten. Es gibt dergleichen im Homannischen Atlas, wo kaum die Landstraßen angedeutet sind, desto genauer aber die Waldgrenzen, ja wohl gar allerlei Notizen über den Wildstand. Das war zur selben Zeit, da Johann Elias Niedinger nur Hirsche, Rehe und Wildschweine zu stechen brauchte, um der populärste deutsche Kupferstecher zu werden. Auch kam es bei einer Specialkarte der kleinen reichsunmittelbaren Territorien weniger darauf an, dass Berge und Flüsse und derlei Nebensachen, als dass alle Galgen des Gebietes genau eingetragen waren. Denn der Galgen auf der Landkarte war das stolze Symbol der eigenen Gerichtsbarkeit, und gerade die kleinen Reichsunmittelbaren ließen sich die seltene Gelegenheit, einen überführten Sünder auf eigenem Gebiet köpfen oder henken zu lassen, am ungernsten entschlüpfen, weil sie hierbei eines der kostbarsten Attribute ihrer souveränen Würde öffentlich beurkunden konnten. Darum war es viel sicherer, in großer Herren Länder ein Spitzbube zu sein. Reisekarten waren überhaupt noch nicht sehr nötig in einer Zeit, wo man sich, um als Tourist zu reisen, am sichersten und bequemsten an einen Frachtfuhrmann anschloss. Bei gutem Wetter spazierte der Wanderer mit Muße neben dem neben dem Wagen her, und bei schlechtem kroch er in das unter demselben schaukelnde Schiff, wo jetzt allenfalls des Fuhrmanns Spitzhund sein Mittagschläfchen hält.

Wenn auch die alte Karte das Land nicht abbildete, so versinnbildete sie es wenigstens im weitesten Sinne. Darum durfte die Vignette mit den Wappen der regierenden Häuser nicht fehlen und mit den allegorischen Figuren, welche gleichsam eine bildliche Landesstatistik darstellen: dazu mit Städteansichten und Prospekten der merkwürdigsten Gebäude, die wo möglich auf einem von schwebenden und purzelnden Engeln entrollten Tuche an den Rand gezeichnet sind. Über diese Gruppen im Homannischen Atlas könnte man ein ganzes Kapitel schreiben: Denn in ihnen spiegelt sich die damalige Auffassung von Land und Leuten. Niemals ist das Volk allegorisch dargestellt, sondern immer nur das Regiment des Landes, in Wappen und Wappenhaltern, Kronen und Bischofshüten, dazu dann die Industrie und die Landesprodukte. Das achtzehnte Jahrhundert kannte noch nicht den modernen Begriff der sozialen Volkskunde: Es fasste und zeichnete bloß die Herrschaft und das Land als eine allegorische Figur, nicht die Leute. Jene dürftigen Allegorien sind hier ein so getreues Bild ihrer Zeit, dass sie uns stolz machen könnten auf die unsrige. Norwegen ist z. B. im Homann'schen Atlas allegorisch dargestellt durch zwei Tritone, deren einer eine Schüssel voll Seekrebse darreicht, während der andere in der Linken das Muschelhorn hält und in der Rechten einen naturgetreuen Stockfisch. Man sieht, unsere modernen Gedankenmaler könnten auch Studien machen im Homannischen Atlas. Die Lausitz präsentiert sich durch einen Merkur, der als Ladendiener ein Stück Tuch abmisst und ausschneidet! Dänemark ist durch feiste Ochsen vertreten, Hessen-Kassel durch eine Schafschur, Italien durch einen Arion, der als Opernkastrat auf den Wogen trillert; die böhmische Industrie ist nur erst durch Fasanen und wilde Schweine angezeigt und die unterösterreichische durch eine Schüssel voll Safran neben einem Fasse Wein. England allein hat eine politische Vignette: das Bild einer Parlamentssitzung.

Nicht wenige dieser Vignetten sind so reich komponiert und so groß angelegt, dass sie gut ein Drittheil der ganzen Karte einnehmen, und es scheint, nicht sowohl die geographische Zeichnung als der allegorische Schmuck sei die Hauptsache am Blatt. Dies war auch bei den auf Bestellung gefertigten Karten der kleinen reichsgräflichen, bischöflichen und städtischen Gebiete sicher der Fall; denn sie sollten vielmehr zu Prunk und Schau als zu einem wissenschaftlichen Zwecke dienen. Wie die vornehmen Herren damals gerne ihr Porträt gegenseitig austauschten, so hielten sie es wohl auch mit den pomphaft aufgeputzten Porträten ihrer Territorien, und manche standesherrliche Familie besitzt heute noch ebenso wohl eine Sammlung solcher Tauschkarten, wie Tauschporträte die Ahnengalerien unseres Adels erst voll und reich gemacht haben.

Für die Erkenntnis; des künstlerischen Handwerks im achtzehnten Jahrhundert sind diese Vignetten nicht unwichtig. Mochte die magere Zopfzeit auch noch so arm geworden sein an reiner und hoher Kunstübung: Im phantastischen und künstlerisch individuellen Schmuck der Erzeugnisse des Handwerks bewahrte sie noch lange das reiche Erbe des üppigen Rokoko. Erinnern diese prunkenden, oft von wirklichen Künstlern gezeichneten Vignetten mit einer mittelmäßigen Landkarte neben dran, nicht an jene mit so wunderbarem Fleiß und Geschmack ausgemalten Anfangsbuchstaben mittelaltriger Manuskripte, bei denen oft der erste Buchstabe mehr wert ist als das ganze nachfolgende Buch? Gerade beim künstlerischen Handwerk mag man erkennen, wie unendlich viel Mittelalter noch im Rokoko und Zopfe steckt. Mag der Schnörkel sich hier zusammenringeln, den man früher lang hinauszog, mag die Fischblase zur Schnecke, der Spitzbogen zum Halbkreis und das symbolische Heiligenbild zum allegorischen Götterbild geworden sein: die Lust so liebevoll und zugleich so phantasievoll überflüssig zu ornamentieren bleibt doch bis tief in's achtzehnte Jahrhundert, sie bleibt, solange man in Galla den Brustharnisch zur Perücke trägt. Heutzutage haben wir ohne Vergleich bessere Kartenwerke als das Homannische; aber so reich geschmückt mit guten und schlechten, überflüssigen und doch charakteristischen Bildern machen wir längst keine Karten mehr. Denn so naiv zu spielen und zu prunken wie Mittelalter, Renaissance und selbst der Zopf, haben wir ganz gründlich verlernt.

Auf den ältesten nach holländischen Mustern gestochenen Blättern des Homannischen Atlasses ist von Australien nur erst die Westküste nebst einzelnen Punkten der Süd- und Nordspitze mit unsichern Strichen angedeutet: Gestalt und Ausdehnung des fünften Weltteils ist noch ganz unbekannt. In der reichen Inselwelt der Südsee sieht es noch wüst und leer aus. Von Neuseeland ist bloß eine kleine Küstenlinie punktiert, und man weiß nicht, ob ein neuer großer Kontinent oder eine bloße Insel dahinter steckt. Als dagegen die letzten Homannischen Karten erschienen, konnten sie – nach englischen Forschungen und Stichen – die ganze vielgestaltige neue Welt des Indischen Ozeans und der Südsee als in ihren Hauptumrissen festbestimmt, in ihren zahllosen Inselgruppen wesentlich entdeckt bezeichnen. In diesem ungeheuren Fortschritt der Erdkunde, der sich in der Geschichte eines einzelnen Kartenwerkes darstellt, liegt zugleich die entsprechend riesige Umwandlung des ganzen europäischen Geistes angedeutet, die zwischen Anfang und Ausgang des achtzehnten Jahrhunderts fällt.

Der größten religiösen Bewegung der neueren Zeit ist die Entdeckung des vierten Weltteiles vorangegangen; der größten politischen und sozialen die Entdeckung des fünften.

Wenn sich eine neue physische Welt vor unsern Augen auftut, dann ist es nicht möglich, dass die alte geistige im alten Geleis bliebe. Nicht die Philosophen, die in sich hineinschauen, bereiten Revolutionen vor, sondern die Männer der Weltbeobachtung, die aus sich herausschauen.

Der große Haufe kümmerte sich doch wohl gar wenig um Rousseaus Phantasien vom Urzustand und den Urrechten der Menschheit. Aber an dem abenteuerlichen Gemisch von neuer Wahrheit und alter Dichtung, das ihm über die »glückseligen Inseln« im stillen Ocean erzählt wurde, spann er die eigenen naturrechtlichen Träume weiter. Während der kleine Bube im ABC-Buch Verse über Cooks Reisen buchstabierte, machte sich der Vater mit dem Gedanken vertraut, dass es noch eine wirklich neue, eine jungfräuliche Welt gebe, wo nicht bloß nackte Menschen wohnen, sondern auch der nackte Mensch, wo Natur und Mensch noch herrlich seien wie am ersten Tag, wo es keinen Staat und keine Regierung gebe, keinen Homannischen Atlas voll Kronen und Bischofsmützen, keine Steuern, Zölle, Zehnten, Frohnden, keine vornehmen und geringen Leute, keine Sklaven und Schergen. Die arkadischen Schäferspiele der höfischen Welt wurden zu einer geographischen Phantasie des Volkes. Die Bewohner der »Freundschaftsinseln« (schon bei dem bloßen Namen rann den damaligen Empfindsamen eine »Zähre der Zärtlichkeit« über die Wangen) zeichnete man in Volkskalendern, als seien sie Kinder Apolls und der Grazien, halb nackt, halb in griechischem Gewand einhergehend, mit Rosenketten spielend, nichts sinnend und tuend als lauter Liebes und Gutes.

Hinter dem Eiswall des südlichen Polarmeeres aber suchte ein damals noch weit verbreiteter Volksglaube das wirkliche Paradies mit seinem ewig blauen Himmel, den biblischen Wundergarten, wo der Baum der Erkenntnis noch mitten inne stehe, gerade so, wie ihn Adam und Eva verlassen.

Wenn man nun von dem seligen Naturleben der Südseeinsulaner fantasierte, dann lag die Frage nahe: warum man denn nicht auch diesseits des großen Wassers statt der dämonischen Kultur, statt der gehassten Reste mittelalterlicher Gesellschaftszustände solch ein Kinderleben der Gleichheit und Unschuld zurückführen könne?

Das waren Rousseaus Lehrsätze im Volkston. Und während man von den idealen nackten Menschen in der neuesten Welt träumte, brach in der neu-

neuen Welt, in Amerika, der Kampf um die Menschenrechte wirklich los. Der Homannische Atlas hatte nicht umsonst Geographie gelehrt und dem Weltbürgertum gezeigt, wie sein Vaterhaus, die Welt, ungefähr eingerichtet ist. Als die Amerikaner den Hafen von Boston sperrten und den ersten Kongress nach Philadelphia beriefen, war das für den deutschen Philister nicht mehr weit hinten in der Türkei. Er hatte seinen Homann getauft, er wusste recht gut, wo Boston und Philadelphia lag. Er war dort so gut zu Hause wie auf den Freundschaftsinseln und vielleicht noch etwas besser als in der Ortsgemarkung seiner Vaterstadt.

Nicht bloß die Gelehrten, auch das Volk war im achtzehnten Jahrhundert aus sich herausgetreten in seiner geographischen Weltanschauung: So trat es schließlich auch aus sich heraus in seiner politischen. Nicht bloß durch die Bücher der Enzyklopädisten, auch durch die zahllosen Reisebeschreibungen, die der große Haufe heißhungrig verschlang, wenn sie gleich großenteils zäh und trocken waren wie altes Sohlenleder, auch durch den ehrsamen Homannischen Atlas ging der Weg zur Revolution.

Die Landes- und Volkskunde ist die wichtigste Hilfsdisziplin der Staatswissenschaft: In ihrer populären Fassung ist sie aber auch zugleich der mächtigste und ausdauerndste Hebel politischer Agitation. Verwandte man diesen Hebel im achtzehnten Jahrhundert zum Niederreißen, so zeige das neunzehnte, wie herrlich man ihn auch zum Aufbauen gebrauchen kann.

Der Abstand der spätesten Homannischen Karten der Küsten und Inseln des fünften Weltheils von der australischen Karte der Gegenwart ist bereits nicht minder groß geworden als er zwischen jenen frühesten holländischen und den letzten englischen Blättern im Homannischen Atlas selber war. Jetzt werden jene Küsten und Inseln erforscht und kolonisiert, wie sie damals entdeckt wurden. Wo im Homann an den australischen Küsten nichts weiter geschrieben steht, als etwa: »hohes unfruchtbares Land,« »niedriges überschwemmtes Land,« »weder Wasser noch Einwohner« u. dgl., da hat jetzt eine neue wimmelnde Welt ihre Pforten geöffnet, und neue Träume spinnt das alte Europa über das Paradies mit den goldenen Bergen, welche man dort entdeckt – nicht bildliche goldene Berge, sondern von wirklichem, gediegenem gelbem Gold. Und wie eine naivere Vergangenheit bei den angeblichen unschuldvollen Urmenschen der Südsee sich neue politische Ideen holte, so gräbt die realistischere Gegenwart neue volkswirtschaftliche Ideen mit den australischen Goldklumpen aus. Die Zukunft aber wird lehren, ob diese goldschimmernden Lehren zusamt den wirklichen australischen Goldstufen nicht das Gold der Kobolde im Mähr-

Mährchen sind, das sich alsbald in glühende Kohlen verwandelt, die das Haus, wo man sie aufgesammelt, in Brand stecken.

Studien in alten Briefstellern

1854

Es ist nicht allezeit gewesen wie heute, wo ein gebildeter Mann sich schämt, einen Briefsteller auf sein Bücherbrett zu stellen. Im siebzehnten Jahrhundert noch gehörte mehr Bildung dazu, einen Briefsteller zu lesen, als gegenwärtig einen zu schreiben. Dieser höchst populäre Literaturzweig, dessen Sprösslinge zuletzt Geschwisterkinder mit den Quedlinburger Komplimentierbüchern geworden sind, erscheint dermalen wie eine heruntergekommene Sippschaft aus altem, weiland gutem Hause, Selbst in der Geschichte der Buchdruckerkunst wird der Ahnherr der deutschen Briefsteller mit Ehren genannt. Wenige Jahrzehnte nach der Erfindung Guttenbergs druckte der berühmte Meister Anton Sorg in Augsburg bereits den ersten deutschen Briefsteller. Dieses Buch war also ein wahrer Vorder- und Flügelmann in der langen Front der sogenannten gemeinnützigen Bücher, die sich allmählich breit über unser ganzes literarisches Schlachtfeld gepflanzt hat.

In diesen stolzen, gelehrten, alten Briefstellern möge man mit mir eine Weile behaglich blättern, und die gravitätischen Herren und Frauen der alten Zeit werden aus den kleinen Pergamentbänden leibhaftig vor unsern Augen aufsteigen, die bedächtigen frommen Urväter, die noch mit einer gewissen Feierlichkeit Briefe schrieben, kein Datum darunter setzten, außer mit einem: *Laus Deo*, keine Wechsel ausstellten, außer mit der Schlussformel: »Gottes Schutz eingeschlossen,« die einen Frachtbrief etwa mit den Worten anhuben: »Unter dem Geleit Gottes und des Fuhrmanns N. N. übersende ich beifolgend drei Tonnen Heringe,« die einen Ehevertrag nicht wie ein gerichtliches, sondern wie ein kirchliches Aktenstück begannen, mit der feierlichsten Anrufung: »Im Namen der heiligen und unteilbaren Dreieinigkeit,« und die in einem soliden Briefsteller gar keine Formularen zu Liebesbriefen duldeten, sondern nur zu Hochzeits- und Gevattersbriefen.

Die Briefsteller sind jetzt ein Hausbuch der Ungebildeten, früher im Gegenteil der Gebildeten: Sie waren kleine Enzyklopädien der Kanzleigelehrsamkeit, summarische Staatsadresskalender, Musterbücher für die gangbarsten Formularen und Aktenstücke aus dem Gebiet der freiwilligen Gerichtsbarkeit, kaufmännische Geschäftshandbücher; ja in unsern ältesten Briefstellern sind sogar die ersten naiven Versuche zu einer gemeinfasslichen deutschen Grammatik und Rechtschreiblehre für das große Publikum niedergelegt. Solche Bücher wurden dann auch nicht fabrikmäßig gemacht, sondern von gelehrten Leuten, namentlich von Juristen, Notarien und Kanzleibeamten mit sonderlichem Fleiß ausgearbeitet. In unsern Tagen pflegt der Autor eines Briefstellers seinen Namen verschämt zu verschweigen. Vor zweihundert Jahren dagegen durfte auch ein gelehrter Mann noch stolz darauf sein, einen Briefsteller geschrieben zu haben. Ich besitze einen solchen, im Jahre 1663 herausgegeben von dem kaiserlichen Notar Alhard Moller, der sich hinter der Vorrede von seinen Freunden und Brüdern in lateinischen Distichen und deutschen Alexandrinern besingen lässt, für das ruhmreiche Werk, den nachfolgenden Briefsteller geschrieben zu haben. Es gemahnt das an gefeierte Sängerinnen, die nach echtem Komödiantenbrauch ihre sämtlichen Lorbeerkränze im Vorzimmer aufhängen. Aber unser kaiserlicher Notar geht noch weiter. Denn nachdem er die sämtlichen Lobgedichte seiner Freunde im Vorzimmer des Buches aufgehangen, singt er selber auch noch in lateinischen Versen *Ad Librum* seinen eigenen Briefsteller an, und dann erst öffnet er uns die Türe, die zunächst zu der Untersuchung über den »Begriff einer Epistel« führt.

Im siebzehnten Jahrhundert musste ein Briefsteller mit griechischen und lateinischen Zitaten fett gespickt sein, wie ja damals auch die schlichteste Predigt solcher Ornamentik nicht entbehren durfte, und wenn sie auch vor einer Bauerngemeinde gehalten wurde. Den meisten Menschen sind überhaupt die Dinge am erbaulichsten, die sie nicht verstehen. Auch tat der Handwerker damals immer wichtiger mit den Zunftgeheimnissen, je mehr Zunft und Handwerk verfiel: das lateinische Zitat aber war das Zunftgeheimnis des gelehrten Handwerks.

Je unfruchtbarer die Gelehrsamkeit geworden war, um so mehr zitierte und klassizierte sie. Weil man die lebendige Fülle der wissenschaftlichen Gestalten nicht mehr zu fassen vermochte, suchte man von denselben möglichst sauber das Skelett herauszuschälen. Wer ein jeglich Ding in die meisten Arten und Unterarten zerfällte, der hatte den Preis der Gelahrtheit. So soll nach den Briefstellern des siebzehnten Jahrhunderts ein einfacher, aber echter und gerechter Brief aus zwölf Teilen bestehen, als *salutatio, exordium, narratio, confirmatio, petitio etc.*; der letzte »Teil« ist *sigilli impressio*. Diese zwölf Teile werden dann wieder dreifach gruppiert als »wesentliche,« »mitfolgend-nothwendige« und »willkürlich-beliebige.« Die Gliederung der Briefarten selbst aber spaltet sich vollends ins Unendliche. Am ergötzlichsten wird dieser maßlose Formalismus der Zopfzeit in einer besonderen Gattung von Briefen, die man »Grußbriefe« nannte. Dies waren nämlich solche Briefe, die man ohne einen bestimmten Stoff des Schreibens bloß

bloß wechselte um sie zu wechseln, eine Korrespondenz um der Korrespondenz willen. Die alten Briefsteller geben nicht nur reichliche Anleitung zu derlei Briefen, sondern sie zweigen auch hier wieder Unterarten ab, und lehren z. B. wie einer, der auf einen Grußbrief, welcher nichts enthielt, keine Antwort bekommen hat, einen zweiten Grußbrief abfassen solle, der nun einen Inhalt gewinnt, indem er das Bedauern ausspricht, dass auf den ersten inhaltlosen Brief eine Antwort nicht erfolgt sei. Es wird dann wieder unterschieden zwischen Grußbriefen im bürgerlichen Ton und im Hofton, von denen namentlich letztere eine wahre Fundgrube sind für das Studium der grammatischen und logischen Sinnlosigkeit und des rhetorischen Ungeschmacks jener traurigen Zeit. Ich will zur Probe einen solchen Grußbrief mitteilen, und zwar den kleinsten, den ich finde und der »zufolge jetzt üblichem Hof-*stylo* eingerichtet« und ganz besonders kurz und dumm ist: »Groß geneigt-sehr-werter Herr! Alldieweilen eine herztreu gemeinte Freundschaft erfordert, einen liebwerten Herrn dann und wann schriftlich heimzusuchen, so habe zu Bezeugung dienstschuldigster Aufwärtigkeit mich kraft dieses verschreiben wollen, dass meines Herrn Gebieten mein Erbieten sein und verbleiben solle, in Maßen ich lebenslangwierig verbleibe – meines Herrn treu- und dienstwilliger Knecht N. N.«

Solche Grußbriefe schreiben wir nun zwar nicht mehr, aber wir machen noch eben so inhaltlose Grußbesuche »zufolge jetzt üblichem Hof- *stylo*,« und haben darum kein sonderliches Recht, uns über die Briefschreiberei der Vorfahren lustig zu machen.

Einen Hauptbestandteil der alten Briefsteller bildet das sogenannte »Titularbuch.« Im späteren Mittelalter noch hatten die Titel und Höflichkeitsprädikate auf einer natürlichen und prinzipiellen Grundlage geruht, als Zeichen des Berufes und Standes; im siebzehnten Jahrhundert dagegen waren sie bloß Zeichen eines bald wirklichen, bald nur angeschmeichelten Ranges geworden, und eben dadurch ein willkürliches Formelwesen, dennoch sprach man gerade in dieser Zeit, wo der Titel seine soziale Währung und eben damit seinen vernünftigen Sinn verloren hatte, von einer »Titelwissenschaft,« und ein damaliger Autor klassifizierte dieselbe sofort als die »vornehmste unter den Wissenschaften zweiten Ranges.« Wo man aber einer eigenen »Titelwissenschaft« bedarf, da müssen die natürlichen Gliederungen der Gesellschaft bereits zerstört sein: Denn in einer gefunden und lebenskräftig gegliederten bürgerlichen Gesellschaft muss alles, was über den Titel Wissenschaftliches zu sagen wäre, in der Lehre von Stand und Beruf zu suchen sein. Je mehr sich daher in der neueren Zeit eine neue und bessere soziale Gliederung zu entwickeln beginnt, um so lächerlicher ist auch der bloße Gedanke an eine »Titelwissenschaft« geworden. Was jeder ist, das soll er auch heißen: Dies muss die Summe aller Titelwissenschaft werden.

»Wohlgeboren« war im Mittelalter ein Prädikat des Adels gewesen; gleichbedeutend mit frei geboren war es mehr als eine Höflichkeitsphrase, es hatte einen sozialen und staatsrechtlichen Sinn. Als man später »Hochwohlgeboren« daraus machte, weil der inzwischen sozial emanzipierte Bürgerstand sich mit gutem Grund nun gleichfalls wohlgeboren nannte, war ein in seiner sprachlichen Zusammensetzung sinnloser Rangtitel aus dem alten Standesprädikat geworden. Im achtzehnten Jahrhundert trieb man nun gar mit Hülfe der »Titelwissenschaft« die logische Konfusion so weit, dass man das ursprünglich dem »Wohlgeboren« gleichbedeutende »Edelgeboren« den ganz geringen Bürgern und Proletariern zuwies, die nicht vornehm genug erschienen, dass man sie noch wohlgeboren hätte nennen mögen!

Noch im vierzehnten Jahrhundert hatten Grafen und Fürsten die Worte »Ehrsam« oder »Ehrbar« als vornehmen Standestitel geführt. Schon nach zweihundert Jahren war derselbe zum untersten Rangtitel, zum Titel der Bauern herabgesunken, der sich z. B. in Altbayern bis auf diesen Tag erhalten hat, indem die Bauern ihren Verstorbenen auf den Grabkreuzen das Prädikat »Ehrsam« oder »Ehrengeachtet« beizulegen pflegen. Unter diesem »Ehrsam« war aber ursprünglich keineswegs die sittliche Achtbarkeit gemeint, sondern es galt dem adeligen, zu ritterlichen Ehren geborenen Mann. In diesem Sinne finde ich in einem Briefsteller des siebzehnten Jahrhunderts die ganz treffende Bemerkung: dass der Bauer, indem man ihn »ehrbar« nenne, nunmehr »zu einem unschuldigen Edelmann gemacht worden sei.«

Wie die gesellschaftlichen Neubildungen, welche aus der zertrümmerten Welt des Mittelalters aufwuchsen, durch viele Menschenalter noch schwankend und wandelnd waren, so ging es auch mit der an dieselben sich anrankenden Schmarotzerpflanze des Titelwesens. Selbst nach dem Dreißigjährigen Krieg noch klagte man, dass in den letztverflossenen Zeiten fast je alle zwanzig Jahre neue Titel aufgekommen seien. Erst gegen das Ende des siebzehnten Jahrhunderts festigten sich die neuen Rangtitel und blieben im Wesentlichen bis zur Französischen Revolution. Die meisten altadeligen Häuser waren binnen kurzer Frist zum Reichsfreiherrn- und Reichsgrafentitel gekommen, Grafen waren Fürsten geworden; der »Jungherr« war zum Prinzen avanciert und alle Söhne des Adels zu Junkern; jeder Edelmann hieß nun »gestreng,« während vordem nur gestreng geheißen, wer auch wirklich gestreng sein, d. h. in eigener Gerichtsherrlichkeit seinen eigenen Galgen aufpflanzen konnte.

Dieses große Avancement im Titel ging hinauf bis zum Kaiser: Denn erst durch den Vorgang Karls V. ward es allgemein, Kaiser und Könige, die sich bis dahin meist mit »Hoheit« und »Gnaden« begnügt hatten, »Majestäten« zu nennen. Natürlich. Die großen Münzen waren im Kurs gefallen; nun musste man neue prägen, um hohe Werte auszudrücken. Es ist aber äußerst komisch, dass nun alle wähnten, vornehmer geworden zu sein, in der Tat aber waren sie alle im alten Range verblieben; denn der Rang des Einzelnen ist ja immer nur etwas Relatives, er misst sich an dem Range der Anderen, und wenn alle gleichmäßig vorrücken, so bleibt jeder in der Kette des Ganzen doch eigentlich wieder auf demselben Fleck. Keine Periode ist so reich an komischen Selbsttäuschungen wie die Übergangsjahrhunderte vom Mittelalter zur modernen Zeit. Es beruht darin eine der reichsten Quellen jener Selbstironie von Rokoko und Zopf, wie sie so viele humoristische Dichter und Maler geahnt haben, indem sie ihren Stoff mit Vorliebe aus den Tagen der Puderköpfe nehmen. Ein alter Briefsteller kann uns die Ahnung dieser Selbstironie zum klaren Bewusstsein erheben.

Zu früh hatte man schon im siebzehnten Jahrhundert das baldige Ende des Titelwesens prophezeit, und vergeblich die Geißel der Satire über demselben geschwungen. Zu früh hatte man selbst in den radikalen Tagen der Französischen Revolution gejubelt. Jeglicher spottet über die Titelnarren und doch trägt Jeder auch heute noch immer ein ganz gehöriges Stück von dieser Narrheit in sich.

Im siebzehnten Jahrhundert war man systematischer, haarspaltender mit den Titeln verfahren, die Subtilität, mit welcher man sie nach Arten und Unterarten abstufte, erreichte ihren Gipfel. Dagegen nahm man in der folgenden Zeit den Mund noch weit voller mit großtönenden Prädikaten; was quantitativ vereinfacht worden war, wurde qualitativ mit Zinsen wieder eingebracht. Rokokozeit und Zopfzeit verwechselten hier ihre Rollen. Denn die erstere hatte ihre Freude am Klassifizieren der Titel, die letztere an deren willkürlich phantastischer Verschnörkelung. Im siebzehnten Jahrhundert z. B. hütete man sich sehr, einem Doctor der Philosophie oder Medizin denselben Titel zu geben, wie einem Doctor der Rechte. Dieser war Wohledelgeboren, die andern dagegen nur Edelgeboren. Es deutet das zurück auf den alten höhern Rang der Juristen, die schon im fünfzehnten Jahrhundert das Vorrecht erhielten, Wappen und Siegel zu führen, welches sonst nur dem erblichen Adel zugestanden hatte. Selbst bei den Studenten war ein Unterschied zwischen angehenden und älteren im Titel gesetzt. Ein Fuchs wurde bloß »Ehrenvester und Gelehrter« angeredet, ein altes Haus

angeredet, ein altes Haus dagegen »Ehrenvester, Vorachtbarer und Wohlgelehrter.« Ganz titellos waren nur die Juden. »Als Christi Erz- und Herzfeinde« sollte man sie – wunderlich genug – höchstens »mein Freund« anreden. Das Prädikat des höchsten Vertrauens galt für ein halbes Schimpfwort, lediglich weil es kein Titel war. Den Bauersmann redete man mit hoffärtiger Herablassung schon etwas klangreicher als »ehrbarer, lieber und guter Freund« an.

Solche subtile Unterschiede schwanden allmählich im folgenden Jahrhundert, die Titel wurden aber im Allgemeinen noch weit vollwichtiger. Im siebzehnten Jahrhundert war der Dorfpfarrer noch »Ehrwürden,« im achtzehnten ward er »Hochehrwürden;« der hochwohlgeborene Graf ward hochgeboren, der hochgeborene Erlaucht. Ja unsere Zeit, die sich so bequem lustig macht über das Titel- und Zeremonienwesen der alten Zeit, hat hier in vielen Stücken erst recht den Gipfel der Devotion und Schmeichelei erstiegen. Der Briefsteller des siebzehnten Jahrhunderts schreibt noch vor, dass man in Sendschreiben an Kaiser und Könige »zur Bezeugung untertäniger Demut und demütiger Untertänigkeit« zwei Daumen breit Raum lasse zwischen der Anrede und dem Anfang des Briefs, bei hohen Staatsbeamten nur anderthalb Fingerbreit. Heutzutage würde sich aber ein hoher Staatsbeamter sehr beleidigt fühlen, wenn man ihm keinen größeren Respektsraum als den weiland kaiserlichen von nur zwei Daumen Breite gönnte.

Vor mehr als fünfzig Jahren schrieb Herder: »Im geselligen Umgange sogar ist jemanden bei seinem Namen zu nennen Schimpf; Titel und Würden bei Männern und Weibern dürfen allein genannt werden: Dem Ohr wie dem Auge wollen wir nur in der Livrei erscheinen. Wie leicht haben sich andere Nationen dies alte Joch gemacht oder es gar abgeworfen: Der Deutsche trägt's geduldig.« Er trägt es auch heute noch. Ja nicht nur von Andern bei unserm bloßen ehrlichen Namen titellos angeredet zu werden, dünkt uns eine halbe Beleidigung: Wir schämen uns sogar unsern eigenen Namen ohne Titel selber auszusprechen; es wird uns dabei zumute, als ob wir uns nackt sähen, und wenn wir uns bei dem besten Freunde melden lassen, so halten wir angesichts des meldenden Hausknechtes verschämt das Feigenblatt des Titels vor.

Doch zurück zu meinen alten Briefstellern.

In der Zeit da sich Deutschland politisch, sozial und literarisch am tiefsten unter französischem Einfluss beugte, blühten in Frankreich – wie in Italien und England – klassische Muster eines feinen, wohlgeglätteten Briefstils. Allein bei allem Hang zur Ausländerei ahmte man das Ausland nur in diesem lobenswerten Punkte nicht nach. Unsere Philologen schrieben damals die zierlichsten lateinischen Briefe, aber deutsche Briefe konnten die Deutschen des siebzehnten Jahrhunderts durchaus nicht schreiben. Man ist wohl in keinem andern Literaturzweig zu selbiger Zeit plumper und unbehilflicher gewesen. Die Schnörkel der Etikette umstrickten und erstickten als wucherndes Schlingkraut jeden Versuch eines gesunden und einfachen Briefstils. Es ist sehr bedeutsam, dass wir während der ganzen Rokokozeit keinen ordentlichen Brief schreiben lernten. Die Deutschen fanden sich am schwersten in die damaligen neuen Formen des gesellschaftlichen und geselligen Lebens und sind später am leichtesten wieder herausgekommen. Die deutschen Familienbriefe aus dem Zeitalter Ludwigs XIV. sind ein oft wahrhaft rührendes Zeugnis dafür, wie hart es uns ankam, den französischen Ton in das Heiligtum des bürgerlichen Hauses aufzunehmen. Trotz aller Modephrasen spricht aus ihnen der Geist des patriarchalischen Hausregiments. Mann und Frau behandelten sich in ihren Briefen noch mit einer altväterlich treuherzigen Etikette, gleich als sei ihre eheliche Stellung mit einer öffentlichen Würde umgeben. In jenen Tagen, wo die eheliche Treue ziemlich rar zu werden begann, war es wenigstens in den deutschen Briefen noch der Brauch, dass der Mann ein Schreiben an seine »hochgeliebte Hausehre« mit den Worten begann: »Eheliche Lieb und Treu zuvor.« Die Frau redete ihren Mann noch an als ihren »vielwerten Eheherrn,« und die Kinder wagten es nicht, im brieflichen Verkehr ihre Eltern anders als »Herr Vater« und »Frau Mutter« zu nennen. Es waren das Überlieferungen einer früheren Zeit, die bis tief in's achtzehnte Jahrhundert hinein ragen. Die Welt der Familie blieb in Deutschland noch lange die alte, als die soziale Welt schon längst eine neue geworden war. Dem feierlichen Ton im Familienverkehr suchte man dann andererseits wieder durch die übertriebensten Zärtlichkeitsworte eine herzlichere Farbe zu geben. Die Meisten würden sich heutzutage schämen, ihre Braut mit so süßen Liebesausdrücken zu überhäufen, wie sie vor zweihundert Jahren der würdevolle Eheherr gleichsam offiziell an seine Frau schreiben musste. Welch wunderliche Mischung von Förmlichkeit und verrücktem Schwulst kam aber dann erst in dem damaligen Briefe eines Bräutigams an die Braut zutage, der – laut dem Briefsteller – etwa die Anrede führte: »Hochedelgeborene, großehrenreiche Jungfrau, schönste und hochtugendseligste Nymphe.« – (Man sieht übrigens, diese Anrede hat kein Ausrufezeichen, ist also doch wieder in einem etwas trockeneren Tone gedacht, als wir es jetzt bei Briefüberschriften zu halten pflegen. Das geschriebene Pathos der vielen, wohl gar doppelten und dreifachen, Frage- und Ausrufezeichen ist ein Erbteil aus dem literarisch so aufgeregten *achtzehnten*, nicht aus dem trocken schwülstigen siebzehnten Jahrhundert.)

Nur die Männer der kosmopolitischen, sozial ausgleichenden Geldmacht, die Kaufleute, wagten es mitten in der Perücken- und Zopfzeit, sich aller müßigen Titel und Prädikate in ihren Geschäftsbriefen zu enthalten. Sie kopierten zuerst den italienischen, dann den holländischen und englischen Briefsteller mit wahrhaft barbarischer Treue. So zeichnete sich der Brief des deutschen Kaufmanns sehr frühe schon durch jene gedrungene Kürze aus, die häufig durch Fremdwörter und allerlei technische Barbarismen erkauft werden muss, und ist sich während der letzten drei Jahrhunderte merkwürdig gleich geblieben. Selbst mancherlei willkürliche Formeln sind hier sehr alten Ursprungs. Es galt z. B. schon vor 250 Jahren die heute noch nicht ganz erloschene Regel, dass man in kaufmännischen Briefen das Datum an den Anfang, in Höflichkeitsbriefen aber an den Schluss des Schreibens setzen solle. Auch die Unsitte, deutsche und in Deutschland laufende Briefe aus Renommage mit französischen Adressen zu versehen, wird schon vor zweihundert Jahren gerügt. Doch soll sie damals vorzugsweise bei Kaufleuten und Gelehrten im Schwange gewesen sein, während sie heutzutage in der Regel nur noch von Frauenzimmern geübt zu werden pflegt.

Der nach dem Dreißigjährigen Krieg erwachte Eifer für Sprachreinigung klingt selbst in den damaligen Briefstellern durch. In solchen Werken des literarischen Handwerks zeigen sich aber die Tendenzen der Zeit in der Regel weit mehr in ihrer ganzen Naivität, d. h. auch in ihrer ganzen Schwäche, als in den höheren Erzeugnissen der schriftstellerischen Kunst. Ein durchaus puristischer Briefsteller, welcher mir vorliegt, enthüllt gerade den steifen schulmeisterlichen Zopf der damaligen Sprachreiniger anschaulicher, als es sämtliche Akten von Zesens »deutschgesinnter Genossenschaft« zuwege bringen könnten. Während der Geist der Sprache so undeutsch wie nur möglich ist, wird fortwährend über den Glanz der »Haupt- und Heldensprache des auf diesem großen Fußschemel Gottes wallenden Japhetischen Geschlechtes der hochedlen Deutschen« deklamiert. Selbst die direkte Fehde wider die Gegner der deutsch gesinnten Genossenschaft, die höchst zierlich bezeichnet werden als »ihr selbstes Herz abnagende Schlangenköpfe,« spielt sich bis in den Briefsteller hinab. Gegenüber diesem gereinigten Deutsch kommt es einem freilich vor, als ob die mit Fremdwörtern ganz durchspickte, aber doch bündige und verständige Sprache der kaufmännischen Briefmuster erst das eigentliche reine Deutsch sei. Man sieht ein, wie notwendig die Verfälschung der deutschen Sprache war, damit sie aus diesem Schlammbad nicht bloß rein, sondern auch gekräftigt wieder hervorgehe. So musste die deutsche Musik des achtzehnten Jahrhunderts ihren Durchgang durch die italienische nehmen, auf dass sie nicht vor der Zeit steif und verknöchert würde im kontrapunktischen Scholastizismus.

Beim Anblick der schwindelerregend unerschöpflichen modernen Bücherproduktion mag uns wohl der Gedanke beschleichen, als sei das doch noch eine idyllische, eine wahrhaft arkadische Zeit gewesen, wo ein Briefsteller noch eine Enzyklopädie von einem halben Dutzend Wissenschaften war, wo Marpergers »allzeit fertiger Handelskorrespondent« im Vorbeigehen die ganze Nationalökonomie, Finanz- und Handelswissenschaft als Zugabe zu den Briefformularien traktierte, wo man den König David noch als ältesten Klassiker des Briefstils hinstellte, weil er den Uriasbrief geschrieben, und dann eine Geschichte der Epistolografie von David bis auf die Gegenwart noch auf zwei bis drei Oktavseiten abzuhandeln pflegte. Die gemeinnützige Literatur der Haus- und Handbücher, die jetzt eine so ungeheure Ausdehnung gewonnen hat, war zu unserer Urgroßväter Zeiten in drei bis vier Bücher keimartig zusammengedrängt. Aus dem Kalender brachen die Lokalzeitungen hervor zusamt dem Heer der tagesgeschichtlichen Flugschriften; aus dem Briefsteller stiegen Geschäftshandbücher aller Art auf, Staatskalender und genealogische Taschenbücher, Sprachlehren und Enzyklopädien, und nur als Hefe blieb der moderne Briefsteller zurück. Wo jetzt der Mann des gebildeten Mittelstandes eine bändereiche »Weltgeschichte für's deutsche Volk« in seiner Hausbibliothek aufstellt, da begnügte sich der Urahn mit der einzigen *Acerra philologica*, dem merkwürdigen Schatzkästlein »nützlicher, lustiger und denkwürdiger Historien«, welches noch in Goethes Jugenderinnerungen eine Rolle spielt und fast durch ein Jahrhundert als eines der gelesensten Hausbücher vorgehalten hat. Wo gegenwärtig hundert gemeinnützige Schriften erscheinen, da erschien vordem kaum eine, ward aber bei gutem Glück hundert Jahre gangbar, während von jenen hundert Büchern ein Teil nur wenige Jahre geht, die andere Hälfte aber überhaupt niemals gehen lernt. Trotz des schützenden Privilegiums kaiserlicher Majestät griffen auch die Nachdrucker fleißig zu bei den alten Hausbüchern. Der mangelnde Rechtsschutz förderte die Koncentrierung dieser Literatur. Schon Luther musste wider den Nachdruck seiner Schriften eifern. Der Verleger der *Acerra philologica*, stellt den Teufel als Executor der gerechten Strafe des Nachdrucks unmittelbar hinter das kaiserliche Privilegium, gleichsam als einen Succurs für die in der Exekution säumigen Juristen, indem er die Vision Philanders von Sittewald aushebt, der in der Hölle einem Buchdrucker begegnet, welchem ein nachgedrucktes Buch feuerglühend im Halse steckt, daran er fort und fort in alle Ewigkeit würgen muss, und kann es niemals hinunterschlucken.

Als die Hausbücher noch so compact waren, dass der Briefsteller allein eine ganze Enzyklopädie von allerlei Wissenschaften darbot, waren auch die Persönlichkeiten kompakter als gegenwärtig. Sie lebten sich ein in ihre wenigen, oft sehr naiven und rohen Bücher, behielten dabei aber auch Sammlung, sich in sich selber einzuleben. So hängt ein Stück des eigentlichen Seelenlebens vergangener Geschlechter an jenen für sich vielleicht ganz bedeutungslosen alten Scharteken, und nicht ohne Rührung, ja nicht ohne Ehrfurcht kann man manche dieser Not-Hilfsbücher betrachten, aus denen unsere Vorfahren manchmal durch hundert Jahre sich den bescheidenen Schatz ihrer Kenntnisse sammelten, um sich dann im Vertrauen auf Gott und ihren Mutterwitz im praktischen Leben oft weiter zu bringen, als wir mit unserer bänderreichen Gelehrsamkeit.

Volkskalender im achtzehnten Jahrhundert

1852

Volksliteratur ist heutigen Tages eine vornehme Liebhaberei geworden, und der Kalendermacher ist nicht mehr sprichwörtlich der Letzte unter den Bücherschreibern: Literarische Aristokraten schreiben Kalender, und Volksbildungsvereine von reichen Leuten geben Kalender für die Armen heraus. Vor hundert Jahren war es anders, und unsere heutigen Kalender dürfen nicht ahnenstolz sein auf ihre löschpapiernen Vorfahren. Dafür sind aber die letzteren doch wenigstens in ihrer Wirksamkeit wahre Volkskalender gewesen und getreue Spiegel der damaligen Volksbildung und Volkssitte. Die meisten der heutigen Volkskalender zeigen, was die gebildete Welt aus dem Volk machen möchte, die alten, was das Volk damals wirklich war.

Das deutsche Volkskalenderwesen des achtzehnten Jahrhunderts teilt sich, entsprechend dem letzten Satze, in zwei Perioden. Die erste reicht beiläufig bis zu den achtziger Jahren. Bis dahin war der Kalender in der Regel ein historisches Volksbuch, welches in seinen Monatstafeln die Geschicke des künftigen Jahres prophezeite, in dem gegenüberstehenden fortlaufenden Texte aber einen Geschichtsabriss des vorigen Jahres gab. Auf dem Standpunkte der bildungslosen Masse selber stehend, befriedigte also der Kalender wesentlich deren Aberglauben und Neugierde. Mit den achtziger Jahren aber bringt die Tendenz der Aufklärung und Volksbelehrung einen merklichen Umschwung in diese Kalenderliteratur. Statt der zeitgeschichtlichen Berichte sind jetzt die Blätter mit moralischen Anekdoten und nützlichen Belehrungen, statt der astronomischen Zeichen und Verse, statt der Wetterregeln und »Erwählungen« mit altklugen, gemachten Sittensprüchen erfüllt, und während die Tafel des Aderlassmännleins bis dahin den Kalender beschloss, beschließt ihn nun das große Einmaleins und die Zinstabelle. Der Kalendermacher hatte vordem mitten im Volk gestanden als ein Herold seines Aberglaubens, als sein Prophet, als sein Hof- und Leibhistoriograph. Jetzt tritt er vor und über das Volk und wird sein gestempelter und privilegierter literarischer Schulmeister. Früher hatten wir darum nur eine Art des Volkskalenders, entsprechend der in den großen Zügen gleichartigen Physiognomie der bildungslosen Masse; jetzt haben wir deren unzählige, denn jeder Literat will nach seiner Individualität diese Masse bilden.

Die volksbildenden Kalender, wie sie gegen Ende des vorigen Jahrhunderts aufkamen, schufen allmählich einen Ablagerungsplatz für einen ungeheuren Lehr- und Agitationsapparat, den wir jetzt kaum mehr an den Mann zu bringen wüssten, wenn uns plötzlich die Kalender ausgingen. Aber erst als man die Bedeutung der in jeder Volksgruppe ruhenden politischen und sozialen Macht zu ahnen begann, konnte man es der Mühe werthalten, durch Kalender auf sonst literarisch unzugängliche Kreise zu wirken. Was lag der ächten Rokoko- und Zopfzeit daran, ob dem gemeinen Mann auch noch außerhalb der Kirche und Schule Bildungsstoffe zugeführt würden! Er war ja nur eine ruhende Potenz, die man darum getrost auf sich beruhen und für sich selber sorgen ließ. Die gänzliche Umgestaltung der Volkskalender seit länger als einem halben Jahrhundert ist ein Siegeszeichen der sozialen Politik. Wir haben jetzt Volkskalender der politischen Parteien, mehr noch der kirchlichen; die Regierungen lassen Kalender schreiben, weil sie wissen, dass sie mit ihren offiziellen Zeitungen niemals bis zu den Bauern durchdringen können, und die Opposition säumt dann auch nicht, ihrerseits mit Kalendern in's Feld zu rücken. Nationalistische und orthodoxe Kalender werben um Land und Leute; protestantische Traktatengesellschaften lassen aus ihren Traktätchen Volkskalender zusammenstellen, und katholische Kleriker streiten in Kalendern »für Zeit und Ewigkeit« mit dem Eifer und der Derbheit mittelalterlicher Predigermönche für ihren Kirchenglauben. Man schreibt Bauernkalender, die niemals ein Bauer liest, um Dorfgeschichten zu edieren, und illustrierte Kalender, welche Pfennigmagazin und Konversationslexikon zugleich ersetzen sollen; dazu landwirtschaftliche Kalender, statistische Geschäftskalender, Jugendkalender und Gott weiß was sonst noch. Die Geschichte aller dieser Kalender bildet eine wesentliche Ergänzung zur Geschichte der Journalistik.

Ich bin so glücklich, in mehreren starken Quartbänden eine Sammlung der verschiedenartigsten, in Nürnberg, Frankfurt, Straßburg, Berlin und Wien erschienenen Volkskalender zu besitzen, die irgendein Kuriositätenliebhaber, vermutlich in den neunziger Jahren, aus fast allen Jahrzehnten seines Jahrhunderts zusammengetragen hat. Da mein Sammler auch die schlechteste Scharteke nicht verwarf, so bot sich mir hier ein Material, wie man es wohl schwerlich auf einer Bibliothek oder bei einem Antiquar wiederfinden wird, und indem ich seit meinen Jugendjahren mich häufig an der Betrachtung der barbarischen Holzschnitte und der Lektüre des wunderlichen Textes ergötzte und später noch vergleichende Studien anderswoher hinzuzufügen suchte, ward es mir in diesem wenig betretenen Grenzwinkel der Literatur fast so heimisch, wie es einem bei öfterem Fußwandern selbst in einer Wüstenei werden kann.

Die alten Kalendermacher waren unstreitig meist die Hefe der damaligen schreibenden Welt, und das will viel sagen; sie waren aber doch so einflussreich wie unsere besten heutigen Volksschriftsteller. Noch in der ersten Hälfte des achtzehnten Jahrhunderts war der Kalendermacher eine geheimnisvolle, magische Person, ein halber Hexenmeister. Ja man kann sagen, diese Leute, die in ihrer Mehrheit eine Körperschaft von miserablem literarischem Gesindel bildeten, sind die letzten »Seher« des deutschen Volkes gewesen. Darum sagt der Bauer heute noch, wenn einer träumend und sinnend dreinschaut, man meint »er mache Kalender.«

Als der poesiereiche uralte Volksaberglaube von der nüchternen gebildeten Welt des achtzehnten Jahrhunderts nicht mehr recht verdaut wurde und in dem gelehrten Bücherwesen nirgends mehr eine Freistatt fand, da verbarg er sich zu allerletzt noch in den grauen Löschpapierblättern der Volkskalender.

Aus demselben Grund, aus welchem weise Frauen zu Ariovists Zeit den Germanen geboten, dass sie nicht vor Neumond die Schlacht beginnen sollten, gebot vor hundert Jahren Magister Gaup, der Kalenderschreiber, den deutschen Bauern, dass sie vor Neumond beileibe nicht purgieren und arzneien möchten. Denn das wachsende Licht bringt Fülle und Gesundheit, das abnehmende Zerstörung und Untergang. In den alten Kalendern, die ein ganzes System solcher »Erwählungen« durchführen, werden die positiven Geschäfte (wie Säen, Pflanzen u. dgl.) überhaupt in die Zeit des wachsenden, die negativen (wie Holzfällen, Haarschneiden u. dgl.) in die des abnehmenden Mondes verlegt.

Da fühlte sich der Kalendermacher seinem Publikum gegenüber als ein Ausleger der geheimen kleinen Naturkräfte und der großen Weltgesetze. Und wie der altgermanische Seher der öffentlichen Würde des Priesters oder der privaten des Hausvaters nicht entbehren durfte, so fetzte der Ka-

Kalenderschreiber vor hundert und mehr Jahren nicht leicht seinen Namen auf das Titelblatt, ohne die Beifügung hochtönender wissenschaftlicher Prädikate. Wer sich die öffentliche Würde eines Artium liberalium Magister nicht zuschreiben konnte, der schuf sich ganz eigens eine private, die seinen Einblick in »alles Wirkens Kraft und Samen« anzeigte, als z. B.: Marcus Freund, *Miraculorum Dei amator*, oder Christoph Adelsheim, *Art. Mathem. cultor strenuus*. Oder verschmähte es einer, dem gemeinen Mann lateinischen Sand in die Augen zu streuen, dann schrieb er sich mindestens in ehrlichem Deutsch etwa wie Jakob Holderbusch: »der göttlichen Wahrheit Liebhaber.«

In dieser selben Zeit, wo die Gesellschaft von oben herab immer aufgeklärter und nüchterner wurde, mussten die Männer der geistigen Berufe dem Volke gegenüber noch immer die Maske des Magus vorhalten, um ihren Credit zu behaupten. So taten es die Pfarrer und Ärzte, warum nicht auch die Kalendermacher? Die Scharlatanerie war als eine Notwendigkeit in der Sitte anerkannt, solange man Perücken und Zöpfe trug, darum ist es ganz in der Ordnung, dass auch die Zöpfe der heutigen Welt noch so große Stücke auf allerlei gelehrten und amtlichen Hokuspokus halten.

Es gehörten aber auch für einen zunftgerechten Kalendermacher in der Tat ganz absonderliche Kenntnisse dazu – freilich teilte er sie mit manchem Schäfer und Scharfrichter – um die letzten Reminiszenzen von Astrologie, Wahrsagerei und Zeichendeuterei, deren Verständnis in diesem Zeitalter nur noch schwach fortdämmerte, mit gehöriger Sicherheit anzuwenden. Das bunte Gemisch von System und Willkür, von alter mystischer Überlieferung und neuer rationalistischer Kritik macht die Kalender des achtzehnten Jahrhunderts als Urkundenbücher des absterbenden Volksaberglaubens besonders interessant. So ist z. B. in den Tabellen, welche angeben, was aus der Farbe des beim Aderlass abgezapften Blutes zu Prophezeien sei, der alte Aberglaube mit wirklichen physiologischen Beobachtungen und Folgerungen aufs Seltsamste verwebt, und die diätetischen Regeln bekunden die instinktive Weisheit des medizinischen Volksglaubens, der eben so oft durch seine klare Erkenntnis; den Naturforscher überrascht wie durch das Helldunkel seiner uralten Symbolik den Germanisten. Bei dem sogenannte» »Aderlassmännlein,« nämlich bei der Tabelle über die Tage, wann es gut oder schlecht zur Ader zu lassen sei, ist namentlich die altheidnische symbolische und astrologische »Erwählung« noch in ihrer vollen Reinheit beibehalten. Die Aderlasstafel regelt sich nach dem Mondwechsel, und jeder der dreißig Tage des Mondlaufs hat seine stehende Bedeutung, die aber für alle Jahreszeiten und Monate die gleiche ist. Wer z. B. am siebenten Tage nach dem Neumond zur Ader lässt, bekommt Augenschmerzen, wer am vierten, stirbt eines jähen Todes, wer am 25. der wird klüger und verständiger. Diese Aderlasstafel hat merkwürdig lange ihren Platz behauptet; sie ist in vielen Kalendern sogar in's neunzehnte Jahrhundert herübergeführt worden. Bei den lehrsamen rationalistischen Kalendern aus den ersten Jahrzehnten der Aufklärungsperiode macht es einen äußerst komischen Eindruck, die eifrigsten Predigten wider den Aberglauben im Text zu lesen, während gegenüber bei den einzelnen Monatstagen noch der ganze Hokuspokus der schwarzen und roten Erwählungs- und Vordeutungszeichen abgedruckt ist, und auf dem Titelblatt noch die astrologische Erklärung der Konstellationen, und auf dem Schlussblatt die Aderlastafel prangt. Es erinnert dies an die bekannte Geschichte von dem Schiff, welches in der Passagierkajüte englische Missionäre und im Güterraum Götzenbilder englischen Fabrikates nach Indien führte. So ließ man auch noch lange das Aushängeschild der Prophezeiung auf den Kalendertiteln fortbestehen, wahrend inwendig höchstens noch das Wetter prophezeit wurde, und der »Astrologische Sibyllen- und Weissagungskalender« bringt zur Zeit der Französischen Revolution nur noch Orakelsprüche, wozu es der auf dem Titel prangenden Bilder der vier Sibyllen nicht bedurft hätte, wie etwa auf den blutgetränkten September 1793: »Wie lacht der Überfluss und welchen reichen Segen will nicht Pomona itzt vor unsre Füße legen!«

Die durchgängige Fortführung der Aderlasstafel in der Spätzeit des achtzehnten Jahrhunderts ist übrigens auch um deswillen beachtenswert, weil sie eigentlich auf Lebensgewohnheiten berechnet ist, die damals im Allgemeinen kaum mehr existierten. Im sechzehnten und siebzehnten Jahrhundert war es ein weitverbreiteter Brauch, selbst bei dem gemeinen Mann, durch häufiges periodisches Blutabzapfen bei gesundem Leibe, durch Abführungen und Schwitzbäder sich vor Krankheiten zu schützen. Purgieren, Aderlassen und Schwitzen vertrat bei den Altvordern die Stelle unserer Landausflüge und Badereisen. Damals waren die Baderstuben öffentliche Lokale, annähernd von einer Bedeutung für den geselligen Verkehr wie jetzt die Wirtshäuser, Konditoreien und Kursäle. Man ließ sich kollegialisch schröpfen, wie man kollegialisch kneipt. In der damaligen Volksliteratur finden wir zahllose Gleichnisse und Redebilder von dem Treiben in den Baderstuben hergenommen, und auf politisch-satirischen Holzschnitten aus der Zeit des Dreißigjährigen Kriegs sind die Fürsten häufig als Badergesellen dargestellt, die den Völkern gehörig Schröpfköpfe aufsetzen und die Ader schlagen; statt des Blutes rinnen dann Goldstücke hervor. Damals also hatte das Aderlassmännlein in den Kalendern noch einen Sinn. Vor sechzig Jahren dagegen standen die Menschen schon längst nicht mehr so voll im Safte, dass sie sich aus bloßer Vorsicht regelmäßig Blut hätten abzapfen müssen. Gewiss war dies wenigstens nicht bei dem Mittelstande der Fall, auf welchen jene Kalender zunächst zielten, wählend sich bei vereinzelten abgeschlossenen Bauernschaften allerdings ein Nachklang der seltsamen Sitte des periodischen Aderlasses bis auf unsere Tage erhalten hat. Allein auch der Kleinbürger wollte zu unserer Großväter Zeit die altgewohnten Erwählungen der Aderlasstafel nicht missen, obgleich er hier eigentlich gar nichts mehr zu erwählen hatte.

In der Beschreibung der Planeten, ihrer »Eigenschaften, natürlichen Zuneigungen und Bedeutungen« spielten die letzten Nachklänge der mittelalterlichen Mystik der Naturkunde in das aufgeklärte achtzehnte Jahrhundert herüber. Aber auch eine moderne Schule der Naturphilosophie hat die Qualitäten der Planeten wieder ganz ähnlich phantastisch ausgedichtet wie der Kalenderschreiber vor hundert Jahren. Dieser gibt jedem Planeten nach alter Überlieferung ein besonderes Temperament. Saturn ist kalt und trocken, Jupiter warm und feucht, Mars hitzig und trocken, Venus feucht und warm, Merkur warm und trocken. Dazu kommt die Sonne, die heiß und trocken, und der Mond, der kalt und feucht ist. Der Gedanke von unterschiedenen Temperamenten der Gestirne ist uralte Volkspoesie, die bis in's deutsche Heidentum hinaufreicht. In einer Sage aus der Grafschaft Mark wird dem nachherigen Mann im Mond, als ihn der Herr zur Rechenschaft zieht, die Wahl gelassen, ob er in der Sonne verbrennen oder im Mond erfrieren wolle. Er zieht das Erfrieren vor und lässt sich in den kalten Mond setzen.

Aus den Tierkreiszeichen, welche die einzelnen Monate charakterisieren, weissagt man den Charakter der im Monat Geborenen, aus planetarischen Konstellationen den Gesundheitszustand des kommenden Jahres. Die Staatsprognostica aber werden eben so gut wie das Wetter nach den Mondwechseln berechnet, und dieses Zusammenwerfen des Wetters und der Politik hat gewiss eine tiefe humoristische Wahrheit für eine Zeit, wo das Staatsregiment noch wie eine andere göttliche Weltordnung über den Häuptern der Untertanen stand. Die Staatsprognostica sind meist in delphischem Doppelsinn abgefasst: Epigramme und Sinnsprüche, die man damals von Lessing bis zu den Kalenderschreibern herab viel selbständiger kultivierte als heutzutage, dazu aber auch allegorische Rätselspiele in Holzschnitten, die mit mythologischen Figuren, Wappen und Devisen überdeckt sind. Letzteres deutet auf das siebzehnte Jahrhundert zurück, wo nicht nur der Gelehrte, sondern auch der schlichte Bürger sich an derlei harten Nüssen gern die Zähne ausbrach. Auf den zahllosen fliegenden Blättern dieser früheren Zeit ist die politische Satire fast immer in allegori-

allegorischen Gestalten versteckt, und selbst der Handwerker muss in den Tagen des Dreißigjährigen Krieges oft mehr Mythologie im Gedächtnis gehabt haben, als gegenwärtig mancher literarisch Gebildete. Auch jene Einblattdrucke fanden also ihre letzte Zuflucht in den Volkskalendern, wie denn überhaupt das fliegende Blatt des siebzehnten Jahrhunderts aufgegangen ist zum Teil in der Zeitung, zum Teil im Kalender des achtzehnten. In unsern Tagen hat endlich die letzte Siegerin, die Journalistik, auch die publizistische Hälfte der alten Kalender in ihrem allverschlingenden Vorratshause geborgen.

Ganz eigentümlich sind die »Beschreibungen der Gewitter« im alten Hauskalender gewesen. In diese Vorherverkündigungen aller einzelnen Gewitter des Jahres und die daran geknüpfte Deutung spielt noch das altdeutsche Heidentum herüber, welches so mancherlei Bezüge des Kultus und der Weissagung im Gewitter fand und den rothbärtigen Donnar nicht bloß als einen donnernden Jupiter verehrte, sondern auch als einen Gott des Landmannes und des Ackerbaus. Kein Volk macht sich wohl in Spruch und Fluch so viel mit Donner und Wetter zu schaffen, wie das germanische, und ein Kalender, welcher in den Sommermonaten nicht wenigstens jede Woche ein Donnerwetter aufziehen lässt, wäre vor hundert Jahren gar kein echter Volkskalender gewesen.

Wollte ein Germanist der Geschichte des Kalenders Schritt für Schritt folgen, so könnte er damit aufs Natürlichste eine systematische Darstellung des ganzen deutschen Volksaberglaubens und eines guten Stückes der Volkssitten verbinden. Für eine Zeit, wo man es noch nicht der Mühe werthielt, über solche Dinge Buch zu führen, ist der Kalender geradezu ein Quellenwerk zur Entwicklungsgeschichte der Volksphantasie.

Sollten die Titel der alten Kalender effektvoll sein, dann mussten sie entweder recht martialisch und grauselig klingen, wie etwa der »Kriegs-, Mord- und Tod-, Jammer- und Notkalender,« oder mysteriös wie »die klugen Sibyllen, ein Zeit- und Wunderkalender« und »die neuen schwedischen Glücks- und Unglückssterne,« oder bombastisch anspruchsvoll wie »der verbesserte und neue europäische Geschichts-, Haus- und Staatskalender,« seltener volkstümlich gemütlich, wie »der lustige Bauer,« »der hinkende Bote« usw.

In den ehedem so beliebten »Türkenkalendern« ward die Phantasie des deutschen Volkes, welche seit alten Tagen träumt, dass von Osten her ein neuer Völkersturm der Barbaren die abendländische alte Welt in Trümmer stürzen werde, mit unerhörten Gräuel- und Bluthistorien aus den Türkenkriegen gesättigt und aufgeregt. Der gemeine Mann hatte noch starke Ner-

Nerven, und wo man sie erschüttern wollte, bedurfte es starker Mittel. Ein gemütlicher Hauskalender ohne Mord- und Totschlag wäre eine Suppe ohne Salz gewesen. Auf den Titelkupfern durfte es an einer Sonnenfinsternis und einem langschwänzigen Kometen nicht fehlen, deren unheimlicher Schein etwa im Vordergrund eine Landschaft beleuchtete, und im Hintergrund eine Seeschlacht, zur Rechten eine brennende Stadt und zur Linken ein auffliegendes Schiff. Vielleicht ist hierbei die Wahrnehmung nicht ganz uninteressant, dass die Räuber- und Verbrechergeschichten, welche in der späteren Volksliteratur eine so große Rolle spielen, vor der Mitte des achtzehnten Jahrhunderts kaum in den Kalendern vorkommen; man schwelgte damals vielmehr noch in dem Gräuel der Verwüstung durch Krieg und Naturereignisse. Erst nachdem die Ritter- und Räuberabenteuer in der vornehmeren Literatur der Sturm- und Drangperiode sich eingebürgert hatten, wurden sie allmählich auch in den Kalendern Mode.

Der alte Kalender als Hausbuch wurde erst vollständig durch die fortlaufende Mitteilung der Zeitgeschichte. Unsere Urgroßväter, die doch noch sehr selten eine Zeitung zu Gesicht bekamen, wären in ihrer Kenntnis der gleichzeitigen Wettläufe lediglich auf Gerüchte und örtliche Überlieferungen beschränkt gewesen, wenn sie nicht in den besseren Kalendern die politischen Annalen des abgelaufenen Jahres erhalten hätten. Schon aus dieser Aufgabe erhellt übrigens, dass der damalige Volkskalender viel mehr noch auf die große Masse des Bürgerstandes als der Bauern zielte. So spiegelt uns der alte Kalender auch nicht sowohl die Gesittung des Bauern als des Kleinbürgers, und erst in unserer Zeit, wo das Bürgertum zu einer so viel höheren Stellung aufgestiegen ist, denkt man bei einem Volkskalender zunächst an einen Bauernkalender. Durch ihren historisch-politischen Teil waren nun die Kalender des achtzehnten Jahrhunderts dem Mittelstände dasselbe, was ihm im neunzehnten die Tagespresse geworden ist. Unsere geduldigeren Vorfahren begnügten sich dabei freilich, den Zusammenhang der Weltbegebenheiten erst ein Jahr nachdem selbige vorgefallen waren, zu erfahren, brauchten sich dann aber auch um so weniger mit der Konjekturalpolitik zu plagen. So ging es ganz vortrefflich *vor* der Französischen Revolution; als aber von da an die Geschichte rascher zu schreiten und das Blut auch des gemeinen Mannes wilder zu pulsen begann, konnte der hinkende Bote des Kalenders mit seiner Jahresrundschau nicht mehr nachkommen, und gab Politik und Zeitgeschichte an die Journalistik ab. Dafür nahm er jetzt vom vornehmen Almanach bis zum Dorfkalender herab jenen bunten Kram von Erzählungen und Anekdoten, Gedichten und Rätseln auf, den ihm nach einem Menschenalter abermals die Zeitung, als Feuilleton und Unterhaltungsblatt, streitig machen sollte.

So überall um sein Monopol gebracht, hat er heutigen Tages das frühere kulturgeschichtliche Interesse fast ganz verloren.

Wenn ich übrigens von dem politischen Inhalt der alten Kalender rede, so ist dabei natürlich nur an den trockensten Bericht der Staatsbegebenheiten, nicht an irgendeine Beurteilung derselben oder gar an eine tendenziöse Einwirkung auf das Volk zu denken. Auch in dieser Hinsicht hält die Geschichte des Kalenders Schritt mit der Geschichte der Journalistik. An der Stelle, wo jetzt unsere Zeitungen Wahlsprüche führen, wie »Für Freiheit und Gesetz,« »Mit Gott für König und Vaterland« usw., führte der deutsche »Reichspostreiter« damals ja auch nur sein gemütliches » *Relata refero.*« Die Art, wie die Zeitgeschichte in den alten Volkskalendern berichtet wird, ist dann freilich oft originell genug, ein redendes Zeugnis für die politische Naivität selbst der mittleren Bürgerklassen und zugleich für deren Beschränktheit und Kleinigkeitskrämerei. Als sich der zweite schlesische Krieg nach Böhmen gewälzt hatte, kann der Kalenderschreiber nur bedauern, dass dadurch die böhmischen Fasanen in den deutschen Hofküchen sehr rar geworden, da die preußischen Husaren nicht gar säuberlich mit diesem vornehmen Federvieh umgegangen seien. Die mit Holzschnitten illustrierten breiten Schilderungen von Krönungs-, Vermählungs- und Leichenfeierlichkeiten großer und kleiner Potentaten sind klassische Sittenbilder einer Zeit, wo die Idee von Volk und Staat dem Volke selbst nur leibhaftig wurde in der Erscheinung des Fürsten und seines Hofes. Beim Abschluss des Hubertsburger Friedens stellt darum der Kalenderschreiber alle weiteren Betrachtungen über die politische Bedeutung dieses weltgeschichtlichen Ereignisses, wie billig, beiseite, um für die Schilderung des Umzugs, den der Friedensherold samt Gefolge in Berlin gehalten, Raum zu gewinnen. Der Herold aber trug einen römischen Helm, einen Küraß mit darüber geworfenem Tigerfell, kurze Hosen, und wie der Kalender wörtlich berichtet, »saubere« weiße Strümpfe. Ein Holzschnitt in einem andern Kalender zeigt uns das Schloss Hubertsburg, aus dessen Thoren zwölf Postillone lustig blasend in die verödete Landschaft hinaussprengen, um den Frieden in alle Welt zu verkündigen, darüber aber schwebt ein Posaunenengel mit dem Spruch: »Des Herrn Gnade hat uns diesen Frieden geschenkt.« So malte man in treuherzig frommer Weise den Hubertsburger Frieden zu einer Zeit, da man die Staatsprognostica – für's Volk – noch gleich dem Wetter nach den Mondwechseln berechnete und da das deutsche Volk seine politischen Schicksale noch gleich dem Wetter in demütigem Schweigen hinnahm als Fügungen des Herrn.

Diese alten Kalender können uns lehren, wie ungerecht wir gegen uns selber sind, indem wir die Gegenwart beschuldigen, dass sie eine größere

Kluft als je zuvor zwischen den Gebildeten und dem Volk bestehen lasse. Ein Blick auf das achtzehnte Jahrhundert zeigt das Unwahre dieser Meinung. Von den ungeheuren wissenschaftlichen und literarischen Reformen dieser ganzen Periode spiegelt sich kaum ein leiser Schimmer selbst in jenen Kalendern, die viel mehr für den Bürger als den Bauersmann bestimmt waren. Niemand wird beim Durchblättern der ledernen zeitgeschichtlichen Annalen dieser Volksbücher ahnen, dass Lessing, Möser, Goethe, Herder, dass so viele bedeutende Philosophen und Historiker gleichzeitig ihre epochemachenden Werte geschrieben. In Stil und Inhalt bleibt sich der Kalender durch's ganze achtzehnte Jahrhundert wunderbar gleich; auch zur Zeit der Französischen Revolution steht er noch bei Gottsched, wie damals auch der deutsche Kleinbürger in seinen poetischen Studien noch bei Gellert und Hagedorn stand, obgleich Schiller und Goethe, ja die Begründer der romantischen Schule in den höheren Bildungskreisen bereits das Feld behaupteten. Vereinzelte Versuche, wie von Chr. D. Schubart, für das Volk zu schreiben, zeigten vielmehr, dass zwischen dem Kleinbürger und Bauern und der gediegeneren Literatur fast alle Anknüpfungspunkte fehlten. Abgesehen davon, dass nur literarische Handlanger für den Volkskalender arbeiten, hielt es der Kalendermacher nicht einmal der Mühe wert, aus den Werken der besseren Autoren gelegentlich für seine Zwecke zu stehlen, obgleich doch für solche Kleinigkeiten damals noch freie Pürsch bestand. Erst viel später lernte es der Kalender von der Journalistik, aus reicher Leute Leder den Armen Schuhe zu schneiden.

Ähnlich steht es mit den Kalenderbildern, die durch's ganze achtzehnte Jahrhundert äußerst roh, kindisch und geistlos sind. Ein akademischer Künstler hätte am Hungertuche nagen müssen, um sich zu Skizzen für einen Volkskalender herabzulassen. Selbst Chodowiecki, der die Kunst der volkstümlichen modernen Charakterskizze in kleinen Federzeichnungen gleichsam neu wieder entdeckt hatte, berührte in seinen Einflüssen kaum die Sphäre dieser Kalender. Sein fleißiger Nachfolger, Heinrich Ramberg, nahm später auf ein Menschenalter die Zeichnung der Almanachs-Kupferstiche in Pacht und gewann bei der wunderbaren Fruchtbarkeit und Leichtigkeit seines Talents allerdings eine Art kulturgeschichtlicher Bedeutung für die Charakteristik der feinen Welt. Allein gerade diese Almanache, die das Bedürfnis einer oberflächlichen literarischen Unterhaltung tief in den Mittelstand herab verbreiteten, sind das schärfste Widerspiel echter Volksliteratur, und obgleich die Kupferstiche meist das Beste an den prunkenden Büchelchen waren, so fiel doch von ihrem ungeheuren Bilderreichtum kein befruchtender Keim in das verkommene

Volkskalenderwesen. Als wir neuerdings unsere Volkskalender mit würdigeren Holzschnitten auszuschmücken begannen und auch die besten Meister es nachgerade nicht mehr unter ihrer Würde hielten, für den Kalender zu zeichnen, da konnten die Künstler von den nächstvorhergegangenen Perioden nichts lernen. Sie mussten zu Studien aus den Werken Dürers und Holbeins, der alten Niederländer und der alten Italiener zurückgreifen, ja auf die kostbaren Miniaturen des Mittelalters, wenn sie recht volkstümlich echte Figuren und Arabesken für den Kalender erfinden wollten. Denn mögen wir auch in der modernen Volksliteratur noch so viel Verkehrtes begonnen haben, so sind wir doch wenigstens zu der goldenen Einsicht gekommen, *dass für das Volk nur gerade das Beste gut genug sei.* In diesem Glauben allein werden wir's erringen, dass unsere Bildungsliteratur und Kunst auch dem Volke wieder näher zu Herzen geht.

Vor alters gab es unter dem gemeinen Mann häufig kalenderfeste Leute wie bibelfeste. Denn der literarische Inhalt des Kalenders, der jetzt ein zufälliger geworden, war früher ein notwendiger; es gab zwar auch damals viele Kalender, aber nicht vielerlei wie heute; es existierte der einheitliche Begriff eines deutschen Volkskalenders, der jetzt ganz verloren ist. Der gemeine Mann konnte dem Kalenderschreiber genau nachrechnen, ob er Sitten und Bräuche, Aberglauben und Prophezeiungen richtig angegeben und angewandt, ja er wusste selber eigentlich das Meiste von vornherein auswendig, was er alljährlich im Kalender wieder las; den ganzen volkstümlichen Inhalt des Kalenders hatte er im Kopf wie die Bibel und wusste ihn auszulegen für seine persönlichen Verhältnisse: Darum war er kalenderfest. Jetzt klagt man bereits, dass in unsern Volkskalendern alles mögliche Gemeinnützige abgehandelt sei, aber die gemeinnützige Belehrung über den Kalender selbst sei allezeit vergessen, während doch die Zeichen und Begriffe des Kalenders von den Wenigsten mehr verstanden würden! So erschien denn auch vor mehreren Jahren in Ulm ein Buch, betitelt »der wohlerfahrene Kalendermann,« welches bereits einem Bedürfnisse abzuhelfen glaubt, indem es das Volk belehrt über den Kalender. Vor hundert Jahren wäre eine solche Belehrung sehr überflüssig gewesen. Bibel, Gesangbuch und Kalender waren damals wirklich die drei notwendigen und ausschließlichen Hausbücher des gemeinen Mannes; der Kalender umfasste alle weltliche Weisheit, wie Bibel und Gesangbuch alle geistliche. Aber diese weltliche Weisheit war nur der Spiegel von des Volkes eigenen Phantasiestücken und Überlieferungen. Jetzt ist der Kalender ein Werkzeug der Volksbildung geworden, die von außen sich erst einzuschleichen trachtet bei dem Bauern und Kleinbürger. Darum ist er nicht mehr das einheitliche, notwendige und ausschließliche Hausbuch. Dennoch könnte er wenigstens den Charakter der inneren Notwendigkeit wieder gewinnen, wenn er nämlich ausgehend von der Weisheit des Volkes selber und scheinbar nur als ein Herold dessen eigenster Gedanken, dennoch den Keim einer vertieften Gesittung in sich zu bergen und so ein Lehrer des Volkes zu weiden wüsste, indem er doch scheinbar nur ein Spiegelbild desselben wäre. Der Kalenderschreiber aber, welcher dieses Kunststück verstünde, soll ein rechter Hexenmeister genannt und nicht verbrannt werden.

Das landschaftliche Auge

1850

In topografischen Büchern der Zopfzeit kann man lesen, dass Städte wie etwa Berlin, Leipzig, Augsburg, Darmstadt, Mannheim in einer »gar feinen und lustigen Gegend« liegen, wo hingegen die malerisch reichsten Partien des Schwarzwaldes, des Harzes, des Thüringer Waldes als »gar betrübte,« öde und einförmige oder mindestens »nicht sonderlich angenehme« Landschaften geschildert sind. Das ist keineswegs bloß die Privatmeinung der einzelnen Topographen: Es war die Ansicht des *Zeitalters*. Denn jedes Jahrhundert hat nicht nur seine eigene Weltanschauung, sondern auch seine eigene Landschaftsanschauung.

Zahllose Lustschlösser baute man vor hundert Jahren in kahle, langweilige Ebenen und glaubte, ihnen dadurch die möglichst schönste Lage gegeben zu haben, während die alten Herrensitze in den reizendsten Gebirgsgegenden, als zu wenig »pläsierlich« gelegen, verwitterten und verfielen. Nicht nur prachtvolle Sommerresidenzen und Prunkgärten legten damals die bayerischen Kurfürsten in die öden Wald- und Moorflächen von Nymphenburg und Schleißheim an: Max Emanuel ließ sogar mitten in einem dieser Gärten, der die natürliche Wüste schon rings um seine Mauern hat, noch einmal eigens eine künstliche Wüste herstellen, Karl Theodor von der Pfalz baute zwei Stunden seitwärts von den herrlichen Heidelberger Gründen seinen Schwetzinger Garten mitten in das einförmigste Flachland hinein. Wenn nur eine Gegend recht eben und baumlos war, dann getraute man sich schon die ergötzlichste Landschaft aus ihr hervorzuzaubern.

Noch vor fünfzig Jahren hielt man den zwar keineswegs reizlosen, doch in seiner Fläche immerhin eintönigen oberen Rheingau für den wahren Paradiesgarten landschaftlicher Schönheit und schätzte die weitere Strecke des Rheinlaufes von Rüdesheim bis Koblenz mit ihrer reichen Pracht von Schluchten, Felsen, Bürgen und Wäldern mehr nur um des Gegenspiels willen. Im oberen Rheingau reihte man damals Villen an Villen, die jetzt großenteils verlassen stehen, während man an der früher vernachlässigten, von den Bergen eingeengten Strecke jetzt wiederum auf jede Felsspitze ein neues Lustschloss zu kleben oder wenigstens die dort hängenden Ruinen wieder wohnlich zu machen beginnt. Unsere Väter, die in dem oberen Rheingau den schönsten Winkel Deutschlands erblickt, schmückten ihre Zimmer mit den damals so beliebten Kupferstichen nach Claude Lorrains verwandten weithin offenen, breiten, in Friede und Anmut gesättigten Landschaften. Wir sind von diesem klassischen Landschaftsideal wieder zum romantischen zurückgekommen und die Dome des Hochgebirges verdrängten die Laubtempel von Claude's Götterhainen mit dem endlosen sonneglänzenden Meereshintergrund.

Im siebzehnten Jahrhundert galten noch die in engen, steilen Berggründen gelegenen Badeorte, deren viele jetzt ganz eingegangen sind, mehrenteils für die besuchtesten und schönsten; im achtzehnten Jahrhundert gab man den gegen die Ebene hin gelegenen den Vorzug; jetzt werden gerade die Badeorte im steilsten Gebirge, wie im Schwarzwald, in den böhmischen Bergen, in den Alpen, wegen ihrer Lage aufgesucht. Der Hessenkassel'sche Leibmedikus Welcker sagt in seiner 1721 erschienenen Beschreibung des Schlangenbades, dasselbe liege zwar in einer öden, wüsten und unfreundlichen Gegend, in welcher nichts als »Laub und Gras« wachse, allein durch die kunstreiche geradlinige und kreisförmige Anpflanzung mit der Schere zugeschnittener Bäume habe man dem Ort wenigstens etwas malerische Raison beigebracht. Heutzutage hält man umgekehrt Schlangenbad für eines der schönst gelegenen Bäder Deutschlands, das »Öde« und das »Wüste« nennen wir jetzt das Romantische und Malerische, und der Umstand, dass an diesem Orte nichts als »Gras und Laub« wächst, dass nämlich der duftige Wiesengrund vor der Türe anhebt und das grüne Gezweig des Waldes überall zu den Fenstern hereinlugt, lockt jetzt vielleicht eben so viele Gäste dahin als die Kraft der Heilquelle.

Die mittelaltrigen Maler glaubten ihren Geschichtsstücken und Brustbildern keine schönern Hintergründe geben zu können, als indem sie möglichst abenteuerliche, zackige Berg- und Felsformen einschoben, obgleich sich das neben einem milden, still verklärten Madonnenantlitz oder auch bei dem Konterfei irgendeines prosaisch ehrwürdigen reichsstädtischen Spießbürgerkopfes oft seltsam genug ausnimmt. Damals hielt man also die wild zerrissene, kahle Gebirgsnatur für ein Urbild landschaftlicher Schönheit, während man einige Jahrhunderte später solche Formen viel zu ungehobelt und regellos fand, um sie überhaupt nur schön finden zu können. Selbst alte niederländische Historienmaler, die vielleicht nie in ihrem Leben dergleichen zerklüftete Felsblöcke gesehen, nahmen sie gern in ihre Hintergründe auf. Die schroffen Bergspitzen auf manchen Bildern Hemmlings und Van Eycks sind auch nicht in der Gegend von Brügge gewachsen. Dieser Typus landschaftlicher Schönheit wurde also herkömmlich sogar da, wo er nicht einmal vaterländisch war. Auf einem niederdeutschen Bilde, welches die Legende von den elftausend Jungfrauen darstellt, ist die Stadt Köln als mit zackigen Felsgruppen umgeben im Hintergrunde zu sehen. Das naturtreue Porträt der flachen Gegend hatte also dem Schönheitssinn des Malers nicht genügt, der doch wohl wusste, dass Köln nicht am Fuße der Alpen liegt. Dagegen würde ein Historienmaler der Zopfzeit, wenn er die wirklichen Alpen im Hintergründe eines Geschichtsbildes zu malen gehabt hätte, dieselben möglichst abgerundet, geebnet und geglättet haben.

Ist es bloßer Zufall, dass in der ganzen großen Epoche der Landschaftsmalerei von Ruysdael bis gegen die neuere Zeit das Hochgebirge so gar selten zu bedeutsamen landschaftlichen Kompositionen ausgebeutet wurde? Auch das landschaftliche Auge hatte sich damals von den Anschauungen des Mittelalters abgewandt und sättigte sich in den milderen Formen des Mittelgebirges und des Flachlandes. Selbst wo ein Everdingen die Felsschluchten und Wasserfälle Norwegens uns vorführt, mäßigt er die abenteuerlichen Formen und sucht die nordische Alpenwelt dem deutschen Mittelgebirgscharakter möglichst zu nähern. Joseph Koch, der Sohn des Tiroler Hochgebirges, konnte trotzdem mit der Darstellung der Alpenwelt nicht halb so gut fertig werden, wie mit den klassisch maßvollen, dem landschaftlichen Auge der Zeit weit näher liegenden Gegenden Italiens, und Ludwig Heß würde von dem Studium Claude Lorrains und Poussins schwerlich den Weg zu seiner eigentümlichen Auffassung der schweizerischen Gebirge gefunden haben, wenn er nicht um Schlachtvieh für des Vaters Fleischbank einzuhandeln, zu den Sennen hätte steigen müssen, wobei er in seinem Rechnungsbuche auf der einen Seite die eingekauften Ochsen verrechnete und auf der andern dieselben skizzierte zusamt den Matten und Bergen und Gletschern. Zu derselben Zeit, wo die romantische Schule bei den Historienmalern in München sich Bahn zu brechen begann, war es auch, wo Joh. Jak. Dorner den »heroischen« Styl der Landschaft, wie man es damals nannte, verließ und zum »romantischen« überging. Das heißt, Dorner und seine Genossen, die bis dahin die Formen Claude Lorrains[1] als bestes Vorbild nachgeahmt

---

[1] Claude Lorrain selbst, welcher der Sage nach ja auch bei München Studien gemacht haben soll, war nicht ins Hochgebirge gegangen, sondern, ganz dem landschaftlichen Auge seiner Zeit gemäß, auf der Hochfläche geblieben.

hatten, gingen jetzt in's bayerische Hochgebirge, entdeckten diese wilde, großartige Natur erst wieder für das landschaftliche Auge ihrer Zeit und führten so allmählich zu einem neuen Canon landschaftlicher Schönheit, der sich dem mittelalterlichen wieder in ähnlicher Weise näherte, wie überall die moderne Romantik zum Mittelalter zurückgriff.

Der Genfer Calame zeigt in seinen Alpenwildnissen so ganz und gar das landschaftliche Auge der Gegenwart, dass diese Bilder in keiner früheren Zeit gedacht werden können. In den grellen Gegensätzen mächtiger oft harter Formen und extremer Töne ersteht hier eine Gattung landschaftlicher Schönheit, die mit der plastischen Würde eines Poussin'schen Gebirgsprospektes wie mit dem stillen Frieden eines Ruysdael'schen Waldesdickichts gleich wenig gemein hat. Wie ganz anders als bei Calame wurde dieselbe schweizerische Natur von den zahlreichen Malern angeschaut, die zu Anfang dieses Jahrhunderts Alpenveduten malten! Sie suchten fast überall das Hochgebirge zum Mittelgebirge herabzudrücken und geben weit eher einen landschaftlichen Kommentar zu Geßners Idyllen als zu der Riesennatur der Alpen, wie wir sie jetzt fassen. Die Natur ist aber die gleiche geblieben, auch das äußere Auge der Menschen: Aber ihr inneres Auge änderte sich.

Die älteren Meister nahmen den Standpunkt für den Aufbau eines Landschaftsbildes, wie heutzutage, gerne aus der Tiefe, wo sich alle Umrisse in den bestimmtesten Linien herausheben. Es war fast Regel, dass der Vordergrund scharf in's Profil gestellt war und oft so tief beschattet, dass er wie eine Silhouette, gegen die ferneren Gründe abstach. Dagegen ist es eine Lieblingsgrille der ächten Zopfzeit, Landschaften und Städteprospekte aus der Vogelperspektive zu zeichnen, wo jede Erhebung des Bodens möglichst verflacht, jede klare Sonderung der einzelnen Gründe möglichst verwischt erscheint.

Als Goethe von Messina nach Neapel zurückschiffte, schrieb er beim Anblick der Scylla und Charybdis: »Man hat sich bei Gelegenheit beider in der Natur so weit auseinander stehenden, von dem Dichter so nahe zusammengerückten Merkwürdigkeiten über die Fabelei der Poeten beschwert und nicht bedacht, dass die Einbildungskraft aller Menschen durchaus Gegenstände, *wenn sie sich solche bedeutend vorstellen will, höher als breit imaginiert* und dadurch dem Bilde *mehr Charakter, Ernst und Würde* verschafft. Tausendmal habe ich klagen hören, dass ein durch Erzählung gekannter Gegenstand in der Gegenwart nicht mehr befriedige; die Ursache hiervon ist immer dieselbe: Einbildung und Gegenwart verhalten sich wie Poesie und Prosa; *jene wird die Gegenstände mächtig und steil denken, diese sich immer in die Fläche verbreiten.* Landschaftsmaler des sechzehnten

Jahrhunderts gegen die unsrigen gehalten geben das auffallendste Beispiel.«

Aus dieser kleinen Bemerkung ließe sich eine Fülle der treffendsten Sätze entwickeln. Für uns nur das Eine: Um ihres ganzen phantastisch-romantischen Kunstideales willen mussten die mittelalterigen Maler ihre Landschaften steil, schroff, eng gepackt zur Höhe führen. Ihre landschaftlichen Hintergründe sind – in jenem Goethe'schen Sinne – mehr gedichtet als gemalt. Es ist nicht die porträtierte irdische, sondern eine gedachte heilige Landschaft, welche überall so alpenhaft vor ihrem Geiste stand. *Sie übertrug sich dann aber auch auf das eigentliche Naturporträt und bestimmte das landschaftliche Auge der Zeit.* Aus der biblischen Poesie der Hebräer hatte die christliche Welt (und nicht bloß die germanische) eine Begeisterung für das Naturschöne gewonnen, wie sie sich an der antiken Kunst nicht entzünden konnte. Mit der tieferen christlichen Erkenntnis Gottes kommt auch die tiefere poetische seiner schönen Erde; und erst als man das Vergängliche dieser schönen Erde aufs Schmerzvollste empfand, begann man sie so sehnsüchtig zu lieben. Es ist darum eine durchsichtige, antirealistische Landschaftsmalerei, wie des Psalmisten, bei jenen frommen Malern; sie strebt auch für den äußeren Sinn nach hohen Formen, nach oben und nach dem Einblick in eine ganze Welt, in einen Kosmos zusammengedrängten Naturlebens, dessen Urbild sie bei allem kindlichen Naturalismus vielmehr in dem Paradies der Phantasie als in der Wirklichkeit geschaut. Die hohen, lichten Bergzacken, nur dem Auge, nicht dem Fuße erreichbar, gehören ja an sich schon halb dem Himmel an. In's Breite dagegen streben die rein von der irdischen Schönheit ausgehenden Landschaften des siebzehnten Jahrhunderts, wie ja auch alle Landschaft in Wirklichkeit breit und langgestreckt vor uns liegt. Das klassische Altertum hatte so wenig als die ihm nacheifernde Zeit der Renaissance und des Rokoko ein ausgebildetes Auge für die Alpenschönheit. Humboldt erwähnt, dass kein einziger römischer Autor der Alpen anders als etwa mit Klagen über ihre Unwegsamkeit u. dgl. malend gedenke, und dass Julius Cäsar die Mußestunden einer Alpenreise benutzt habe, um eine – grammatische Schrift *de analogia* anzufertigen.

Auf Bibelvignetten aus dem achtzehnten Jahrhundert ist das Paradies, also das Urbild jungfräulicher Naturherrlichkeit, als die langweilige Ebene eines völlig hügellosen Gartens dargestellt, in welchem der liebe Gott seine eigene Arbeit bereits korrigiert und mit der Schere eines französischen Gärtners aus den Baumgruppen geradlinige Alleen, Pyramiden u. dgl. herausgeschnitzelt hat. Dagegen ist auf älteren Holzschnitten das Paradies wohl als eine wirkliche hoch anstrebende Wüstenei gegeben, wo dem A-

Adam überhangende Felsblöcke in den Weg treten, die mit dem Begriff des mühe- und gefahrlosen Naturlebens gar seltsam kontrastieren. Unsere Väter sahen in einer lieblichen, reich angebauten Gegend noch häufig ein Bild des Paradieses, während wir viel eher mit jenen mittelalterigen Meistern in einer Urwildnis ausrufen möchten:

»Die unvergleichlich hohen Werke
Sind herrlich *wie am ersten Tag*.«

Bei den landschaftlichen Episoden in mittelaltrigen Bildern findet man fast nie den Wald gemalt. Sollte dies, sollten die bloß dünn, gleichsam mit gezählten Blättern belaubten Bäume der alten Italiener lediglich aus mangelhafter Technik so geworden sein? Das damalige Geschlecht halte doch noch ein ganz anderes Urbild von der ungefälschten und unverkümmerten Herrlichkeit des Waldes als wir, für die fast nur noch ein nach Maß und Elle abgegrenzter, vom Beil verwüsteter forstkultureller Wald besteht. Die dichterische Schönheit des Waldes haben die mittelalterigen Dichter tief genug empfunden; aber ein landschaftliches Auge für denselben gewannen die Menschen erst, als sie aus dem Walde herausgekommen, als sie ihm fremder geworden waren und er selber zu verschwinden begann. So weiß der Bauer im Volksliede manchen zarten Reiz der Naturschönheit dichterisch zu enthüllen: Für die malerische Schönheit der Landschaft dagegen hat er höchst selten einen Blick. Es geht ihm hier noch wie weiland dem Pastor Schmidt von Werneuchen, der den Berlinern den Blick auf ein Gerstenfeld als ein »Wunder der Aussicht« in Hexametern besungen hat. Als der Wald noch die Regel und das Feld die Ausnahme in Deutschland bildete, galten unstreitig die Rodungen, die Oasen des geklärten Landes, das Lichte, Freie für das landschaftlich Anziehendste, während uns, die wir zu viel des Lichten erhalten haben, jetzt wieder die Oase des Waldesdunkels verlockender erscheint.

Nur wer dies erwägt, der begreift, wie z. B. der Palast Karls des Großen zu Ingelheim als ein wahres Lustschloss auf einem für die damalige Zeit überaus reizenden und malerischen Punkte gelegen gelten musste. Mit modernem Auge betrachtet, sind diese Flächen des linken Rheinufers mit ihren Feldern, Weingärten, Sandböden und krüppelhaften Tannenwäldchen höchst langweilig, und man sieht nicht ein, wie ein Kaiser gerade Ingelheim zu seinem Lustsitz erküren konnte, wo er nur den Fluss zu überschreiten oder wenige Stunden stromab zu gehen brauchte, um in einer Gegend von unverwüstlicher Naturschönheit seinen Palast zu bauen. Stellt man sich aber auf die Mauertrümmer des Kaiserhauses und blickt hinaus in die breiten Ebenen des Rheintales, die damals schon geklärtes Land waren, während die jetzt so eintönigen Höhenzüge des linken Ufers noch der Wald deckte, dann mag man wohl die Augenweide des Kaisers ermessen, dessen Schloss am Ausgange des Waldes, gleichsam an der Grenzmark der Nacht und der alten Barbarei in's Lichte hineinschaute, während sich das weite Kulturland des Rheingau's, aus dessen jungfräulichem Boden eben die ersten Reben zu sprossen begannen, vor den Fenstern lagerte, mit den neuen Siedelungen und Straßen geschmückt, gewiss für das Auge jener Zeit ein königlicher Anblick. Es war gleichsam der ganze weltgeschichtliche Beruf nicht bloß des Kaisers, sondern des gesamten Zeitalters versinnbildet, nämlich der Beruf zu roden, zu klären, Licht zu machen. Und so mag dasselbe Landschaftsbild vor tausend Jahren den Leuten imposant und kaiserlich erschienen sein, das uns jetzt, wenn nicht alltäglich, doch höchstens idyllisch vorkommt.

Eben wegen dieses wechselnden landschaftlichen Auges, das ein Auge der weltgeschichtlichen Geschlechterreihen ist, gehört die Landschaftsmalerei, die uns die sicherste Kunde von diesem Wechsel des Blickes gibt, nicht bloß dem Ästhetiker: Der Kulturhistoriker hat auch seine Studien an diesen subjektivsten aller bildlichen Darstellungen zu machen.

Bekanntlich ist auch die schönste Gegend an sich noch kein wirkliches Kunstwerk. Nur der Mensch schafft künstlerisch, nicht die Natur. Eine Landschaft, wie sie sich draußen unserm Blicke zeigt, ist nicht schön an sich, sie hat nur möglicherweise die Fähigkeit *in dem Auge des Beschauers* zur Schönheit vergeistigt und geläutert zu werden. Sie ist nur insofern ein Kunstwerk, als die Natur den rohen Stoff zu einem solchen gegeben, während jeder einzelne Betrachter denselben erst in dem Spiegel seines Auges kunstmäßig gestaltet und beseelt. Die Natur wird nur schön durch einen Selbstbetrug des Beschauers. Darum lacht der Bauer den Städter aus, der sich solchergestalt selbst betrügt, der über die Schönheiten einer Gegend schwärmt, die jenen ganz nüchtern lassen. Denn wer nicht selbst bereits ein Stück von einem Künstler ist, wer nicht im Kopfe selber schöne Landschaften malen kann, der wird draußen nie welche sehen. Die schöne Natur, dieses subjektivste aller Kunstwerke, welches anstatt auf Holz oder Leinwand auf die Netzhaut des Auges gemalt ist, wird jedes Mal ein anderes mit dem geistigen Standpunkt des Sehenden. Und wie bei Einzelnen, so also auch bei ganzen Generationen. Die Erfassung des Kunstschönen ist nicht halb so abhängig von den großen kulturgeschichtlichen Voraussetzungen wie des Naturschönen. Mit jedem großen Umschwung der Gesittung erzeugt sich auch ein neuer »Blick« für eine andere Art landschaftlicher Schönheit.

Dies greift so tief, dass man sich wohl gar der Täuschung hingeben könnte, verschiedene Zeiten hätten nicht nur mit unterschiedlichem Geistesauge, sondern auch mit anderer Sehkraft die Naturschönheit angeschaut. Die meisten alten Meister haben ihre Landschaften gemalt mit dem Blicke eines Fernsichtigen: Wir glauben in der Regel weit größere Naturwahrheit zu erreichen, wenn wir sie gleichsam aus dem Blicke eines Kurzsichtigen heraus malen. Ein fernsichtiger Maler wird in der Regel geneigter sein, da eine plastische Landschaft zu malen, wo ein Kurzsichtiger sich ein Stimmungsbild herausschaut. Schon die Bäume der alten Italiener, an denen die Blätter gezählt sind, mögen diesen Vergleich erläutern. Die landschaftliche Szenerie Van Dycks und seiner Schüler ist nicht selten gemalt, als ob der Künstler die Hintergründe durch ein Perspektiv und den Vordergrund unter einem Vergrößerungsglas betrachtet hätte. Johann Breughel malt seine lieblichen kleinen Landschaften noch mit einer so detaillierten Bestimmtheit der Umrisse, namentlich des Baumschlags, er zeichnet das Gewimmel seiner kleinen Figuren mit so scharfen Linien hinein, dass uns das Ganze viel mehr wie in dem Auge eines Adlers als eines Menschen angeschaut erscheint. Dagegen vermissen wir das Einheitliche und Unterscheidende der Gesamtstimmung, das Zusammenfassen großer Gruppen, den Blick für die »Landschaft« als organische Totalität. Erst Claude Lorrain und Ruysdael weiden hiefür epochemachend; sie sind auch in diesem Sinne die Ahnherren der *modernen* Landschaftsmalerei: Wo die Alten noch die Blätter, Blumen und Gräser gezählt und mühselig nachgebildet haben, da haben wir jetzt breite, allgemeine, bis auf einen gewissen Grad konventionelle Formen des Baumschlages, der Wiesengründe etc. angenommen. Diese sind im Einzelnen viel weniger naturgetreu als die miniaturartigen Nachbildungen des Details, im Ganzen haben sie aber doch wiederum eine tiefere Naturwahrheit und Kunstwahrheit. Sehen wir doch gegenwärtig mitunter Künstler, die fast ihre ganze Lebensaufgabe darein setzen, Landschaften zu malen, die fast gar keine plastisch bestimmten Formen mehr haben, reine Stimmungsbilder, wie wenn etwa Zwengauer nicht müde wird, kahle Moorgründe darzustellen, etwas Wasser im Vordergrund, eine gestaltlose Fläche Landes in der Mitte, die Feuerglut des Abendrots darüber, die mit einem gewaltigen Stück immer dunkeler werdender Luft den größten Teil des ganzen Bildes ausfüllt. Es werden uns da gleichsam Feuer, Wasser, Luft und Erde, die vier Elemente als solche, am Dachauer Moose vordemonstriert und zu einem landschaftlichen Accord verbunden. Für solche *reine* Stimmungsbilder hatten die alten Meister entschieden gar kein Auge. Erstünde ein Maler des fünfzehnten oder sechzehnten Jahrhunderts aus seinem Grabe und schaute selbst unsere besten Landschaftsgemälde, so würde er sicherlich wenig Freude daran haben; er würde sie für eine Kleckserei halten, ausgeführt nach dem Rezept, nach welchem man den schönsten Baumschlag erhalten soll, wenn man einen in grüne Farbe getauchten Schwamm wider die Wand wirft.

Es ist auch nicht bloß das landschaftliche Auge, welches solchergestalt in den letzten drei Jahrhunderten von dem Blick für's Einzelne zu dem Blick für's Ganze fortgeschritten ist. Bei den Historienmalern finden wir dieselbe Erscheinung, bei den Dichtern, den Musikern, den Gelehrten nicht minder. Eine Bach'sche Suite ist ganz ähnlich wie eine Breughel'sche Landschaft gleichsam unter dem Mikroskop gearbeitet, und man findet jetzt leichter hundert Geschichtsphilosophen, die sich die Geschichte »als Kunstwerk« im Großen und Ganzen vortrefflich zu konstruieren verstehen, denn einen einzigen Chronisten, der sich mit dem toten, blätterzählenden Fleiß vergangener Jahrhunderte in unendliches Einzelwerk verlöre. Nicht bloß Landschaften, die ganze Welt schauen wir mehr auf die Gesamtharmonie als auf das Auseinandergehen der Einzelfiguren an.

Für die Erkenntnis des landschaftlichen Auges einer Zeit sind oft die wirklich künstlerischen Darstellungen viel weniger richtig als die fabrikmäßigen Modestücke des künstlerischen Handwerks; denn sie lassen am meisten auf das Auge des ganzen Publikums schließen. Daher ist uns z. B. jene Passion für nach einem bestimmten Leisten handwerksmäßig gefertigte Rheinlandschaften, Schweizerbilder, italienische Vedutten usw., wie sie periodisch hervorbricht und wieder verschwindet, hier wichtiger als die Auffassung so manches genialen Chorführers der landschaftlichen Kunst, welche vielleicht für die Zukunft, selten aber für die Gegenwart den Ton angibt. Es existiert eine eigene Anleitung, Rheinlandschaften zu machen und dieselben untrüglich in dem ächten Rheinkolorit zu färben, die neben den Anleitungen, besten Essig, bestes Siegellack u. dgl. zu bereiten vor etwa fünfundzwanzig Jahren – ich weiß nicht, ob etwa auch gleich jenen als Geheimrezept versiegelt – im Buchhandel versandt worden ist. Unter dem echten Rheinkolorit war darin der weiland beliebte sentimentale, neblig verschwommene Ton bei möglichst matten Halbtinten gemeint, und dass man ein solches Büchlein schreiben und mit Vorteil verkaufen konnte, gibt eben lehrreiche Winke für das damalige landschaftliche Auge der großen Menge, und der Ton jenes untrüglichen Rheinkolorits ist in seiner Art auch ein Farbenton der Zeit. So ließe sich jetzt, wo man Alpenlandschaften selbst auf rohe Geschiebsteine aus den Alpenflüssen (zu Briefbeschwerern) malt, sehr bequem ein Rezept für das ächte Hochgebirgskolorit schreiben. Von einem fast mit reinem Berlinerblau gemalten Himmel müssen sich möglichst schroffe Bergspitzen im dicksten Venezianerweiß abheben, gegen diese kontrastiert dann wieder ein Mittelgrund, halb aus schwarzgrünen Föhrengruppen, halb aus einem recht giftig gelbgrünen Wiesenplan zusammengesetzt; die Felsen des Vordergrundes endlich müssen in jenen grellen Ockertönen gehalten sein, wie sie direkt aus der Farbenblase herauslaufen. Solche Fabrikware ist für den Kulturhistoriker eine eben so notwendige Ergänzung zu Zimmermann und Schirmer und Calame, wie jenes »ächte Rheinkolorit« zu Koch und Reinhard, zu Schütz und Reinermann.

Verweilen wir noch einen Augenblick bei den Rheingegenden, die fast zwei Jahrhunderte lang der gangbarste landschaftliche Modeartikel in Deutschland waren. Bereits im siebzehnten Jahrhundert bildete es eine Art Industriezweig, sogenannte »Rheinströme« handwerksmäßig zu verfertigen. Wie wir jetzt Rheingegenden auf Tellern, Tassen, Blechwaren und Taschentüchern anbringen, so wurden damals spanische Wände, Kamine, Fensternischen, selbst Türgewandungen, namentlich aber die Flächen über den Türen (wenn auch im Frescostil des Weißbinders) mit »Rheinströmen« geschmückt. Aber diese Rheinströme sind himmelweit verschieden von dem, was jetzt, unsere Rheinansichtfabrikanten liefern. Ein ganz anderes Auge steckt in beiden. Sie haben höchstens das Wasser gemein. Bei den alten »Rheinströmen« sind meist gerundete Bergformen, wo wir jetzt das Eckige der wirklichen Rheinberge wo möglich noch eckiger machen; die Burgen sind, als zu barbarischen Geschmackes, oft weggelassen oder in eine Art römischer Ruinen umgewandelt; die Porträtierung ist so frei, dass sie aufhört, Porträt zu sein, und doch glaubte man das eigentliche Motiv der rheinischen Natur nur umso mehr festgehalten zu haben. Das bunteste Treiben von Menschen und Tieren, Schiffen, Flößen und allerlei Landfuhrwerk bildete die Hauptzierde; es musste ameisenartig wimmeln auf einem solchen Rheinstrom, wenn er recht schön sein sollte. Schon in Saftleewens Rheinströmen wird uns diese Liebhaberei anschaulich. Obgleich dort noch ein sehr reines Auge für die Bergformen und den architektonischen Schmuck der Gegend sich bekundet, so zeigt doch das eintönige, unnatürlich weiche und duftige Kolorit das Streben, die Gegensätze der Formen wieder zu sänftigen und auszugleichen, während das Leben erst durch die maßlos reiche Staffage, die jeden Fels, jedes Tal und besonders den ganzen Fluss von Menschen wimmeln lässt, in die Landschaft gebracht werden soll. Das sind recht eigentlich Kulturlandschaften, die uns in der Spur der menschlichen Arbeit den schönsten Reiz der Gegend erschauen lassen, wie sich dann die ganze Zeit, da sie gemalt wurden, aus den Verwüstungen des Dreißigjährigen Krieges hinaussehnte nach jenem Gewimmel der Arbeit und des festlichen Vergnügens, das sich aber weit weniger auf dem wirklichen Rhein als auf den gemalten »Rheinströmen« des siebzehnten Jahrhunderts bereits wieder finden mochte. Einen noch deutlicheren Begriff als

Saftleewen gibt uns Johannes Griffier von den Musterbildern der handwerklichen alten Rheinströme. Griffier malt aus seiner Phantasie heraus ein idyllisches Flusstal, geschmückt mit römischen Ruinen, wie sie niemals am Rhein standen, belebt von allerlei vergnüglichen Menschen, wie sie damals schwerlich so scharenweise in unsern verödeten Gauen zu finden waren. Das heißt dann ein »Rheinstrom.« Griffier glaubte aber gewiss die ganz reale rheinische Natur erschaut zu haben; er klügelte sich seine Bilder nicht in der Stube aus, sondern auf dem Kahn malte er seine Phantasiestücke frischweg nach der Natur. Er hat auch die reale rheinische Natur erschaut, aber er erschaute sie mit dem idealistischen Auge des siebzehnten Jahrhunderts.

Hält man derlei Werke zusammen mit den späteren Arbeiten eines Schütz oder Reinermann, die den gleichen Gegenstand behandeln, und vergleicht beides wiederum mit unsern modernen Rheinlandschaften, dann begreift man oft kaum, wie in diesen unendlich verschiedenartigen Auffassungen auch nur derselbe Naturcharakter, geschweige denn das nämliche Porträt wiedergegeben sein soll. Während wir z. B. bei Saftleewen die Rheingegenden immer wie in einen zarten Duft gehüllt schauen, rühmte man es vor siebenzig Jahren umgekehrt von dem älteren Schütz, dass er seinen Rhein- und Mainbildern immer die reinste Luft gebe und nie eine Spur von Dunst in der Atmosphäre zeige! Gegen beides halte man nun wieder die Rheinveduten in der modernen Stahlstichmanier mit den schweren tropischen Gewitterhimmeln, den schwarzen Wolkenschichten, zwischen denen dicke, grelle Lichtströme durchbrechen und ähnlichen gewaltsamen Beleuchtungseffekten! Man könnte meinen, Sonne, Luft und Wolken, Wasser und Berge und Bäume und Felsen seien mit den Jahrhunderten andersgeartet, die Natur selber habe sich umstilisiert, wenn wir nicht zu genau wüssten, dass nur das Auge des Menschen inzwischen andersgeartet ist, dass jede Generation in einem andern Style *sieht*.

Die Meister des fünfzehnten und sechzehnten Jahrhunderts schauten die Landschaft noch unvergleichlich objektiver an wie wir. Wo heller Frühling oder Sommer ist, wo alle Bäume grünen und alle Blumen blühen, der Himmel wolkenlos im tiefsten Blau erglänzt, das volle, freudige Mittagssonnenlicht alle Formen in leuchtender Klarheit voneinander abhebt: da ist ihnen die ächte landschaftliche Schönheit. Es war nicht mangelnde Technik, dass jene Leute keine falben Herbstbilder, keine Donnerwetter- und Regenlandschaften, gleich uns, malten. Sie waren in anderen schwierigeren Stücken technisch so weit, dass sie gewiss auch einen grauen Himmel statt eines blauen und rotgelbe Bäume statt grüner herausgebracht hätten, wenn es ihnen ernstlich darum zu tun gewesen wäre. Aber mit ihren viel helleren ihren viel helleren Augen sahen sie die Landschaft viel heller als wir, und darum mussten sie notwendig dieselbe auch also malen. Wer mittelalterliche Lyrik, wo der gleiche sonnige Frühlingston über allen Versen schillert, moderner Lyrik gegenüberhält, der wird dieser Notwendigkeit noch tiefer innewerden. Uns ist es eben so notwendig, den Spiegel unserer eigenen leidenschaftlichen Erregtheit in dem Pathos der stürmenden, trauernden, herbstlich absterbenden, verödeten, verwilderten landschaftlichen Natur zu suchen, wie jene Männer ihr beruhigtes Wesen in der Mittagsklarheit des friedlichsten Frühlingstages wiederfanden. Sie malten also eigentlich Stimmungsbilder so gut wie wir. Nur dass sie gleichsam die allgemeinste Grundstimmung der Naturschönheit festzuhalten suchten, indes wir nach den individuellsten, wandelbarsten Stimmungen haschen. Sieht man doch gegenwärtig bereits landschaftliche Theaterkulissen, die als sentimentale Stimmungsbilder gemalt sind, Bäume als Vordergrundsversetzstücke, auf deren verwaschenem braungrünem Laub ein elegischer spätherbstlicher Ton ruht und die dann allabendlich zu jeder Konversationsszene, zu jeder leichtfertigen Lustspielsituation wieder hervorgeschoben werden, eine Satire auf das innere Auge unserer Zeit. Ja man kann in einer deutschen Kunsthauptstadt Schilder von Wurstmachern sehen, auf denen Würste, Schinken, gesalzene Schweinsrippen und Schwartenmagen in glänzender Technik appetitlich gemalt sind und zwar auch als »Stimmungsbild,« indem sich jener weiche melancholische Duft, mit dem unsere Landschaftsmaler so gern kokettieren, auch über diese Würste und Schinken lagert, dass es fast aussieht, als seien sie alle schimmelig geworden. Das ist auch noch etwas vom landschaftlichen Auge unserer Zeit.

Der Wechsel des durch große Meister konventionell gewordenen Stils, die Ausartungen und Fortschritte der Technik usw. spielen bei allen diesen Dingen allerdings eine große Rolle mit und neben dem wechselnden Blick. Allein wie wesentlich es doch auch immer auf den letzteren ankommt, das mag man da recht deutlich merken, wo es sich um Architekturlandschaften, überhaupt um die Porträtierung alter Werke der Bildnerei und Baukunst handelt, die man in verschiedenen Zeiten gar verschiedenartig angesehen und also auch dargestellt hat, während doch die Originale wahrlich durch alle Jahrhunderte dieselben geblieben sind.

Die reinste gotische Architektur, in der Zopfzeit porträtiert, sieht fast immer zopfig aus. Der in organischer Notwendigkeit durchgeführte Blätter- und Rankenschmuck wird, ohne dass es der Zeichner merkt, zum willkürlich geschweiften Rokokoschnörkel, die zur Höhe aufstrebenden Proportionen dehnen sich in die Breite, sodass man meinen sollte, auch das Augenmaß wechsele. An dem Gebäude selber aber ist seit seiner Erbauung vielleicht kein Stein verrückt worden; der Zopf war gewiss nicht in das Original gefahren, er steckte nur im Auge des Kopisten. Am auffallendsten mag man dies sehen an den Städte- und Architektur-Prospekten, wie sie im Holzschnitt den zahlreichen topographischen Weilen des sechzehnten und siebzehnten Jahrhunderts beigegeben sind. Fast jeder mittelalterliche Thurm trägt hier das Gepräge der Renaissance, jeder Spitzbogen wird möglichst zum Rundbogen zusammengedrückt, so fest saßen diese neuen Formen damals den Leuten in Auge und Hand. Man hatte auch in diesem äußeren Sinn kein Organ mehr für die alten Linien. Peter Neefs, der berühmte Architekturmaler dieser Zeit, stand freilich auf solcher Höhe der Kunst und Technik, dass er die Perspektiven seiner gotischen Kirchen vollkommen korrekt wiedergibt; er hatte sich in diesem Stück die Objektivität des künstlerischen Blickes gerettet, die in den vorgedachten handwerksmäßigen Arbeiten durchaus fehlt: Dennoch verleugnet er auch hierin nicht ganz das Kind seiner Zeit. Er malt z. B. seine Innenräume gotischer Dome fast immer auf breite Tafeln von geringer Höhe, wodurch die Spitzbogen und Gewölbstrukturen des Vordergrundes oben abgeschnitten werden. Trotz der mathematisch genauen Zeichnung bekundet also doch die Gesamtanlage des Bildes, dass die Zeit Peter Neefs kein rechtes Auge mehr für das Prinzip, den Geist der Gotik hatte, sonst würde der Meister nicht gerade die entscheidenden Schlussformen der Pfeiler und Wölbungen durch die willkürliche Horizontallinie des Rahmens weggeschnitten haben. So malt Neefs in der Tat strenge Gotik, aber doch sehen wir seinen Bildern das siebzehnte Jahrhundert an, welches die mittelalterlichen Formen, wenn's hoch kam, mit dem äußeren, nicht aber mit dem inneren Auge richtig zu schauen vermochte.

Die antike Statue quillt in allen Umrissen auf unter dem Bleistift des Zeichners aus dieser Zeit, jeder Muskel wird breiter, voller, üppiger, obgleich der Zeichner sicherlich glaubte, er habe ihn mathematisch genau wiedergegeben. Die griechische Göttin sieht gar nicht mehr so spröde drein, sie ist kokett geworden: Die Jungfrau wird zum Weibe, weil dem Zeitalter das jungfräuliche Auge fehlte, weil sie die vollbusigen Rubensschen Frauengestalten und Buonarottis aufquellendes Muskelspiel überall nicht bloß in das schaffende, sondern auch in das *empfangende* innere Gesicht vorschoben. Mignon malte damals die Blumen am liebsten auf der Stufe ihrer voll entfalteten Pracht, die Früchte in ihrer zum Platzen saftigen Reife; er verschmähte die geschlossene Knospe. Es ist das mehr als eine bloße Liebhaberei dieses einzelnen Meisters: Es ist ein Wahrzeichen für das Auge des ganzen Geschlechts, welches stumpf war für die Schönheit der

Knospe, nicht bloß im Blumenstück, sondern in allen Stoffen der bildenden Kunst.

Dieses Wechselspiel des »Blickes« findet überall statt, wo das Schöne angeschaut wird, am meisten aber bei dem Naturschönen, weil dieses als solches im Blicke erst erzeugt werden muss. Stätiger bleibt schon das Auge für das Kunstschöne.

In der Jugend hat man ein ganz anderes landschaftliches Auge als im Alter. Darum fühlen wir uns oft sehr enttäuscht, wenn wir nach Jahr und Tag eine bekannte Gegend wiedersehen. Es gibt kein undankbareres Geschäft, als einen Andern von landschaftlichen Schönheiten überzeugen zu wollen; man bemüht sich dann gleichsam, ihm sein eigenes Auge einzuimpfen, was selten gelingt. Dies ist dann weiter die Aufgabe des Landschaftsmalers, sein landschaftliches Auge dergestalt jedem, der sein Gemälde beschaut, einzuimpfen, dass derselbe die nämlichen Schönheiten aus der Landschaft heraussieht, welche das Auge des Künstlers hineingesehen hat. Man muss ihm, wo er das erreicht, wenigstens zugestehen, dass er klar, logisch und im Bewusstsein seiner Effekte gearbeitet habe.

Das landschaftliche Auge ist niemals ein absolutes, und wenn von zehn Menschengeschlechtern jedes den Urkanon landschaftlicher Schönheit in etwas anderem findet, dann hat doch keines durchaus recht oder unrecht. Diese Unsicherheit des landschaftlichen Auges könnte einen Maler verrückt machen, der dann doch einmal definitiv wissen möchte, ob nicht etwa das folgende Jahrhundert mit eben solchem Fug sein Ideal der Naturschönheit belächeln wird, wie wir die landschaftlichen Neigungen des vorigen und vorvorigen Jahrhunderts belächeln. Er könnte dann im Rückblick auf die ungeheuren Schwankungen im Begriff des Naturschönen so irr an seinen Augen werden, dass er zuletzt keine Garantie mehr hätte, ob der Berg, den er als rundförmige Kuppe zeichnet, nicht vielleicht in Wirklichkeit spitzig und zackig ist, während der rundliche Linienschwung nur wie bei jenen Zopfmalern überall sein Auge gefangen hielte. Wenn aber das landschaftliche Auge nur, wie die Juristen sagen, *bona fide* sieht, dann hat es auch für seine Zeit richtig gesehen. Ob uns nun unsere Enkel darüber auslachen werden, dass wir so und nicht anders gesehen, das können wir getrost auf sich beruhen lassen; denn keine Gegenwart hat überhaupt irgendeine Gewähr dafür, dass sie nicht von der nächsten Zukunft ausgelacht wird.

Das musikalische Ohr

1852

Die norddeutsche Stimmung unterscheidet sich im Allgemeinen von der süddeutschen – ich meine die Orchesterstimmung.

Die Wiener Stimmung ist die höchste in Deutschland. Noch höher aber geht man in Petersburg; der Ton, aus welchem man an der Newa spielt, ist der höchste in ganz Europa. Die Klimax des europäischen Kammertons lässt sich in ihren drei Hauptstufen gegenwärtig nach der Orchesterstimmung folgender drei Hauptstädte darstellen, und zwar vom tiefsten Tone zum höchsten aufsteigend: Paris, Wien, Petersburg. Einen *deutschen* Kammerton gibt es nicht, wohl aber Dutzende verschiedener deutscher Kammertöne, einen Wiener, Berliner, Dresdener, Frankfurter u., sodass bei solchem Partikularismus selbst jene oben angedeutete Zweitheiligkeit der nord- und süddeutschen Stimmung nur als eine ganz allgemein zu fassende Hypothese erscheint. Dagegen nimmt man ganz unverfänglich Pariser Ton und französischen Ton für gleichbedeutend. <u>Frankreich zentralisiert auch hier, und man beruft gegenwärtig ein Tridentinum nach Paris, zur Wiederherstellung der Katholizität in der europäischen Orchesterstimmung.</u> Andererseits hat auch Italien keine einheitliche Stimmung. Schon vor hundert Jahren unterschied man dort, vom tiefem zum höhern aufsteigend: römischen, venezianischen und lombardischen Ton. In Rom dürfte man also ungefähr aus dem Pariser Ton spielen, in Oberitalien aus dem Wiener und Petersburger. Ich schreibe keine politischen Metaphern, sondern trockene musikalische Wahrheit.

Sollte aber diese Varietät der musikalischen Stimmung, die ihre historischen Wurzeln weit hinauftreibt, etwas ganz Willkürliches und Zufälliges sein? Schon der deutsche Sprachgebrauch legt in das Wort »Stimmung« einen bedeutungsvollen Doppelsinn. Die gegebene Basis, auf welcher sich die Akkorde der Musik, andererseits die Akkorde des Gemütslebens aufbauen, stempelt er mit dem gleichen Namen.

Es ist eine der reizendsten aber auch schwierigsten Aufgaben der Kulturgeschichte, die gleichsam persönliche Empfindungsweise, welche jedes Zeitalter besonders kennzeichnet, den Ton, auf welchen dasselbe gestimmt ist, zu belauschen, im Unterschied von der Erkenntnis seiner ausgesprochenen Taten und Gedanken.

Diese Aufgabe würde unlösbar sein, wenn nicht die Kunstgeschichte einen Schlüssel dazugäbe. Ich zeigte aber schon im Vorhergehenden bei dem

»landschaftlichen Auge,« dass hierbei weit weniger die historische Würdigung der Kunstwerke als solcher in Betracht kommt, wie die Erforschung der besonderen Weise, in welcher ein Geschlecht das Schöne aufgenommen und genossen hat. Und zwar lässt sich dies wieder besser bei der flüssigsten, subjektivsten Gattung des Schönen, bei dem Naturschönen erkennen, als bei dem objektiveren Kunstschönen.

Der Naturschönheit aber steht in der Kunst die musikalische am nächsten, als die hier wiederum subjektivste, in ihrem Ausdruck allgemeinste, in ihren Formen wandelbarste. Die kulturgeschichtlich so wichtige Erscheinung, dass jedes Zeitalter mit anderm Auge sieht, mit anderm Ohr hört, lässt sich darum nirgends schärfer beobachten, als bei der jeweiligen Auffassung der Naturschönheit und der Grundformen musikalischer Darstellung. Ich spreche also von diesen Grundformen, nicht von den musikalischen Kunstwerken, denn an dem, was man vergleichungsweise die musikalische Naturschönheit nennen könnte, an den Urformen des hohen oder tiefen Tones, der Klangfarbe, des Zeitmaßes, der Rhythmik etc., erprobt sich am reinsten die unbewusste Umwandlung des musikalischen Ohres im Gegensatz zu der bewussten Weiterbildung des künstlerischen Geschmacks.

Vergleichen wir die Orchesterstimmung des achtzehnten und neunzehnten Jahrhunderts. In dem Maße, als die europäische Menschheit leidenschaftlicher, bewegter im öffentlichen und Privatleben wurde, als sich unsere geistige Stimmung erhöhte, hat sich auch unsere Orchesterstimmung höher hinaufgeschraubt, Euler berechnete 1739 die Schwingungen des großen (achtfüßigen) C auf 118 in der Sekunde. Marpurg gibt 1776 für denselben Ton bereits 125 Schwingungen an. Chladni bestimmte dessen Schwingungen im Jahr 1802 schon auf 128, zwanzig Jahre später gar auf 136 bis 138 in der Sekunde. Und inzwischen werden wir immer wieder um ein Merkliches höher hinaufgegangen sein!

Man sieht, seit dem Auftreten der Romantiker ist die Stimmung am heftigsten gestiegen: Zurzeit der klassischen Schule blieb sie sich am längsten gleich. Es war Letzteres die Periode des maßvollsten Künstlertums. Jetzt dagegen dürsten wir nach immer grelleren Tönen, immer höherem Gesang. Mögen alle Geigenquinten springen und alle Sängerkehlen vor der Zeit erschlaffen, wir schrauben dennoch die Stimmung von Jahrzehnt zu Jahrzehnt höher hinauf.

Merkwürdig erscheint hier das im Laufe der Zeit gänzlich herumgekehrte Verhältnis; des Kirchentones zum Kammerton. Noch im achtzehnten Jahrhundert stand der Kirchenton weit höher als der Kammerton, und gewiss noch aus einem tieferen Grund, als weil man solchergestalt Zinn an den Orgelpfeifen hätte sparen wollen. Denn die Schilderung des starken Affektes legten die alten Meister in die kirchliche Musik. Dafür brauchten sie den grelleren Ton. Bach dramatisiert in seinen Kirchenkonzerten weit greller und charakteristischer, als die gleichzeitigen Meister der italienischen Oper. Die Kammer- und Theatermusik, für welche man die tiefere, mildere, angenehmere Orchesterstimmung wählte, spielte meist nur erst mit dem Schein der Affekte. Als Gluck und Mozart die Tragik aus der Kirche auf die Bühne und in's Concert brachten, musste naturgemäß auch der Kammerton in die Rolle des Kirchentons eintreten und so ist der Erstere in der Tat allmählich höher geworden als jener.

Damit hängt eine andere Tatsache zusammen. Händels Opern erscheinen uns konzertmäßig. Bachs Kirchenkantaten in den Arien häufig opernhaft. Viele Nummern dieser Cantaten würden uns heute in der Kirche stören, dagegen dünken sie uns jetzt ausgesuchte geistliche Hausmusik, was sie zu Bachs Zeit gar nicht waren. Wir sind kein kirchlich so heftig erregtes Geschlecht mehr, dass wir Bachs Musik in ihrer ganzen Ausdehnung noch in der Kirche ertragen könnten; dagegen sind wir als Individuen, in der Familie, in der Gesellschaft unendlich viel heftiger erregt, viel höher gestimmt – auch geistlich – als das achtzehnte Jahrhundert: Wir wollen Bach im Concert und im Hause. Der fromme und doch auch so gewalttätige Thomascantor ist ein Hausmusiker geworden durch uns und für uns; für seine Zeit war er es nicht.

Seit hundert Jahren ward der Tonumfang fast aller Instrumente nach der Höhe bedeutend erweitert. Die hohen Lagen, in denen sich jetzt jeder gewöhnliche Geiger bewegen muss, würden damals oft den ersten Virtuosen zu halsbrechend gewesen sein. Die Menschen selber waren noch nicht hoch genug gestimmt, um sich an solch spitzigem Gezwitscher zu ergötzen. Die Flöte des siebzehnten Jahrhunderts stand eine Quart tiefer als die des achtzehnten, in der Terzflöte und dem Piccolo des neunzehnten Jahrhunderts sind wir wieder um eine Terz, ja um eine volle Oktav über das achtzehnte Jahrhundert hinaufgestiegen! Unsere Urgroßväter nannten die tiefste Flöte flauto d'amore, die Alt-Hoboe oboe d'amore, eine tiefe Geige viola d'amore, weil ihr Ohr in den tiefen Mitteltönen vorzugsweise den Charakter des Zärtlichen, Lieblichen, Schmachtenden fand. Jetzt können wir kaum mehr eine Liebesmelodie geigen oder blasen, die nicht in der zwei- und dreigestrichenen Oktav herumkletterte.

Die mustergültigen italienischen Gesangkomponisten aus der ersten Hälfte des vorigen Jahrhunderts legten die Effekttöne für das eigentlich dramatische Pathos, ebenso die Kraftpassagen der Arienschlüsse besonders gern in gern in die Mittellage. Unser anders gestimmtes Ohr fordert diese Effekttöne der Leidenschaft in der Regel so hoch als möglich. Die Altstimme ist als Solostimme aus den Opern fast ganz verschwunden, in denen sie früher so bedeutsam hervortrat. Die hohe Stimmung unsers ganzen inwendigen Menschen hat uns kein Ohr mehr gelassen für den Alt.

Jedenfalls sind wir hier bei einem Extrem angekommen, dem schon der Bau der menschlichen Stimmwerkzeuge widerspricht. Kaum beim Liede verzeiht man noch einen mäßigen und natürlichen Tonumfang. Zu allen Zeiten hatte man dem Liederkomponisten erlaubt, seine Melodien aus möglichst wenigen Tönen aufzubauen. Während der alte Bach in seinen Arien die Singstimme oft aufs Rücksichtsloseste von einer äußersten Grenze zur andern jagt, beschränken sich seine Söhne und Schüler in ihren kleinen deutschen Liedern auf den bescheidensten Umfang. Ähnlich verfuhren die meisten späteren Tonsetzer bis zur Zeit der Romantiker. Da sprengte man auch hier die Fessel. Schubert konnte auf der einen Seite die maßvollsten Lieder setzen, auf der andern die maßlosesten. Es ist manchmal (wie auch bei Beethoven) als empöre sich seine Phantasie dagegen, dass ihr ein Zügel angelegt werde durch die natürliche Grenze der menschlichen Stimme. Allein diese Naturgrenze lässt sich einmal nicht wegschaffen, und wo sie ignoriert wird, geschieht es auf Kosten der Ausführbarkeit. Darum kehrten spätere Romantiker, wie Spohr und Mendelssohn, alsbald wieder zu der bequemen Mittellage als der eigentlichen Stimmlage des Liedes zurück. Über dem Durst nach grellen Klängen hatte man ganz vergessen, dass ein Lied schon um deswillen bequem zu singen sein muss, weil es immer nur andeutend, niemals in voller dramatischer Ausführung vorgetragen werden darf. Fühlen denn unsere Sänger nicht, die seit Schubert so gerne das Lied zur dramatischen Scene machen, wie lächerlich es wäre, wenn ein Vorleser ein Lied mit voller Stimmgewalt deklamieren wollte, gleich dem Dialog eines Dramas?

In dem unschätzbaren Privilegium des Liederkomponisten, für mäßigen Umfang schreiben zu dürfen, ist diesem fast allein vor allen Tonsetzern noch ein Mittel gegeben, allmählich auch auf die Instrumentalmusik zurückzuwirken, und das Ohr unserer Generation wieder umzustimmen, dass ihm die grellen Töne der extremen Stimmlagen wieder verleidet werden, und der Wohlklang kräftiger, leicht und behaglich angeschlagener Mitteltöne wieder zum allgemeinen Bewusstsein komme. Gegenwärtig ist unsere instrumentale Kunst in diesem Punkt geradezu unter die Zwingherrschaft der Klavierfabrikanten und Blasinstrumentenmacher gekommen. Wenn die Klaviatur des Flügels wieder einmal um etliche Töne länger gemacht wird, dann glauben die Komponisten »hinter ihrer Zeit«

zurückzubleiben, wenn sie nicht diese neuen hohen Schrilltöne sofort in ihren nächsten Werken anbringen, und wenn das Blasechor um etliche neue Klappen und Ventile bereichert worden ist, dann müssen flugs die Partituren wachsen nach Maßgabe dieser Klappen und Ventile. Schämt sich die Kunst denn nicht, also unter die Botmäßigkeit des Handwerks geraten zu sein?

Das Ohr des achtzehnten Jahrhunderts bevorzugte diejenigen menschlichen Stimmen, deren Klangfarbe der Geige, der Oboe oder dem Violoncello am nächsten kam, und hielt solche des lyrischen und dramatischen Ausdrucks besonders fähig. Der Kastrat singt, als ob er eine Oboe in der Kehle habe; das ist viel zu herb und glanzlos für unser Ohr. Dieses schätzt jene glänzendere hellere Klangfarbe ungleich höher, welche dem Ton der Flöte, Klarinette oder des Horns entspricht. Die Lieblingsklangfarbe des achtzehnten Jahrhunderts verhält sich zu der des neunzehnten, wie matt angelaufenes Gold zu glänzend poliertem. Die Periode der Romantiker bezeichnet auch hier den Wendepunkt des Geschmacks; Beethoven vollendete die Emanzipation jener Blasinstrumente in der Symphonie. Die vollgriffige moderne Behandlung des Klaviers feierte zugleich ihren Sieg. Sie wirkte für den äußeren Tonglanz dieses Instrumentes ebenso günstig, wie sie allmählich das Ohr des Dilettanten und Musikanten verstopfte gegen die Reize einer einfachen aber charaktervollen kontrapunktischen Stimmführung. So hat denn der Laie heutzutage gar selten mehr ein Ohr für die Feinheiten des Streichquartetts, während andererseits unsere Urgroßväter beim Anhören unserer Blechharmonie- und Militärmusiken unzweifelhaft davon gelaufen wären. Die älteren Symphonien, weil wesentlich auf die Effekte des Streichchores berechnet, erscheinen uns jetzt wie eingedunkelte Bilder. Aber die Symphonien sind ja unverändert geblieben, nur unser Ohr hat sich verdunkelt für die Auffassung der Klangfarbe des Streichquartetts. Dasselbe Orchestertutti, welches in jenen Werken vor siebzig Jahren überwältigend großartig klang, klingt uns jetzt nur noch einfach kräftig. Wir kommen daher bei solchen Symphonien zu der seltsamen Notwendigkeit, dass wir zur Aufhellung unsers auf diesem Punkt verdunkelten Ohres die Streichinstrumente bei einfachem Blasechor doppelt besetzen müssen, um *dieselbe* Wirkung zu erhalten, welche der alte Meister mit einfacher Besetzung erzielt hatte.

Ein höchst wunderliches Ding ist es um die Charakteristik der Tonarten. Zu verschiedenen Zeiten hat man jeder einzelnen Tonart eine ganz andere Ausdrucksfähigkeit, oft die ganz entgegengesetzte Farbe beigelegt. Dem achtzehnten Jahrhundert war G-Dur noch eine glänzende, einschmeichelnde, üppige Tonart: Ja im siebzehnten Jahrhundert nannte Athanasius

Kircher diesen Ton geradezu »tonum voluptuosum.« Uns dagegen gilt G-Dur für eine besonders bescheidene, naive, harmlose, schwach gefärbte, einfache, ja triviale Weise. Aristoteles schreibt der dorischen Tonart, die zunächst unserem D-Moll entspricht, den Ausdruck der Würde und Stetigkeit zu; ein halbes Jahrtausend später nennt auch noch Athenäus diese Tonart eine männliche, prächtige, majestätische. D-Moll hatte also für ein antikes Ohr ungefähr denselben Charakter, den für uns C-Dur hat. Das ist doch in der Tat ein Sprung a dorio ad phrygium. Was aber für die Alten nicht sprichwörtlich, sondern buchstäblich ein Sprung a dorio ad phrygium gewesen, nämlich die Gegeneinanderstellung von D-Moll und E-Moll, das bildet für uns gar so keinen erstaunlichen Gegensatz mehr. Im siebzehnten Jahrhundert findet Prinz dieselbe dorische Tonart, die dem Aristoteles das Gepräge des Würdigen und Stetigen hatte, als D-Moll nicht bloß »gravitätisch,« sondern auch »munter und freudig, andächtig und temperiert;« Kircher hört Kraft und Energie aus dieser Tonart heraus, Matheson ein »devotes, ruhiges, großes, angenehmes und zufriedenes Wesen,« welches die Andacht und Gemütsruhe fördern, dabei übrigens auch zu »ergötzlichem« Ausdruck gewandt werden könne. Dagegen findet der moderne Ästhetiker seit Ch. D. Schubarts theoretischem Vorgang und seit dem Gebrauch, den Gluck und Mozart in der dramatischen Praxis von D-Moll gemacht, das Gepräge weiblicher Schwermut, düstern Brütens, tiefer Bangigkeit in der nämlichen Weise, die für eine frühere Zeit der tonus primus, die besonders männlich würdige und kraftvolle war! Und damit das Maß voll werde, ist es dem Ohr der musikalischen Romantiker unserer Tage durchaus geläufig geworden, auch teuflisches Wüten und Rachetoben, dazu allerlei dämonischen Schauer, mitternachtsgrausigen musikalischen Vampirismus aus D-Moll herauszuhören, wie ja schon die Königin der Nacht der »Hölle Rache,« die in ihrem Herzen kocht, in D-Moll Luft macht, und im Freischütz die Hölle in D-Moll triumphiert. Von C-Dur, der jonischen Tonart, sagt Sethus Calvisius im sechzehnten Jahrhundert, sie sei früher gern zu Liebesliedern gebraucht worden und daher in den Geruch einer etwas mutwilligen und schlüpfrigen Weise gekommen: jetzt dagegen klinge dieser Ton als der helle, kriegerische, mit dem man die Mannen zur Schlacht führe. Das siegesfreudige Kriegslied der protestantischen Kirche, »Ein feste Burg ist unser Gott,« steht darum auch im jonischen Tone, Calvisius wird aber selber stutzig über diesen unglaublichen Wandel in der Auffassung der nämlichen Sache und fügt hinzu, man möchte fast argwöhnen, was jetzt jonische Tonart heiße, das sei früher phrygische genannt worden und umgekehrt. Die Namen haben aber in der Tat nicht gewechselt: Das Ohr hat gewechselt. Wenn vor Calvisius C-Dur die erotische Tonart war, dann galt im siebzehnten Jahrhundert G-Dur dafür, im achtzehnten dagegen, wo die Liebespoesie vom Lustigen und Tändelnden ins Sentimentale umspringt, hat sich auch das musikalische Ohr entsprechend umgestimmt, und schon vor Werthers und Siegwarts Zeit ist das sehnsüchtige, weich schwermütige G-Moll der eigentliche erotische Modeton gewesen, ja Matheson erklärt ihn geradezu für den »allerschönsten Ton,« was für die Nervenstimmung der damaligen Bildungswelt gewiss bezeichnend ist. Wir sind wieder hinausgekommen über diese tränenvolle, weiche Liebesweise und halten A-Dur für eine besonders dem Liebeslied naheliegende Tonart, wie ja auch schon Don Juan seine Liebe der Zerline in A-Dur erklärt.

Seit den Tagen der Romantiker, seit Beethoven, hat sich unser Ohr auch in der Auffassung der Tonarten entschieden vom Einfachen und Natürlichen dem Absonderlicheren zugewendet. In den Tonarten C-, G-, D-, F-, B- und Es-Dur fand das achtzehnte Jahrhundert noch charakteristische Eigentümlichkeiten, die wir kaum mehr herauszuhören vermögen. Dem überreizten modernen Ohr klingen diese einfachen Tonarten flach, farblos, leer; dafür haben wir uns dann immer tiefer in die entlegeneren Tonarten hineingewühlt, und Klangweisen, die unsere Väter nur bei den seltensten und stärksten Affekten anwandten, sind unsern Komponisten bereits zum täglichen Brod geworden.

Aus diesem Chaos der verschiedenen Ohren kann man sich am Ende nur retten, wenn man der Meinung des alten Quanz, des Flötenmeisters Friedrichs des Großen beipflichtet, der nach breitem Für und Wider zu dem Schlusse kommt, im Prinzip lasse sich über die Charaktere der Tonarten gar nichts feststellen, in der Praxis aber werde der Tonsetzer schon fühlen, dass auch nicht alles in allen Tönen gleich gut klinge und darum für jeden einzelnen Fall nach künstlerischem Ohr und Instinkt sich besonders zu entscheiden haben. Ich füge nur noch hinzu: auch nach dem Ohr seiner Zeit. Denn indem Quanz die prinzipielle Entscheidung ablehnt, zeigt er schon, dass sein Ohr sich der damaligen italienischen Tonschule gefangen gegeben hat, die nicht sowohl das Charakteristische, als das einfach Schöne aus der Musik herauszuhören strebte, und, unbekümmert um den damals lebhaft geführten Schulstreit über die Tonarten, ihre Melodien so setzte, wie sie dem Organ des Sängers und den Fingern des Begleiters am bequemsten lagen.

In der ersten Hälfte des achtzehnten Jahrhunderts besaß man noch ein sehr feines Ohr für langsame Tanzmusik. Die große Mehrzahl der damaligen Tanzweisen war nur mäßig bewegt. Unserm modernen Ohr und Pulsschlag dagegen erscheint langsame Tanzmusik als ein Widerspruch in sich. Was zu jener Zeit als tanzbegeisternde Weise den Leuten in die Füße fuhr, das würde uns jetzt einschläfern. Wir begehren stürmisch aufregende Tanzmusik, unsere Vorfahren zogen die heiter anregende vor. Welch ein ganz anders geartetes, ganz anders geschichtlich, politisch, sozial bedingtes Geschlecht ist das gewesen, dem die majestätisch stolzierende Sarabanda, die feierlich bewegte Entrée, Loure und Chaconne, die schäferlich zierliche Musette, der maßvoll schwebende Siciliano, der gemessen graziöse Menuett als Tanzrhythmen ins Ohr klangen, im Gegensatz zu einer Generation, die den wirbelnden Walzer, den stürmisch hüpfenden Galopp, den rasenden Cancan tanzt! In der Oper konnte der tragische Held eine Sarabanda tanzen, und sogar aus den Kirchenchorälen hat das Ohr des achtzehnten Jahrhunderts Tanzmusik herausgehört. Matheson machte (1739) aus dem Choral »Wenn wir in höchsten Nöten sind« einen sehr tanzbaren Menuett, aus »Wie schön leucht' uns der Morgenstern« eine Gavotte; aus »Herr Jesu Christ, du höchstes Gut« eine Sarabande: aus »Werde munter, mein Gemüte« eine Bourrée und endlich aus »Ich ruf' zu Dir, Herr Jesu Christ« eine Polonaise, indem er die Choralmelodien Note für Note beibehielt und nur im Rhythmischen änderte, ganz wie wir jetzt aus Opernarien Märsche, Walzer und Polkas machen. Welche ungeheure Gegensätze des musikalischen Ohrs binnen eines Jahrhunderts! Es liegt in ihnen nicht bloß eine Revolution der künstlerischen Entwicklung gezeichnet, sondern eine noch viel größere der ganzen gesellschaftlichen Sitte.

Bei mehreren musikalischen Schriftstellern aus dem ersten Jahrzehnt des vorigen Jahrhunderts findet man die Bemerkung, der Modegeschmack in der Musik sei damals plötzlich umgesprungen; kurz vorher habe man mit den schnellsten Tempis, den bewegtesten Rhythmen und Figuren den größten Effekt gemacht, jetzt sei langsame, gravitätisch einherschreitende Musik an der Tagesordnung. Im siebzehnten Jahrhundert wurde der Zwölfachteltakt vorwiegend zu Tanzstücken, überhaupt im raschen Zeitmaß gebraucht; im Anfang des achtzehnten Jahrhunderts fühlte man dagegen etwas ganz anderes aus dieser Taktart heraus: Sie ward konventionell für das weiche, sehnsüchtige Adagio. Händel zeigt uns in seinen hüpfenden Giga's und in seinen schleichenden schäferlichen Liebesarien beide Auffassungen des Zwölfachteltaktes nebeneinander. In der zweiten Hälfte des Jahrhunderts verschwindet diese ehemalige Modetaktart fast gänzlich. Überhaupt vereinfacht sich in der Haydn'schen Periode das rhythmische Gefühl und viele Taktarten kommen ganz außer Kurs. Es gibt in diesem Stück keinen größeren Gegensatz als Haydn und Seb. Bach. Haydn generalisiert die Rhythmen, um den möglichst durchschlagenden und allgemein verständlichen Effekt zu erzielen; Bach individualisiert sie zur möglichst subtilsten Wirkung. Haydn und seine Zeit begnügten sich wesentlich mit dem Vierviertel-, Zweiviertel-, Dreiviertel- und Sechsachtel-Takt; er vereinfachte alle denkbaren rhythmischen Formen dergestalt, dass sie sich in einer dieser vier Weisen ausdrücken ließen. Bach gebraucht wenigstens dreimal so viele Taktarten und ist in ihrer Wahl so haarspaltend, dass es sich häufig mehr um eine Spitzfindigkeit in der Bezeichnung, um eine Zunftkoketterie mit den Meistergeheimnissen der Technik handelt, als um einen Unterschied in der Sache. Allein dies quillt bei ihm doch wieder aus einem Gefühl für die zartesten Feinheiten der Rhythmik, wie es seitdem gar nicht wieder da gewesen ist. Das Ohr der ganzen Bach'schen Periode war eben noch weit mehr geschärft für rhythmische Subtilitäten als das unsrige. Um damals im Tanzsaal zu unterscheiden, ob eine Courante aufgespielt wurde oder ein Menuett, ob eine Gavotte oder eine Bourrée, dazugehörte eine Schärfung des rhythmischen Instinkts, von der wahrlich wenig mehr übrig geblieben ist bei unsern tanzenden jungen Leuten, die oft sich noch besinnen, ob das ein Walzer oder Galopp ist, was ihnen die Musik eben mit dem rhythmischen Dreschflegel in die Ohren paukt.

In den ersten Jahrzehnten unsers Jahrhunderts war ein Ohr für die feineren rhythmischen Schattierungen der Tanzmusik fast gar nicht mehr vorhanden, während sich gleichzeitig in der Konzertmusik wieder ein größerer rhythmischer Reichtum entfaltete. Niemals hat man sich durch rhythmisch flachere Tanzweisen anregen lassen, als die jener Walzer, Ecossaisen u., welche man z. B. in den zwanziger Jahren tanzte. Das Ohr für die feineren Abstufungen der »Tanzbarkeit« im musikalischen Rhythmus war damals förmlich verdunkelt und eingeschlafen. Jetzt erwacht es zusehends wieder. Unsere Polkas, Mazurkas u., auf die scharfe, originelle Rhythmik nationaler Volkstänze basiert, sind gute Vorboten dafür. Aber ist es nicht ein bedeutsamer Wink für den Kulturhistoriker, dass der Sinn für die feinere Tanzrhythmik zu ersterben begann zur Zeit der Französischen Revolution und sich in den rauen Tagen des Napoleonischen Weltsturmes und dem nächstfolgenden Jahrzehnt am gründlichsten erloschen zeigte, während im Zeitalter Ludwigs des Vierzehnten das Ohr für die Feinheiten der Tanzrhythmik am allgemeinsten und höchsten ausgebildet erscheint? Und mit der wiedererwachten Lust am Rokoko schärft sich auch das moderne Ohr wieder zusehends für die Feinheiten der Tanzrhythmen.

Wir sind ganz in demselben Maße rascher im Tempo geworden, wie wir höher hinaufgestiegen sind in der Stimmung. Wir leben noch einmal so schnell wie das achtzehnte Jahrhundert, darum musizieren wir auch noch einmal so schnell. Schon einen Haydn'schen Menuett vermögen unsere meisten Musiker nicht mehr vorzutragen, weil sie kein Ohr und keinen Puls mehr haben für die behaglich gemäßigte Bewegung dieser Tonstücke. Das ruhig gemütliche Andante, in welchem unsere klassische Zeit so manches ihrer klarsten und reinsten Tonbilder dargestellt, ist ein von den modernen Romantikern geradezu verpöntes Tempo. *Comodo, commodamente*, bequem, war vor hundert Jahren eine sehr beliebte Bezeichnung der Vortragsweise einzelner Musikstücke. Diese Überschrift ist bei uns ganz außer Kurs gekommen, und wir versteigen uns viel häufiger bis zum *Furioso*, als dass wir beim *Comodo* sitzen blieben. Auch die alten Meister hatten eine Gattung von Tonstücken mit der Überschrift *Furia* es war aber mit dem Wüten so ernstlich nicht gemeint, denn die *Furia* war ein Tanz. Die Franzosen hielten vor alters den ganz langsamen Triller für besonders schön, der uns schülerhaft lächerlich klingt, dagegen würde man die bewunderten rapiden Triller unserer besten heutigen Sängerinnen vor 150 Jahren wahrscheinlich Bockstriller genannt haben. Beiläufig bemerkt hatten die Leute vor 200 Jahren auch noch ein Wohlgefallen daran, den Triller mit der Terze statt mit der Sekunde zu schlagen, was schon im achtzehnten Jahrhundert nur noch die Dudelsackpfeifer festhielten, während es unserm Ohr vollends Gräuel und Barbarei geworden ist.

Vor hundert Jahren galt es für ein Wagnis, dem Publikum ein Adagio im Konzertsaal vorzuführen. Gleichzeitige musikalische Schriftsteller warnen nachdrücklichst vor diesem Experiment. Ein getragenes, schwermütig ernstes, in stiller Leidenschaft glühendes Tonstück war der behäbig vergnüglichen Gesellschaft jener Tage eben so selbstverständlich langweilig, wie unserm großen Publikum ein Fugensatz. Man suchte heitere Anregung durch die Musik, keine ergreifende Aufregung. Darum bequem langsames Tempo, aber kein Adagio. Wagte man ja in der galanten Schreibart ein Adagio, so musste der Spieler dasselbe durch allerlei frei hinzugefügten Schmuck von Passagen und Kadenzen, durch improvisierte Triller, Gruppettos, *pincements, battements, flattements, doublés* etc. erst amüsant und kurzweilig machen. »Im Adagio,« sagt Quanz in Betreff des Vortrags, »muss jede Note gleichsam *karessiert* werden.« Beim Vortrag unserer heroischen Adagios verlangt man eher, dass jede Note malträtiert werde. Es ist eine gewichtige kulturgeschichtliche Tatsache: Die erste Hälfte des achtzehnten Jahrhunderts hatte noch kein Ohr für das sentimentale weibliche Adagio. Bachs und Handels Adagios sind noch alle männlichen Geschlechts. Und nun, welche merkwürdige Umstimmung des musikalischen Ohres, als in der zweiten Hälfte desselben Jahrhunderts die butterweichen Adagios der Tageskomponisten mit einem Mal alle schönen Seelen in sanfter Rührung zerschmelzen ließen! In derselben Zeit, wo die Werther- und

Werther- und Siegwarts-Periode in der Literatur eingetreten ist, gewinnen die Laien ein Ohr für das Adagio. Wie wenig hat man noch den innigen Verkettungen der musikalischen Entwicklung mit der literarischen nachgeforscht! Der ganze Siegwart ist ja nichts anderes, als ein zerfließendes Pleyel'sches Adagio in breite Worte übersetzt. Eine unbezahlbare Stelle im Siegwart handelt vom Adagio. Siegwart und sein Schulfreund spielen eines Abends auf der Geige ein Adagio von Schwindl: »Und nun spielten sie so schmelzend, so bebend und so wimmernd, dass ihre Seelen weich wie Wachs wurden. Sie legten ihre Violinen nieder, sahen einander an mit Tränen in den Augen, sagten nichts als: »vortrefflich« – und legten sich zu Bette.« Drastischer ist das plötzlich dem Adagio erschlossene Ohr der Sentimentalitäts-Periode nirgends gezeichnet worden! Es wurde von da an ein förmlicher Unfug mit der Adagioseligkeit getrieben. In der Jean-Paul'schen Zeit schrieb man sich die Sentenz in die Stammbücher: dass ein schlechter Mensch kein Adagio spielen könne, verwandten blühenden Unsinns nicht zu gedenken. Der Moment aber, wo wir ein Ohr für's Adagio gewonnen, bleibt kulturgeschichtlich epochemachend.

Dass in der Harmonie Vieles, was für unsere Vorfahren überraschende Gegensätze bildete, uns im Gegenteil wenig überrascht, vielmehr trivial dünkt, ist nicht auffallend. Aber dass dem Ohre eines Zeitalters Harmonienverbindungen völlig falsch und unsinnig klingen, die dem Ohre einer andern Zeit schön und naturgemäß geklungen haben, dies ist doch eine rätselhafte Tatsache. Schon die grellen und unvorbereiteten Dissonanzen, die wir jetzt häufig für sehr wirkungsreich halten, haben vor hundert Jahren für ohrzerreißend gegolten. Mehr noch. Die schauerlichen Quartenfolgen in den Diaphonien des Guido von Arezzo aus dem elften Jahrhundert widerstreben unserm Ohr so sehr, dass die äußerste Selbstüberwindung geübter Sänger dazugehört, um solche Harmonienverbindungen überhaupt nur aus der Kehle zu bringen. Und doch müssen sie dem mittelalterlichen Ohr schön und naturgemäß geklungen haben! Sogar Hunde, welche moderne Terzen- und Sextengänge ruhig anhören, fangen jämmerlich zu heulen an, wenn man ihnen die barbarischen Quartengänge der Guidonischen Diaphonien auf der Geige vorspielt! Diese historisch konstatierte Umstimmung des musikalischen Ohres ist in der Tat unbegreiflich. Sie mag uns aber auch ahnen lassen, wie vollends erst mittelalterliche Hunde heulen würden, wenn man ihnen etwa Modulationen aus dem Tannhäuser vorspielen könnte.

Die Konzertmusik der ersten Hälfte des achtzehnten Jahrhunderts war *in ihrer trivialen Masse* eine »Belustigung des Verstandes und Witzes.« Wie man jetzt »Volksmusiklehren« schreibt, so schrieb man damals Anleitungen, »wie ein *Galanthomme* einen vollkommenen Begriff und Gout von der Musik erlangen könne,« und Matheson sagt, nicht satyrisch, sondern im Ernst:»Sonst forderte man zu einer Komposition nur zwei Stücke, nämlich *Melodiam et Harmoniam*. Man würde aber bei jetzigen Zeiten sehr schlecht bestehen, wofern man nicht das dritte Stück, nämlich die *Galant*erie hinzufügte, welche sich dennoch auf keine Weise erlernen noch in Regeln verfassen lässt, sondern bloß durch einen guten *Goût* und gesundes *Judicium akquirie*rt wird. Wollte man eine *Comparaison* haben, und wäre der Leser etwa nicht *galant* genug, zu begreifen, was die *Galanterie* in der *Musique* bedeute, so könnte ein Kleid dazu nicht undienlich sein, als an welchem das Tuch die so nötige *Harmonie*, die *Façon*, die geziemende *Melodie*, und dann etwa die *Borderie* oder *Broderie* die *Galant*erien vorstellen möchte.«

Bei einem so schneidermäßigen Kunstgeschmack der damaligen galanten Welt ist es dann umso mehr zu bewundern, wenn ein einsamer großer Geist wie Sebastian Bach seine besten Gedanken und eigensten Formen auch in der Konzertmusik zu entfalten wagte. Freilich musste er darum auch einsam bleiben.

Jene Musik aber »zur Belustigung des Verstandes und Witzes« liebte kurze Stücke, knappen Periodenbau, kleine Takte, häufige Wiederholungen desselben Gedankens. Das alles erfasst das verständige Ohr leicht, und ergötzt sich an der Vergleichung der in gleicher oder veränderter Form wiederkehrenden Themen. Wir bringen dagegen fast immer ein träumendes, selten ein verständig vergleichendes Ohr mit zur Musik. Darum ist die moderne Musik viel einflussreicher, aber auch viel gefährlicher als die alte. Die Musikstücke wachsen von Jahr zu Jahr mehr in die Länge, damit man während des Vortrags derselben gehörig austräumen kann. Der Periodenbau ist unendlich verwickelter geworden. Früher genügten vier Takte für eine einfache melodische Phrase, dann sechs, dann acht, jetzt kaum zwölf und sechzehn. Der alte ehrenwerte Schicht nannte den jungen Beethoven, als er die breitere Architektonik des Periodenbaues in dessen Kompositionen zuerst kennenlernte, ein musikalisches Schwein. Er hörte den Mann der Zukunft mit dem Ohr seiner vergangenen Zeit und hatte insofern ganz recht. Den Leuten aus der frühen Periode des achtzehnten Jahrhunderts würden Beethovens Kompositionen jedenfalls unsäglich konfus und schwülstig, ja als Produkte eines musikalischen Wahnsinns, dazu von den gröbsten stylistischen und grammatischen Schnitzern wimmelnd erschienen sein, wie sie es ja mitunter auch noch den älteren Zeitgenossen des Meisters waren. Es ist das Aussprechen dieser Tatsache aber nachgerade bedenklich geworden; denn jeder musikalische Esel folgert jetzt, *weil* seine Arbeiten niemand gefallen, darum sei auch er ein Beethoven.

Die knappen Gedanken und Phrasen der alten Meister sind unserm träumenden musikalischen Ohr störend, beunruhigend, sie wecken uns auf. Die modernen Musiker vermögen diese allzu kurz gepackte Schreibart äußerst selten mehr eindringlich vorzutragen, weil sie nicht gewohnt sind, in so kurzen Absätzen Forte und Piano und melodischen Ausdruck zu wechseln: Sie haben nur noch Ohr und Hand für breit auslaufende Perioden, ellenlange Fortes, Pianos und Crescendos. Die überwiegende Masse der ältern Kammermusik des achtzehnten Jahrhunderts hat für unser Ohr etwas nüchtern Rationalistisches.

Die verstandesmäßige Tonmalerei jener Zeit verhält sich zur modernen Tonmalerei wie die gemalte Allegorie der Zopfzeit zu Kaulbachs symbolischen Gemälden. Joh. Jak. Frohberger, Kaiser Ferdinands III. Hoforganist, hat die Gefahren, welche er bei einer Überfahrt über den Rhein ausgestanden, in einer – Allemande dargestellt. Dem Ohre der Zeitgenossen klang diese Darstellung vollkommen verständlich und deutlich. Dietrich Buxtehude schilderte die Natur der Planeten in sieben Klavier-Suiten. Der Hamburger Organist Matthias Weckmann setzte das dreiundsechzigste Kapitel des Jesajas in Musik, und der damals berühmte Judenbekehrer Edzardi gab ihm das Zeugnis: Er habe im Bass den Messias so deutlich gemalt, als ob er ihn mit Augen gesehen habe. Für das Verständnis; solcher verstandesmäßig allegorisierender Musik haben wir schlechterdings kein Ohr mehr, ja wir begreifen das Ohr, welches eine vergangene Zeit für dieselbe hatte, so wenig, als wir den Wohllaut begreifen können, den das mittelalterliche Ohr in Guidos Quartenharmonien fand, die doch jetzt selbst die Hunde nicht mehr verdauen.

Ich breche ab mit der Vorführung meiner Urkunden über die Umstimmung des musikalischen Ohrs. Wollte man hier ausführen, statt bloß anzudeuten, so würde die Skizze zu einem Buche anwachsen.

Es hat gewiss einen wundersamen Reiz, aus vergilbten Notenblättern den Geist vergangener Zeiten heraufzubeschwören, an der Hand des historischen Studiums in heimlichen, traulichen Stunden sein eigenes Ohr umzustimmen, dass es die Akkorde, denen längst heimgegangene Geschlechter gelauscht, im Geiste so wieder vernehme, wie sie jenen geklungen; es hat einen wundersamen Reiz, den geheimsten, instinktiven Stimmungen des Gefühlslebens einer versunkenen Welt, den Naturlauten ihrer Seele, nachzuforschen, die ganz andere gewesen sind, als die unsrigen, die für uns verloren wären, weil Bild und Wort zu fernstehen, wenn sie nicht in der wenn sie nicht in der Tondichtung ihren festen Ausdruck gefunden hätten. Es fehlt dem kulturgeschichtlichen Charakterbild der letztvergangenen Jahrhunderte jener eigentümliche seelische Lichtglanz, jener geheimnisvolle kleine leuchtende Punkt, der aus dem Auge eines gutgemalten Portraits dem Beschauer entgegenschimmert, wenn nicht auch solche Dinge wie die Erkenntnis des landschaftlichen Auges und des musikalische

Alte Malerbücher als Quellen zur Volkskunde

1852

Es erscheint vielleicht seltsam, wenn ich bekenne, dass ich in den Schriften des Vasari, Sandrart, Leraisse, Houbracken und ähnlicher alter Herren von der Staffelei und Palette zuweilen die Probleme der bürgerlichen Gesellschaft verfolge und mitunter bei einer sozialen Frage viel lieber zum Maler- oder Tonkünstlerlexikon als zum Staatslexikon greife. Vielleicht klingt dann das Geständnis schon weniger befremdend, dass es in meinen Studentenjahren Schilderungen gewesen sind, wie beispielsweise jenes in Schnaases »Niederländischen Briefen« so meisterlich gezeichnete Charakterbild des Jan Steen, des tollen Heiligen, bei dem sich die künstlerischen und sozialen Wechselwirkungen so wunderbar durcheinander schlingen, was mich von dem einseitigen Studium der Kunstgeschichte hinübertrieb zur allgemeinen Kulturgeschichte, wo ich dann endlich bei dem modernsten Abschnitt, der Gesellschaftskunde, mir eine kleine Hütte zu bauen trachtete. So hänge ich an jenen Malerbüchern, wie an der Kunstgeschichte überhaupt, mit der ganzen Erinnerungsseligkeit, die wir einer ersten Liebe bewahren.

Wer die Gesellschaft naturgeschichtlich studiert, der will sie nicht bloß in ihren Gruppen und Gattungen, in ihren Ständen und Berufen untersuchen: Er will auch wissen, wie diese sozialen Sphären auf die Persönlichkeit des Einzelnen zurückwirken. Das ist bei den Zuständen der Gegenwart nicht schwer. Wir sehen täglich Schuster und Schneider, Bauern und Edelleute in ihrer sozial bedingten persönlichen Originalität. Es ist hier vielmehr schwieriger, sich das Gattungsleben abzuziehen, als das Einzelleben wahrzunehmen. Für die Vergangenheit dagegen kehrt sich die Sache um. Wie die gesamte Schuster- und Schneiderschaft vor dreihundert Jahren gesellschaftlich, gewerblich, zünftig organisiert war, das wissen wir sehr wohl; aber wie sich die Persönlichkeit der einzelnen Schuster und Schneider damals unter diesen sozialen Einflüssen entwickelte, das wissen wir nicht. Wir besitzen eine Geschichte der Handwerke, aber keine Geschichte der Handwerker. Unsere Gewerbegeschichte hat keine biographische Rubrik.

Nur auf Umwegen können wir folgern, wie denn so ein alter Schuster oder Schneider, dessen Treiben auf der Zunftstube uns so klar vorliegt, in seinem Hause ausgesehen, in seiner persönlichen, menschlichen Entwicklung sich gegeben habe. Dennoch gelüstet's den Kulturhistoriker, auch das Letztere zu erfahren. Die zartesten Lasuren würden einem historischen Bild des sozialen Lebens fehlen, in welchem von solch persönlicher Charakteristik keine Spur zu finden wäre.

Nun können wir aber auf mancherlei Umwegen allerdings auch erfahren, wie die alten Handwerksmeister persönlich geraten sein mögen unter der Sonne und dem Regen ihres Zunfthimmels. Schon in der erzählenden und dramatischen Dichtung der Zeitgenossen werden wir ja häufig in das individuelle Leben der Bürger von allerlei Stand und Beruf eingeführt. Nicht minder ausgiebiges Material scheint sich mir jedoch auf einem andern Punkte zu erschließen.

In alter Zeit stak die Kunst – auch in sozialem Betracht – so tief im Handwerk, dass uns in der Geschichte der *Künstler* überliefert ist, was uns als eine Geschichte der *Handwerker* nicht überliefert werden konnte: ein biographischer Ergänzungsband zur Gewerbechronik. Wie die großen Schneider und Schuster vergangener Tage gewachsen und geworden sind, das wissen wir nicht mehr; getrösten uns aber damit, dass wir es wissen von ihren nahen Kollegen, den Meistern der ehrsamen Maler-, Reißer- und Holzschneider-, der Stadtzinkenisten- und Hoftrompeterzunft; denn wir können mit Vorsicht von dem einen Gewerb auf's andere schließen. Hier nun treten die alten Malerbücher unbestritten in die vorderste Linie als Quellenschriften. Überreich an biografischem Detail, sind diese Bücher des sechzehnten und siebzehnten Jahrhunderts ein unbezahlbarer, ungehobener Schatz für den historischen Fundamentbau unserer modernen Gesellschaftswissenschaft.

Die Malergenossenschaft gehört im Mittelalter zu den Gewerben; sie steckt lange genug mit den Tünchern und Vergoldern in der nämlichen Zunft.[2] Für den Kunsthistoriker hat dieses Verhältnis seine düstere Schattenseite: dem Kulturhistoriker aber lacht das Herz, wenn ihm noch Albrecht Dürer erzählt, wie er dem Michael Wohlgemut für drei Jahre »aufgedungen« worden sei, wie er von seinen »Mitknechten« weidlich geplagt worden, wie er nach überstandener »Lehre« endlich auf die »Wanderschaft« gegangen

---

[2] Wie die Künstler zur Handwerkerschaft, so gehen andererseits aber auch die Handwerker zur Künstlerschaft über. So wird von den Augsburger Schreinermeistern erzählt, sie seien in der luxuriösen Zeit des 16. Jahrhunderts dergestalt mit kunstreichen Schnitz- und Furnierarbeiten beschäftigt gewesen, dass sie sich zuletzt für Künstler angesehen.

usw. Denn nun können wir mit einer Schar von nicht weniger als viertausend Malern und Kupferstechern aus den vier letztvergangenen Jahrhunderten ins Feld rücken, und aus ihren Biographien erforschen, *wie denn eigentlich das alte Gewerbewesen zurückgewirkt hat auf die persönliche Entwicklung des Einzelnen.*

In der ältesten Zeit, wo die Kunst und das Handwerk noch vollständig ineinander verwachsen sind, also etwa bis zur zweiten Hälfte des fünfzehnten Jahrhunderts, gibt es auch vorwiegend nur eine Chronik der Malerkunst; die biographische Chronik der Maler dagegen ist nur dürftig. Ganz besonders trifft dies bei dem zunfteifrigen Deutschland zu. Die Gewerbsleute haben nur als Gruppe, als Gattung ein Anrecht auf die Geschichte; der Künstler als Individuum. Darum wissen wir von den großen Baumeistern des deutschen Mittelalters in der Regel nicht einmal die Namen, denn bei aller künstlerischen Meisterschaft standen sie als Gesellschaftsbürger mitten in den Reihen des Gewerbes. Ähnlich ist es bei den ältesten Malern. Wir würden nicht einmal den Meister des Kölner Dombildes, des herrlichsten deutschen Malerwerkes aus der ersten Hälfte des fünfzehnten Jahrhunderts, mit Namen nennen können, wenn sich nicht in dem Tagebuch A. Dürers von seiner Reise in die Niederlande die Worte fänden: »Item Hab 2 Weißpf. von der taffel aufzusperren geben, die maister Steffan zu Cöln gemacht hat.« Und aus dieser magern und unsichern Notiz und dem technischen Vergleich einer Reihe von andern Bildern mit dem Dombild hat man dann erst Namen und Stellung eines so epochemachenden Künstlergenius zum Frommen unserer Kunstgeschichtsschreibung folgern können! Findet sich ja ein Name bei diesen alten Meistern, dann ist es häufig wiederum bloß der Vorname, ganz dem Herkommen entsprechend, wie es bei den Handwerkern noch bis zur neuern Zeit im Schwange war. Selbst Lukas Cranach heißt in den Urkunden noch fast durchweg »Meister Lukas Maler.« Der Name des Meisters hatte aber auch schon um deswillen weniger Bedeutung, weil in den meisten Bildern ebensoviel Gesellenhülfe als Meisterarbeit steckte. Solange noch die handwerkliche »Malerwerkstatt« im strengen Sinne aufrecht erhalten wurde, sind häufig die »Malersknechte« die anonymen Mitarbeiter, und der Meister ist nur der verantwortliche Redakteur des Bildes. Sowie die Zunft zur Schule, die Werkstatt zum Atelier wird, schwinden die Gesellenhände mehr und mehr von den Bildern des Meisters, und nun erst erhält die historische Festigung des einzelnen Künstlernamens ihren rechten Sinn.

Aus der ältesten Zeit, wo Kunst und Handwerk sozial noch ganz ungeschieden waren, werden wir also auch noch wenig Ausbeute finden für unsere biographischen Gesellschaftsstudien. Anders jedoch in der Übergangszeit, wo die Künstlerzunft allmählich zur Künstlerschule sich umwandelt, die Korporation zur Association, wo die Maler immer noch Handwerker und doch auch schon persönlich frei gewordene Künstler sind.

Wie vordem der Ruhm des Individuums dem Ruhme der Zunft musste geopfert werden, so verschlingt freilich auch jetzt noch häufig die Schule, als die freie technische Genossenschaft, den Namen und die Persönlichkeit des einzelnen Meisters. Wir sehen viele Maler ihre Familiennamen geradezu hingeben für einen Schulnamen. In der niederländischen »Schilderbent« führen die Mitglieder ihre »Bentnamen,« d. h. ihre Schul- und Zunftnamen, wie die Studenten ihre Kneipnamen führen, wie die Handwerker ohne Zweifel auch ihre Zunftnamen geführt haben, und die Kunstgeschichte hat oft diese Bentnamen (Tempesta, Ordonance, Schildpad, Zonebloem, Neel de Scheeler, Strabo u.) statt der wirklichen beibehalten, die mitunter ganz verloren gegangen sind. Allein mit dem Namen ist dann doch die Person nicht vergessen, und wo die Schüler ihren Ruhm dem Meister opferten, da haben wir wenigstens von dem Meister persönliche Kunde bewahrt. Wir besitzen noch Genrebilder in der besten Art der Niederländer des siebzehnten Jahrhunderts, die uns mitten hineinführen in das lustige Leben der damaligen Malergenossenschaften. Da sind die einzelnen berühmten Meister des Malerbundes im Schlafrock porträtiert, wie jeder nach seiner Art Schelmenstreiche treibt oder Trübsal bläst, ein Denkmal der festen Genossenschaft der Schule und doch zugleich der frei gewordenen Einzelpersönlichkeit. Bei der ehrsamen altdeutschen Malerzunft wären solche Bilder undenkbar.

Das Monogramm, womit der Maler seine Bilder zeichnete, zog in ganz ähnlicher Weise wie der Bentnamen den Schleier eines Zunft- und Schulrätsels über den Namen eines Künstlers. Es wurzelt noch in den mittelalterlichen Mysterien der Handwerke. Statt des hieroglyphischen Monogramms wird aber immer häufiger der vollständige Name eingezeichnet, je selbständiger die fortschreitende Zeit die einzelne Künstlerpersönlichkeit aus dem Gattungsbegriff der Zunft und Schule heraustreten lässt. Heutzutage, wo kein Zunftgeheimnis, keine Schilderbent, keine Werkstatt im alten Sinne mehr existiert, kann die Anwendung des Rätselspiels der Monogramme nur noch die Bedeutung einer Grille haben.

Wir finden unter den Malern mehr Künstlerfamilien als bei irgendeinem andern Künstlerberuf. Ich weiß keine Parallele in der ganzen übrigen Kunstgeschichte zu dieser Masse ganzer Malersippen, wie sie etwa repräsentiert sind in den sechs Holbein, den achtundzwanzig Tischbein, den neun van Bemmel, den neun Dietsch, den acht Fueßli, den Bibiena, den fünf van Huysum, den vier Roos, den Mieris, Merian, Preisler, Kobell, Rugendas, Quaglio und so vielen andern. Man braucht nur in einem Malerlexikon zu blättern, um sogleich zu entdecken, dass fast die Hälfte aller Namen als Vettern, Brüder, Kinder u. doppelt vorkommen. Ein ganzes System von Täuschungen und Betrügereien gründet sich im Bilderhandel auf diese zahllosen Gleichnamen. Solche Massenhaftigkeit der Künstlerfamilien hängt aber wiederum mit der sozialen Stellung der alten Maler inmitten des Gewerbestandes zusammen.

Das Handwerk erbt sich fort, solange es zünftig geschlossen ist, nicht die Kunst. Auf ein Vererben des Genius ist aus Tatsachen wie die obigen noch gar nicht zu schließen. Gewöhnlich ist in einer solchen Künstlersippe doch immer nur einer der geniale Mann gewesen und im Wiederglanz seines Namens leuchten die Namen der übrigen Familienglieder in unsere Zeit herüber. Die Zunftordnung begünstigte hundertfältig den Sohn des Zunftgenossen. Lehrzeit und Lehrgeld waren ihm verkürzt und leicht gemacht: Es verstand sich fast von selbst, dass sich der Sohn in des Vaters Geschäft setzte. Die Zunft ging aus der Kaste hervor, wo Stand und Beruf noch absolut erblich gewesen. Wenn die Kinder eines Hauses durch mehrere Menschenalter malten und sich auszeichneten in der Malerei, so hat dies in der alten Zeit keine andere Bedeutung, als wenn damals zahllose andere Familien fort und fort im Schlosserhandwerk, in der Weberei, in der Goldschmiedekunst etc. namhaft blieben. Die Meistergeheimnisse der Kunst waren nur beim Meister selbst zu lernen, und wer von Kindesbeinen an sich einlebte in dieselben, der hatte einen mächtigen Vorsprung vor jedem fremden Zunftkind. Viele künstlerische Ämter wurden sogar ausdrücklich als erbliche angesehen, z. B. die Stellen eines Hofmalers, Hoftrompeters, Stadtzinkenisten, Cantors, des Glockenspielers auf den holländischen Kirchtürmen, ja wohl gar die Würden eines Hofpoeten und des Hofnarren. In Italien, wo die zunftmäßige Geschlossenheit des Künstlerberufes niemals so ausgebildet war, wie bei uns, und früher gebrochen wurde, sind auch die Malerfamilien durchaus nicht so häufig gewesen wie in Deutschland. Je mehr Handwerk in einer Kunst steckt, je mehr rein technische Vorbildung für dieselbe erfordert wird, desto leichter mag sich der Beruf dazu vererben. Darum haftet die moderne Dichtkunst gar nicht mehr an der Familie, während es noch ganze Sippen von Meistersingern gab. Die Poesie ist technisch, handwerklich die freieste Kunst geworden; denn jede ordentliche Gymnasialbildung lehrt das Erlernbare der Verskunst wie der Poetik überhaupt. Die Frage des Horaz, warum man denn glaube, dass das Dichten allein nicht besonders erlernt zu werden brauche, da man doch zugebe, dass jeder andere Beruf besonders zu erlernen sei, birgt daher nur noch eine sehr eingeschränkte Wahrheit. Die Dichtkunst kann überhaupt für uns kein ausschließender äußerer Lebensberuf mehr sein; denn jeder Lebensberuf fordert zugleich ein Handwerk. Man kann sich keinen Pass als »Dichter« ausstellen lassen, sich nicht als »Dichter« in einer Gemeinde setzen; die Berufsstatistik hat keine Rubrik für die Dichter, wohl aber für die Maler, Musiker, Bildhauer, Architekten und Literaten, als die handwerklichen Vertreter der freien Künste. Im vorigen Jahrhundert, wo das musikalische Handwerk noch zünftig gebannt war, gab es auch noch viele Tonkünstlerfamilien; diese sterben jetzt aus, je mehr die technischen Meistergeheimnisse der Tondichtung gleich den poetischen Gemeingut der gebildeten Welt werden. Dagegen hat sich z. B. das Beamtentum in der Gegenwart weit zünftiger abgeschlossen, als vordem. Das Handwerkliche im Staatsdienst kann in der Regel nicht frei erlernt, es muss nach ganz bestimmt vorgezeichnetem Schulgang erworben, in Lehrlings-, Gesellen- und Meisterprüfungen erwiesen werden. Folgerecht bildete sich dann auch eine förmliche erbgesessene Bürokratie und namhafte Glieder von Beamtenfamilien zählen jetzt ebenso gut nach Dutzenden, wie weiland die achtundzwanzig Tischbeine.

An das Kapitel von den Künstlerfamilien ließe sich aus den alten Malerbüchern ein höchst merkwürdiges Material für die Geschichte der sozialen Stellung der Frauen anreihen. Wäre dies z. B. ein bloßer Zufall, dass erst mit dem Aufblühen der Kabinettmalerei die Malerinnen in so großer Zahl hervortreten, dass man sie als eine besondere Gruppe betrachten kann? Ein bloßer Zufall, dass das siebzehnte Jahrhundert, das an Malerinnen fruchtbarste Zeitalter, doch wiederum fast nur Blumenmalerinnen, Stillleben-, Porträt- und Miniaturmalerinnen kennt? Die holländische Kabinettmalerei dieser Periode schließt sogar bedeutungsvoll mit einer Blumenmalerin, der Rachel Ruysch (†; 1750). Die meisten dieser Malerinnen stammten aus Malerfamilien, und sehr viele haben sich auch wieder mit Malern und Kupferstechern verheiratet, Landschaftsmalerinnen sind selten, Historienmalerinnen noch seltener und kunsthistorisch von wenig Belang: Anna van Deyster radierte zwar Landschaften, aber ächt weiblich – mit einer Nähnadel. Wir finden hier ein weibliches Künstlertum, welches noch gar keinen Beigeschmack von Blaustrumpferei hat und in erfreulichstem Gegensatz zu den widerwärtigen gelehrten Weibern jener Zeit steht. Es kommen sogar ein paar gelehrte Weiber vor, die uns, wie Elisabeth Cheron, Margaretha Godewyk und Anna Schurmann, durch ihre weiblich sinnige Malerei wieder aussöhnen mit dem Monströsen ihrer Gelehrsamkeit. Wo die malenden Männer selbst kaum erst der Zuchtschule des Handwerks entronnen waren, wo der Künstlerberuf so häufig als ein Erbstück der

Familie angesehen wurde, und dadurch die Atmosphäre der Kunst auch für die Weiber eine häusliche war, da konnte sich auch die weibliche Künstlerschaft leichter in den rechten Schranken halten, indem sie vorwiegend nur die Aufgaben der sinnigen, feinfühlenden Beobachtung, der zart durchgefühlten Nachahmung für sich erkor. Von der Frau des Landschaftsmalers Parmigiano aber steht geschrieben: Sie habe mit ihrem Mann das Land durchzogen und ihm bei seinen Arbeiten geholfen – und diese rein aufopfernde Art weiblicher Künstlerschaft ist sicherlich von allen die beste gewesen.

So wie die Maler sich losringen von den Handwerkern, so wie der stufenweise Lösungsprozess der Zunft zur Schule, der Schule zum einzelnen Meister sich vollzieht, beginnt sich ein neues Phänomen in den Malerbüchern zu zeigen: die Legion der Künstleranekdoten. Im fünfzehnten Jahrhundert und im Anfange des sechzehnten konnte man noch füglicher von »*Kunstsagen*« reden, die zweite Hälfte des sechzehnten aber und das siebzehnte Jahrhundert sind die wahre Maienzeit der Maleranekdoten, der biographischen Schnurren und Aufschneidereien. Selbst von den auf frühere Perioden zielenden Histörchen sind die meisten wohl erst in dem gedachten Zeitraum entstanden und eingeschoben worden.

Sollten nun diese Malergeschichten, die schon um ihrer ungeheuren Masse willen den Kulturhistoriker stutzig machen müssen, nicht auch noch einen andern Werth haben, als dass man einzelne zeitweilig zum Aufputz der Miszellen in unsern Feuilletons wieder ans Licht zieht? Haben wir nicht selber noch den Bildungsprozess einer ganz ähnlichen anekdotischen Mährchenwelt vor unsern eigenen kritisch hellen Augen im neunzehnten Jahrhundert sich entfalten sehen? Wie in Niederland und Italien die mythischen Malerhistörchen aufkamen, als der Prunk mit Gemälden Modesache geworden war, ganz eben so sind in unserer Gegenwart, wo die Musik Modesache geworden, nicht minder abenteuerliche Mythenbildungen über Komponisten und Virtuosen, Sänger und Sängerinnen wie Pilse aufgeschossen. Ja wir können heute schon aus dem Mythenkreise, der sich in das Lebensbild eines Paganini, einer Catalani u. eingestohlen hat, oft ebenso wenig mehr das wirklich geschichtlich Begründete mit Bestimmtheit ausscheiden, als wir es in den alten Malerbüchern vermögen.

Aber nicht bloß die Kunst, auch die *Künstler* müssen Mode geworden sein, wenn sich solche Anekdotenkreise massenhaft bilden und im Lawinenlauf des Mythus fortrollen sollen. Die Kunst muss bereits einen so subjektiven Charakter gewonnen haben, dass der Künstler selbst persönlich interessant wird. Ja dieser Satz muss sogar in seiner Umkehrung gelten, also dass ganze Gruppen von Kunstwerken erst interessant werden, weil ihre

Schöpfer persönlich interessant waren. Summa, die Künstleranekdoten setzen den ganzen modernen Subjektivismus der Kunst voraus und den ganzen persönlichen Ehrgeiz des neueren Künstlerlebens. Die mittelalterlichen Maler malten sich selber noch nicht vor dem Spiegel mit Pinsel und Palette in der Hand, als ihr eigenes Kunstobjekt: Sie stellen sich höchstens als Beter oder bescheidene Zuschauer in den Winkel irgendeiner figurenreichen Komposition. Die vorgedachten Porträtgenrebilder aus dem lustigen Kneipleben der niederländischen Malerbünde sind gleichsam die gemalte Künstleranekdote. So hat von da an auch so mancher Maler sein eigenes Atelier als Stillleben gemalt, und in Schleißheim sehen wir gar mehrere mit bewundernswürdiger Liebe ausgeführte Bilder Teniers, auf denen eine Gemäldegalerie und das Treiben der Künstler und Kunstfreunde in derselben so gewissenhaft dargestellt ist, dass wir trotz des winzigen Maßstabes jedes einzelne Bild und Stil und Kolorit seines Meisters zu erkennen und diese Tafeln gleich einem fotografierten Katalog zur Erhärtung des Alters und der Echtheit der noch vorhandenen Meisterwerke benützen können.

Die Künstlersagen gruppieren sich eben so gut zu geschlossenen Anekdotenkreisen, wie die Volkssagen zu Sagenkreisen. Wir haben einen förmlichen Anekdotenkreis von Seemalern, die sich behufs des Studiums in allerlei abenteuerlicher Art den brandenden Wogen, von Schlachtenmalern, die sich dem feindlichen Feuer preisgeben. Die alte Geschichte von den gemalten Trauben des Zeuxis, nach welchen die Vögel flogen, erscheint im siebzehnten Jahrhundert zum Öfteren in neuer, mitunter auch stark vermehrter Auflage. Bei Floris van Dyk sollen's die Spatzen gerade wie Zeuxis gemacht haben, ja bei Johann le Maire macht der Mythus gar noch den Zeuxis zuschanden, denn le Maire malte einen Säulengang mit so natürlicher Perspektive, dass die Vögel durchfliegen wollten und sich die Köpfe einstießen. Da mancherlei Bilder, welche in diesem Sagenkreis berührt werden, unversehrt auf uns gekommen sind, die Spatzen aber nicht mehr nach denselben fliegen, so müssten wir am Ende annehmen, dass das Federvieh im neunzehnten Jahrhundert dümmer oder, wie man's nimmt, auch gescheiter geworden sei, als es im siebzehnten war.

Allein so sicher von diesen Malergeschichten gut die Hälfte total erfunden sein mag, und ein weiteres Viertel in der Ausschmückung derart »übermalt,« dass die echte Farbe für immer verloren ist, so wird ein allgemeines kulturgeschichtliches Interesse dieser Mährchenwelt dennoch vorhanden sein. Man muss nur die Anekdotenkreise im Großen und Ganzen auffassen. Die Anekdote hat so gut ihre Symbolik wie die Sage. Das Zeitalter hat in seinen Künstleranekdoten bestimmte Seiten des Künstlernaturells epigrammatisch plastisch ausgedrückt. Haben sich jene kleinen Tatsachen auch nicht alle wirklich zugetragen, so müssen sie doch innere Wahrheit für ein Zeitalter gehabt haben, das sie mit so wunderbarer Fruchtbarkeit in hundertfacher Variation fortpflanzte. Und diesen Kern der inneren Wahrheit der großen Anekdotengruppen (nicht der einzelnen Histörchen) herauszuschälen, wird eine höchst belohnende Arbeit für den Kulturhistoriker sein.

Namentlich zeichnet sich die Anschauung des siebzehnten Jahrhunderts von der sozialen Stellung der Malergenossenschaft oft aufs Überraschendste in diesen Sagenkreisen. Welch ein Gewinn wäre es für die Gesellschaftskunde, hätten sich auch bei den Gewerben die tatsächlich auch dort vorhandenen persönlichen Anekdotenkreise abrunden und bewahren können! Sie geben uns den Schlüssel zu einer förmlichen Psychologie des Standes und Berufes. Es gewährt einen Blick in das Seelenleben der Malergenossenschaft als soziale Gruppe, wenn wir z. B. sehen, welche hervorragende Rolle Ehrgeiz und Eifersucht in den Sagenkreisen der Malerbücher spielen. Cantarini stirbt aus gekränktem Ehrgeiz, van der Dort ärgert sich zu Tode aus gleichem Grunde: dem Annibale Carracci frisst der Gedanke, unterschätzt zu sein, am Leben; Joos van Cleef wird rasend, weil Philipp von Spanien die Bilder des Titian den seinigen vorzieht; Bartholomäus Flamael wirft den Pinsel ins Feuer, aus Verdruss über die großen Fortschritte seines Schülers Carlier; den Corienzio lässt die Eifersucht Gift mischen für seine Kunstgenossen; Rosso vergiftet sich selbst aus Neid auf den Primaticcio, und selbst eine lange Reihe sonst trefflicher Männer erscheint in einer Weise von dem Dämon der Eifersucht besessen, wie wir dies zwar als Charakterzug aller Künstlergruppen kennen, aber in gleich hohem Grade doch nur noch bei den Schauspielern wiederfinden.

Ich greife einen andern Mythenkreis heraus. Er gibt Kunde von den »Geschwindmalern.« Hier zeigt sich wieder recht der innige Zusammenhang der alten Malerei mit dem Handwerk. So wie dieser Zusammenhang aufhörte, verlor das Kunst- und Meisterstück des Geschwindmalers seine Bedeutung. Bei der Wagnerzunft galt es vordem als ein besonderes Meisterstück, wann einer frühmorgens Holz im Walde aussuchte und aushieb, ein Rad daraus zusammenfügte, und dann noch am selbigen Tage das unbeschlagene Rad zu einer etwa zehn Stunden Wegs entfernten Schmiede vor sich her trieb, um dort am Abend den Reif darum legen zu lassen. Wenn nun Nicolaus Loir sich vermaß, zwölf heilige Familien an einem Tage zu malen; wenn Molenaer eine große Landschaft an einem Tage entwarf und in Öl ausführte, ohne sich auch nur eines Malerstockes dabei zu bedienen: wenn Teniers mit seinen » *après-soupers*« stolzierte, Bildern, die er zwischen Abendessen und Schlafengehen verfertigte; wenn Walther Crabeth keine Stadt durchreist haben soll, ohne in derselben wenigstens ein gemaltes Fenster zu hinterlassen: so steckt in diesen Anekdoten, die heutzutage als ein sehr verdächtiges Lob klingen würden, nichts anderes als das Seitenstück zu jenem Hexenwerke der Radmacher, eine Reminiszenz aus den Tagen der »Maler- und Tüncherzunft,« wo derlei Kunststückchen den Meisterruhm erst vollmachten. In jener Zeit hatten dann auch die Deutschen ihren Fa-Presto und zwar in wörtlicher Übersetzung. Denn gerade unter den zwischen Tünchern und Malern mitten inne stehenden Augsburger Frescomalern aus der Mitte des fünfzehnten Jahrhunderts findet sich ein Meister Mang *Schnellaweg*, der also dem wälschen Luca Giordano Fa-Presto den Ruhm seines Namens um mehr als zweihundert Jahre vorwegnimmt.

Selbst viele Historien, welche lediglich den wahnsinnigen Fleiß alter Meister verherrlichen, gehören offenbar unter diese Rubrik der Gewerbsehre. Die Äußerung des Ghirlandajo, der es bedauerte, dass er nicht gleich die ganze Stadtmauer von Florenz bemalen dürfe, findet ihre Erläuterung in ähnlichen Heldentaten der Handwerkerzünfte. Und selbst ein so hoher Genius wie Dürer würde schwerlich jene fabelhaft emsige Betriebsamkeit in Kunst und Handwerk entfaltet haben, wenn er nicht in den Überlieferungen der Malerei als eines zünftigen Gewerbes aufgewachsen wäre.

Im fünfzehnten Jahrhundert und im Beginn des sechzehnten finden wir auffallend viele Maler, die ihrer besonderen Frömmigkeit wegen gepriesen werden: Fiesole, Fra Filippo Lippi, Fra Bartolomeo, Cavallini u. a. Fiesole führt den Beinamen des »Seligen« und »Engelgleichen,« der Ulmer Maler Jakob der Deutsche sogar des »Heiligen,« und Gaudenzio Ferrari erhält von der Synode zu Navarra das Prädikat » *eximie pius.*« Mit der eigentlichen Renaissancezeit und dem üppigen Rokoko aber verschwinden diese Heiligen von der Palette. Man kann alle die im Geiste des Mittelalters liegenden höheren Motive des frommen Wandels gelten lassen und muss doch dabei Realist genug sein, um vom sozialen Standpunkt zu erkennen, dass bei einer gewerblichen Kunstbetriebsamkeit, die aus dem Kloster hervorgegangen und deren Hauptabsatz auf die Kirchen berechnet war, ein gewisser geistlicher Anstrich sich für die Gewerbsgenossen eben so gut von selbst verstand, wie für Organisten und Kantoren, Küster und Messner, ja am Ende auch für die Lieferanten der Kirchengeräte und Gewänder.

Für die Geschichte der Gesellschaft ungleich wichtiger als jener Heiligenschein um die Köpfe mittelaltriger Maler erscheint die gegenüberstehende Tatsache, dass mit dem siebzehnten Jahrhundert, wo sich die Maler befreiten von der Verkettung mit dem Gewerb, wo statt der strengen Zucht der Zunft die künstlerische Freiheit der subjektiven Genialität sich durchkämpfte, auch die steife Ehrbarkeit des Privatlebens in eine mehr als burschikose Zügellosigkeit umschlug. Die *Schule* der einzelnen Meister konnte zwar wohl die technische Tüchtigkeit des Schülerkreises, aber nicht die soziale der alten Zunftgenossenschaft wahren. Ein fliegendes Blatt von 1621 bezeichnet die Maler, Reißer (Zeichner), Formschneider und seltsamer Weise auch die Buchbinder (wenn es noch dem Sprichwort zu Ehren die Bürstenbinder wären!) als ganz besonders einem flotten Kneipleben zugetan. Aus den Biographien, namentlich der Niederländer dieses Jahrhunderts, lassen sich wohl an hundert kunstberühmte Namen als Zechbrüder aller Klassen zusammenstellen. Es ist freilich einleuchtend, dass Künstler, die mit so großer Liebe und Meisterschaft Trinkstuben und Betrunkene malten, schon um ihrer Studien willen in keinen Mäßigkeitsverein hätten treten dürfen.

Aber das üppige, weltliche Leben saß ja keineswegs bloß bei den Volks- und Genremalern. Die katholischen Italiener, Franzosen und Flamänder, welche ihre riesengroßen Altarblätter und Heiligengeschichten so massenhaft malten, wie nur je das Mittelalter, waren trotzdem privatim nicht minder lustige Weltkinder als die reformierten Holländer, die mit ihrem fröhlichen Erfassen des zynisch-humoristischen Volksgeistes dem Puritanismus der Theologen den grellsten Widerpart hielten. War denn der Geist der Zeit in dem religionskriegenden, hexenbratenden siebzehnten Jahrhundert überhaupt so erstaunlich weltlustig? Nicht die allgemeine Stimmung der Periode, sondern die soziale Entfesselung hat die Künstler und die großen Herren damals übermütig gemacht. Die gleichzeitigen Musiker und die armen deutschen Maler, soweit sie noch in dem alten Zunftbanne gefesselt blieben, erscheinen ihrerseits auch demütig, bescheiden, kleinbürgerlich engbrüstig. Rubens und Vandyck und Titian aber lebten sozial recht wie die Könige dieser Welt, darum malten sie auch so weltlich und so königlich.

Welch reiche Abstufung aller Arten des sinnlichen Genusslebens von der genialen Üppigkeit der drei Letztgenannten, dazu eines Guido Reni, Dujardin Rombouts u. a. bis zur Trunksucht und Völlerei eines Jan Steen, Patenier, Craesbecke, Joh. Lys, Molenaer, Joh. de Mabuse, Langendyck, Brouwer, Franz Hals samt seinen beiden Söhnen! Jan Steen, wohl der reichste Humorist unter den niederländischen Genremalern, endet tragisch – als versoffener Schenkwirt. Er soll trunken ebenso gut gemalt haben, wie nüchtern, wie es von dem Blumenmaler Joh. van Huysum heißt, er sei, in

Wahnsinn verfallen, kein schlechterer Maler gewesen, als bei hellem Verstand.

Jene Maler, die 1655 eine große Petition nach dem Haag schickten, um von der faktisch längst zerschnittenen Gemeinschaft mit der Tüncherzunft auch förmlich erlöst zu werden, jene Maler, die keine wunderreichen Heiligen mehr waren wie im fünfzehnten Jahrhundert, sondern nur noch wunderliche Heilige, und keine ehrsamen Handwerksmeister mehr wie im sechzehnten, jene Leute, die sich am liebsten durch einen mit Matrosen, Fischern und Bauern flott verjubelten Tag für ihre Kunst begeisterten, – waren nicht so friedfertig, so stilllebig, wie ihre Bilder zu beweisen scheinen. Sie waren Stürmer und Dränger, gewaschene Revolutionäre. Und indem sie das soziale Leben auf den Kopf stellten und das künstlerische Urrecht der verachteten gemeinen Natur ausriefen, leiteten sie eine ästhetische Umwälzung ein von ungeheurer Triebkraft. Die soziale Umwälzung aber verkündete dieses junge Holland eben in seinen anscheinend so gar harmlosen Bildchen als eine Tatsache.

Hier fällt von dem sozialen Studium manche neue Lichtbrechung auf das kunstgeschichtliche. Der volle Anbau der historischen Volkskunde wird überhaupt dereinst zeigen, dass diese der Kunstgeschichte für viele reiche Belehrungen nichts schuldig zu bleiben braucht, sondern durch das Erschließen von tausend neuen Gesichtspunkten alles Empfangene wieder wettmachen kann.

Jene Maler, die, trotz Stillleben und Heiligenbild, so manche Fessel der bürgerlichen Sitte abwarfen und die soziale Selbstherrlichkeit des Genius weissagten, sind in diesem Sinne ebenso gut wie manche gleichzeitige Philosophen und Sozialisten die Vorläufer Rousseaus und Voltaires gewesen. In keiner andern Kunst siegte damals ein gleiches Wagnis. Und war nicht den Holländern, die ihre knorrigen Lebensbilder des »Arbeiters,« dazu aber auch ihre wunderbaren Gruppen von buntscheckigem Lumpengesindel übermütig auf die Leinwand warfen, gleich so manchem zynischen Satiriker der damaligen Literatur, die prophetische Ahnung aufgegangen von dem künftigen sozialen Recht des gemeinen Mannes, – obgleich das Zeitalter noch mit dem ganzen Hals im steifgestärkten Spitzenkragen stak? Welch ein andersgearteter Geist sprudelt aus ihren mit Absicht und Behagen gemalten Derbheiten gegenüber dem naiv entschlüpfenden Cynismus der altern Maler! Es liegt in ihrem ungewaschenen Humor eine bewusste, keck herausfordernde Satire gegen den Zopf der damaligen bürgerlichen Gesellschaft. Der Harlemer Johann Torrentius ging im frechen Übermut seiner Darstellungen so weit, dass ein großer Teil seiner Bilder durch Henkershand verbrannt wurde, und er selber (1630) auf der Folter starb. Und doch stempelt auch ihn die Kunstgeschichte mit dem harmlosen Prädikat eines »Stilllebenmalers.«

Das neunzehnte Jahrhundert erkennt es freilich immer allgemeiner an, dass, neben den historischen und beruflichen Standesgruppen, auch Geist und Bildung die Gesellschaft in zwei große Hälften teilt und die Aristokratie des Genius auch den bürgerlichen Mann ebenbürtig macht dem Hochgeborenen. Vor zwei bis dreihundert Jahren konnte man noch nicht also sprechen. Aber die Ehren, zu welchen namentlich in Italien und den Niederlanden so viele glänzend belohnte Glückskinder unter den Malern aufstiegen, war dennoch abermals eine Weissagung auf jene moderne Tatsache. Die Anekdote symbolisiert es: Kaiser Maximilian hält dem Albrecht Dürer die Leiter und Heinrich VIII. von England sagt jenem Lord, der in Holbeins Werkstatt dringen wollte, das bedenksame Wort: Er könne aus sieben Bauern sieben Lords, aber aus sieben Lords keinen einzigen Holbein machen. So bedeutend die Tatsache, dass Vandyk aus dem Geist der seinen, vornehmen Welt herausmalte, für den kunstgeschichtlichen Erklärer seiner Werke, ebenso bedeutend ist sie auch für den Historiker der Volkskunde. Die Aristokratie des Genius steigt zuerst bei den Malern epochemachend über den Standesrang der Zunft.

So große soziale Krisen erzeugen dann aber auch natürlich allerlei Narrheit in den Köpfen der Einzelnen. Rasche Witterungswechsel bringen Schnupfen und Husten und setzen wohl auch ergötzliche Sparren epidemisch einem ganzen Stande in den Kopf. So sind denn auch die Malerbücher des sechzehnten und siebzehnten Jahrhunderts überreich an Sonderlingen. Das so lange zurückgehaltene Anrecht des Einzelnen auf die Entwickelung seiner persönlichen Absonderlichkeiten macht sich nun gewaltsam Luft. Die verrücktesten Grillen kommen in Mode. Ein Italiener verrennt sich in den Eigensinn, die Schatten mit der rechten, die Lichter mit der linken Hand zu malen. Arnold Gelder trügt die Farben appetitlicherweise mit dem Finger statt mit dem Pinsel auf. Cornelis Kettet befleißt sich des Kunststückes, mit Händen und Füßen ohne Pinsel die größten Gemälde zu verfertigen. Wie er das angefangen, verschweigt freilich die Sage. Estevan March rührt immer erst die Trommel zu einem Sturmmarsch, bevor er an seinen Schlachtenbildern malt. Nicolo Cassana wälzt sich am Boden und schreit wie ein Besessener, wenn ihm ein Bild nicht nach Wunsche gelingt. Der Geschichtsmaler Deodat Delmont treibt Wahrsagerei als Nebengeschäft in Mußestunden, und Ludwig van Deyster ist bei seinem Malerberuf von einer unglückseligen Dilettantenpassion für die Verfertigung von Orgeln, Klavieren, Violinen, Wand- und Taschenuhren geplagt. Nicolaus Colombel spielt den Einsiedler und will weder von einem Weib noch von Schülern und Dienern etwas wissen. Dem Baglioni aber sagt man gar nach, dass er in seinem Atelier zu Parma einst plötzlich von der Staffelei aufgesprungen, und in Pantoffeln und Kappe nach Rom gelaufen sei, um dort eine Säule zu kopieren, die er in einem begonnenen Werke anbringen wollte.

Christian Schuchart hat unlängst ein lehrreiches Buch über Lucas Cranach geschrieben, worin er alle möglichen Papierschnitzeln von alten Rechnungen, Briefen, Notizen, Tagebüchern, lateinischen Lobgedichten etc. zusammenträgt, und ohne es zu beabsichtigen, uns ein weit reicheres Material für das soziale Lebensbild des Bürgers und Gewerbsmanns Lucas Cranach als für das kunstgeschichtliche des Malers gibt. Mich überschleicht ein wehmütiges Gefühl, wenn ich auf die endlosen Rechnungen und Arbeitsverzeichnisse zurückblicke, die Schuchart von diesem »Lucas Maler« zusammenstellt. Welch ungeheure Tätigkeit, welche grauenhafte Zersplitterung bei diesem großen Tüncher und Maler, den Kugler vom kunstgeschichtlichen Standpunkte den Hans Sachs unter den Malern nennt, was aber auch in sozialem Betracht gilt; denn Beide waren Künstler auf dem gesellschaftlichen Boden des Handwerks. Cranach befasst sich mit Vergoldung, Lackierung und Ölfarbenanstrich, Tapetenmalerei, Wappenmalerei, Porträtfabrikation, Kupferstecherei, Holzschneiderei und wirklicher Malerkunst jeglicher Art. Dazu ist er auch verantwortlicher Meister von etlichen Dutzend Malerknechten, privilegierter Inhaber einer Apotheke, Bürgermeister und Hofbediensteter mit dem Platz an der zweiten Hoftafel. Wir sprechen so gerne von moderner Zersplitterung: Sie ist ja strenge Konzentration gegenüber solch namenloser Vielgeschäftigkeit!

Tröstend aber gemahnt mich diese seltsame Mischung von Kunst- und Handwerksbetrieb an das Schicksal einer modernen Berufsgenossenschaft, die in ähnlich geteilter Emsigkeit ins Handwerk arbeiten muss, damit man ihr zeitweilig vergönne, auch wieder frei der Kunst und Wissenschaft zu dienen, an uns Männer der Literatur, die wir freilich keinen Platz an der zweiten Hoftafel und keinen Stuhl im Bürgermeisteramt haben. Wir stehen in derselben zweifelhaften sozialen Stellung wie die Maler jener Übergangszeit, dreigeteilt zwischen dem journalistischen Handwerk, der gelehrten Zunft und freier künstlerisch-wissenschaftlicher Produktivität, und die Berufsstatistik weiß niemals recht, auf welchen bestimmten Punkt sie uns eigentlich setzen soll. Doch sollten wir es wenigstens selber wissen. Die Literatur ist eben das Objekt einer neuen, ächt modernen Berufstätigkeit wie vor drei Jahrhunderten die Malerei als reine Kunst.

Der Trost, sich zu Zeiten wenigstens ganz einem Bild hingeben und dasselbe mit aller Liebe und Treue, mit dem gedoppelten Fleiß einer halbgefesselten Künstlerhand ausmalen zu dürfen, hielt die alten Maler immer wieder frisch über dem Wasser. Und in der gemütlichen Vertiefung in ihren Gegenstand waren sie oft unendlich größer und inniger, als die späteren, von der Kette des Handwerks befreiten und wie große Herren geachteten Meister. Sollte es uns von der Gelehrtenzunft halb erlöste Schriftsteller nicht auch frisch über dem Wasser halten, dass es uns doch oft genug vergönnt ist, einen wissenschaftlichen Stoff aus unserer eigensten Individualität heraus mit der ganzen treuen, hingebenden Liebe einer Künstlerseele durchzubilden, ihn in originale Formen zu gießen, die auch dann noch einen Werth behalten können, wenn der Stoff längst veraltet ist, und in der Innigkeit, mit welcher wir auch dem ernsten Gedanken einen Hauch der Schönheit zu geben trachten, den sozialen und wissenschaftlichen Zwiespalt zu vergessen, worin wir in dieser Übergangszeit mitten inne stehen? Was Lessing, Möser, Herder, als Kunstgebilde der wissenschaftlichen Literatur in Prosa geschrieben, das hat sein Jahrhundert überdauert und lebt und wirkt heute noch kräftiger im Geiste der Nation, als damals; die gleichzeitigen Bücher der exklusiven Männer einer hochnäsigen Gelehrtenzunft ruhen in den Bibliotheken als Stofffundgruben für nachkommende Gelehrte, die daraus wieder Stofffundgruben für eine spätere Gelehrtenzunft machen werden.

Der Kampf des Rokoko mit dem Zopf

1853

Keine Zeit ist so reich an genrehaften humoristischen Originalen, die sich eine Welt für sich allein bauten, wie das siebzehnte und achtzehnte Jahrhundert. Wir begegnen dort überall Sonderlingen von Profession, die mit bewusster Absicht eine, wie die Schauspieler sagen, »chargierte« Charakterrolle spielten. Ihre Schrullen und Seitensprünge galten für würdig in Memoiren und Anekdotenbüchlein der Nachwelt überliefert zu werden, und wer ein Gentleman sein wollte, musste wenigstens in einigen Stücken ein Narr sein. Die romantischen Abenteurer des Mittelalters kehrten wieder in einem neuen Kostüm, in minder phantastischen, aber weit humoristischeren Formen, Don Quixote hat den Helm mit der Perücke vertauscht.

Für das neunzehnte Jahrhundert sind derlei Originale – wo sie etwa noch existieren – ganz zufällig, für das siebzehnte und achtzehnte Jahrhundert waren sie notwendig.

Jener eigensinnige Trotz auf die möglichst barocke Persönlichkeit, jene dem ganzen Zeitalter eingeborne Neigung zur individuellen Karikatur reimt sich zwar ganz gut mit dem willkürlich abenteuerlichen Geschmack der Rokokozeit – des siebzehnten Jahrhunderts –; aber sie steht im schroffsten Widerspruch zu der Tendenz des Zopfes, im achtzehnten; denn das Wildwüchsige zu beschneiden, das Phantastische nüchtern, das Üppige schmal, mager und uniform zu machen, und Leben, Kunst und Wissenschaft über denselben Kamm der akademischen Regel zu scheren: Dies alles ist ja gerade ein unterscheidendes Merkmal des Zopfes vom Rokoko. Dennoch behauptete sich jene Neigung zur individuellen Karikatur durch die ganze Zopfperiode. Ja das Wappenbild dieser Zeit selbst, der Haarzopf, ist hervorgewachsen aus dem widersprechenden Streben, die freiwuchernde Originalität des Haarwuchses zu bändigen und zu uniformieren, und doch auch wieder dem Menschen eine pure Grille, einen kleinen Originalitätsschnörkel hinten anzuhängen.

Man könnte kurzweg sagen, ein Extrem hat das andere herausgefordert. Als die Leute den alten fachmäßigen Hanswurst von der Bühne verbannten, ward es ihnen Bedürfnis selber als Hanswurste einherzulaufen. Die nüchterne, aufgeklärte Zeit protestierte gegen die alten Volksmährchen mit Kobolden, Gnomen, Elfen und Konsorten, aber Tausende von lebendigen Karikaturen spielten dafür in ihrem eigenen Zimmer die Kobolde und Gnomen, und schäferliche Damen nahmen den Elfen, Nixen und Nymphen ihre Rollen ab.

Allein das Phänomen führt zu viel tieferen kulturgeschichtlichen Tatsachen.

Scheiden wir vorerst die Begriffe. Die Wörter »Rokoko« und »Zopf« galten anfangs nur der bildenden Kunst; man gewöhnt sich aber allmählich, sie für die ganze Kulturperiode zu gebrauchen. Das ist fein und löblich; denn jene Wörter sind aus dem Leben, aus der sinnlichen Anschauung gegriffen, während wir sonst fast nur noch tote Schulwörter für derlei Dinge zu erfinden pflegen.

Das Rokoko – in der bildenden Kunst – setzt die Renaissance voraus, und ich glaube, man hat es gar schon die verrückt gewordene Renaissance genannt. Gerechter könnte man sagen, als sich die Renaissance berauschte, ward sie zum Rokoko. Und wenn dann das Rokoko der Rausch, so wäre der Zopf der Katzenjammer der Renaissance.

Doch ich muss mein Ross zu ruhigerem Schritte zügeln und schulgemäßer definieren.

In der Renaissance wurden die antiken Formen wiedergeboren, zunächst in und neben den mittelalterlichen, dann zur Besiegung derselben. Aber die neue Zeit des sechzehnten Jahrhunderts hatte neue Bedürfnisse, neue

Sinne, neue Leidenschaften, denen die Antike so wenig vollkommen genügen konnte, wie die Gotik. Wer kein alter Römer mehr ist, der kann auch nicht mehr ganz so bauen und bilden, wie die alten Römer. Darum reckte und dehnte man an der Antike und passte sie dem neuen Menschen an, so gut es eben gehen wollte. Kunstformen anpassen ist aber eben so schwer, als Röcke zu verändern, die auf einen fremden Leib geschnitten sind. Nur wenigen der größten Baumeister und Bildner gelang es auf kurze Frist, den inneren Widerspruch zwischen dem neuen Leben und der alten Kunst zu beschwören. Keine Kunstperiode hat eine so spannenkurze Blüte gehabt, wie die ächte Renaissance; schon da sie zur Welt kam, trug sie das Muttermal der Manier auf der Stirne. Diese Manier in ihrer Fülle und Reife ist das Rokoko. Die vollsaftigen, lebensprühenden Leute, in welchen der Sturmgeist der Periode der Entdeckungen und Erfindungen, der sozialen Revolution und der religiösen Reformation noch immer nicht ausgetobt hatte, fanden die Formen der Antike zu eng und wollten sie doch nicht aufgeben, reckten und dehnten, schnörkelten und verkröpften daran, ja zersprengten sie und hielten dann doch wieder ihre Trümmer fest, ja fanden diese Karikaturen und Ruinen schöner als das Original. Das Rokoko ist in Fesseln gewalttätig, übermütig im Zwange, in der Nüchternheit trunken. Es ist die Kunst einer reichen, üppigen, unklaren, ruhelosen Zeit.

Da kam Krieg und Verwüstung, Armut und Elend. Verkommene Menschen werden trocken und pedantisch; Druck und Tyrannei von außen erzeugt Schulmeistern nach innen. So ward denn auch die Kunst des Rokoko im achtzehnten Jahrhundert arm, nüchtern, in Regeln eingeschnürt, jenes leidenschaftlichen Schwunges bar, der vordem mit ihren Auswüchsen versöhnen konnte. Geniale Manieristen können verführerisch glänzen, schulgerechte sind abschreckend langweilig. Der Zopf ist das vertrocknete, nach akademischen Regeln zugeschnittene Rokoko. Die üppige Rokoko-Flora von allerlei Kraut, Giftkraut und Unkraut wird uns in der Zopfzeit als totes Herbarium auf Löschpapier präsentiert.

Die Perioden der Kunstgeschichte messen sich nur nach runden Ziffern. So mag der bildende Künstler immerhin sagen, dass dem sechzehnten Jahrhundert die Renaissance gehöre, dem siebzehnten das Rokoko und dem achtzehnten der Zopf. Aber für die Kulturgeschichte ist diese Rechnung denn doch wieder etwas zu rund. Die deutsche Literatur gehört durch ein gutes Stück der Rokokozeit bereits dem Zopfe und befreit sich von dem Zopfe bereits in der dicksten Zopfzeit des Architekten und Bildhauers. Palestrina und Orlando di Lasso zeigen die Nachblüte des Mittelalters in der Renaissanceperiode; Händel und Bach standen im achtzehnten Jahrhundert dem Rokoko viel näher, als dem Zopf, wenn sie nicht so neue und eigene Geister wären, dass man sie überhaupt gar nicht recht in jene Begriffe zwängen kann.

Und dennoch gibt das Rokoko einen durch die ganze weite Kulturgeschichte des siebzehnten Jahrhunderts klingenden Grundton, wie der Zopf des achtzehnten.

Darum braucht man jenen allgemeinen Charakter der Periode nicht aufzugeben, und sieht doch, wie das Rokoko noch in die Zopfzeit dringt. Denn die Kolonnen der Geisterschlacht schreiten nicht in gleichem Schritt und gleicher Front vor, wie die Bataillone auf dem Paradeplatz, sondern die Flügelmänner sind hier oft um ein Jahrhundert dem Zentrum voraus.

Wenn uns also die Kunst- und Sittengeschichte des vorigen Jahrhunderts zeigt, wie damals zwiespältige Geister dennoch auf gemeinsamem Boden miteinander rangen, das Übermaß abenteuerlicher Willkür mit der nüchternsten allgemeinen Schulmeisterei, so nenne ich dies eben einen Kampf des Rokoko mit dem Zopf.

Man verachtete die leibhafte Geschichte und brach mit derselben, um sich vor der Tyrannei historischer Gespenster desto tiefer zu beugen. Während die Dichter in blindem Respekt vor den Einheiten des Aristoteles als einem historischen Ur-Kanon befangen waren, verbesserte Houdart, ohne ein Wort griechisch zu verstehen, den Homer, der ihm nicht regelrecht genug gedichtet hatte.

Bei den großen Herrschercharakteren des achtzehnten Jahrhunderts, die neue, strengere, geregeltere Formen des Staatsregiments schufen, zeigt sich der gleiche Gegensatz von persönlicher Willkür und der Hingabe an eben jenes allgemeine von ihnen begründete Gesetz. Friedrich der Große, Joseph II., Katharina von Russland, Maria Theresia, Karl XII., Peter der Große konnten sämtlich das Sonderlingswesen, welches die Zeit als das notwendige Attribut einer genialen Natur ansah, nicht ganz los werden. Daher gaben sie den Stoff zu unzähligen Anekdoten; sie machten sich in persönlichen Launen, Grillen und Einfällen zeitweilig frei von dem neuen Geist der gesellschaftlichen Uniformität und der politischen Gesetzesgleichheit. Mit dem Bilde der antiken und mittelalterigen Heldenkönige könnte man einen solchen Anekdotenkram nicht zusammenreimen. In den beiden vorletzten Jahrhunderten dagegen musste ein König witzig sein, wenn seine Größe den Zopfmenschen nicht langweilig erscheinen sollte. Die Skandalchronik der Höfe war mindestens ebenso wichtig, als die politische Chronik der Reiche. Durch seinen Mutterwitz und seine guten Einfälle ward der alte Fritz selbst bei seinen Gegnern eine volkstümliche Erscheinung, und bei dem nichtpreußischen Volk lebt er heute noch mehr in den Anekdoten seines Privatlebens fort als in seinen fürstlichen Handlungen. Daher sind alle die Könige und Helden der Rokokozeit mehr ein Stoff für das historische Genrebild des Romans, des Lustspiels, als für das wirkliche Historienbild des Epos und der Tragödie. Ganz charakterisieren kann man sie nur durch Ausmalung von hundert Einzelzügen ihrer Eigenart und ihres Eigensinns, die der große epische Stil nicht verträgt. Es ist gar nicht zufällig, dass Scheerenberg in seinen historischen Genregedichten, in denen er Friedrich den Großen besingt, über die willkürlichsten holperigsten Versgebilde nicht hinauskommen kann. Die eigensinnigen Helden mit den Zöpfen dulden keinen glatten Vers. Der beliebte Vers ihrer Zeit aber, der steife Alexandriner, charakterisiert nur einseitig den Zopf, nicht das Rokoko.

Die kleinen Fürsten ahmten die großen nach, und was dort originelle Charakterzüge gewesen, das ward hier zur ergötzlichen Karikatur. Der Eine kopierte Peters des Großen Zwergenhochzeit, der andere Friedrich Wilhelms I. Riesengarde. Ein Fürst von so wunderbarer Passion für die Bassgeige wie Herzog Moriz von Sachsen-Merseburg, der selbst seinem neugeborenen Töchterlein eine kleine Bassgeige in die Wiege legte, war nur im achtzehnten Jahrhundert möglich. Seine Untertanen haben ihn vielleicht nicht einmal einen Narren, sondern nur einen Mann von fürstlichen Launen genannt. Ein Fürst, der den Fiedelbogen statt des Szepters führt, und dabei seine Hände »von Blut- und Dintengräueln rein« hält, ist ein echter Repräsentant des Rokoko, nicht des Zopfs. Jener Landgraf von Hessen, der in Pirmasens ein zweites Potsdam schaffen wollte, und selig in dem Gedanken war, dass er in der tabakdampfenden Wachstube Hof halten durfte, der seinen höchsten Regententriumph feierte, indem er im stichdunklen Exerziersaal sein ganzes Grenadierregiment manövrieren ließ, ohne dass in den Gliedern die geringste Unordnung vorgekommen wäre, ist eine ächte Rokokofigur; denn durch seine tolle Launen vernichtete er humoristisch den langen Zopf, der an seinen Handlungen hing.

Der Fürst musste damals ein Virtuose der Persönlichkeit sein. Dabei kam die zum steifsten Regelzwang veräußerlichte Etikette der Höfe in seltsamen Widerspruch mit dem Ehrgeiz der einzelnen Fürsten, als Original zu glänzen. Es ist derselbe Widerspruch, der auch die Kunst und Wissenschaft dieser Zeit charakterisiert, der Widerspruch zwischen akademischem Regelzwang und willkürlichster Verschnörkelung, der Widerspruch zwischen Zopf und Rokoko. Wenn ein alter Haudegen von einem deutschen Reichsfürsten bei großer Tafel einem fremden Prinzen, der sich etwas zu viel Braten auf seinen Teller gehäuft, denselben ohne Weiteres zur Hälfte wieder wegnahm, so bezeichnet das den Kampf der Zeit zwischen Willkür und

und Etikette. Um den kleinen Verstoß des Prinzen und Gastes gegen die Etikette zu rächen, begeht der fürstliche Wirt einen noch viel größeren und man bewunderte das ohne Zweifel als einen rechten Geniestreich.

In den höchsten Kreisen der Gesellschaft glaubte man sich oft nicht besser amüsieren zu können, als indem man sich um das freieste Spiel der persönlichen Laune zu entfalten, dem strengsten Despotismus eines äußeren Zwanges freiwillig unterwarf. Darin liegt ein ungeheurer Humor, eine tiefe Selbstironie des Zeitalters. Eines der merkwürdigsten Denkmale dieser Selbstironie gründete ein Bayreuther Markgraf in der Eremitage bei Bayreuth. Um die Freuden eines Landaufenthalts zu genießen, musste der ganze Hof daselbst – Mönch und Nonne spielen. Durch Schweigen und Einsamkeit, durch die peinlichste Fessel von allerlei langweiligen Ordensregeln mussten sich die »Eremiten« zu geselligen Vergnügungen und Hoffesten vorbereiten. Um das Hofleben in einer ganz neuen Art zu genießen, gab man ihm die ernsthafte Maske des Klosters; man quälte und langweilte sich, um vergnügt zu sein, und schnürte den geselligen Umgang in eine Zwangsjacke, um ihm den Anschein einer ganz neuen und freien Bewegung zu geben.

Selbst der deutsche Pietismus, der im Anfang des achtzehnten Jahrhunderts gerade in der vornehmen Welt so viele Bekenner gewann, zeigte ein Stück Rokoko im Zopf. Auch er beruhte zum Teil auf einer Vermischung der subjektivsten Freiheit und Willkür mit dem strengsten Zwang einer neuen Glaubensordnung. Daher trat er oft revolutionär, reformatorisch und reaktionär zu gleicher Zeit auf. Man sprengte die Fesseln der versteiften Dogmatik und des erstarrten Kirchenregiments, um jeden freien Atemzug in eine neue Fessel einzufangen. Sogar der letzte, unfreiwilligste Akt des Lebens, das Sterben, sollte systematisch abgemacht werden. Die pietistische Literatur dieser Zeit weist ein vierbändiges Werk auf, welches die letzten Stunden von 51 jüngst verstorbenen Personen in peinvollster Ausführlichkeit einer Art von vergleichender Anatomie unterwirft, damit man daraus die beste Art zu sterben gleichsam schulgerecht lernen könne. Der Verfasser dieses Werkes, ein Graf v. Henkel, beglückwünscht einen Freund, der Zeuge bei dem »lehrreichen Tod« eines Hrn. v. Geusau gewesen, darüber mit den Worten: »Es lohne der Mühe, ein dergleichen *Collegium privatssimum* über die Kunst selig zu sterben, zumal von einem solchen *professore moribundo*, gehört zu haben.«

Die französischen Neuromantiker, die doch allen literarischen Überlieferungen des achtzehnten Jahrhunderts aufs Entschiedenste den Krieg erklären, schwelgen trotzdem förmlich in Stoffen aus der Zeit; die Herren in der Perücke sind ihre dankbarsten Helden geworden, und nicht bloß in den Romanen, auch in der Wirklichkeit glauben wir unsere Salons und Möbel nicht moderner schmücken zu können, als indem wir sie mit dem Schnörkelwerk der Perückenzeit bedecken. Darin liegt nur ein scheinbarer Widerspruch. Nicht der Zopf ist es, sondern das Rokoko, das wir so emsig wieder beleben; nicht der akademische Regelzwang, sondern die subjektive Willkür, der Geist der originellen, grillenhaften Charaktere. Diese freie Laune der Rokokozeit dünkt uns frisch wie die Natur, gegenüber dem planvollen Gleichmaß unserer modernen Zustände, die gar nicht mehr gestatten, dass einer ein rechter Narr sei, und darum schon keine grellen Romancharaktere mehr aufkommen lassen, wie das achtzehnte Jahrhundert seinerseits schon keinen rechten dramatischen Charakter mehr erzeugte. Wenn Rousseau, sobald der Geist der Grobheit über ihn gekommen ist, aller Welt die genialsten Sottisen sagt, wenn der Bauer und Dichter Robert Burns, ein »riesenmäßig ursprünglicher Mensch,« wie Thomas Carlyle ihn nennt, plötzlich unter den Drahtpuppen und Possenspielern des achtzehnten Jahrhunderts auftritt, und mit seiner derben, einfachen Natur wie ein Wunder in den Edinburgher Salons angestaunt wird, dann ergötzen auch wir uns an der Naturkraft, die unter der Form des Rokoko im Zopf steckt. So muss selbst der Kunsthistoriker, der sich empört über das Erlöschen des historischen Sinnes zu jener Zeit, über den Vandalismus, mit welchem ein hoffärtiger Unverstand damals die Denkmale des Mittelalters zertrümmerte, doch zugleich das Selbstbewusstsein bewundern, das aus diesem Vandalismus spricht, den Trotz auf die Weisheit des eigenen Zeitalters, der alles Alte keck nach dem eigenen Geschmack ummodelte, weil er fest überzeugt war, dass dieser Geschmack der allein wahre sei. Das ist ein eigentümliches Zeichen von Kraftbewusstsein und Lebensfülle, die mitten aus dem kranken Leben einer entarteten Zeit hervorbrach. Um diesen blinden Glauben an sich selbst, der aus der vermessenen Willkür des Rokoko in und trotz des Regelzwangs des Zopfes emporwächst und mit der tollen Originalitätssucht so vieler einzelnen Charaktere zusammenhängt, können wir schier die alten Zöpfe beneiden. Wir zweifeln stark an der Vortrefflichkeit unserer so viel vorgeschrittenen geistigen Entwicklung, während in den Tagen unserer Urgroßväter niemand zweifelte, dass jene Zeit, die wir mit Recht mit dem Spottnamen der Zopfzeit geißeln, die eigentlich goldene Zeit der Kunst und Wissenschaft sei.

Unsre süddeutschen Bauern leben eigentlich noch ganz und gar in dem Kunstgeschmack des Rokoko. Das Mittelalter haben sie vergessen und die moderne Kunst noch nicht gefunden. Dem Schwarzwälder Bauern ist die barock brillante Kuppelkirche zu St. Blasien ein viel größeres Wunderwerk heimischer Kunst, als das Freiburger Münster. Bunte, überphantastische

Rokokoheilige dünken dem katholischen Landvolk meist weit erbaulicher, als ein streng stilisirtes Bild des Mittelalters oder der modernen Schule. In dem Zierwerk der Geräte und Häuser der Bauern ist der Rokokostil ganz naiv in unsre Zeit mitgebracht worden, und wer jetzt ächte Rokokosessel für seinen Salon haben will, der durchsucht nicht selten die Bauernstuben. Die Freude des Bauern am Rokoko, welche standhaft so manchen Wechsel des Geschmacks überdauert hat, ist leicht erklärbar. Der Bauer ist selber ein Original, mehr zwar in der Gattung, als im Individuum, und seiner rohen, derben Kindernatur leuchtet das Glänzende, Abenteuerliche, Affektvolle, Gewalttätige des Rokoko ein, recht wie eine grobe Frakturschrift. Mit dem ächten Zopf dagegen hat er niemals sympathisiert. Der knappe, armselige Frack dieser Periode ist so wenig jemals herrschende Volkstracht gewesen, wie der wirkliche Haarzopf, und die kahlen Fassaden der akademischen Zopfarchitektur wurden niemals epochemachend für den Volksbau. Der Bauer hat sich nur das Rokoko aus dem Zopfe des vorigen Jahrhunderts herausgenommen.

Wir schulmeisterlichen Städter dagegen sind in dem Außenbau unsrer Häuser, in der schreinerhaften Kasernenarchitektur mit den eintönigen Fensterreihen so lange dem Zopf verhaftet geblieben; in der bunten, grillenhaften Ausschmückung unsrer Zimmer haben wir es dagegen wieder zum Rokoko gebracht, und erst in neuester Zeit beginnt man – wie z. B. in der neuen Maximiliansstraße in München – wieder zum kräftigen Individualismus der Renaissance veredelnd zurückzugreifen. Dies ist aber nichts Zufälliges; denn in unserm Bürgertum wuchert überhaupt wieder ein persönlicheres, originelleres Leben als vor zwanzig Jahren.

In der Rokokozeit porträtierte man unendlich viel, und diese Neigung, im Ölbild, Pastell und Kupferstich, in der Silhouette und dem Miniatur-Medaillon, pflanzte sich fort durch die ganze Zopfperiode. Es war zeit- und standesgemäß, seine eigenen Züge für nichts geringes anzusehen und Niemand argwöhnte darin eine persönliche Eitelkeit.

Wie man sich vom Kupferstecher porträtieren ließ, so liebte man es auch, sich selber in seinen Briefen, Tagebüchern und Memoiren abzukonterfeien. Die Sitte kam von den Franzosen aus dem siebzehnten Jahrhundert zu uns herüber und bestand als ein echtes Kind des Rokoko den Kampf mit dem Zopfe siegreich bis in's neunzehnte. Solch breite Freundschaftskorrespondenz, wie man sie vor fünfzig bis hundert Jahren noch allgemein geführt hat, vermag jetzt kein Mensch mehr zu führen. Diese Selbstschau, dies Wichtigtun mit kleinen Personalien ekelt uns an. Gleims, Heinses, Jacobis, Johannes Müllers Briefe genügen, um uns diesen Ekel vollauf empfinden zu lassen. Man würde denjenigen jetzt einen Gecken nennen, der sein liebes Ich für so wichtig hielte, dass er eine ellenlange Korrespondenz jahraus, jahrein über sich selber führte. Die allgemeinen Interessen sind gewachsen, die privaten zusammengeschrumpft, aber die Originalköpfe der alten Tage sind dabei freilich auch unmöglich geworden.

Jener wunderliche Bund der Scharlatanerie und der Wissenschaft, zeichendeutender Mystik mit scharf blickender Beobachtung, der in der Renaissance in großen gelehrten Gruppen, als der Astrologen, Alchimisten, Theosophen etc. gleichsam zünftig geworden, klingt in der Rokokozeit in einzelnen Wundermenschen aus. Mesmer, Lavater, Athanasius Kircher, Cagliostro sind solche Rokokofiguren mitten im Zopfe. Professor Beireis in Helmstedt, der sich im achtzehnten Jahrhundert noch auf's Goldmachen legte, mit seinen Kuriositätensammlungen unglaubliche Gaukelei trieb, und seinen aufgeklärten Zeitgenossen weiß machte, dass er einen Diamant von 6400 Karat Gewicht besitze, den der Kaiser von China bei ihm versetzt habe, würde in früheren Zeiten, wofern man ihn nicht rechtzeitig als Hexenmeister verbrannt hätte, das Haupt einer Schule geworden sein. Im achtzehnten Jahrhundert blieb er nur ein geheimnisvoller Originalmensch, dessen bunter Kram von allen Reisenden angestaunt wurde, halb Charlatan, halb Gelehrter, jedenfalls aber ein wunderbarer Virtuos der Persönlichkeit. In unsern Tagen wäre auch schon eine solche vereinzelte Originalfigur gar nicht mehr möglich. Sie ist durchaus Rokoko.

Das Mittelalter hatte seine Zunftgeheimnisse gehabt. Daraus war in der Rokokozeit eine Geheimniskrämerei der einzelnen Gelehrten und Künstler geworden. Namentlich trieb bei den Malern und Musikern auch der kleinste Meister sein besonderes Gaukelspiel mit den »Geheimnissen« der Kunst, die er angeblich allein besaß, und nur seinen Schülern mitheilte.

Die Zunft der Hofnarren war ausgestorben. Dafür traten die einzelnen Genies der Narrheit in der Rokokozeit ein: Gundeling, der passive Hanswurst, der von andern zum Narren gehalten wurde, Kyau, der Eulenspiegel des achtzehnten Jahrhunderts, der die andern selber foppte. Bei dem gelehrten Athanasius Kircher kämpft fortwährend der geniale Scharlatan mit dem Pedanten. Das ist der große Kampf der mitten durch das ganze Zeitalter ging, in Religion, Kunst, Wissenschaft und Staatspraxis, der Kampf des Rokoko mit dem Zopf. Die widerliche innere Unwahrheit so vieler bedeutender Charaktere dieser Zeit wurzelt in diesem ungeschlichteten Kampf. Schon um als ein rechtes Original zu erscheinen, durfte man übrigens nicht ganz einfach, wahr und offen sein. Münchhausen, der Lügenbeutel, ist eine ächte Rokoko-Karikatur in der Zopfzeit.

Die originellsten unter den originellen Leuten lebten sich damals aus als Karikaturen. Das Rokoko ist der bewusste Humor des Zopfes. Darum ist es heute noch künstlerisch brauchbar; während der Zopf, dem der Humor der Selbsterkenntnis; fehlt, längst künstlerisch tot ist. Wenn heute noch ein Genremaler recht wahre, lebensvolle Karikaturen malen will, so malt er sie im Rokoko-Kostüm. Hasenclevers Hieronymus Jobs z.b. würde uns durchaus übertrieben erscheinen, wenn die Figuren dieser Bilder nicht Zöpfe und Perrücken trügen. Nur in dieser einzigen Rokokozeit halten wir es für möglich, dass solche Fratzen leibhaftig auf Erden gewandelt seien. Und nicht mit Unrecht. Denn durch die Sucht ein Original, ein Virtuos der Persönlichkeit zu sein, wurden damals unzählige Charaktere zu wirklichen Karikaturen. Ein Graf v. Hoditz hatte in der Mitte des achtzehnten Jahrhunderts auf seinem Gut Roswalde in Schlesien eine sogenannte »theresianische Schäferei« (zu Ehren der Maria Theresia) gestiftet, auf welcher seine Untertanen und Leibeigenen jahraus, jahrein Griechenland und Rom spielen mussten. Es waren Tempel der Thetis, Diana, Flora usw. errichtet, verkleidete Bauern gingen als Haruspizes und Auguren einher. Der Pontifer schlachtete ein Schaf am Opferaltar, in einer Höhle wurde das Orakel befragt, und in einem der Sonne geweihten Tempel unterhielten junge Priester ein immer loderndes Feuer. Ein Schauspieler war auf diesem Gut Oberjägermeister, Bibliothekar, Theaterdirektor, Sonnenpriester und – Schulmeister in einer Person, und Friedrich der Große fand so viel Gefallen an dem schlesischen Arkadien, dass er es in einer poetischen Epistel besungen hat. Wollte man diese bare Wirklichkeit jetzt in einem Roman ausführlich schildern, so würde das wie die ärgste Karikatur aussehen. Das Rokoko verträgt aber den stärksten Farbenauftrag und die verzogensten Formen. Nicht umsonst liebte man damals an jedes Haustor, an jeden Geigenhals ein Fratze zu meißeln oder zu schnitzen, die Gesichter schneidet und die Zunge herausstreckt. Viele Figuren in Molieres und Holbergs Lustspielen und den zahllosen nachgebildeten Possen des achtzehnten Jahrhunderts dünken uns jetzt plumpe maßlose Karikaturen. Erinnern wir uns aber solcher historischer Erscheinungen wie eben jener theresianischen Schäferei, dann werden wir finden, dass die plumpen Gestalten für ihre Zeit weit mehr gut porträtierte Charakterfiguren als Karikaturen waren. In ihnen spiegelt sich die unbändige Eigenart der originellern Menschen in der an Zwang und Dressur so überreichen Zopfzeit.

Ohne diesen Gegensatz von Willkür und Fesselung, der sich als ein Kampf des Rokoko mit dem Zopf darstellt, ist die Kulturgeschichte und noch mehr die Kunstgeschichte des siebzehnten und achtzehnten Jahrhunderts gar nicht zu verstehen. Aus der starren Zopfzeit konnte die große politische Umwälzung der Neunzigerjahre nicht hervorgehen, wohl aber aus dem Rokoko im Zopfe. Im Rokoko saß noch Leben, tolles, unbändiges Leben; der Zopf hatte immer ein hippokratisches Gesicht. Die Virtuosen der Persönlichkeit, die wunderlichen Rokoko-Originale waren die Ahnherren der literarischen Stürmer und Dränger, der künstlerischen Reformatoren, der großen und kleinen Demagogen. Die Pedanten des Zopfs dagegen waren die Propheten der Gamaschenknöpferei, des Bürokratismus, der rationalistisch mechanischen Dressur von Jungen und Alten in Kirche und Schule. Und dieser Gegensatz von Rokoko und Zopf währt auch jetzt noch fort, nur verhüllt und in neuem Gewand, und nicht bloß an und in unsern Häusern, sondern auch in unserm öffentlichen und Privatleben. Die ächten Originalköpfe des Rokoko aber, die abenteuerlichen Virtuosen der Persönlichkeit sind freilich längst zu ihren Vätern gegangen, und werden nicht wiederkehren.

Die Napoleonische Kunstepoche

1852

I.

Seit dem 18. Brumaire war die in der revolutionären Verwilderung vergessene Kunst als eine Sache des *Anstandes* wieder in Erinnerung gekommen. Es gehörte von nun an in Paris nicht mehr zum guten Ton, möglichst schmutzig und abgerissen über die Straße zu gehn, und mit der Freude am saubern Rock kehrte auch die Freude an Kunstwerken zurück. Als die Franzosen später gar kaiserlich wurden und demgemäß abermals um eine Stufe anständiger, und nun ihren Kleiderschnitt erst wieder ganz fein machten, erschloss sich auch erst die volle Pracht der Napoleonischen Kunstblüte, breit und üppig gleich einer tellergroßen Sonnenblume.

Das ist eine seltsame Kunstepoche, deren Stufengang nach Staatsstreichen sich abmisst, und wo das Gedeihen des Künstlertums und des Schneiderhandwerks in so verdächtiger Wechselwirkung steht.

Der verkümmerten, herrenlosen deutschen Nation schlug damals wenigstens die Musik und die Dichtkunst Feuer aus dem Geiste, und die bildenden Künste schickten sich eben an, aus dem lange verschütteten Brunnquell der altdeutschen Denkmale neues Leben zu trinken, während eine ähnliche Verjüngung in Frankreich zurückgehalten wurde durch die innere Unwahrheit und den äußeren Zwang des Gesellschafts- und Staatslebens. In der Napoleonischen Kunstepoche war durch des Diktators Spruch dem *Zopfstil, die letzte Galgenfrist erwirkt*.

Schon darum, weil man die Kunst zunächst als Sache des Anstandes, dann des Prunkes von oben her gefördert hatte, stellte man sich durchaus auf den Standpunkt der ächten Zopfzeit des achtzehnten Jahrhunderts und leitete sie in's neunzehnte hinüber. Die Kunst entartet bei so äußerlichem Beruf und wird unwahr.

Das Zeitalter Ludwigs XIV. war wenigstens neu und französisch national gewesen in den Verkehrtheiten seines Kunststils; das Napoleonische Künstlertum war verkehrt, ohne national und neu zu sein. Wir ertragen das konventionelle, d. h. eben das gemachte und unwahre Wesen in vielen der energischen französischen Kunstschöpfungen aus jener früheren Periode, weil es so entschieden und unbewusst aus dem Volkscharakter der Franzosen hervorwuchs und darum doch wieder eine gewisse volkstümliche Wahrheit erhielt. Diese nationale Energie fehlt der Napoleonischen Kunstperiode, vielleicht gerade weil sie sich im politischen Leben den Franzosen bis zum krankhaften Übermaße gesteigert hatte. Die Kunstschulen der Kaiserzeit waren förmlich kommandiert zur Verherrlichung des nationalen Ruhmes, und dennoch verloren sie mehr und mehr jenes echt französische Gepräge, welches in der eigentlichen Zopfzeit ganz Europa den Pariser Klassikern tributpflichtig gemacht hatte. Während in der großen Mineraliensammlung der Bergschule zu Paris die Steine abgeteilt waren in französische und in »*mineraux des pays conquis,*« während bei einem Festspiele am Namenstag der Kaiserin Marie Luise ein Maskenzug, der die Volkstrachten der französischen Nation darstellte, zwischen den Languedokern und Picarden auch »die Deutschen« brachte, verlor die französische Kunstschule die letzten Reste ihrer eroberten Länder, und selbst die Komödie ging bei Kotzebue Lustspiele borgen, was auf französisch » *imité de l'allemand*« hieß. Die Pariser Tanzmeister, sonst die Herren der Welt klagten in der Kaiserzeit, dass durch die vielen Fremden, namentlich durch die Deutschen, die Zierlichkeit des französischen Contretanzes verdorben, und die Barbarei des schottischen Tanzes, des schnellen Walzers und Hopswalzers der reinen französischen Tanzkunst aufgedrungen werde. Das war ein bedenkliches Symptom. Auch der Hof Ludwigs XIV. hatte Schaaren vornehmer Fremden nach Paris gezogen, aber sie hatten dort nicht den Tanz verdorben, sondern umgekehrt nach der französischen Pfeife erst recht tanzen gelernt. In derselben Zeit, da der große Korse halb Europa eroberte, vollendete sich in Deutschland die Befreiung unserer Kunst und Literatur von der französischen; trotz aller fremden Heerführer und Prokonsuln, die damals in unserm Vaterlande hausten, ein bedenkliches Zeichen für den Staatsmann mit scharfem, prophetischem Blick.

In den Tagen jenes Ludwig, wie Napoleons, wollte man das römische Altertum in der modernen Welt wiederholen. Allein das siebzehnte und achtzehnte Jahrhundert hatte doch wenigstens den Muth der Kunstbarbarei, die antiken Gestalten ganz nach *seinem* Geschmack zu travestieren. Dadurch kam Wahrheit in die Lüge, wie ja überhaupt die ästhetische Unwahrheit der ächten alten Zopfzeit zugleich ganz naiv sich selbst betrog und darum vergleichbar ist jenen Renommierlügen, die ein Erzähler den Andern so lange auftischt, bis auch er zuletzt daran glaubt und sich selber mit belügt. Ich meine, wenn die alte Zopfzeit ihre römischen Helden und Heldinnen mit Perrücken und Reifröcken bekleidete, so gehörte Naivität dazu und Courage, ein übermütiges Selbstbewusstsein und die helle Freude am eigenen Rock. Als dagegen nach dem 18. Brumaire die Kunst wieder Anstandssache geworden war, schämten sich die Französinnen ihres eigenen Rocks und warfen der griechischen Schönheit zu liebe ein Ding wie eine Tunica um, ja vornehme Damen gingen mit bloßen Füßen und Sandalen auf die Straße, steckten aber zum Übermaß des Widerspruchs kostbare Ringe an die Zehen.

Rubens hatte kraft eigener Machtvollkommenheit das antike Ideal der schönen Menschengestalt breit und rund gemacht, weil die derben Flamländer, unter denen er lebte, auch breit und rund waren; Bildhauer der Napoleonischen Zeit dagegen vermeinten die Statue des Kaisers griechisch stilisieren zu müssen, indem sie dem gedrungenen kleinen Mann möglichst lange Beine gaben, als wäre seine Hauptstärke das Laufen gewesen.

Man hatte über Nacht eine große Geschichte, große Männer erhalten, aber das Dogma des Geschmackes passte nicht für die Realität dieser Geschichte. Als es galt, dem General Desaix ein ehernes Standbild auf öffentlichem Markte zu errichten, stellte der Künstler den Mann, der eben noch unter seinen Mitbürgern gewandelt war, den Augen derselben pudelnackt dar, den antiken Mantel statt über den Körper über den Arm geworfen. Dies geschah zu einer Zeit, wo die Kunst um des Anstandes und des Ruhmes willen wieder hervorgezogen wurde! Nachdem sich die Pariser Straßenwelt hinreichend an dem nackten General skandalisiert hatte, zerbrachen sich die Techniker den Kopf darüber, ob man dem Erzbild nicht nachträglich einen Rock antun könne. Wo solchergestalt der einfachste ästhetische Takt abhandengekommen ist, da muh das ganze soziale Leben seiner Natürlichkeit beraubt sein.

Weil die Religion gleich der Kunst unter dem Kaisertum als eine Sache des Anstandes wieder in Gnade gekommen, so ward einem Bildhauer die Aufgabe gestellt, die Wieder-Anerkennuug Gottes in Frankreich durch eine Gruppe im Schiffe der Abtei St. Denys zu verewigen. Der Künstler entwarf folgende wahrhaft klassische Skizze zu diesem Denkmal: Frankreich in der Gestalt einer kolossalen *Minerva*, mit Helm und Aegide gewaffnet, hilft der Religion, einer viel kleineren, mit Kreuz und Bibel gerüsteten Figur auf die Beine, während Minerva zugleich mit dem Fuß der Schlange der Irreligiosität den Kopf zertritt. Und diese Minerva, welche das Christentum wieder aufrichtet, fand Beifall; nur befürchtete man, es möchten die gotischen Hallen der mittelalterlichen Klosterkirche – etwas zu dunkel sein für die Aufstellung der schönen modernen Gruppe! Mit ganz gleichem Takte ließ man bei der Illumination zur Feier der Vermählung Napoleons mit Marie Luise den Altar und die Embleme *Hymens* auf den ehrwürdigen gotischen Thülmen von Notre-Dame in Brillantfeuer erglänzen. Eine Wiederaufnahme des religiösen Glaubens aus politischen Rücksichten ist eben genau derselbe Trug und Schein, wie die Pflege der Kunst um des Anstands und Ruhmes willen, und der ästhetische Lug des Zopfes in der Kunst ist nur das äußere Symptom, welches notwendig aus solch innerer Unwahrheit hervor wächst.

Der glänzende Aufschwung, den die französische Malerei in der Gegenwart gewonnen, schreibt sich nicht aus der Epoche der ersten Revolution, und nur zum Teil aus der Kaiserzeit, entschiedener dagegen aus den politisch so viel weniger glorreichen, aber das soziale Leben doch wohl freier und natürlicher entwickelnden Tagen der Restauration und der Juliusmonarchie. Die gesellschaftlichen Zustände wirken überhaupt weit tiefer auf die Kunst zurück als die politischen. Gewöhnlich wirft man beide zusammen und kommt dadurch zu kunstgeschichtlich und kulturgeschichtlich gleich falschen Resultaten. Napoleon hatte die Macht des Staates wieder aufgerichtet, aber die durch die Revolution vollständig zertrümmerten Gesellschaftszustände konnten erst nach Menschenaltern wieder zu einem neuen Organismus erwachsen. Ein fröhliches Aufblühen der Kunst setzt aber vor allen Dingen Wahrheit, Ruhe und Behagen des sozialen Lebens voraus. Schon deshalb hatte die Napoleonische Kunstepoche nur eine negative Bedeutung gleich der Napoleonischen Gesellschaft. Das angebliche Wiederaufleben des antiken Styles in der damaligen französischen Kunstschule ist genau vergleichbar der gleichzeitigen Wiederherstellung der alten Aristokratie in dem neuen kaiserlichen Hofadel. Auch dieses Fragment der Gesellschaft war wie die Kunst, wie die Religion anstands- und sicherheitshalber restauriert worden. Aber man hatte wesentlich nur den Zopf der Aristokratie beibehalten, das übrige hatte man weggelassen. Das alte Turnierbuch war zum kaiserlichen Wappenbuch geworden; die Wappenschilde zeigten noch ihren alten Schmuck, wenn auch die Sammet-Toque mit dem Reiherbusch den Helm verdrängt hatte; aber die Wappen selber hatten einen ganz neuen Sinn erhalten: Sie symbolisierten in erster Reihe die Staatswürde und erst in zweiter die Würde des Geschlechts. Wir stoßen da in der wunderlichen neuen Gliederung des Reichsadels auf Militär-Grafen und Senatoren-Grafen, auf Staatsrats-Barone und Militär-Barone mit den buntesten, je nach diesen Staatswürden sich gruppierenden Wappenschilden, von denen das des Senatoren-Grafen Sieyes wenigstens zu den »sprechenden« zählt, indem sich derselbe einen goldenen Boreaskopf in blauem Feld wählte, der silbernen Wind ausbläst. Neue Taten und neue Männer wollte man durch das Anheften alter Formen und Würden auf den Kothurn eines konventionellen historischen Styles erheben, ganz wie in der Kunst, wo dann aber auch ein solches Verfahren gerade als eines der schärfsten Kennzeichen des Zopfes angesehen wird.

Bei jedem Schritt stoßen wir auf ähnliche Widersprüche. Napoleon wollte eine Reihe historischer Denkmale zwischen dem Louvre und der St. Antonsstraße niederreißen lassen, um im Interesse des guten Geschmacks auf ihren Trümmern eine neue geradlinige »Kaiserstraße« aufzuführen. Im Dienste der Kunst zerstörte man die Kunstdenkmale, dazu die Denkmale der Geschichte, während man beklagte, dass man keine Geschichte habe, und begann den Aufbau der historischen Gesellschaft damit, dass man ihre Überlieferungen auf den Kopf stellte. Die Idee, Geschichte *machen* zu wollen, ist überhaupt eine speziell Napoleonische. Gerade so, wie man etwa nach der Schlacht bei Jena oder nach dem Wiener Frieden in Paris sprach, hat dann auch vor etlichen Jahren Herr von Persigny gesprochen, indem er mit dem Wiederaufleben des Napoleonischen Staates und der Napoleonischen Gesellschaft »eine ganz neue, nie erlebte Kunstepoche« verhieß. Dergleichen Dinge kommen aber fast immer nur unverheißen, und es geht mit solchen Prophezeiungen der Zukunftskunst gemeiniglich wie mit den Wetterprophezeiungen: Man braucht nur für den nächsten Tag Sonnenschein zu verkünden, so stellt sich ganz gewiss ein Landregen ein.

In der alten Napoleonischen Zeit sollte eine neue offizielle Kunstblüte aufsprossen aus dem Boden einer Gesellschaft, die offiziell doch eigentlich nur aus Generalen und Soldaten, aus Beamten und Untertanen bestand. Es ist aber in der modernen Welt niemals eine wirkliche Blüte der Kunst da gewesen, ohne die Voraussetzung eines selbständigen, machtbewussten oder mindestens in kräftiger Originalität abgeschlossenen Bürgertums. Sowie die natürlichen Gruppen der Gesellschaft verschoben werden, sowie das Bürgertum aus dem Zentrum derselben gerückt wird, tritt allemal diese Unwahrheit wie ein Krankheitsstoff auch in den Blutumlauf des Kunstlebens. Der bekannte Witz der französischen Soldaten in Ägypten: »Man nehme die Esel und die Gelehrten in die Mitte,« ist ein bitter wahres Epigramm auf die gesellschaftlichen Zustände jener Tage. Es kann keine wahre Kunst geben, wo die Soldaten vorn und die Soldaten hinten und neben den Gelehrten nur noch die Esel in der Mitte stehen.

Mustert man freilich die französischen Zeitungen und Flugschriften, von denen mir aus den Jahren 1806 bis 1812 ein stattlicher Haufe vorliegt, so scheint es, schier eine Perikleische Kunstepoche sei damals über Paris aufgegangen. Wenigstens wenn die Fülle der Kunst der Fülle der Kunstschwätzerei entspräche. Namentlich wird mit den bildenden Künsten äußerst wichtig getan, und man möchte fast glauben, in den Gemälden eines David, Gros, Lefevre, Gerard, Guerin, Girodet, Thevenin, Lethiers, Regnault sei der Genius Rafaels und Tizians wiedergekommen. Die Kunstkritiker und Theaterrezensenten konnten das Zeitungspublikum in die Tasche stecken, indes Frankreich und das übrige Europa zueinanderstanden wie zwei Ringer, die sich kämpfend am Rande eines Abgrundes hinwälzen. So sind in der russischen Journalistik die literarischen und artistischen Tagesrezensenten die einflussreichsten Leute; in Österreich waren sie es unter Metternichs Regiment. Sie stehen allemal auf, wenn die politische Presse schlafen gegangen ist. Wird aber dann die ästhetische Debatte überlaut, weil die politische schweigen muss, so ist der Nachtheil für die gesunde ästhetische Entwickelung des Volkes noch größer als für die politische. Denn jener Dilettantismus der allgemeinen Kunstschwätzerei, womit man das politische Gewissen eines Volkes einschläfern will, ist immer unwahr und ungesund, weil er aus einer gewaltsamen Verschiebung des Schwerpunktes unsers gesamten öffentlichen Lebens hervorgeht, und wird auch rasch seinen übeln Einfluss auf das künstlerische Schaffen selber zeigen. Der Versuch, die Kunst willkürlich abzulösen von der übrigen Geistesentwickelung der Nation gehört, zu den eigensten Verkehrtheiten der Zopfzeit, und wo man ihn später wiederholt hat, da gewann auch die Kunst sofort ein unverkennbar zopfiges Gepräge.

Es ist natürlich, dass man in der Napoleonischen Ära, da ein Weltteil zu klein erschien, um noch für zwei Herrscher Raum zu bieten, auch in der Kunstbegeisterung und dem Kunsturteil mit dem großen Löffel schöpfte, und ganz entsprechend der späteren Politik des Kaisers, die äußere Größe für die innere nahm. Bei den Bildern aus der damaligen Pariser Malerschule war diese Größe ein förmliches Dogma geworden; ich meine die Größe der Leinwand. Von Regnault schrieb eine geistvolle Beobachterin, sie glaube, dass die ganze alte italienische Schule vereint nicht so viel ungebrochenes Roth und Azurblau verbraucht habe, als der gute Mann zu einer einzigen Venus.

Neben dieser leeren, zopfigen Ellengröße der idealen Kompositionen zeigt sich aber auch die erfreuliche Tatsache, dass die Genremalerei damals auf innerlich größere Gestaltung drang und sich in der Darstellung der Kaiserschlachten und ähnlicher zeitgeschichtlicher Scenen zum historischen Genrestil erweiterte. Hier stand man auf dem Boden der Wahrheit, hier sprach das durch den Soldatenruhm Bonapartes und seiner Heere vollberechtigte kriegerische Selbstbewusstsein der Nation aus den ächten und lebendigen Gruppen des Künstlers. Darum hatte man auch auf diesem Punkte den lügnerischen Manierismus des Zopfes aufgegeben und wusste selbst nicht wie. In der sinnigen Natürlichkeit der kleinen Kabinettsbilder hatte die alte Rokokozeit ihr Frischestes und Wahrstes geleistet: So haben auch jene späteren französischen Maler in der kecken Natürlichkeit zeitgeschichtlicher Genrebilder gleichfalls wahr und lebensvoll sich ausgesprochen. Die niedlichen Blumen- und Frühstücksbildchen waren zur breiten Darstellung von Völkerschlachten geworden, und doch war es dieselbe genrehaft naturalistische Behandlungsweise, welche beide gemeinsam emporhebt, wie bei der idealen Stilisierung der großen antik heroischen und mythologischen Stoffe die gleiche innere und äußere Hohlheit aus dem Zeitalter Ludwigs XIV. in die Napoleonische Kunstepoche herüberragt. An Bilder wie Davids »Übergang Bonapartes über den St. Bernhard,« wie Gerards »Schlacht bei Austerlitz,« wie Gros' »Pest von Jaffa« usw. knüpft sich die selbstständige, durch ihre derbe Naturkraft und ihr übergewaltiges Pathos in unser gegenwärtiges Kunstleben so tief einschneidende Fortbildung, in welcher die französische Schule erst wieder recht national geworden und siegreich aus dem Zopf zur modernen Zeit vorgedrungen ist. Und doch wollte sich die Kritik der Kaiserzeit oft nur schwer versöhnen mit dieser zukunftreichen und volkstümlichen Porträtmalerei der Zeitgeschichte, und mahnte wiederholt, dass es geratener sei, die Taten des Kaisers *allegorisch* darzustellen! Darin zeigt sich eben wieder die Epoche als die Galgenfrist des Zopfes.

Die begünstigten Künstler jener seltsamen Zeit, die so fleißig in's Große arbeiteten, ließen sich übrigens auch in's Große bezahlen. Selbst an die bare Mittelmäßigkeit wurden damals oft ungeheure Summen verschwendet. Wo so übermäßig von der Kunst geredet wird, zahlt man auch übermäßig dafür. Der Pariser Sänger Lainez bekam (1810) für eine einzige Benefizvorstellung 30,000 Livres. In Wien bezahlte man ein Jahr später einem Pariser Tänzer jede einzelne Rolle mit 1000 Gulden. Das erinnert an das Jahr 1847, wo Jenny Lind in jeder Rolle 1000 Gulden galt, und das Pfund Schwarzbrot 8 Kreuzer. Auf 1847 aber folgte 1848 und auf 1811 1812. Kaum ein Jahr nach der Schlacht von Aspern ward von dem Pächter der Theater zu Pest und Ofen schon wieder ein jährlicher Pachtschilling von 15,000 Gulden gefordert. Ungefähr zur selben Zeit, wo unser trefflicher Carstens materiell und geistig verkümmerte, weil er bei dem vornehmen Kunstpöbel nicht Verständnis und Anerkennung seines ernsten Strebens fand, hatte David als bloßen Eintrittspreis für die Beschauung seines brillanten »Raubes der Sabinerinnen« 60,000 Livres eingenommen, und während man seinen Nachahmern die großen geistlosen Bilder ihrer ganzen Fläche nach mit Goldstücken bedeckte, musste der reformatorisch strenge Wächter Taschenbuchkupfer für's tägliche Brot zeichnen. Wo aber die technische Virtuosität so über Maßen belohnt wird, da ist meist ein noch tieferer Verfall der Kunst und der Gesellschaft angezeigt, als wo die Kunst in Vergessenheit um ihre Existenz ringen muss.

Bei einseitig übermäßigem Künstlersold trifft überhaupt ein nationalökonomisches Bedenken mit dem ästhetischen zusammen, um uns einen wunden Fleck im öffentlichen Leben zu verraten. Unter despotischen Regierungen, welche ganzen Zweigen der Wissenschaft und Literatur die Adern polizeilich unterbinden, wird das Angebot der Geistesprodukte unnatürlich beschränkt, die Nachfrage aber in demselben Grade unnatürlich gesteigert. Denn Tausende, die in freien Staaten in der Teilnahme an den politischen und sozialen Interessen ihren Geist erfrischen und in Spannung halten, machen, wo ihnen diese Bewegung in frischer Luft versagt ist, zu gleichem Zweck eine Stubenpromenade zu den Virtuosen und Gauklern der Kunst und Literatur. Der Prohibitivzoll, welcher auf der freien Wissenschaft und auf der strengen, ernsten Kunst liegt, wirkt als Monopol für die äußerliche, belustigende Kunsttechnik. Bei verminderter Konkurrenz und vermehrter Nachfrage steigen dann die Virtuosen unglaublich im Preise, und das natürliche Verhältnis des letzteren zum inneren Werte der Leistungen wird in's Abenteuerliche verrückt.

Eine andere Art von Monopolisierung und folglich Überwertung der Kunst zeigte sich während der Napoleonischen Epoche in England. Bei den Briten nämlich herrschte damals ganz dieselbe Prahlerei mit den Leistungen der nationalen Malerschule wie in Frankreich, aus sozial grundverschiedenen, doch nationalökonomisch ganz ähnlichen Gründen der ausgeschlossenen Konkurrenz. Während zur Zeit der Continentalsperre das Festland sich bemühte, vaterländische gebrannte Gelberüben für ebenso gut wie Kaffee und getrocknete Erdbeerblätter wie Tee zu erklären, meinten die Engländer, dann sei ihr vaterländischer Reynolds auch so gut wie Rafael, und Barry und Fueßli so gut wie Michel Angelo, und wenn man Leute wie Hoppner, Shee, Beechy, Philipps und Owen habe, dann könne man auch alle alten Venezianer des Kontinents füglich entbehren.

Wie man durch das Monopol die ächte Kunst nicht fördern konnte, so auch nicht durch treffliche positive Anregungen, die bei einem gesunden Volks- und Staatsleben gewiss epochemachend gewirkt hätten. Die unvergleichlichen Kunstsammlungen, welche Napoleon aus aller Herren Ländern nach Paris geschleppt hatte, übten nicht den entsprechenden Einfluss auf das künstlerische Schaffen. Auch dieses riesige Sammeln war ja nicht durch eine innere Notwendigkeit geboten, sondern, wie auch bei vielen Privatgalerien der Napoleonischen Großen, zunächst eine Sache des Ruhmes, des guten Tones und der Politik. Die köstlichsten historischen Studienbilder waren zu Tausenden aufgestellt, aber die rechten Studenten fehlten. Ohne Vergleich größeren Nutzen als die Kunst zog die Gelehrsamkeit aus Napoleons Sammlungen. Was Denon und D'Agincourt geleistet, ist für die Neubelebung des ächten Kunststudiums gewiss höher anzuschlagen als die gesamte Tätigkeit der Napoleonischen Malerschule. Und doch wagte selbst D'Agincourt, dieser Johannes in der Wüste, seine Kunststudien über das Mittelalter (vom 4. bis 15. Jahrhundert) nicht anders zu betiteln als: *Recherches et études sur 12 siècles de ténèbres et de barbarie*. In diesen »zwölf Jahrhunderten der Finsternis und der Barbarei« steckt eben immer noch der ganze lange Zopf der Kunstanschauung des achtzehnten Jahrhunderts, dem das Napoleonische Regiment die letzte Galgenfrist vergönnt hatte. Ich sage die Galgenfrist, denn dem Zopfe, der auf dem Titel des Werkes von D'Agincourt steht, ist durch den Inhalt des Buches selber bereits der Stab gebrochen.

Zu den Vorzeichen modernen Kunstlebens, die in der Napoleonischen Zeit aus dem gekräuselten Wolkenhimmel der Zopfideale aufdämmern, gehören auch die Kunstausstellungen, welche von da an immer breitere Wurzel fassen, und nicht bloß in Paris. So veranstalteten selbst die Engländer schon 1810 die ersten Ausstellungen außerhalb London, nämlich in Edinburg, Leeds und Liverpool, wobei die Absperrung des Kontinents gewiss nicht ohne Einfluss war. Und sogar die Koketterie und Prahlerei, welche man in Paris mit den Sammlungen ohne Gleichen und mit der »neuen Kunstepoche« trieb, hatte doch auch einen tieferen Sinn. Die Kunstpflege war eine Ehrensache der *ganzen Nation* geworden; während sie im achtzehnten Jahrhundert höchstens eine Ehrensache der Großen gewesen war; man appellierte in Kunstsachen an die Volksstimme, weil man in politischen nicht an dieselbe appellieren wollte. Napoleon hat die Kunst mehr als einer seiner Vorgänger vor die Öffentlichkeit gebracht. Waren auch die Motive nicht die ächten, so blieb doch die Tatsache und verhieß Frucht für eine spätere Zeit. Das Unternehmen des » *Musée Français*«, eines riesigen Kupferstichwerkes, in welchem alle Bilder des Napoleonischen

Museums wiedergegeben werden sollten, ist ein leuchtendes Zeugnis, wie gewaltig der Geist der Zeit zur Popularisierung der Kunst drängte. Das Werk nahm einen wunderbar raschen Fortgang unter der Begünstigung des Kaisers; 80 Kupferstecher aus allen Ländern wirkten fortdauernd für dasselbe, und es ward bei den vier ersten Bänden allein eine Kapitalauslage von 1,700,000 Franken nicht zu hoch befunden, um auf dem Gebiete der Kunst einer Erweckung des Volksbewusstseins den Weg zu bahnen, die auf das Gebiet des sozialen und politischen Lebens überspringend, das Regiment des Kunstprotektors selber zertrümmern musste. Man hat Napoleon mit Cromwell verglichen. In diesem Punkte wenigstens könnte man von ihm sagen, was man von dem englischen Diktator gesagt hat: dass er – unbewusst und wider Willen – der »Zuchtmeister zur Freiheit« gewesen sei.

Die von Napoleon gestifteten zehnjährigen Preise für die Meisterwerke in Kunst und Wissenschaft ruhten mit der gelehrten Jury des Nationalinstituts, mit all den Formen der öffentlichen Verkündigung und Verteilung der Preise auf einem in der Revolutionszeit geweckten Gedanken, der sich in die Kaiserzeit herübergestohlen hatte. Höchst merkwürdig ist aber die Einteilung der Preise bei der bildenden Kunst: Denn sie zeigt uns den Zwiespalt, der zwischen der alten konventionellen Richtung und der neuen nationalen Tendenzmalerei hervorzubrechen begann, in naivster Offenherzigkeit. So stand ein Preis aus »für das beste historische Gemälde,« und ein zweiter »für die beste Darstellung eines den französischen Ruhm betreffenden Gegenstandes.« Das eine schließt aber das andere nicht aus, und man begreift nicht, warum gerade der »französische Ruhm« kein Object der Historienmalerei sein und eine aparte Kunstgattung für sich beanspruchen soll. Ebenso war ein Preis für die beste Bildhauerarbeit »im größeren Style« ausgesetzt und ein anderer für das beste plastische Werk, »welches sich auf die glorreichen Taten der französischen Geschichte bezieht.« Hier traf sich's bei der Preisverteilung von 1810, dass derselbe Gegenstand in beiden Rubriken erwähnt wurde, nämlich ein Standbild Napoleons. Von den gemeißelten glorreichen Taten der französischen Geschichte aber erhielt ein Basrelief von Lemont den Preis, welches – den Ausbau des Louvre allegorisch darstellte! Dass ein solcher Stoff binnen zehn Jahren die Anregung zum besten Skulpturwerke gegeben, dies zeichnet recht klar die Dürftigkeit der damaligen plastischen Kunst.

Ein Jahr des größten Napoleonischen Glanzes, »Anno elf,« ist sprichwörtlich geworden im deutschen Volksmund. Was dem gemeinen Mann als ein altfränkisches, zopfiges Ding erscheint, von dem sagt er, es sei »von anno elf.« Dies wollen wir festhalten. Und wenn uns jetzt die alten Napoleoni-

Napoleonischen Kunstherrlichkeiten wieder angepriesen werden, dann soll man vorerst nachsehen, ob sie nicht in jenem Doppelsinne von anno elf stammen.

Der nationale Ruhm ist ein hohes Ding, und doch wird die Kunst zur Buhldirne erniedrigt, wo man sie bloß um des nationalen Ruhmes willen betreibt. Die ächte Kunst kann nur aus einem Grunde geübt werden, nämlich aus der reinen Freude und dem vollen Genügen an der geisterfüllten schönen Form, aus dem lauteren Triebe, die Harmonie und Herrlichkeit von Gottes schöner Weltordnung auch in dem kleinen, in sich beschlossenen Gebilde der Menschenhand widerzuspiegeln. Vor alters sagte man darum, die wahre Kunst schaffe um Gotteswillen. So setzte Sebastian Bach drei mystische Buchstaben, gleich als sein Wappen und Künstlerzeichen, über die Handschrift seiner Partituren: *S.D.G. – Soli Deo Gloria*. Und dieser Mann, der absichtslos und unbefangen wie kaum ein anderer um des seligen Genügens an der gottinnigen Schönheit, um Gotteswillen schuf, und nicht an die Arbeit gehen wollte, ohne sich erst diese Signatur seines Künstlertums auf's Papier gesetzt zu haben, trug selbst zwar noch eine Perücke, seine Werke aber tragen keine.

II.

Man pflegt die französische Malerschule der Napoleonischen Zeit als eine Schule des *theatralischen Effektes* zu bezeichnen. Dieses Beiwort gebührt jedoch auch vielen bedeutsamen Künstlerkreisen der beiden vorhergegangenen Jahrhunderte. Watteau in seinen schäferlichen Salonbildchen, die van der Werff in ihren biblischen Darstellungen sind ebenso gut theatralisch, wie David in seinen großen Historienbildern, ja ein großer Teil aller Rokokokunst ist theatralisch. Denn die Manier des Theatralischen tritt überall da ein, wo die Gestalten des Künstlers nur die Maske seiner Ideen tragen, statt uns deren leibhaftes Gesicht zu zeigen, wo sie, gleich mittelmäßigen Schauspielern, Empfindungen nur vorstellen und aussprechen, ohne in Leib und Seele durch dieselben bestimmt zu sein; das Theatralische ist also nur ein Ausfluss der inneren Unwahrheit und Heuchelei, die dem Zopfe überhaupt zugrunde liegt.

Man sollte nun denken, in einer so theatralischen Zeit wie die Napoleonische, müsste das französische Theater selbst einen großen Aufschwung genommen haben. Dies ist aber nur sehr bedingt der Fall. Es gab wohl eine Reihe bedeutender, ja großer Darsteller, aber der dramatischen Dichtung war die zeugende Kraft ausgegangen. Denn auch das Theater muss auf dem Boden der künstlerischen Wahrheit stehen; auch das Theater verdirbt unter der Herrschaft des »Theatralischen.«

Mit der Revolution war in Frankreich ein theatralisches Element des sozialen Lebens in alle Volksschichten gedrungen. Der Pöbel spielte jetzt den Römer, wie vordem der Hofherr den arkadischen Schäfer. Der Demagoge in Lumpen, der mit der Maske des Brutus prahlte, der auf dem Blutgerüste statt mit einem Gebet mit einem Calembourg vor den Richterstuhl des Ewigen trat, war jetzt ebenso gut theatralisch geworden, wie es ehemals jene Prinzen und Marquis gewesen, die man eben erst mit derselben Guillotine aus der Welt geschafft hatte. Darunter litt nicht bloß das wirkliche Theater, sondern selbst die später oft versuchte Ausbeutung der Helden der Revolution für die Bühne musste missglücken; die Republikaner von Anno neunzig taugen nichts für's Theater, weil sie in natura schon zu theatralisch sind.

Als Napoleon die Erbschaft der Revolution *cum beneficio inventarii* antrat, nahm er auch dieses Erbstück in sein Kaisertum mit herüber. Die Manier des Theatralischen hatte alle Gesellschaftskreise gepackt. Wo vordem bloß die Leibgarde des Hofes in Parade aufmarschiert war, da stand jetzt die ganze Nation in Parade. Dies musste auf die Kunst zurückwirken. Es war nicht mehr bloß ein einzelner Zweig derselben mit der theatralischen Manier behaftet, sondern das Ziel der gesamten Kunsttätigkeit war der theatralische Effekt geworden. Die Kunst war eine Dekoration neben andern in dem großen Komödienhaus des öffentlichen Lebens, und wo die Staatsmänner mit den Komödianten von Profession konkurrieren, da kann das Theater nicht gedeihen. Die äußeren Formen der Kunstwerte wurden entschieden korrekter als in der vollgültigen Zopfzeit; man studierte wieder gewissenhaft die Antike. Aber bei den unreinen Formen aus dem Zeitalter Ludwigs XIV. hatten die höfischen Künstler ihre Kunstwerke in theatralischem Geiste gedacht, weil sie sich damit den vornehmen Kreisen bequemten, die ihnen Brod gaben; wo die Kunstübung sich rein in den bürgerlichen Kreisen abschloss, da war sie auch noch keineswegs theatralisch. Bei den korrekteren Formen der Napoleonischen Zeit dagegen hatten die Künstler ihre Schöpfungen notwendig im Geiste des theatralischen Effektes denken müssen, weil die *ganze Nation* in deren Mitte sie standen, die Lebensluft, in der sie atmeten, von diesem Geiste erfüllt war. In diesem scheinbaren Rückschritte liegt aber doch kulturgeschichtlich ein großer Fortschritt: Die Gemeinsamkeit der Schwäche bekundet, dass seit der Revolution die politischen, sozialen und künstlerischen Interessen viel inniger ineinander verwachsen waren als je vorher, und dass die Entwicklung einzelner Stände von nun an nicht mehr den ganzen Geist der Kunst bedingen konnte.

Doch kehren wir zurück zum Theater der Kaiserzeit.

Die Prunkwerke, welche damals der Dekorateur der großen Oper bei Hof- und Nationalfesten aufzustellen wusste, waren neuer und origineller, als die Poesien der Bühnendichter. Die Schauspiele, welche man dem Volk auf offenem Markte gab, waren überhaupt auch ästhetisch oft interessanter, als die in den Theatern abgespielten. Gerade bei diesen Sieges- und Vermählungsfeierlichkeiten, bei diesen Pracht- und Kabinettstücken von Heerschauen und Heldenbegräbnissen ließ sich ja das äußerlich Theatralische weit glänzender entfalten, als im Theater selbst. Während die Weltgeschichte mit Sturmeseile vorwärts brauste, durfte der Leichenzug des Marschalls Lannes die Strecke von Straßburg nach Paris, um des gemessenen theatralischen Pompes willen, nicht rascher als in vierzig Tagen zurücklegen. Weil das Sterben in dieser blutigen Zeit so erschreckend wohlfeil geworden war, machte man das Begrabenwerden um so teurer. Es widert aber das Raffinement, womit man in der Kaiserzeit die Beisetzung berühmter Männer ausbeutete, um der großen Oper würdige Aufzüge auf der Straße und in der Kirche zu improvisieren, unser Gefühl nicht minder grauenhaft an, als die stehenden Calembourgs der alten Republikaner auf dem Schafott. Hier wie dort tritt man mit einem Theatercoup vor das offene Grab.

Selbst das Lustspiel, die nationalste Form der französischen Bühnendichtung, wollte in der Napoleonischen Zeit nicht gedeihen, ja es missriet noch ärger als die Tragödie. Bei der großen Preisverteilung wurde unter allen von 1800 bis 1810 geschriebenen Lustspielen kein einziges des Preises würdig erachtet. Für der Erwähnung zumeist wert erklärten die Geschwornen des Kunsttribunals damals den »Haustyrannen« von Duval: wenn das Stück mehr komische Kraft hätte, wenn die Lösung des Knotens besser vorbereitet, wenn der Styl zierlicher wäre und die Verse harmonischer! Man wird da begierig, zu erfahren, was denn nach solchen Einschränkungen überhaupt noch Gutes an diesem besten Stück gewesen sei. Dagegen trieb die komische Oper in Frankreich noch immer köstliche Nachblüten in dieser selben Zeit, wo das Lustspiel so tief heruntergekommen war.

Der vollständige Bankerott der Lustspieldichtung war damals freilich nicht bloß ein französischer, sondern ein europäischer, und der Kulturhistoriker mag darüber nachdenken, inwiefern diese Tatsache mit dem Charakter einer Zeit zusammenhängt, welche alle soziale Originalität schonungsloser als irgendeine frühere zu zerstören trachtete. Denn der Urquell der echtesten Lustspielstoffe ist von Aristophanes bis Molière die soziale Originalität gewesen. Obgleich es nun die Franzosen, wie schon bemerkt, in der Kaiserzeit durchaus nicht verschmähten, Lustspiele aus dem Deutschen zu

Deutschen zu übersetzen, ja selbst ursprünglich französische Lustspielstoffe nach deutschen Bearbeitungen wieder zurück zu bearbeiten, so begannen doch allmählich auch bei uns die »Bearbeitungen nach dem Französischen« wiederum massenhaft einzubrechen. Ich kann einige Zahlen reden lassen für das Steigen dieses internationalen Kunstverkehrs. Von 1794 bis 1800 waren an den beiden Wiener Haupttheatern nur 6 übersetzte Opern und 12 derartige Lustspiele gegeben worden. Von 1800 bis 1806 kamen schon 30 solcher Opern (und Operetten) und 45 solcher Lustspiele vor, und 1806 bis 1810 hatte man mit der Darstellung neuer Originalwerke an diesen Bühnen fast ganz aufgehört.

Hier begegnen wir einer seltsamen Kreuzung politischer und künstlerischer Einflüsse. Die politische Übermacht des Franzosentums zwingt uns die altersschwach gewordene Komödie der Pariser Theater, und zwar recht eigentliche Fabrikarbeit, auf, während die Franzosen ihrerseits das Eindringen neuer Stoffe und Muster aus unserer poetischen Fabrikindustrie nicht ganz von sich abweisen können. Dagegen bleiben die Franzosen von der gerade damals so reich entfalteten ächten Poesie unserer größten Dichter nahezu unberührt.

In denselben Jahren, da die deutschen Kritiker über das Überwuchern der französischen Schablonen-Lustspiele auf unsern Bühnen klagten, lesen wir in den Pariser Tageblättern bittere Beschwerden, dass auf den französischen Volkstheatern der *deutsche Geschmack am Wunderbaren* so sehr einreiße, wobei zu fürchten sei, wie die damaligen *Annales de la politesse* bemerken, »dass die *Vernunft des Volkes* geschwächt werde; auch werde man endlich wohl gar die Rückwirkung auf den großen Theatern spüren. Denn die Volksmeinung,« heißt es schließlich treffend, »pflanzt sich fort wie ein elektrischer Schlag bis in die entferntesten Glieder.« (Man sieht, in den *Annales de la politesse* durfte man damals deutlicher von der Vernunft des Volkes sprechen, als in den *Annales de la politique*.) Es ist aber hier mit dem »Geschmack am Wunderbaren« nichts anderes gemeint, als die Lust an der rohen Romantik, welche in der Teufelsmühle, im Donauweibchen und ähnlichen Produkten jener von plump komischer Naturkraft erfüllten Wiener Volksposse damals wie im Siegeszug nicht nur zu allen deutschen Bühnen, sondern auch zu den englischen und französischen Volkstheatern durchdrang. Diesseits der Vogesen bewies A. W. v. Schlegel, dass es mit der Bühnen-Dichtung der Franzosen nichts sei, jenseits der Vogesen galt es ziemlich allgemein als ausgemachte Sache, dass die deutsche dramatische Poesie trotz Lessing, Goethe und Schiller noch »in der Wiege der Kindheit« liege, und diesseits und jenseits verschlang trotzdem die eine Nation gerade das roheste Bühnenfabrikat der andern mit größtem Behagen.

Man kann sagen, dass die Franzosen den Manierismus des Theatralischen eben auf dem Theater zuerst satt bekommen haben. Man entsetzte sich über die Komödie in der Komödie viel früher, als über die Komödie im politischen Leben. Die regelrechten, deklamatorischen fünfaktigen Trauerspiele der alten französischen Schule waren niemals langweiliger, als in den ersten Jahrzehnten unseres Jahrhunderts. Man ertrug sie noch aus Etikette um des nationalen Herkommens willen. Dagegen griff die Mode, wo möglich ein halbes Dutzend einaktiger Possen, Dramen und Operetten auf einen Abend zusammenzuwerfen, immer mehr um sich und verbreitete sich auch nach Deutschland. Durch die theatralischen großen Bilder der Historienmaler war die sinnige kleine Genremalerei fast ganz verdrängt worden; in diesen kleinen Theaterstückchen dagegen, so bedeutungslos sie an sich sein mochten, hatte sich die Tradition des anspruchslosen Genrestils wenigstens auf die Bühne hinüber gerettet. Etwas Ähnliches war es mit der gleichzeitigen Liebhaberei an dem Ausverkauf des Kurze-Waren-Lagers der lyrischen Poesie durch die zahllosen Almanache. Ein französisches Blatt von 1811 berichtet uns, dass zu Neujahr bei einem einzigen Buchhändler des Palais Royal nicht weniger als 43 neue Musenalmanache ausgestellt gewesen seien, mit einem Gesamtinhalt von beiläufig 6459 neuen Gedichten. In diesem »Dichterwald« waren die Leute doch wenigstens einigermaßen vor dem »großen Stil« sicher, der sie sonst auf Schritt und Tritt verfolgte.

Als Platen seine Lustspiele geschrieben, stand in unsern Feuilletons geraume Zeit in stehenden Lettern die Klage zu lesen, dass unsere Komödie nur noch für die rein literarische Satire Raum biete, und daraus wurde – nicht mit Unrecht – ein Schluss auf die Abgestorbenheit des öffentlichen Lebens gezogen. Ganz dieselbe Erscheinung finden wir aber auch in der Napoleonischen Kaiserzeit. Hier handelt es sich nicht einmal um bloß gedruckte Lustspiele, sondern die rein literarische Satire droht sogar die Bühne zu beherrschen. Ein großer Teil der neuen Komödien, namentlich der doch so volkstümlich ursprünglichen Vaudevilles, sind bloße Parodien der ernsten Stücke des Theatre français und der großen Oper.

Es war eine recht drollige Bettlerwirtschaft. Die Tragödie war so arm geworden, und das Lustspiel so arm, dass das Lustspiel nichts Besseres zu tun wusste, als sich lustig zu machen über die Armseligkeit der Tragödie. Dadurch zeigte es aber, dass es eigentlich noch ärmer sei, als jene. Besonders wurden die schwerwuchtigen heroischen Sujets – Brunhild, der Tod Adams, der Triumph des Trajan, Tamerlan, Abel v. – mit denen sich ein kaiserlich französisches Publikum gleichsam offiziell langweilen zu müssen glaubte, weil es selber in einem so heroischen Zeitalter lebte, auf dem Vaudeville-Theater gehörig durchgehechelt. Weil man die Kritik des öffentlichen Lebens in der Komödie nicht spielen durfte, spielte man Literaturkritik. Ja man begnügte sich nicht einmal mit der Parodie einzelner literarischer Erscheinungen. Wie die Journalisten zu Zeiten durch Kollektivkritiken auf ihrem Büchertisch aufräumen und ein Halbdutzend neuer Bücher gleich in einem Artikel abtun, – sogenannte Hinrichtungen – so finden wir hier auch Komödien, die sich als Kollektivkritiken darstellen, und in einem einzigen Akt eine ganze Reihe dramatischer Novitäten mit Spott begießen. 1810 erschien z. B. auf dem Pariser Vaudeville-Theater ein Stück: »die Herberge in den Wolken,« welches sich schon im Untertitel als »petite revue de quelques grandes pièces« ankündigte, und nicht weniger als sechs neue Opern und Schauspiele auf einmal persiflierte. Als Nicolo Isouards Aschenbrödel so glänzenden Erfolg gewann, erschienen Dutzende von Parodien; jedes Theater wollte ein eigenes Aschenbrödel für sich geben, und zuletzt brachte man eine Posse auf das Vaudeville-Theater, in welcher »die ganze Familie der Aschenbrödel,« die selbst schon zum Teil Parodie waren, gemeinsam wieder parodiert und kritisiert wurden. Echt französisch, hatten an dieser Komödie, die sich eine ganze Sammlung anderer Komödien zum Gegenstand genommen, auch nicht weniger als drei genannte Verfasser gearbeitet.

Aschenbrödel ist überhaupt für die kulturgeschichtliche Charakteristik der Glanzjahre des Kaisertums sehr interessant. Das Stück wurde ursprünglich (1810) für die vierzehnjährige Alexandrine St. Aubin geschrieben, welche mit demselben das Theater Feydeau vor dem Bankrott rettete. Das Textbuch, das kecke Wagnis, ein altes Kindermärchen für die Oper zu bearbeiten und einem vierzehnjährigen Kind die Hauptrolle darin zuzuteilen, verrückte anfänglich den Parisern förmlich die Köpfe; die Musik wurde weniger beachtet. Bei den zwanzig ersten Vorstellungen sollen 110,000 Livres eingegangen sein. Jetzt ist es umgekehrt fast nur noch die anmutige Musik, welche diese Oper frisch erhält, während das Textbuch veraltet ist. Die heutigen Darstellerinnen Aschenbrödels sind auch entsprechend im Alter vorgeschritten und, abweichend von Alexandrine St. Aubin, sämtlich unzweifelhaft bereits konfirmiert. Dieser Jubel der Pariser über das unerhörte Ereignis, ein dramatisches Kindermärchen in der komischen Oper zu sehen, hing aber schwerlich zusammen mit jenem »Geschmack am Wunderbaren,« der bei den Volksbühnen eingerissen war. Etienne, der Textdichter, hatte hinreichend dafür gesorgt, dass von der inwendigen, die handelnden Gestalten selbst durchleuchtenden Romantik des Volks- und Zaubermärchens, wie man sie gleichzeitig in Deutschland träumte, in seinem Aschenbrödel nichts zu finden sei. Er hatte nur das Märchenhafte der Intrige und ihrer Lösung beibehalten und die vom Maschinisten exerzierte Kulissen-Romantik. Aschenbrödel eröffnete darum auch keineswegs eine dramatische Märchen-Epoche, etwa wie wir Deutschen jetzt – dank Herrn Andersen – in einer Epoche der Märchen-Novelle leben. Aschenbrödel, oder richtiger die Familie der Aschenbrödel, blieb vereinzelt stehen. Der neue theatralische Effekt des Kindlichen auf der Bühne war das Bestrickende, und ein solcher Effekt ist eben nur möglich, solange er neu und einzig ist. Unmittelbar nach dem Wiener Friedensschlusse, zur Zeit der größten politischen Macht und Herrlichkeit, welche die französische Nation jemals erlebt, liegt Paris gefangen in den Banden – der »Cendrillomanie!« Das ist die bitterste Satire auf den »großen Stil,« auf die »große Kunstepoche,« auf die »große Epoche« überhaupt! Wie froh war man, alle diese theatralische Größe gegen ein Stückchen Kinderei vergessen zu dürfen, die selbst wieder den Manierismus des Theatralischen an der Stirne trug! Die Cendrillomanie war eine Weissagung auf die Tage des tiefsten Falles und auf die Tage der Bourbonischen Restauration.

Die Wirkung Aschenbrödels und der komischen Oper der Napoleonischen Zeit überhaupt hat aber auch noch einen tieferen Grund. Man schlug, wie gesagt, die Bedeutung von Nicolo's Musik gegenüber dem Textbuch Etiennes damals nicht als die höhere an, wie wir es jetzt tun. Allein eine Nummer wenigstens griff den Leuten gleich anfangs wunderbar in's Herz hinein: die kleine aus wenigen Tönen aufgebaute Romanze Aschenbrödels. Sie war ein Volkslied, und zwar ein echt französisches. Hier stoßen wir auf ein merkwürdiges kunstgeschichtliches Phänomen. Während fast alle übrige Kunst in Frankreich in einen theatralischen Manierismus, in einen gemacht großen Stil verfallen war, griff die komische Oper die alte nationale Form des Volkslieds, die Romanze, wieder auf, und hauchte ihr ein anmutvolles neues Leben ein. Wie der Charakter eines einzelnen Menschen nie ganz der eines Bösewichts, eines Tugendhelden, eines Pedanten ist, sondern stets gemischt aus allerlei widersprechenden Grundstoffen, so auch der kulturgeschichtliche und kunstgeschichtliche Charakter ganzer Völker und Zeitabschnitte. Die versteifte bildende Kunst in der Spätzeit des siebzehnten Jahrhunderts hatte immer noch ihre Ergänzung in der volkstümlichen Naturkraft der Genremalerei gefunden, und in dem Maße, als die theatralische Manier des großen Stils das gesamte französische Kunstleben austrocknete, begann auf der einzigen grünen Oase der komischen Oper der Born des einfachen volkstümlichen Gesangs immer reichlicher zu fließen. Die großen Stilübungen der David'schen Malerschule sind veraltet, und von den Prunkwerken der Pariser großen Oper aus Napoleons Zeit haben sich nur noch Spontinis Tondichtungen lebendig

lebendig erhalten, aber die schlichten, fröhlichen Romanzen und Chansons Dalayracs, Della Marias, Mehuls, Boieldieus, Nicolos sind frisch geblieben, und leben nicht bloß auf den Brettern, sondern auch im Munde des Volks fort bis auf diesen Tag.

Während aber die gebildeteren Franzosen der Napoleonischen Zeit bei dem volkstümlichen musikalischen Humor der komischen Oper die theatralische Manier des großen Stils eine Weile vergaßen, suchte das »eigentliche Volk« im *Théâtre de la Gaieté* und im *Ambigue comique*, die doch schon ihrem Namen nach der Heiterkeit geweiht waren, Schauerstücke als Volksbelustigung auf und gräuelvolle Melodramen statt harmloser Possen. In diesen Stücken war die theatralische Manier des großen Stils oft bis zum ästhetischen Wahnsinn gesteigert. Sollten sie besonders schauerlich sein, dann nahm man ihren Stoff aus der deutschen Geschichte. Räuberstücke ersten Rangs mussten im Schwarzwald spielen, wie überhaupt in der Volksliteratur der Franzosen *le forêt noir* geraume Zeit als die eigentliche Urwildnis mitten in Europa erscheint. Geschah es doch auch noch in späterer Zeit, dass ein Franzose, dem man in Baden-Baden den Fürsten von Fürstenberg als den größten Standesherrn des Schwarzwaldes zeigte, voll Erstaunen ausrief: » *Mais il n'a pas l'air d'un sauvage!*« Jene Melodramen sind die Vorläufer der Gräuelstücke aus dem Leben des Proletariats auf den heutigen Pariser Volkstheatern. Bei beiden zeigt sich, wie tief die wollüstige Freude an dem Schauspiel gewaltsamer Leidenschaft, am Anblick von Elend, Verzweiflung, Wahnsinn, Mord und Totschlag und Spitzbüberei dem rohen Menschen eingepflanzt ist. Man zog die Schauerstücke auf die der Komödie bestimmten Bretter, weil das haarsträubende Entsetzen eine drastischere Komödie abgab, als gutmütiger Humor und stacheliger Witz. Hier findet das Volk die Theatereffekte wieder, an welchen es vor dem Blutgerüst der Schreckenstage Geschmack gefunden hatte, und die letzten roten Schlaglichter jener theatralischen Revolution fallen auf die Kulissen der Napoleonischen Volksbühne. Und hier erinnere ich wieder an meine oben aufgestellte Behauptung, dass nicht etwa einzelne Kunstkreise, sondern dass der *Volksgeist* selber erfüllt gewesen sei von dem Manierismus des Theatralischen.

Die kaiserliche Polizei ließ diese gräuelvollen Volksschauspiele gewähren, während sie die schüchternste Satire über die öffentlichen Zustände auf der komischen Bühne mit Stumpf und Stiel ausrottete. Als der Komiker Brunet bei der Anwesenheit mehrerer gekrönten Häupter in Paris ein Talglicht, welches ihm auf der Bühne vorgesetzt wurde, mit dem sehr unschuldigen Wortspiel zurückwies: » *Eh comment! il y a tant de cire/Sires) à Paris et on m'apporte toujours de la chandelle,*« wurde er gleich ins Gefängnis gesteckt. Eine leise Anspielung auf die beabsichtigte Landung in England hatte ihm vorher schon acht Tage Arrest gebracht. Dergleichen Dinge begreift und greift die Polizei. Die soziale Gefährlichkeit jener Melodramen aber, die freilich im Schwarzwald oder in den Apenninen spielten, begriff sie nicht, weil sie selbst auch mitbefangen war in der krankhaften Verstimmung des Volksgeistes, welche jenes wollüstige Gefallen an dem theatralischen Effekt des im Großen organisierten Mordes und Totschlags erzeugt hatte.

So ließ Napoleon seinerseits das Theaterpublikum die ästhetische Volkssouveränität nach Belieben entfalten, und wenn er in der Loge saß, so pfiff man ein missfälliges Stück ebenso gut aus, oder wehrte gar, dass es zu Ende gespielt wurde, wie wenn er nicht zugegen gewesen wäre. Von Goethe wird erzählt, dass er bei der Aufführung des Schlegel'schen Jon in Weimar dem Publikum, welches zu zischeln und zu lachen begann, mit mächtiger Stimme zugerufen habe: »Man lache nicht!« Und sie wurden still. Napoleon glaubte den aus der Revolution herübergekommenen republikanischen Tumult des Theaterparterres schon zulassen zu können, wenn er nur sein Parterre von Königen in Ruhe und Ordnung hielt. Allein er übersah, dass zumeist durch sein Regiment der Manierismus des Theatralischen auch in der Politik zum Prinzip erhoben und geheiligt worden war, dass er selber die Nation daran gewöhnt hatte, die öffentlichen Angelegenheiten aus der Perspektive eines Theaterpublikums zu betrachten. Es war daher kein Wunder, dass dieses Publikum, welches so ganz gewöhnt war, die Stücke in des Kaisers Gegenwart nicht zu Ende spielen zu lassen, endlich auch das Fallen des Vorhangs begehrte, als der Kaiser selber sein Stück gerne noch viel länger fortgespielt hätte.

Das unvergleichliche Genie des Helden und des Staatsmannes konnte Napoleon dennoch nicht zum wahrhaft großen Manne machen, weil ihm jene sittliche Größe gebrach, welche um der Wahrheit und Gerechtigkeit willen den Egoismus und den persönlichen Ehrgeiz hätte opfern müssen, als Gott ihm den zermalmenden Beruf in die Hand legte, die Geschicke der Völker eines Weltteils abzuwägen. Mit der Glorie des Helden teilte seine ganze Epoche und mehr noch seine Nation diese seine sittliche Schwäche. Die innere Hohlheit eines mehr auf Eigensucht und Ehrgeiz, als auf Wahrheit und Gerechtigkeit gegründeten öffentlichen Lebens ließ auch die Kunst der Napoleonischen Epoche hohl und unklar werden. Und da sie mit allen ihren Überlieferungen noch so enge dem achtzehnten Jahrhundert verwachsen war, wo eine ähnliche innere Unwahrheit die äußere Unnatur des Zopfstils erzeugt hatte, so konnte sie viel weniger Neues schaffen, als vielmehr das Alte zum völligen Ausleben und Absterben bringen. Dies war

bringen. Dies war die Galgenfrist, die sie dem vor der Revolution prinzipiell bereits gerichteten Zopfstil gewährte. Den Odem eines neuen Lebens brachte die *sittliche Erhebung der Völker* in den Befreiungskriegen, und damit zugleich eine bei allen Mängeln dennoch ohne Vergleich wahrere, in vielen Stücken auch neue Kunst, den vollständigen Bruch des neunzehnten Jahrhunderts mit dem Zopf. Denn nicht nur das große Drama der Weltgeschichte, auch die bloße Episode der Kunstgeschichte umschließt in dem Walten ihrer heiteren Mächte ein Weltgericht.

Samuel Amsler
Ein Charakterkopf aus der Münchener Kunstschule

1858

»Die Zeit« schafft den schöpferischen Mann, damit dieser hinwieder seine Zeit schaffen helfe; jeder epochemachende Geist ist zugleich Kind und Vater, Jünger und Meister seiner Zeit. Denn was bedeutet dieses vielsagende Wort »Zeit« hier anders als die Summe der gegenwärtigen Kulturentwickelungen, die auf uns einströmen und unsern Geist bezwingen und beugen und bilden; aber unser Geist ist mit seinem Schaffen ja doch auch wiederum ein notwendiger Teil dieser Summe, und je kräftiger unsere Persönlichkeit von Natur angelegt ist, um so fröhlicher dürfen wir uns der Zeit hingeben. Und je entschiedener ein starker Mann sich hingibt an seine Zeit, um so siegreicher kann er wiederum dieser Zeit Meister werden.

Diesen Satz könnte man der Lebensgeschichte von Staatsmännern und Helden, von Dichtern und Philosophen im großen Style voranschicken: Ich schreibe ihn aber hier als Motto zu der Charakteristik eines Meisters jener bescheidensten Kunst, in welcher die Kunst der Selbstentsagung das größte Meisterstück ist – eines Kupferstechers, Samuel Amsler's.

Die Zeitgenossen kannten ihn als einen Mann, der den meisten Mitstrebenden voranging durch seinen unbeugsamen Eifer für Reinheit und Idealität in der Kunst, durch seine strenge Auswahl von Originalen des plastischen und großen Styles, durch sein Trachten, mehr den geistigen Gehalt der Komposition und die Größe und Korrektheit der Zeichnung als Glut und Glanz der Farbe in seinen Stichen wiederzugeben, und die Kunstgeschichte hat sein Wirken in dieser Richtung nicht vergessen, wenn sich auch nur noch eine kleine stille Gemeinde an seinen ohnehin dem großen Publikum fernliegenden Werken erbaut. Diese Grundlinien von Amsler's rein künstlerischer Tätigkeit selbstständig weiter auszuführen, ist jedoch nicht meines Amtes. Ich fasse den Kupferstecher vielmehr vom Standpunkte des Kulturhistorikers und sein Leben als ein Charakterbild zur Geschichte unserer Zeit. Und mit dieser Erweiterung des Hintergrundes scheint mir auch die Gestalt des Mannes zu wachsen und bedeutsamer zu werden im Sinne jenes Wortes, welches ich an den Eingang dieser Skizze gestellt habe. Nicht der Umstand nämlich, dass Amsler so trefflich gestochen hat, ist mir das Fesselndste in seiner Erscheinung, sondern vielmehr dass er, einmal von den Reformideen der modernen Kunst erfasst, dieselben mit einer so treuen und unwandelbaren Hingebung verfolgte und die Konsequenzen dieser seiner Kunstrichtung so innig in seinen persönlichen Charakter hineinwachsen ließ, dass er uns in seiner stätigen, abgeschlossenen, selbstgewissen Natur recht wie ein Mann aus der fabelhaften »guten alten Zeit« erscheint, während er andererseits doch ein so echtes Kind des neunzehnten Jahrhunderts war. In der Aufopferung für das von ihm als das echteste erkannte Kunststreben der Zeit, half er diese Richtung selbstständig fortbilden, und indem er, mehr als die meisten Fachgenossen, die Entsagung von aller subjektiven Willkür als die erste Tugend des Kupferstechers erkannte und mit wunderbarer Gewissenhaftigkeit übte, ward er gerade vor so Vielen ein geistvoller, origineller, das bloße Handwerk besiegender Kupferstecher, während gegenteils jene nachbildenden Künstler, denen diese Entsagung fehlt, gerade darum allezeit die geistlosen Sklaven des Handwerks geblieben sind.

Zum Kupferstecher muss man von Kind auf erzogen sein; Niemand wird sich erst im reiferen Alter zu dieser Kunst bekehren, welche das mühselige technische Vorstudium eines halben Lebens heischt. Äußerst selten ist aber auch ein großes Talent zum Kupferstecher erzogen worden ohne eine harte Schule der Not, des Zwanges und der Beschränkung. Denn wer zur bildenden Kunst begabt ist, dabei aber nicht frühzeitig zur größten Selbstentsagung gezwungen wird, dass er selbst in dem äußersten Mühsal der Arbeit noch Freude und künstlerisches Genügen finden lernt, der wird ein Maler werden, aber kein Kupferstecher. Darum beginnt die Lebensgeschichte fast aller dieser Künstler mit Beschränkung, Kampf und Entbehrung. Volpato verdiente sich anfangs mit Zeichnungen zu Stickmustern sein Brod; Schmutzer hütete als Metzgerjunge die Hammel neben der Kunstakademie zu Wien, und als er sich von da in die Akademie selber hineinstahl, wurde der Direktor zunächst durch den Metzgergeruch auf die absonderliche Erscheinung des hospitierenden Kunstjüngers aufmerksam und durch diese endlich erst auf sein Talent; Joh. Heinr. Lips sollte nach seines Vaters Berufe Dorfbarbier werden und erkämpfte sich sauer genug das Recht, seine »Taillen« in die Kupferplatte statt in die Bärte der Bauern zu schneiden; H. Merz fand aus dem Waisenhause den Weg zu seiner Kunst und Jul. Täter musste als Knabe erst dartun, dass er zum Schneider, zum Branntweinbrenner und einigen anderen Berufen nichts tauge, bevor man inneward, dass er zu einem vortrefflichen Kupferstecher berufen sei.

Dies sind Männer, welche in der Schule der Not sich mit ihrer mühevollen Kunst befreunden lernten. Für eine andere Gruppe wirkte die Vereinsamung in früher Jugend und eine versuchte gewaltsame Absperrung von der künstlerischen Bahn Ähnliches, wie bei Jenen Not und Beschränkung. Amsler gehört in diese Gruppe. Er war zu Schinznach im Aargau geboren (1791). Aargau hatte damals noch nicht den Namen des schweizerischen »Kulturstaates,« und auch diese moderne aargauische Kultur hat wohl wenig mit der Pflege der Kunst zu schaffen. Wenn nun gar vor sechzig Jahren ein junger Aargauer, der kaum über die nächsten Berge hinausgekommen war, sich für die Kupferstecherkunst begeisterte, so ist dies fast ähnlich, wie wenn Jemand in München von unbezwinglicher Leidenschaft für das Seewesen ergriffen würde. Als Amsler bereits ein berühmter Meister geworden und die Kunde seines Ruhmes auch zu seinen Landsleuten zurückgedrungen war, gab Einer derselben einem Andern, der ihn befragte, was denn aber eigentlich ein Kupferstecher sei? Die Antwort: »E Kupferstecher isch eine, wenn er en ganze Monat amene Stückli g'arbeitet het, so groß wie 'ne Neutaler, so g'sehscht erscht no nüt.«

Wie der Gau, so war auch die Familie künstlerischen Überlieferungen fremd. Sie zählte zu den alten, angesehenen Bürgerhäusern der Gegend, und Amsler's Vater, ein Arzt, war so ganz ein Mann von altem Schrot und Korn und in den ländlichen Gewohnheiten der Heimat festgewurzelt, dass er nicht nur die eigene Bewirtschaftung des ererbten Landgutes neben der Übung der Heilkunst fortführte, sondern auch seine Knaben bis zum Jünglingsalter, seine Tochter bis zur Verheiratung anhielt den elterlichen Acker mitzubauen. Von jenen äußerlichen Anregungen, die so oft selbst ein bloß scheinbares künstlerisches Talent frühzeitig spielend entwickeln, war also hier nicht die Rede. Im Gegenteil: *Trotz* aller entgegenstehenden Jugendeindrücke brach bei dem jungen Amsler der Beruf zur bildenden Kunst hervor, zum Rätsel für den Psychologen. Schlechte anatomische Zeichnungen weckten den Sinn für die Nachbildung der menschlichen Gestalt, despotische Schönschreibe-Übungen das Auge für die Linienreinheit des künftigen Kupferstechers, die Ornamentierung eines Kachelofens führte den Knaben zu den ersten plastischen Studien, der später durch seine Vorliebe für Skulpturwerke vor allen Fachgenossen sich auszeichnen sollte, und bei dem Musterzeichner einer Kattunfabrik musste der künftige Künstler sich die ersten Muster und Unterweisungen der Schule suchen. Und doch ist eine beschränkte Jugend oft der größte Segen für das ächte Talent, und ein Knabe, der einmal zum Baumeister geboren ist, wird sich dessen vielleicht entschiedener bewusst, wenn er immer und immer wieder den Bau einer rechtschaffenen Bauernhütte studiert, als wenn sogleich alle Tempel Roms und Griechenlands vor ihm ausgebreitet lägen.

Der Vater hielt die bildende Kunst für eine brotlose und trieb die Neigung des Sohnes zurück, solange es gehen wollte; erst als er sah, dass dem drängenden Beruf kein Einhalt mehr zu gebieten sei, ging er nach Zürich, »um seinen Jungen bei einem Stechmeister aufzudingen.« Hier konnte derselbe zunächst wohl nur das trockene Handwerk lernen, wie auch seine spätere Schule bei Heinrich Lips und dann an der Münchener Akademie bei Langer und dem Kupferstecher Hess trotz aller Gediegenheit seinen eigentlichen Genius nicht zu wecken vermochte. Amsler sollte langsam und müheselig seinen Weg suchen, sonst wäre er aber auch bei seinem frühreifen Talent schwerlich ein Kupferstecher und gewiss nicht ein so strenger und ernster Kupferstecher geworden.

Obgleich nur aber der junge Amsler keine andere künstlerische Mitgift als die angeborene im elterlichen Hause bekommen hatte, so machte er doch eine Schule durch, die für sein künftiges Kunstschaffen schwerer wog als manches akademische Studienjahr. Er wurde nämlich nach altväterlicher Weise, und man muss wohl auch sagen nach altschweizerischer Familiensitte, mit einem Nachdruck zu Fleiß, Ausdauer und Selbstbeschränkung erzogen, dass der Einfluss dieser strengen sittlichen Zucht auch in seiner ganzen Kunst durchbrach und nicht wieder verloren ging.

Die Jugendgeschichte Amsler's erinnert in vielen Zügen an jene seines Kunstgenossen Johann Georg Wille. Auch dieser fand in der tiefsten ländlichen Abgeschiedenheit dennoch den Beruf zur bildenden Kunst, errang sich an den erbärmlichsten Vorbildern seine ersten Handgriffe, bestand allen Widerstreit des Vaters, der die Gottesgabe seines Talents für Teufelsspuk und einen Sohn, der lieber ein Maler als ein Müller werden wollte, für einen Ungeratenen hielt, schlug den Antritt seines väterlichen Erbgutes in die Schanze, um in die Fremde zu wandern und in der mühseligen Zucht des Handwerkes sich allmählich erst das Recht zu wirklichen Kunststudien zu erarbeiten. Und so ward endlich aus ihm nicht zwar ein Maler, wohl aber ein großer Kupferstecher. Es hängt gewiss mit dieser harten Schule zusammen, dass Wille gleich Amsler so ganz besonders richtig, rein und fest, so ganz besonders meistermäßig sicher den Grabstichel führte, und ist vielleicht mehr als ein bloß zufälliges Begegnen, dass Amsler unter seinen frühesten Arbeiten ein Blatt von Wille (die Schulmeisterin) mit täuschender Treue der Manier seines Vorbildes nachstach. Wie Amsler in dem großen Künstlerkreise Roms, so fand Wille in den glänzenden Kunstschulen von Dresden und Paris seinen originellen Stil, Ziele und Mittel seines Schaffens.

Aber freilich geht dann auch mit diesem Punkte der Weg dieses Sohnes des achtzehnten Jahrhunderts weit ab von dem unseres Meisters. Wille ward ein halber Franzose, folgte dem auf's Zierliche und Glänzende und auf die Virtuosität der Technik gerichteten Geiste seiner Zeit und stach mit Vorliebe nach Genrebildern; Amsler dagegen blieb durch und durch ein Deutscher, achtete den bloßen Glanz und Zierlichkeit und Bravour fast gering und wandte seine ganze Kraft auf die Nachbildung von Werken der Skulptur und Historienmalerei: jener der liebenswürdige Epigone einer abgeschlossenen, dieser der spröde Vorkämpfer einer werdenden Periode. Und doch führte jener Adel der Technik, den Wille selbst in das derb realistische Genrebild übertrug, wieder zu einem Vereinigungspunkte mit den ausschließend dem Hohen und Adeligen zugewandten Tendenzen Amsler's. Wie Wille glanzvoller stach, so ward dann freilich aber auch sein Lebensgeschick viel glanzvoller als unseres Meisters. Der anmutig spielende Künstler erreichte ein hohes Alter, gewann Schätze und Ehren wie wenige Kunstgenossen, und die Asche des deutschen Müllersohnes ward im Pantheon der Franzosen beigesetzt, der reformatorisch ringende Künstler dagegen beschied sich mit jenem mäßigen Gewinn an Gold und Ruhm, wie er eben den deutschen Männern des Geistes gewöhnlich zu Teil zu werden pflegt, und starb, als ein rechter Arbeiter und Kämpfer, im kräftigsten Mannesalter.

Obgleich Wille niemals wieder auf seine heimatliche Mühle zurückkehrte, so behielt er sie doch stets in treuem Gedächtnis und schickte den Müllersleuten regelmäßig einen *Avant-la-lettre* von seinen sämtlichen Stichen, die auch noch lange nach seiner Eltern Tode dort die Wände der niedrigen Bauernstuben bedeckten. Ähnlich stiftete Amsler der Stadt Aarau und seiner Familie eine Sammlung aller seiner Blätter, welch letztere selbst die kleinsten Arbeiten und frühesten Versuche in einer Vollständigkeit umfasst, wie man dergleichen wohl nur von wenigen Meistern besitzen wird.

Die Neigung, die eigenen Werke vollständig zu sammeln, charakterisiert überhaupt den Kupferstecher. Leichter noch als der Maler (der wenigstens seine sämtlichen Cartons und Skizzen bewahren könnte), gewinnt er von früh her das Interesse für eine vollständige Mappe aller seiner Studien und Arbeiten, weil in denselben so viel mehr Mühsal des Fleißes und einer gewiss oft der eigenen Natur abgetrotzten Beschränkung auf den einmal gewählten Gegenstand ruht, während der frei schaffende Künstler leichteren Mutes wieder hingibt, was der Augenblick geboren hat. Der Kupferstecher dagegen berechnet selbst seine flüchtigsten Schöpfungen nicht nach dem Aufwande von Augenblicken, sondern von sauern Wochen und Monaten, und auch an der kleinsten Platte klebt ihm ein Stück eines arbeits- und entsagungsvollen Lebens. Eine solche Sammlung, die, mit den bescheidensten Anfängen beginnend, ein ganzes Menschenleben in wenigen Stunden an unserm Auge vorüberziehen lässt, ist dann freilich eine unschätzbare Fundgrube des Studiums für den Psychologen wie für den Kunsthistoriker, und man begreift, wie die Liebhaber in reichhaltigen Kupferstich-Mappen einen Genuss finden, den ihnen keine andere Kunst bieten kann, und wie die sämtlichen Stiche und Radierungen selbst eines Bartolozzi vor Zeiten in England zu einem Preise von 5000 Louisdors verkauft werden konnten.

In der Sammlung der Amsler'schen Blätter scheiden sich auf den ersten Blick die Lehrjahre von den Wander- und Meisterjahren. Diese Perioden knüpfen sich zugleich an drei verschiedene Örtlichkeiten: die Schweiz, Rom, München. Von den schweizerischen Lehrjahren habe ich schon oben geredet; überschauen wir jetzt die Arbeiten dieser Zeit. Wir finden da in dem kurzen Zeitraum von fünf Jahren (1809-1814), im achtzehnten bis dreiundzwanzigsten Lebensjahre des Kunstjüngers nicht weniger als 68 Platten und Plättchen vollendet. Aber soviel überraschend Tüchtiges, ja mitunter technisch Meisterhaftes darunter steckt, so kann man doch keck behaupten, in keinem einzigen dieser Stiche würde ein Kenner den Grabstichel Samuel Amsler's erraten, wie er später in so strenger Eigentümlichkeit kunstgeschichtlich bedeutsam geworden ist. Diese 68 Blätter nehmen sich fast aus wie eine bunte Frühlingswiese, auf welcher alles mögliche durcheinander wächst. Gras und Moos, Kraut und Unkraut und große und kleine Blumen jeder Farbe. Es sind nachahmende Versuche, die sich in der vollen Hast jugendlichen Fleißes planlos nach allen Seiten wenden, dazu reine Handwerksarbeit neben den echtesten Kunstaufgaben. Ein Rafael'scher Engel neben Gebetbuchsvignetten, ein schlafender Amor neben einem Wechselblankett, Studienköpfe und Stadtpläne, der heil. Johannes des Domenichino und eine Auswahl Visitenkarten, Christus am Kreuz und ein Aeskulap für Arzneiglaszettel, Landschaften und Porträts, die Jünger von Emaus und Musterzeichnungen für ein Modejournal. Dazu eine wahre Regenbogenskala der verschiedensten technischen Manieren: die trockene, ehrliche deutsche Art von Joh. Heinr. Lips, die glänzend zierliche Willes, die edel effektvolle Friedr. Müllers, die sentimental übertriebene der späteren Franzosen. So viel Feindseliges stehet hier in Eintracht nebeneinander und nur in dem Ernste der Arbeit und der täuschenden Nachahmung ahnt man die schlummernde Kraft des späteren selbstständigen Künstlers.

Dieser Schlummer sollte in Rom gelöst werden. Im Frühjahre 1816 wanderte Amsler mit dem Maler Ramboux zu Fuß über die Alpen. Er stand gerade stand gerade im fünfundzwanzigsten Lebensjahre, in jenem Alter, wo der Mann in der Regel den Grund zu legen pflegt zu alle dem, was er später Selbständiges schaffen soll. Der romantische Geist der Befreiungskriege wehte noch durch die deutsche Nation, und in Rom feierte gerade damals die deutsche Kunst ihr Auferstehungsfest. Ich sage die deutsche Kunst, noch nicht die deutschtümelnde. Man nahm in jener Zeit gerne »deutsch« und ehrlich für gleich bedeutend und »wälsch« für falsch und heuchlerisch. So glaubte Overbeck, indem er Fiesole und andere wälsche Meister nachahmte, ja fast geradezu kopierte, darum doch nicht wälsch, sondern vielmehr deutsch zu sein. Denn der alte Italiener in seiner ehrlichen, naiven überzeugungstreue des Glaubens wie des Kunstideals galt ihm für viel deutscher als zahllose effekthaschende moderne Maler mit unbezweifelt deutschem Taufschein. Der Däne Thorwaldsen, welcher nach dem ewig wahren griechischen Vorbild griechische Gestalten wahrhaftig bildete, galt für ebenso deutsch wie Cornelius, der aus seinem eigenen Ideal heraus den Helden der Nibelungen typische Formen schuf. Und in diesem großartigen Sinne konnte der Dichter der geharnischten Sonette, welcher damals zu Rom in jenem Künstlerkreise weilte, singen von dieser »deutschen« Kunst,

»Die gekämpft hat *allerwegen*
Und noch kämpft zu dieser Frist,
Und nur d'rum ist nicht erlegen,
Weil sie selbst unsterblich ist.«

Im Gegensatz zu der Lüge, der Buhlerei und dem Selbstbetrug des Zopfes, der in der prunkenden Napoleonischen Kunst seine letzte Galgenfrist gefunden, erschien es »deutsch,« die größten und erhabensten Stoffe zu wählen und schlicht und strenge in der Form zu sein, aber ergreifend und reich im Gedankengehalte der Komposition. In den Kreis der also Strebenden trat nun Amsler in Rom. Thorwaldsen und Cornelius waren zunächst seine Vorbilder; sie packten seine ganze Seele, und es erstand von Stund an eine vollständige Umkehr in dem ganzen inneren Berufe unsers Kupferstechers. Bis dahin zersplittert, sammelte er seine volle Kraft auf Einen Punkt und blieb sich selber getreu bis an's Ende. Es war nicht bloß die Wucht der persönlichen Größe jener Freunde und Vorbilder, welche solches wirkte, sondern zugleich die Erkenntnis; dass ihr auf Wahrhaftigkeit, sittlichen Ernst und Gedankenfülle dringendes Schaffen ein wirkliches Zeichen jener ganzen Zeit der Befreiung sei. Amsler hat dies in den Briefen an seine Eltern klar und kräftig ausgesprochen. Er fühlte zugleich die Verwandtschaft dieser neuen Kunstideale mit seiner Erziehung, mit den Grundakkorden seines Charakters; er fand sich selber in diesem künstlerischen

Geiste der Zeit. Dies aber ist das höchste Glück für jeden Künstler, denn es gibt ihm allein die unverwüstliche Freudigkeit und Sicherheit des Schaffens.

Die Mappe der Amsler'schen Blätter führt den handgreiflichen Beweis dafür. In den 13 Jahren (von 1816-29), welche ich als Amsler's *Wanderjahre* bezeichnen möchte, und die er wechselnd in Rom, Perugia und der Schweiz verlebte, schuf er der Zahl nach nicht zum vierten Teil so viele Werke als in den fünf Lehrjahren, dem Gehalt und der Größe der Aufgaben nach freilich hundertmal mehr. Abgesehen von einigen Porträts sind es nur mehrere Statuen und Reliefs nach Thorwaldsen, dann dessen Alexanderzug, das Blatt der Nibelungen von Cornelius, der Zinsgroschen von Näke und Rafaels Madonna Connestabile. Nicht bloß die Wahl der Vorbilder ist jetzt in einem sehr bestimmten Kreise begrenzt, auch Styl und Technik ist mit einem Schlage selbstständig und folgerecht. Wie man in den Lehrjahren Amsler aus keinem Blatte erraten kann, so errät man ihn jetzt aus jedem.

Kein anderer bedeutender Kupferstecher hat so viel nach Skulpturen gestochen wie unser Meister, und zwar in der Regel unmittelbar nach dem Bildwerk, nicht erst nach der Zeichnung eines Dritten. Ja er ist durch den Stich der reizenden Thorwaldsen'schen Basreliefs (Charitas, Amor und Venus, Tag und Nacht etc.), dann der Statuen des Schäfers und der Hoffnung zuerst ein ganzer Künstler geworden. Das Hauptwerk von Amsler's Wanderjahren aber ist der Alexanderzug, und man könnte den ganzen Lebensabschnitt des Künstlers geradezu als seine Periode des Skulpturstiches bezeichnen. Denn selbst seine Blätter nach Ölgemälden scheinen jetzt manchmal fast wie nach plastischen Werken gearbeitet. Die Porträts Papst Pius' VII. und Thorwaldsens (zwei höchst originelle Stiche) erhalten durch die haarscharfen Umrisse und die enge Schraffierung fast das Gepräge von Bronzeköpfen, der Kartonstich nach Näke's »Zinsgroschen« dünkt uns hier und da schier wie nach einem Hochrelief, und das Christuskind der Madonna Connestabile ist unter dem Grabstichel beinahe zu einer plastischen Figur geworden. Amsler verließ später diese den Kenner anziehende, den Laien abstoßende, überscharfe Stechweise, die namentlich dem Nackten oft etwas Metallisches oder Marmornes gibt und uns zeigt, wie man aus übertriebener Wahrhaftigkeit unwahr werden kann. Denn wo der Künstler zu ehrlich wird, da hört die Täuschung auf und mit der Täuschung – die Wahrheit. Und in der Kunst ist ja die höchste Täuschung zugleich die höchste Wahrheit. Es lag aber in dem Geiste der ganzen Schule, aus allzu scharfer innerer Treue äußerlich mitunter manieriert zu werden, was wohl auch von den herrlichsten Kartons des großen Cornelius gilt. »Täuschend

großen Cornelius gilt. »Täuschend wahr« stach übrigens Amsler in dieser Periode eben nach Skulpturen. Sonst der geschworene Gegner des genrehaften Naturalismus, wird er hier unvermerkt Naturalist im edelsten Sinne. Namentlich bei den Statuen des Schäfers und der Hoffnung hat er die Natur des Marmors mit einer Treue nachgebildet, die sich mit Wille's Bravour in Seidenstoffen und Metallgefäßen messen könnte. Allein es ist, als ob Amsler nur einmal habe zeigen wollen, was er auch im äußeren Effekt vermöge, denn er hat in keinem späteren Skulpturstich mehr eine ähnlich bestechende Technik beibehalten, ganz im Geiste des Chorführers Cornelius, der im ästhetischen so gut wie im moralischen Sinn das trutzige Wort unter sein Bild schrieb, dass er nach Kunst getrachtet, doch »Künste« stets verachtet habe.

In späterer Zeit arbeitete Amsler kaum minder fleißig nach Schwanthaler wie früher nach Thorwaldsen. Auch Schwanthaler, der über der Fülle seiner Gedanken so oft die kleinen Reize vollendeter Ausführung vergaß, war ihm ein verwandter Geist. Dagegen entschloss sich Amsler in übler Stunde zum Stich des weichen, sentimentalen Christusbildes von Dannecker. Für dieses viel bewunderte Werk, welches mehr durch den Marmor als durch den Geist wirkt und Formenarmut und Gedankenleere für Einfalt und Naivität ausgibt, wäre ein eleganter Modekupferstecher der bessere Mann gewesen. Während der Arbeit fühlte Amsler selber, wie fremd ihm das Werk sei, und vollendete die Platte mit Unlust. Man glaubt dann freilich auch kaum, dass der nämliche Künstler dieses Blatt und die mit so warmer Liebe durchgeführten Thorwaldsen'schen Statuen gestochen habe. Denn Amsler war ein Charakter in der Kunst wie im Leben und konnte nicht heucheln.

Zwischen Schwanthaler und Amsler entspann sich später der freundschaftlichste Verkehr; bei der lebenslustigen Natur des Bildhauers und dem ernsten, verschlossenen Wesen des Kupferstechers freilich wohl mehr auf dem Grunde künstlerischer als gemütlicher Verwandtschaft. Als Schwanthaler zuletzt lange Zeit auf's Krankenlager gefesselt war und im Bette noch rastlos entwarf und zeichnete, spann er auf tausend kleinen Zettelchen von Haus zu Haus seine Unterhaltung über die gemeinsamen Kunstinteressen mit Amsler fort, und der Kupferstecher leitete nicht selten das Aktzeichnen der Schüler im Atelier des Bildhauers. Zum Gedächtnis für ein solch seltenes Zusammenwirken modellierte Schwanthaler einen schönen Pokal, den er Amsler zum Neujahr übersandte mit der Bitte, er möge mit demselben jenen Verdruss hinunterspülen, welchen der schaffende Künstler dem nachbildenden zu bereiten pflege.

Wenn nun gleich Amsler in seinen Meisterjahren über den vorwiegenden Skulptur- und Kartonstich hinauskam, so verblieb ihm doch von daher die geistvolle scharfe Zeichnung, der bestimmte Vortrag, und durch das Einleben in eine so gewaltige Kraftnatur, wie Thorwaldsen, befähigte er sich, unmittelbar nachher eine andere Kraftnatur, Cornelius, so streng und wahr in die Sprache des Grabstichels zu übertragen und dessen Titelblatt zu den Nibelungen in jener großartig einfachen Weise zu stechen, die seitdem ein Vorbild zur würdigen Wiedergabe so vieler Zeichnungen und Fresken des idealen Styles geblieben ist. Es lag sogar in dem bestimmten Lebensplane Amsler's, sich in seinen reiferen Jahren ganz dem Freunde Cornelius zu widmen und dessen stimmliche Fresken in der Münchener Glyptothek zu stechen, allein die Ausführung ward aufgeschoben und erst in unsern Tagen blieb es Eugen Eduard Schäffer, dem Genossen, und Heinr. Merz, dem trefflichen Schüler Amsler's, vorbehalten, ernstlich Hand an's Werk zu legen. Amsler galt in Rom schon für den berufenen Kupferstecher der neuen deutschen Schule, und die Begeisterung, womit er die Wiedergabe jener Fresken als seinen wahren Lebensberuf erkannte, zeigt, dass er selber auch wusste, wie er stand, sie zeigt zugleich mit welcher Energie der reformatorische Künstlerkreis gemeinsam seine Ziele verfolgte.

Der Gang Amsler's von der Plastik zum Carton und der Freske und von da erst wieder zum farbengesättigten Ölbilde beschreibt zugleich den Weg für die ganze Restauration der modernen bildenden Kunst. In den Wanderjahren musste Amsler bei seinen Skulpturen erst wieder vergessen, was er in den Lehrjahren von den glänzenden Effekten des Farbenstiches bereits gelernt hatte, um in den Meisterjahren auch zur Wiedergabe der Farbe in höherer, reinerer, ehrlich deutscher Weise zurückzukehren. Man kann diesen Weg an dem Katalog der Amsler'schen Stiche Schritt für Schritt verfolgen, ja man könnte einen Kommentar zur neuen deutschen Kunstgeschichte des idealen Styles schreiben, indem man nur glossierend den Nummern dieses Kataloges nachginge, in so stätiger und folgerechter Hingabe ließ sich unser Kupferstecher tragen von der Strömung seiner Zeit.

Jede entschiedene Reformbewegung ist einseitig. So hatten sich auch die Erneuerer der deutschen Historienmalerei in ihren Stoffen auf die höchsten Probleme der Geschichte und Sage, in ihrem Stil mit geflissentlichem Reinigungseifer, auf die schlichtesten Mittel einer mehr gedankenreich anregenden als sinnlich packenden Darstellung beschränkt. Der Glaube an die wiedergefundene ächte Kunst formte sich zu einem Dogma; wo aber ein Dogma ist, da gibt es auch Orthodoxie und Ketzerei, und je dicker die Dogmatik, um so magerer wird die Toleranz. Gewiss ohne ausschließende Tendenz, aber mit um so harmloserer Sicherheit, folgte Amsler, der nachbildende Künstler, jenen schöpferischen Meistern. Er war kein orthodoxer Nazaräer, er stach mit derselben Liebe Thorwaldsens hellenische Götter und Helden wie Rafaels Madonnen, wie Overbecks Traumgebilde der modern katholischen Romantik; aber er beschränkte sich durchaus auf ideale Kompositionen. Seine reformierten schweizerischen Landsleute verwunderten sich mitunter, wie er, der Sohn eines streng protestantischen Hauses, Madonnen und andere katholische Bilder stechen möge, und meinten wohl gar, er sei selber ein heimlicher Katholik. Allein er stach im Glauben an die göttliche Schönheit Rafaels, nicht im Glauben an den Madonnenkultus, und obgleich er ein guter Protestant war und blieb, würde es ihm vielmehr als Abfall erschienen sein, ein erzprotestantisches holländisches Genrebild unter den Grabstichel zu nehmen als Overbecks erzkatholischen Triumph der Religion in den Künsten.

Diese Strenge in der Wahl der Vorbilder charakterisiert unsern Mann: Sie ist aber auch ein modernes Wahrzeichen. Edelink stach nicht selten nach unbedeutenden Bildern, die erst in der Wiedergeburt der Kupferplatte einen dauernden Werth gewannen, sodass wohl gar der Kupferstecher den Maler erst zum Künstler machen musste und der nachbildende schöpferischer erschien als der schaffende. Manche Gemälde Lebruns läuterten sich derart unter Edelink's Grabstichel, dass auf dem Kupfer zum Style wird, was auf der Leinwand Manier gewesen. Dies charakterisiert den Geist des siebzehnten Jahrhunderts und namentlich des Belgiers in jener Periode. *Trotz* dem Original wollte der Kupferstecher die Macht seiner Technik und seines Genius zeigen, und war es nicht ein höherer *persönlicher* Ruhm, auf schlüpfrigem Pfade dennoch fest einherzuschreiten als auf gerechten Bahnen? Amsler und seine Genossen dachten ganz anders. Sie bekämpften geradezu jenes trotzige Alleinrecht der persönlichen Bravour; statt dem Glauben an die subjektive Genialität setzten sie vielmehr den Glauben an das Dogma der neuen reineren Kunst, die bewusste Tendenz nach festen ästhetischen und historischen Grundsätzen in einträchtigem Zusammenwirken den guten Geist der alten großen Meister wieder zu erneuern. Durch eine neue reformatorische Akademie bekämpften sie die alte reaktionäre Akademie, wobei allerdings die Gefahr nahe lag, mit der Zeit selber wieder reaktionär zu werden. In jenem Sinne stach Amsler nur nach den erklärten lebenden Autoritäten seiner Schule und den strengsten Klassikern der alten Zeit. Unter den letzteren beschäftigte ihn zunächst Fiesole, dessen Verkündigung er wahrhaft vollendet für den Stich zeichnete, doch ohne die Zeichnung später auf die Platte zu bringen, dann dessen Jüngstes Gericht, welches jedoch gleichfalls nicht zur Ausführung kam. Bei Rafael begann er – ganz im Geiste seiner Schule – mit den gebundeneren

Jugendwerken und wagte es erst über die altertümelnde Madonna Connestabile und die Grablegung zur Münchener heiligen Familie und der Madonna Tempi vorzuschreiten.

König Ludwig von Bayern hatte schon als Kronprinz Amsler in Rom kennengelernt in seinem engen und notwendigen Zusammenhang mit der Cornelius'schen Schule. Mit der zähen, fast mathematischen Konsequenz, welche dieser Fürst in den einmal erfassten künstlerischen Plänen verfolgte, hielt er von da an den Gedanken, Amsler nach München zu berufen, fest, bis derselbe 1829 zur Wirklichkeit wurde. Der Meister sollte in der neuen Kunsthauptstadt eine Kupferstecherschule gründen.

Im achtzehnten Jahrhundert war Paris ein Sammelpunkt der großen Kupferstecher gewesen, und die größten Meister des Auslandes mussten dort dem Ruhme der französischen Schule dienen. Denn diese abgeleitete und dienende Kunst gedeiht nicht in Einsamkeit; sie wird sich immer dahin ziehen, wo die andern bildenden Künste bereits versammelt sind. Darum war es z. B. trotz der meisterhaften Arbeiten der beiden Müller doch nicht möglich, in Stuttgart eine originale Kupferstecherschule für die Dauer zu gründen. In München dagegen bildete sich vorerst der breite Boden mannigfaltigster Kunsttätigkeit, in welchem dann auch die Kupferstecherkunst Wurzel fassen konnte. Es bekundet überhaupt den richtigen Blick König Ludwigs, dass er nicht eine vereinzelte Gruppe der bildenden Künste, sondern alle zumal in seiner Hauptstadt versammeln und dadurch epochemachend für die neue deutsche Kunst wirken wollte. Kein Seitenzweig sollte ohne Pflege bleiben, und die Glas- und Porzellanmalerei erhielt ebenso gut ihre Stelle im Ganzen, wie das Staffeleibild und die Freske, Erzguss und Holzschnitzerei so gut wie die Bildhauerarbeit in Stein und die Plastik des Thones und Gipses. Eine neue Kupferstecherschule, dem Geiste der neuen Malerei entsprungen, musste also den fast notwendigen Abschluss bilden.

Das Geheimnis, weshalb König Ludwig mit vergleichsweise kleinen Mitteln so Großes zur Wiedererweckung der neuen Kunst geleistet, ruhet zum Teil darin, dass er nicht bloß Kunstwerke bestellte und bezahlte, sondern auch einen steten persönlichen Verkehr mit »seinen Künstlern« unterhielt, fleißig ihre Werkstätten besuchte, neue Ideen und Entwürfe mit ihnen durchsprach, ihre Arbeiten in allen Stadien besah, lobte, tadelte und dadurch auch zum geistigen Mitarbeiter an den Schöpfungen wurde, die auf seinen Befehl erstanden. Ein Denkzeichen dieser Anregungen bei Amsler ist das Blatt der Madonna Tempi, welches er auf den besondern Wunsch des Königs stach, wohl das zarteste, weichste und anmutigste unter den Werken seines Griffels. Ein anderes Zeichen jenes Verkehrs des Königs mit

Königs mit »seinen Künstlern« findet sich in dessen Gedichten, wo er unter anderem »Bayerns siebzehn vorzüglichste Künstler« in Xenien besungen hat. Einer dieser Siebzehn ist Amsler, dessen Weise der König als »einfach, bestimmt wie Marc Antonios« charakterisiert. Und in der Tat war auch Amsler der Marc Anton seiner Schule und Periode.

Ich nannte die zwanzig Jahre der Münchener Wirksamkeit (1829 – 1849) Amsler's Meisterjahre. Er vollendete hier den Alexanderzug und schuf seine übrigen größten Werke: die Grablegung Rafaels, die heilige Familie und die Madonna Tempi desselben Meisters, die Traumdeutung Josephs nach Cornelius und Overbecks Triumph der Religion in den Künsten. Er stieg von der einseitigen Carton- und Skulpturmanier zu einer geläuterteren Form des Farbenstiches auf; er war jetzt der entschiedene Meister, der nicht mehr in die Schule ging, sondern selber an der Spitze einer Schule stand und eine Reihe trefflicher jüngerer Kupferstecher bildete, die seine Weise weiterführten. Die vielen Kartonstiche, in welchen Täter und Merz so zahlreiche große Werke von Cornelius, Kaulbach, Schnorr, Schwind u. a. neuerdings dem ganzen deutschen Volke zugänglich gemacht haben, ruhen wesentlich auf der von Amsler für diese Gattung geschaffenen Grundlage.

Eine rechte Prüfung hatte unser Künstler noch am Schlusse seines Lebens zu bestehen mit dem großen Overbeck'schen Bilde, dem »Triumph der Religion in den Künsten.« Er unternahm den mühevollen, auf jahrelange Arbeit berechneten Stich zu einer Zeit, wo das Original nur erst ein rein ästhetisches Interesse hatte und durch so manche schöne und geistvolle Einzelfigur wohl auch einen Mann wie Amsler fesseln konnte, der sonst in seinem ganzen Wesen der weichen, traumhaften Manier Overbecks ziemlich ferne stand. Die Arbeit war schon in vollem Zug, als die durch den Maler selbst herausgeforderte heftigste Parteipolemik über jenes Bild entbrannte. Am wildesten loderte der Streit am Aufstellungsorte des Gemäldes, in Frankfurt, wo mehrere große, glänzend realistische Werke moderner belgischer Meister freilich einen ungeheuren Gegensatz zu Overbeck bildeten. Inmitten dieses Sturmes musste Amsler im Städelschen Institute sitzen und ruhig die ganze große Masse der hinter ihm ab- und zuwogenden Beschauer und ihre verdammenden Urteile über sein Vorbild und ihre Lobsprüche der gegnerischen Bilder mit in Kauf nehmen und ruhig immer weiter zeichnen mit der Aussicht, noch beiläufig sechs Jahre an dieselbe Arbeit gefesselt zu sein! Dennoch führte er sein Werk zu Ende, wie ein Mann. Er zeigte, dass er berufen sei zu seiner Kunst, deren schwierigster Teil die Kunst der Selbstentsagung. Obgleich ihm manchmal Zweifel über sein Vorbild kommen mochten, obgleich der Streit der

Parteien nicht bloß durch sein Ohr, sondern auch durch seine Seele ging, so widmete er doch dem Werk sechs volle Jahre und was ihm zuletzt an Begeisterung für dasselbe abgehen mochte, das ersetzte er durch verdoppelte Gewissenhaftigkeit. Vielleicht nicht minder als eine schleichende Krankheit, nagte diese Arbeit an seinem Leben, dennoch hatte er ihre Vollendung erreicht, als er am 18. Mai 1849 langen Leiden erlag. Wie aber Amsler diesen letzten großen Kupferstich begonnen hatte, fern von dem Gedanken, einem polemischen Tendenzbild seine Kraft zu weihen, so erreichte seine Platte auch einen eigentümlichen, vom Originale abweichenden Effekt. Die in der Farbe so überaus zarten und verblasenen, mitunter etwas mönchisch spiritualistischen Gestalten Overbecks sind unter dem kräftigen Grabstichel Amsler's entschieden männlicher geworden, das Bild hat von seinem asketischen Charakter verloren und ist uns menschlich näher gerückt. Der Widerspruch aber, welcher zwischen der das volle Leben spiegelnden Ölfarbe und dem rein Fantastischen aller solcher symbolischen Kompositionen überhaupt besteht, verschwindet bei dem Stich, zumal Amsler hier, vielleicht nicht absichtslos, viel weniger als bei den Raffaelischen Blättern auf die Wiedergabe der Farbe gearbeitet hat. Dadurch wird – und von vielen Kennern hörte ich schon das gleiche Urteil – der Gesamteindruck des Stiches weit harmonischer, als des Bildes, und wir können die großen Einzelschönheiten der Overbeck'schen Zeichnung unbefangener würdigen, als bei dem Original.

Der wahrhaft geniale Kupferstecher kopiert eben nicht bloß, er interpretiert zugleich, aber er soll nicht interpretieren als ein absichtlicher Verbesserer, wie mitunter Edelink getan, auch nicht als ein Professor, der umschreibt, sondern als der selbstentsagende Künstler, welcher, dem veränderten Material entsprechend, umbildet und das Original im Spiegelbilde seines ehrlichen Verständnisses wiedergibt. Darin liegt ein wunderbarer Reiz von Kupferstichen höheren Ranges, dass man ahnt, es haben hier zwei ebenbürtige Geister dieselben Ideen durchgedacht, dieselben Formen durchgebildet und durchgefühlt, gleichartig und doch auch wieder ungleich, wie wir aus ganz ähnlichem Grunde die Schlegel'sche Shakespeare-Übersetzung nicht missen mögen, selbst wenn wir das Original in der Ursprache zu lesen verstehen; denn wir fühlen, es liegt nicht bloß ein übersetzter, es liegt ein in den modern deutschen Geist überdachter Shakespeare vor uns, ein einheitliches Doppelwerk zweier Zeiten, zweier Nationalitäten, zweier dichterischer Genien. Darum soll der Kupferstecher vorzugsweise ein Denker unter den Künstlern sein, dem es viel leichter als dem schaffenden Maler vergönnt ist, kritisch zu analysieren, indem er schafft. Dies fasste Goethe sehr schön in den Worten zusammen, die er als höchstes Lob eines Kupferstechers über Georg Friedrich Schmidt aussprach: »Bei ihm ist alles *Wissen*, alles Feuer und was vielleicht mehr bedeuten will, alles der Wahrheit Stempel. Man kann von diesem wundersamen Mann sagen, dass zwei der trefflichsten Stecher in ihm verbunden seien. Wie er auch irgend die Kunstart eines Andern nachahmt, tritt er immer von seinem außerordentlichen Geiste begleitet als Original wieder hervor.« Glaubt man, dieses Prädikat der Originalität und Wahrheit und des Wissens, welches sich mit dem Feuer der Darstellung verbindet, könne jemals auch der höchsten bloß mechanischen Kunstfertigkeit beigelegt werden? Jedes Gemälde erscheint uns in einem guten Stich rationeller, wenn man will rationalistischer; – ein Rationalismus, welcher der Overbeckschen Mystik bei Amsler so wohl tut. Es verliert ein Stich gegenüber dem Ölbild freilich an der Farbenwärme des unmittelbaren Lebens, was er an Klarheit und Plastik gewinnt. Denn indem der Kupferstecher die verschmolzenen Formen der organischen Gebilde auf lauter Linien zurückführt, abstrahiert er gleichsam ihre rationellste Grundform. Dies ist alles kein mechanischer Akt, sondern ein Akt des künstlerischen Denkens und Analysierens, der seinen besonderen ästhetischen Reiz in sich trägt. Darum wird dann auch die Punktiermanier so oft zu einer rechten Manier der Lüge und Heuchelei; denn sie kokettiert mit dem Vorgeben, dass auch der Metallgriffel in unbegrenzten Übergangsflächen malen könne gleich dem Pinsel. Der Kupferstecher ist gezwungen, das Formelle des Vortrags viel strenger zu fassen, als der Maler; jede Leichtfertigkeit rächt sich bei ihm sofort als nackte Manier. Durch diese technische Zucht des Grabstichels kam es, dass in der Zopfzeit und im Anfange unsers Jahrhunderts so große und wahre Stylisten wie Edelink, Müller, Wille, Boucher-Desnoyers – im Kupferstich blühten, während die Malerei gleichzeitig in der tiefsten Stilbarbarei versunken lag.

Darum muss ein großer Kupferstecher mehr sein, als ein bloßes Talent, er muss zugleich eine Natur sein, eine Natur, welcher das Streben nach Wahrheit, Bestimmtheit und Formenreinheit ganz besonders tief eingeboren ist und verbunden mit einer reichen Gabe der Selbstverleugnung, der Sammlung und Ausdauer.

Diese »Natur« des Kupferstechers durchdrang merkwürdig folgerecht Amlers ganze Persönlichkeit. Dasselbe sichere, strenge korrekte Wesen, welches wir in seinen Blättern bewundern, wurzelte tief in dem ganzen Mann. Er war ein schlichter, streng bürgerlicher Charakter, ein rechtschaffener Haushalter voll äußerster Gewissenhaftigkeit, ein Mann, der im Leben die verschwommenen Töne und planlosen Striche ebenso gründlich verachtete, als auf der Kupferplatte. Ein verschlossener Mann, Vielen bekannt, aber nur Wenigen befreundet, liebte er es in Worten ebenso sparsam zu sein, wie in den lakonischen Linien seines Grabstichels. Obgleich er in der Kunst so entschieden Farbe bekannte, nahm er doch kaum Teil an dem Prinzipienwortgefecht der Freunde und Gegner: Er räsonierte und theoretisierte überhaupt nicht über seine Kunst, sondern er übte sie. Als die Revolution von 1848 ausbrach, hatte er kein sonderliches Vertrauen auf die neuen Dinge, weil seiner Meinung nach die Deutschen dabei zu viel schwätzten. Den Eifer für die Reinheit der Kunst hatte er sich recht eigentlich angelebt. Er hörte gerne Musik, doch nur in der strengen Auswahl einiger Meister der klassischen Periode. Als ein echter Mann des historischen Styles las er am liebsten in den Geschichtsbüchern der großen Historiker alter und neuer Zeit. Künstlerischen Prunk sah man nicht in seinem bürgerlich anspruchslosen Hause; doch hielt er auf einfachen künstlerischen Schmuck; nur durfte ihm derselbe nicht wider sein stylistisches Gewissen laufen. Ein Kupferstich von Dürer hing bedeutungsvoll über seinem Arbeitstische. Denn obgleich Amsler nie nach altdeutschen Bildern gestochen, so wäre er doch nicht so ganz ein Mann der Cornelius'schen Schule gewesen, wenn altdeutsche Kunst und Art nicht befruchtend auf ihn gewirkt hätte. Dürer und Marc Anton wiesen ihm den Weg aus dem Labyrinthe der früheren malerischen Effektmanier, und gerade die Blätter aus Amsler's römischen Wanderjahren zeigen zumeist, wie treu er dem schlichten altdeutschen Meister mitten unter den glänzenden Wunderwerken Italiens angehangen. Genrebilder und naturalistische Kompositionen kamen nicht an die Wände der Zimmer unsers Künstlers, und trotz alles angestammten Familiengeistes mussten selbst historische Familienporträts, wofern sie mittelmäßig gemalt waren, im Winkel stehen. Dienstboten, die sich durch ein stark verzeichnetes Gesicht oder sonst augenfällige Hässlichkeit auszeichneten, wurden nicht im Hause geduldet: – und so ging die Idiosynkrasie gegen alles Inkorrekte und Unreine fort bis hinab zu einer fast peinlichen Reinigkeitsliebe im Essen und Trinken und allem, was ihn umgab. Wer das unablässige, bis zum Äußersten gewissenhafte Ringen des Künstlers nach Korrektheit der Form und durchsichtiger Reinheit der Technik in seinen sämtlichen Blättern verfolgt, der begreift diesen Charakter des Privatmannes als einen fast notwendigen. Denn Reinheit in der Kunst, Reinigkeit im Sittlichen und Reinlichkeit im leiblichen Leben sind Geschwisterkinder, und wo eine von den Dreien ausbleibt, da werden sich gar selten die beiden andern einstellen.

Als ein Mann aus ganzem Guss, einheitlich im künstlerischen und persönlichen Charakter, vermochte Amsler auch in einer abgeleiteten und dienenden Kunstgattung den ursprünglich schaffenden Genossen sich ebenbürtig anzureihen, und indem sein Charakter so ganz hervorwuchs aus seiner Zeit, durfte er sich fröhlich dieser Zeit hingeben, und doch ist er als ein echter Mann in seinem Kreise wieder Meister geworden über seine Zeit.

Zweites Buch
Zur Volkskunde der Gegenwart

**Die Volkskunde als Wissenschaft.
Ein Vortrag**

1858

I.

Die Volkskunde als selbstständige Wissenschaft ist eine halb vollendete Schöpfung der letzten hundert Jahre; die Anläufe und Beiträge zur Volkskunde dagegen sind so alt wie die Geschichte der Literatur. In den ältesten Heldengesängen und Religionsbüchern – ich erinnere nur an Homer und die fünf Bücher Mosis – besitzen wir ethnografische Quellen, aus deren klarem Spiegel ein Scharfblick der Beobachtung und eine naive Sicherheit der Charakteristik widerstrahlt, wie wir sie in den meisten späteren gelehrten Aufzeichnungen vergebens suchen. Herodot wird der Vater der abendländischen Geschichtsschreibung, *indem und weil* er der Vater der Volkskunde ist; er unternimmt bereits Reisen, um mit dem Geschichtsstudium das vergleichende Volksstudium zu verbinden, und durch sein ganzes Geschichtswerk geht die ethnografische Tendenz, einer in der Parallele sich wechselweise beleuchtenden Gegenüberstellung griechischen und asiatischen Volkstums. Dennoch aber wird niemand behaupten, dass der Verfasser des Pentateuch oder Homer oder Herodot eine wissenschaftliche Volkskunde geschrieben hätten; man nennt diese Männer vielmehr Religionslehrer, Dichter und Geschichtsschreiber; denn die Volkskunde ist bei ihnen dienstbar, nicht Hauptzweck. Solange ein Wissenszweig aber bloß dient, ist er überhaupt keine Wissenschaft, er wird dies erst, indem er sein Zentrum in sich selber findet, das heißt, indem er frei und selbstständig auftritt. Wir nennen darum z. B. die Nationalökonomie, die Chemie, die Physiologie *neue* Wissenschaften, obgleich sie als dienstbare Wissenszweige uralt sind; neu ist nur ihre *Freiheit*, kraft deren sie ihr Zentrum in sich selber gefunden, ihre Gesetze, ihre Methode aus sich selber heraus entwickelt haben und eben dadurch erst eigentliche Wissenschaften geworden und dann weiter durch diese einzige Tatsache wunderbar rasch zu einer ganzen Welt von neuen Resultaten durchgedrungen sind. Der Knecht, der ein *freier Mann* wird, wird zugleich ein *neuer Mann*, dessen Leistungen nicht bloß im Maß, sondern auch im Inhalt seine frühere Knechtsarbeit unendlich überragen.

Die Dienstbarkeit der Volkskunde geht durch die ganze antike und mittelalterliche Zeit. Geografen und Reisebeschreiber, Dichter und Historiker geben nebenbei die lehrreichsten ethnografischen Fragmente, aber kaum einer macht die Erkenntnis des Volkslebens als solchen zum bewegenden Mittelpunkte seines Schaffens. Ich sage: zum *bewegenden* Mittelpunkte. Denn wo sich ja selbstständige Völkerschilderungen finden, da bietet man uns doch nur eine gewisse Summe lose zusammengereihter Beobachtungen, Rohstoff zur Volkskunde, dem aber die innere Gesetzmäßigkeit wissenschaftlicher Anordnung und Durcharbeitung fehlt.

So hat Pausanias Griechenland, Syrien und Phönizien als Tourist durchwandert und beschrieben, und zwar als ein so vollkommener Tourist, dass Scaliger ihn mit einigem Recht den größten Aufschneider unter allen griechischen Schriftstellern nennen konnte. Allein ein solches subjektives Gemälde aller möglichen Gegenstände und Reiseeindrücke ist noch lange keine selbstständige Volkskunde, geschweige eine wissenschaftliche. Man könnte es mit gleichem Fug eine Ästhetik oder eine Kunstgeschichte nennen, weil die Charakteristik vieler Kunstwerke darin enthalten ist, oder eine Geschichte wegen der eingeflochtenen historischen Anekdoten. Jede Reisebeschreibung als solche kann höchstens eine Materialiensammlung zur Volkskunde, wie zu hundert andern Disziplinen sein.

Viel höher als Pausanias steht Strabo, der in seinem großen historisch-statistischen Werke den ethnografischen Stoff schon zu sichten und zu ordnen und das Volksleben nach seinen örtlichen, geschichtlichen und staatlichen Motiven zu begreifen beginnt. Dennoch nennt man Strabo mit Recht einen Geografen, nicht einen Ethnografen; denn das wissenschaftliche Fundament seiner Arbeit ruht in der Geografie, die überhaupt bei den Alten von den Ländersagen der Logografen bis zu der geometrischen Erdbeschreibung des Ptolemäus viel systematischer bearbeitet wurde, als ihre Schwester, die Volkskunde. Weit früher erforschte man überhaupt die natürliche Ordnung in den Meeren, Bergen und Flüssen, als in den Völkern, und suchte früher selbst die Gesetze der Bewegung der Gestirne festzustellen, als die Gesetze der Bewegung der Nationen. Denn die Selbsterkenntnis ist zwar in der Theorie aller Weisheit Anfang, in der Praxis aber kommt sie, bei den Einzelnen wie bei den Völkern, vielmehr erst am Ende.

Übrigens hat vielleicht der Umstand, dass das Werk des *Geografen* Strabo für so viele Jahrhunderte das unübertroffene Musterstück einer Landes- und Volkskunde war, bis auf unsere Zeit die Neigung rege gehalten, die Volksschilderung zunächst als eine Illustration zur Geografie aufzufassen, das Volk als eine Staffage der Landschaft, da es uns doch umgekehrt viel näher läge, in der Landschaft bloß einen Hintergrund des Volkslebens zu sehen.

Nur einem einzigen antiken Autor ist es meines Wissens vollständig gelungen, das Bild des Landes rein als Motiv zur Volkscharakteristik zu behandeln und so das herkömmliche Verhältnis von Geografie und Ethnografie umzukehren, nämlich Tacitus in seiner Germania. Es stehet dieses Buch aber auch vor allen da, wie eine Weissagung auf die moderne freie und wissenschaftliche Volkskunde, und gerade wegen dieser Originalität wussten die Philologen nicht, was sie aus dem Buche machen sollten. Einige erklärten es für das ethnografische Bruchstück zu einem Geschichtswerk über Nerva und Trajan, Andere für eine Sittenpredigt, Andere für eine Satire, noch Andere gar für ein bloßes Konzept, für eine bündig stilisierte Notizensammlung zu irgendwelchen weiteren Zwecken. Statt jedoch zu fragen, was die Germania hätte sein und werden können, wollen wir sie lieber einfach als das nehmen, was sie *uns* ist: als ein zu einem schriftstellerischen Kunstwerke gestaltetes Volksbild, aus welchem wenigstens die Ahnung schon hervorklingt, dass eine solche Schilderei mehr sein müsse, als ein bloßes Archiv von Beobachtungen, und dass vielmehr die Erkenntnis der Naturgesetze des Völkerlebens demselben die Gliederung und die innere Notwendigkeit eines organischen Gebildes zu verleihen habe. Selbst der Umstand, dass Tacitus weit stärker glänzt durch sein Genie der Kombination, als der bloßen nüchternen Beobachtung, wodurch er jenen Gelehrten, die sein Buch lediglich als eine Quelle zur Wässerung ihrer eigenen Wiesen benutzen wollen, so viel Kreuz verursacht, selbst dieser Umstand zeigt in ihm den Ahnherrn der wissenschaftlichen Volksforschung. Denn bei wem nicht die Gabe der richtigen Kombination, der Vergleichung und Folgerung noch tiefer entwickelt ist, als der bloße Scharfsinn des Beobachters, der kann zwar in dem Handwerk des statistischen Stoffsammelns Tüchtiges leisten, aber sicher niemals in der gestaltenden Kunst der wissenschaftlichen Volkskunde.

Zu Tacitus, als dem Propheten der selbstständigen Volkskunde, blickt darum der moderne Ethnograf mit derselben heiligen Ehrfurcht empor, mit welcher der Philosoph zu Aristoteles aufblickt, der Dichter zu Shakespeare, und er erkennt es als ein verheißungsvolles Zusammentreffen, dass in derselben Zeit, wo durch die großen Länderentdeckungen die Volkskunde aus dem langen Schlaf des Mittelalters aufgeweckt ward, in der zweiten Hälfte des fünfzehnten Jahrhunderts, auch die verschollene Germania des Tacitus wieder entdeckt und von den damaligen Gelehrten sofort als ein »goldenes Buch« begrüßt worden ist.

II.

Ich sage, die Volkskunde habe während des Mittelalters in einem langen Schlafe gelegen, meine aber damit keineswegs, dass man es in dieser Periode überhaupt unterlassen habe, Beobachtungen über das Volksleben aufzuzeichnen. Es gibt vielmehr kaum ein mittelalterliches Geschichtsbuch, wo sich dergleichen nicht fänden, und als mit den Kreuzzügen und den immer weiter sich ausdehnenden Kreisen des Welthandels der Gegensatz großer Stammes- und Nationalitätsgruppen zu allgemeinerem und lebensvollerem Bewusstsein kommt, mehrt sich auch die Zahl der Länder- und Volksschilderungen, bis diese Literatur in der Zeit der großen Entdeckungsreisen zu einem wahren Strome anschwillt.

Allein diese mittelalterlichen Fragmente zur Volkskunde haben sich doch niemals zu der Höhe eines Strabo oder Tacitus aufgeschwungen, und das enge Schulgerüst der mittelalterlichen Wissenschaften bietet nicht entfernt einen Platz für eine eigene Wissenschaft vom Volke.

Es ist höchst lehrreich zu sehen, *warum* das Mittelalter die selbstständige Volkskunde vernachlässigen *musste*, und ich erlaube mir, hierüber einige Gedanken zu entwickeln, damit Sie durch einen negativen Beweis innewerden, was eigentlich *die Lebenslust der wissenschaftlichen Volkskunde sei*.

Im früheren Mittelalter muss man die Studien zur Volkskunde in einem förmlichen Versteck aufspüren, in einem Versteck bei den Geschichtsschreibern. So trocken und mager aber die Annalisten und Chronisten als Historiker sind, so dürftig sind sie auch als Ethnografen; denn die Auffassung des Volkslebens hält mit dem Fortschreiten der historischen Kunst stätig gleichen Schritt. Je inhaltvoller und kunstreicher das Geschichtswerk sich austieft, um so mehr Studien zur Volkskunde, um so mehr Anregungen zur selbstständigen Behandlung dieser Disziplin werden in ihm geborgen sein. Welch unermesslichen kulturgeschichtlichen Stoff zur Wissenschaft vom Volke hat die moderne Geschichtsschreibung seit hundert Jahren in ihren besten Werken aufgespeichert, welch reichen Stoff auch die großen antiken Historiker und welch dürftigen die mittelalterlichen Chronisten!

Zunächst aus demselben Grunde, aus welchem sie zwar so naiv, aber auch so arm und trocken schreiben: weil sie ihre Geschichte nicht der Nation erzählten, weil sie kein Publikum vor sich hatten. Wer Mönchsannalen bloß für die Genossen seines Klosters und etliche andere Männer von der Kutte und Feder verfasst, wer die Lebensgeschichte eines Kaisers oder eines Heiligen zunächst für etliche Freunde und Gönner schreibt, der erachtet's natürlich überflüssig, seine Geschichte ethnografisch zu fundamentieren;

denn die Kenntnis des eigenen Volkslebens setzt er bei so erwählten Lesern voraus. Herodot, der seine Geschichte dem griechischen Volke vorliest, kommt schon durch den bloßen Gedanken, dass eine Nation ihm zuhört, zum breiten ethnografischen Hintergrunde; denn nichts spricht unmittelbarer zum Herzen des Volkes, als die Kunde vom Volk, nichts belebt dem Unkundigen die geschichtliche Zeichnung anmutiger, als das ethnografische Kolorit, und durch nichts kann der Historiker so gewaltig die höchste sittliche Weisheit der Geschichte predigen, als indem er das Walten der sittlichen Weltordnung und des freien Menschenwillens in den allgemeinen Geschicken der Völker ebenso wie in den persönlichen ihrer Helden nachweist. Der Geschichtsschreiber, welcher *wirken* will, der zu einem Volke, zu einem Publikum spricht, kann sich auch der Mitarbeit zur Volkskunde nicht entschlagen. Aber der Ethnograf soll auch für sich wieder seine Nation vor Augen haben, und indem er ihr ein Bild des Volkslebens vorhält, soll er sittlich wirken wollen. Denn seine Volkskunde wird höchst äußerlich und unwissenschaftlich sein, wenn sie nicht in die Tiefe der sittlichen Motive und Konflikte der Volksentwickelung niedersteigt, und wer dabei nicht Zorn und nicht Liebe kennt, der ist entweder ein bloßer Handlanger, welcher gelehrte Bausteine im Schubkarren zuführt, oder ein gefährlicher Mann, mit dessen Büchern man keine Freundschaft schließen soll. Die Philologen meinten, die Germania des Tacitus sei eine Sittenpredigt; freilich: eben, weil sie eine echte Volkskunde ist; denn jede ächte Volkskunde ist eine Sittenpredigt. Die ganze Geschichte unserer Wissenschaft zeigt, dass diese ethische Tendenz um so bestimmter hervorbricht, je tiefer und selbstständiger sich die Volkskunde entwickelt. So im klassischen Altertum, so zur Zeit der Renaissance, wo wenigstens der Versuch durch satirische Karrikaturbilder dem Volksleben negativ seinen Spiegel vorzuhalten, mit dem neu erwachten Eifer einer wissenschaftlichen Erkenntnis des Volkes Hand in Hand geht.

In sinnig treuherziger Weise hat damals Erasmus von Rotterdam bei der Beschreibung seines Vaterlandes Holland die Kraft patriotisch sittlicher Erhebung in der Volkskunde ausgesprochen mit den Worten: » *Dies Land ist mir zum Vaterland geworden, und wollte Gott, dass ich ihm so wohl zur Freud' wäre, als es mir ist.*« Ein köstliches Motto für Jeden, der in seiner Heimat auch wissenschaftlich zu Hause zu sein trachtet.

Im achtzehnten Jahrhundert ist es endlich, wo Justus Möser den Zusammenhang der Sitte des Volkes mit der Sittlichkeit und damit zugleich eine neue Epoche des Volksstudiums verkündet. Die Schrift sagt: »Die Wahrheit wird euch frei machen.« Dieser Spruch soll das Motto der modernen Volkskunde sein, andeutend ihren hohen sittlichen Beruf, der durch die Wahrheit der Selbsterkenntnis des Volkslebens den Weg zur ächten Staatskunst weist.

III.

Man könnte meinen, nichts läge einem jeden Volke von Kindesbeinen an näher als der *Begriff seiner eigenen Volkspersönlichkeit*, das bewusste Zusammenfassen der Einzelzüge seines Volkstums. In der Wirklichkeit aber ist es ganz anders. Der Begriff des Volkes ist eine Abstraktion, die bereits einen ziemlich weiten Gesichtskreis der Bildung voraussetzt. Fragen Sie heute noch den naiven Bauern: Er weiß sich unter dem Worte Volk entweder nur eine höchst beschränkte Gruppe desselben oder auch gar nichts zu denken. Der ethnografische Begriff des Volkes, als eines durch Gemeinsamkeit von Stamm, Sprache, Sitte und Siedelung verbundenen natürlichen Gliedes im großen Organismus der Menschheit wird durchaus nur auf entwickelteren Bildungsstufen gewonnen. Man kann sagen, für Millionen von Deutschen ist der einheitliche Begriff des deutschen Volkes noch immer bloß ein totes Wort, das sie auch aus freien Stücken gar nicht in den Mund nehmen; dagegen hat sich allerdings die größere und gebildetere Masse der Nation allmählich zum Verständnis oder wenigstens zu einer Anschauung der Idee des Volkes erhoben. Durch einen großen Teil des Mittelalters war dies aber noch keineswegs der Fall und eben darum schon eine eigentliche Volkskunde unmöglich.

Im Kindesalter führt das Volk, gleich dem Einzelmenschen, ein instinktives Leben, bloß das Nächste erkennend; erst allmählich erwacht es zum Bewusstsein seiner umfassenderen Einheit. Dem Nationalitätsbewusstsein geht das individuellere Familien- und Stammesbewusstsein voraus. Die Deutschen haben z. B. erst zur Zeit der sächsischen Kaiser das Bewusstsein ihrer nationalen Gesamtpersönlichkeit gewonnen; das Stammesbewusstsein dagegen lebte in den deutschen Völkerschaften so weit Geschichte und Sage Kunde gibt. Allein man sprach nur von Friesen, Sachsen, Goten, Franken usw., erst unter Otto I. beginnt man von Deutschen zu sprechen. Vielleicht ist keines der großen europäischen Kulturvölker langsamer zu dem Begriff seiner gesamten, einheitlichen Nationalität gekommen, als das deutsche, aber gerade weil es uns so sauer wurde, das Wort und die Tatsache des »deutschen Volkes« zu finden, scheinen wir auch vor anderen berufen, unser Volkstum nachgehends um so gründlicher zu erkennen und um so liebevoller zu hegen und zu pflegen. Im Mittelalter zerbröckelte sich das Volksleben in örtliche, privatrechtliche, soziale Interessen. Wie man vor lauter Rechten zu keinem Recht und keiner Rechtswissenschaft kommen konnte, vor lauter übereinander wuchernden staatlichen

Bildungen zu keinem Staate und keiner Staatswissenschaft, so auch vor lauter Individualismus im Volksleben zu keiner Volkskunde. Feine gelegentliche Bemerkungen, wie sie Eginhard über die Sachsen gibt, Adam von Bremen über die Skandinavier, Arnold von Lübeck über die Dänen, Bruno, Dietmar von Merseburg, Widukind über verschiedene deutsche Stämme – ich sage, solche feine gelegentliche Bemerkungen zeigen, was selbst die Chronisten des früheren Mittelalters aus dem reichen Schatze unmittelbarer Beobachtung für die Volkskunde hätten leisten können, wenn sie es nur der Mühe wert geachtet hätten. Aber es erging ihnen dabei genau so, wie jetzt dem gemeinen Manne, der nicht begreift, weshalb man die Zustände seines alltäglichen Daseins durchforscht, weil er weder deren Gegensatz zu andern örtlichen Zuständen kennt, noch ihre Bedeutung für die lebensvolle Gesamtidee der Nation. Diese Studien über oft höchst kindische und widersinnige Sitten und Bräuche, über Haus und Hof, Rock und Kamisol und Küche und Keller sind in der Tat für sich allein eitler Plunder, sie erhalten erst ihre wissenschaftliche wie ihre poetische Weihe durch ihre Beziehung auf den wunderbaren Organismus einer ganzen Volkspersönlichkeit, und von diesem Begriff der Nation gilt dann allerdings im vollsten Umfange der Satz, dass unter allen Dingen dieser Welt der Mensch des Menschen würdigstes Studium sei.

Je klarer ein Volk sich seiner selbst als Nation bewusst wird, um so höher wird es nicht nur in seiner allgemeinen Gesittung, sondern namentlich auch in aller historischen Erkenntnis steigen. Jedem Volke geht eine neue Welt auf mit dem bewussten Erfassen seiner eigenen Nationalität; es tritt mit dieser Tatsache in ein neues Lebensalter. So hat das Wiedererwachen des im Elende des siebzehnten Jahrhunderts eingeschlummerten deutschen Nationalitätsbewusstseins in der neueren Zeit auch eine ganz neue Epoche der deutschen Literatur und Wissenschaft, des deutschen politischen und sozialen Lebens hervorgerufen. Die Rechtswissenschaft hat sich verjüngt in der Erforschung des Rechtslebens unsers alten Volkstums; die Volkswirtschaftslehre gewann einen neuen Boden und unabsehbare Erweiterung in der Erkenntnis, dass die Gesetze aller Wirtschaft Hand in Hand gehen mit den Naturgesetzen der historischen Volksentwickelung, und aufgrund der Kulturgeschichte und der Volkskunde versucht man jetzt neue Systeme der Nationalökonomie aufzubauen. Die Staatswissenschaft erblickt gegenwärtig einen Teil ihrer Wurzeln in der Lehre vom Volk, sie verjüngt sich durch diese Tatsache. Der tote, abstrakte Rechtsstaat wird erst beseelt, indem er sich zum sozialen und nationalen Rechtsstaate erweitert. Die Volkskunde selber aber ist gar nicht als Wissenschaft denkbar, solange sie nicht den Mittelpunkt ihrer zerstreuten Untersuchungen in der Idee der

Nation gefunden hat; darum nannte ich sie im Eingange geradezu eine neue Wissenschaft, eine Schöpfung der letzten hundert Jahre, denn seit dieser Zeit hat sie allmählich jenen ersten Mittelpunkt wiedergefunden, und damit zugleich eine Fülle der Ideen und des Stoffes, eine Selbstständigkeit und Schöpfungskraft gewonnen, wie sie bei den, allerdings auch schon von der Idee der Nationalität getragenen Ethnografen der antiken Welt nicht entfernt vorhanden war.

So gewaltiger Fortschritt in aller Geisteskultur wächst hervor aus der *Selberkenntnis des Volkstums*. Der einzelne Geist, indem er sein eigenes Denken denkt, erhebt sich zur höchsten, zur philosophischen Bildungsstufe. Die gleiche Bildungshöhe wird aber bei den Völkern bezeichnet durch die Selbsterkenntnis der eigenen Nationalität.

IV.

Weil ein Volk viel leichter die gemeinsame Eigenart einer fremden Nation erkennt und zusammenfasst als seine eigene, so hat sich ganz naturgemäß auch die Ethnografie vom äußeren Umkreis zum Zentrum entwickelt. Weit früher und besser hat man fremde Völker geschildert als das eigene. Ja der gemeine Sprachgebrauch lässt uns heute noch bei dem Worte »Ethnografie« eher an Indianer und Hottentotten denken oder allenfalls an die deutschen Urstämme vor der Völkerwanderung als an unser eigenes Volk in der Gegenwart. Denn selbst die vaterländische Volkskunde hat sich lange Zeit vorwiegend darauf beschränkt, historische Untersuchungen aus fernster Vergangenheit zu geben; sie hat in ihrer modernen wissenschaftlichen Form mit der Sagen- und Stammesgeschichte, mit Kultur- und Rechtsaltertümern begonnen und ist erst sehr allmählich zur unmittelbarsten Gegenwart übergegangen. Diesem mühseligen und weitausholenden Wege verdankt sie aber auch das beste Teil ihrer echt deutschen Gediegenheit und Gründlichkeit. So holten auch noch die Alten ihre besten ethnografischen Stoffe weit her, Tacitus schrieb keine Italia, sondern eine Germania, und Adam von Bremen, den Lappenberg den Herodot des Mittelalters nennt, gewann sich diesen für einen Chronisten seiner Zeit so auszeichnenden Namen durch seine Schilderung Skandinaviens.

Nicht umsonst lieben es fast alle Ethnografen, verhüllt oder offen, durch Parallelen und Gegensätze zu charakterisieren. Es verrät dies sowohl den geschichtlichen Entwickelungsgang der Volkskunde, die aus der Ferne und durch die Erkenntnis fremder und vorzeitlicher Gegensätze erst zum Heimischen und Gegenwärtigen hindurchgedrungen ist, wie auch den Gang, welchen jeder Volksforscher persönlich einschlagen muss. Nur wer in der Fremde gewesen ist, vermag die Heimat objektiv zu erfassen und zu schildern; die Volkskunde ist ihrer Natur nach vergleichend, aus der vergleichenden Beobachtung entwickelt sie ihre Gesetze, und der ächte Volksforscher reist, nicht bloß um das zu schildern, was draußen ist, sondern vielmehr um die rechte Sehweite für die Zustände seiner Heimat zu gewinnen. Und man kann sagen, diese selben Studienreisen hat auch Jahrhunderte lang unsere Wissenschaft gemacht. Wäre Amerika nicht entdeckt worden, wir wüssten heute gewiss noch nicht halb so gut, wie es mitten in Deutschland aussieht.

Indem nun aber unsere Zeit zur Erforschung auch der nächstliegenden, gegenwärtigen Volkszustände vorgeschritten ist, hat dadurch die Volkskunde in der Tat eine ganz neue Gestalt angenommen. Sie wird inhaltreicher im Stoff, freier und tiefer in der Entwickelung der Gesetze des Volksorganismus, mächtiger in befruchtender Einwirkung auf andere Wissenschaften und das praktische Leben. Die meisten Beobachtungen, welche an fremden Völkern neu erscheinen, sind bei dem eigenen längst trivial, sodass wir hier gezwungen werden, zu den verborgeneren Motiven und Zuständen hinabzusteigen und nicht nur neue Tatsachen, sondern auch neue Gesetze zu entdecken. Gerade die auf das gegenwärtige Volksleben der eigenen Nation gerichtete Forschung reicht am wenigsten mit abgeleiteten Quellen aus; wer eine solche Volksindividualität bloß nach den Materialien darstellen wollte, wie sie ihm die Bibliotheken, Archive und statistischen Bureaux bieten können, der würde höchstens ein klapperndes Skelett zustande bringen, kein Bild das Leben atmet. Dazu bedarf es der unmittelbaren Quellen, zu deren Aufsuchung man auf den eigenen Beinen durch's Land gehen muss. Und gerade diese Neuheit eines noch nicht von Hunderten abgeschriebenen, sondern zum ersten Mal auf's Papier geworfenen Stoffes ist es, die der auf die heimische Gegenwart zielenden Volkskunde ein so jugendliches und frisches Gesicht verleiht. Ich glaube, es gibt wenige Zweige der historischen Wissenschaften, denen es noch so reichlich vergönnt ist, aus unmittelbaren Quellen zu schöpfen, wie die unsrigen. Doch meinen noch immer manche gelehrten Leute, wenn einer etwa auf einem alten Schweinsleder eine neue Notiz über das Volksleben unserer Urahnen aufspürt, so sei das allerdings Quellenforschung; wenn aber einer eine gleich wichtige und neue Notiz über das Volksleben unserer Zeitgenossen aus der unmittelbaren Anschauung des Lebens mit nach Hause bringt, so könne man dies doch nie und nimmer Quellenforschung heißen. Genau genommen finde ich aber zwischen beidem doch eigentlich nichts Unterscheidendes als das Schweinsleder.

V.

Gerade bei der Geschichte der Volkskunde mögen wir recht sonnenklar erkennen, wie sich die Wissenschaft unterscheidet von dem bloßen Forschen und Aufspeichern. Was ist denn Wissenschaft? Sie ist nicht das bloße Wissen von einem Ding, nicht die bloße Kenntnis. Und wenn man die genauesten Kenntnisse, die schwierigsten Forschungen bergehoch aufeinander türmt, so wird aus diesem babylonischen Thurm doch niemals Wissenschaft. Wissenschaft ist Erkenntnis, die organisch sich aufbauende Summe der Kenntnisse von einem Gegenstand. Nur wer ein Ding bis zum Grunde und aus seinem Grunde kennt, der erkennt es. Erkenntnis ist also ein Begreifen der Dinge nach ihrem Wesen und Gesetz, nach ihrer inneren Notwendigkeit. Die bloße Kenntnis der Tatsachen des Volkslebens gibt niemals eine Wissenschaft vom Volke; es muss die Erkenntnis der *Gesetze* des Volkslebens hinzukommen und zu einem Organismus geordnet werden. Volkstümlich lehrhaft spricht der Vater zum Sohn: Kenntnisse sind die einzige Last, an der man nicht schwer trägt, darum hebe jede Kenntnis auf, wo du sie am Wege findest. Das ist ganz richtig, und namentlich im Reiche der Volkskunde sind solche Kenntnisse am Wege zu finden wie die Brombeeren. Aber freilich find' sie auch nur da, wo die Erkenntnis der historischen, sittlichen und logischen Motive des Volkstums hinzukommt, des Aufhebens wert.

Die Volkskunde als Wissenschaft wird darum nicht bloß einen statistisch berichtenden, sondern auch einen philosophischen Inhalt haben: Indem sie die Zustände des Völkerlebens in ihrer Besonderung schildert, hat sie dieselben zugleich auf ihre allgemeinen Gesetze zurückzuführen. Darum ziehen wir Vieles jetzt zur Volkskunde, was man vor einem Menschenalter noch unter die »Philosophie der Geschichte« rubrizierte. In diesem Sinne ist schon Aristoteles in seiner »Politik« ein Vorarbeiter der wissenschaftlichen Volkskunde gewesen, Montesquieu im » *esprit des lois,*« Herder in seinen »Ideen zur Philosophie der Geschichte der Menschheit,« und die gelehrte Zunft witterte bei dem Letzteren ganz richtig die unbequeme Morgenluft des eben damals aufgehenden Tages, indem sie auf Anlass seiner Berufung zu einer Professur nach Göttingen erklärte, Herder sei ja eigentlich gar kein Gelehrter, sondern bloß ein Belletrist. In summa hat die kulturgeschichtliche Vertiefung der ganzen modernen Geschichtsschreibung wie die historische Tendenz der neueren Staats- und Rechtswissenschaft unendlich viel dazu beigetragen, der Volkskunde zu einer festen Grundlage innerer Gesetzmäßigkeit zu verhelfen. Aber solche Dienste sind bei allen selbstständigen Wissenschaften gegenseitig, und die Volkskunde hat Gelegenheit genug, den Dank, welchen sie der Geschichte und Staatswissenschaft schuldet, abzutragen, indem sie nicht minder befruchtend auf jene zurückwirkt. Die Selbstständigkeit einer Wissenschaft besteht nicht in ihrer Isolierung, sondern vielmehr darin, dass sie andere Zweige in eben dem Maße fördert, als sie selbst von jenen gefördert wird.

Werfen wir in diesem Sinne einen Blick auf den Zusammenhang der Volkskunde mit der Staatswissenschaft.

Ohne ein Zurückgehen auf die Naturgesetze des Völkerlebens sind viele der wichtigsten politischen Begriffe gar nicht wissenschaftlich zu begründen, und so wird die Volkskunde geradezu eine Vorhalle zur Staatswissenschaft.

Wie alles Menschliche, so stehen auch die Völker unter der Hand einer ehernen Notwendigkeit, unter der Hand der göttlichen Vorsehung. Die Urbedingungen des Völkerlebens sind in der Natur gegeben, von Gott geordnet; der Mensch kann sie frei entwickeln aber nicht aufheben. Darum sagen wir – und dies ist ein Satz von ungeheurer politischer Tragweite – die Völker sind *geworden*, sie haben sich nicht von Anbeginn durch ein freiwilliges Zusammentreten konstituiert, sie haben sich nicht selbst geschieden, sondern sie wurden geschieden. Die Völkerscheidung ist eine Notwendigkeit geworden durch die Gegensätze der Erdzonen und der Bodenbildung. Sie wird eine Notwendigkeit bleiben, solange die Erde ihre gegenwärtige Natur behält. Tiefsinnig stellt die Sage der mosaischen Urkunde diese Scheidung der Völker als eine unmittelbar von Gott geordnete dar in der Erzählung vom Turmbau zu Babel. *Vor* dieser Völkerscheidung werden uns nur gesellschaftliche Entwickelungen der Urmenschen angedeutet: Hanoch baut eine Stadt, Jabals Nachkommen wohnen in Hütten und züchten Vieh, Thubalkain ist ein Handwerksmeister und Jubals Söhne sind Künstler; »Tyrannen und Gewaltige« herrschen unter den Geschlechtern, aber erst nach der Völkerscheidung kommen »Könige« über die Völker, und dem Erzvater Abraham wird die erste politische Verheißung. In der als *notwendig gewordenen* Ausprägung eigenartiger Volkspersönlichkeiten wurzeln die ersten Keime zur *frei gestalteten* politischen Entwickelung. So ist der niemals endende Kampf zwischen Freiheit und Notwendigkeit das oberste Grundgesetz auch im Leben der Nationen, und umkehrend den Spruch Salomonis mag man wohl sagen: »Der Herr gibt den Völkern den Weg an, aber der Völker Geist schaffet, wie er fortgehe!«

Dreifach sind die Völker kraft der göttlichen Weltordnung gebunden. Ihr *äußerer nationaler* Bestand ist mitbedingt durch den Boden, darauf sie erwachsen. Ihre *innere materielle* Entwickelung ist geboten, geleitet und begrenzt durch Naturgesetze des wirtschaftlichen Lebens, die ewig notwendig sind, weil sie ruhen auf dem unabänderlich gemeinsamen der Menschennatur; denn die letzten Pfeiler der Nationalökonomie sind nicht mehr zu beweisende Axiome der Mathematik, der Logik und der Psychologie. Aber auch die *innere ideelle* Gestaltung des Völkerlebens geht auf die unabänderlichen und notwendigen Grundlagen des Menschengeistes zurück. Aus der Ergänzungsbedürftigkeit des Individuums wächst der Grundbau der Familie, der Gesellschaft, des Staates und der Kirche hervor als eine Tatsache, die wir frei weiterbilden, aber nicht aufheben können. Alle Spezialuntersuchungen über diese Gegenstände und an einer bestimmten Volkspersönlichkeit werden immer wieder auf diese letzten Gesetze der natürlichen Bildung und der natürlichen Freiheit des Volkswillens führen. Die einschneidendsten politischen Parteifragen drehen sich fast alle in letzter Instanz um die Entscheidung über das was frei und was notwendig ist im Völkerleben. Welch unabsehbare Folgen für die ganze Theorie der Gesellschaft wie des Staates hat z. B. die einzige Untersuchung, ob das persönliche Eigentum als gegeben mit der Persönlichkeit des Menschen, eine notwendige Vorbedingung aller Völkerentwickelung sei, oder nur ein freies und wandelbares Resultat gewisser Kulturstandpunkte! Der ärgste Despotismus wie die zügelloseste Neuerungssucht gründet jedes verderbliche Ansinnen auf ihre subjektive Auffassung dessen was frei und was notwendig sei im Volksleben; die Volkskunde dagegen soll objektiv untersuchen, was der unantastbare Urgrund menschlicher Gesittung bei den Völkern, und was unser eigenes freies und wechselndes Gebilde ist, welches sich auf jenen Granitpfeilern aufbaut, und nach welchen historischen Motiven sich auch wieder jedes einzelne Volk individuell bewegt. So wird sie auch hier den Spruch verwirklichen, dass die Wahrheit uns frei machen soll.

Aufgrund der wissenschaftlichen Volkskunde lässt sich ein ganzes System der Staatswissenschaft organisch entwickeln und mit mancherlei neuem Inhalt erfüllen. Denn da der Staat entsteht, indem ein *Volk sich selber als organische Gesamtpersönlichkeit* fasst, seine inneren und äußeren Verhältnisse auf den Grund eines *gemeinsamen Rechtswillens* ordnet und solchergestalt die Wohlfahrt des Einzelnen mit der Wohlfahrt des Ganzen in Einklang bringt, – so kann man den Ausgangspunkt für die Erkenntnis des Staates gewiss ebenso gut von der Idee des Volkes wie von der Idee des Rechtes nehmen. Bei einer solchen Bearbeitung wird dann nicht nur ein besonders reiches Feld in jenen Vorstudien zu gewinnen sein, welche Volk und Land, Familie und Gesellschaft betreffen, sondern namentlich auch für die Theorie der Staatsformen in ihrem Zusammenhange mit Natur und Geschichte der Völker. Am meisten aber wird der ganze Kreis der Verwaltungswissenschaften Frucht gewinnen aus der Volkskunde. Man behauptet, die Lehre von der inneren Verwaltung eines Staates, als Kultur- und Wirtschaftspolizei, sei überhaupt keine Wissenschaft, denn aus lauter auf die tausend wechselnden Bedürfnisse des Lebens zielenden Beobachtungen, Grundsätzen, Regeln und Verordnungen zusammengesetzt, entbehre sie jedes einheitlichen Mittelpunktes, jeder systematischen Gesetzmäßigkeit und Gliederung. Ich finde aber diesen Mittelpunkt gerade und allein in der Lehre vom Volk und in den Naturgesetzen seiner Entwickelungen. Denn wenn die Kulturpolizei lediglich durch die praktischen Bedürfnisse des Volkes bedingt ist, so wird sie sich auch gliedern können und müssen nach den ethnografischen Gesetzen, auf welche diese Bedürfnisse zurückzuführen sind. Darum halte ich es in der Tat für einen höchst bedeutsamen Beruf der Volkskunde, Systematik in die Anarchie der Polizeiwissenschaft zu bringen, und nicht minder Logik in die polizeiliche Praxis. Der höchste Triumph der inneren Verwaltungskunst würde dann darin bestehen, jeden polizeilichen Akt so sicher der Natur des Volkes anzupassen, dass es auch bei den lästigsten Dingen glaubte, die Polizei habe doch eigentlich nur ihm aus der Seele heraus verfügt und gehandelt.

VI.

Die Aufgabe meines Vortrags zielt einfach dahin, Ihnen zu beweisen, dass die moderne Volkskunde in der Tat eine Wissenschaft ist, und zwar, gegenüber den fragmentarischen Versuchen der älteren Zeit, eine wesentlich neue Wissenschaft. Ich möchte die Volkskunde bei Ihnen wissenschaftlich legitimieren; man legitimiert bekanntlich aber nur, was neu oder angezweifelt ist. Bei Wissenschaften von gutem altem Adel, wie z. B. bei den vier großen Fakultätswissenschaften, den Inhabern der Reichs-Erbämter unserer Universitäten, wird niemand mehr eine Stunde Zeit verschwenden mit dem Beweis, dass sie wirklich Wissenschaften seien. Ich habe aber selber die Ehre zu einer fünften Fakultät zu gehören, zur staatswirtschaftlichen, deren Brief und Siegel gleichfalls von sehr neuem Datum. Allein gerade dieser Umstand, dass man es für zeitgemäß hielt, die Gruppe der Verwaltungswissenschaften mit ihren technischen Hilfsfächern für eine selbstständige Fakultät zu erklären, ist indirekt eine weitere Legitimation der Volkskunde; denn alle Radien unserer Fakultät laufen zurück in die Erkenntnis der Gesetze des Volkslebens als ihr eigentliches philosophisches Zentrum.

Ich zeigte Ihnen, dass die Volkskunde selbstständig geworden sei, freigesprochen namentlich von ihrer alten Dienstbarkeit der Geografie und Geschichte: dann, dass sie in ihrer Ausdehnung auf das geistige und sittliche Leben der Völker die tiefsten ethischen Zielpunkte neu gewonnen; dass sie in dem immer heller erwachten Selbstbewusstsein der Nationalitäten selber ein höheres Bewusstsein und die höchste sittliche Weihe ihrer Aufgabe gefunden; weiter: dass sie von dem Studium örtlich und zeitlich fernliegender Volkspersönlichkeiten immer tiefer vorgedrungen sei in das Studium des eigenen, gegenwärtigen Volkstums, dass sie überwunden habe den Standpunkt des bloßen Beobachters und Stoffsammelns, vielmehr dieses nur noch als Mittel erkennt zu ihrem höchsten wissenschaftlichen Problem der Ergründung der Naturgesetze des Volkslebens, und endlich dass, als Folge von alle diesem, ihr befruchtender Einfluss auf verwandte Wissenschaften unendlich gestiegen sei, sodass sie sich mehr und mehr imstande sieht, den Dank, welchen sie jenen schuldet, mit Zinsen heimzahlen zu können.

Eine besondere Beachtung verdiente dazu auch noch die großartige Erweiterung des Gesamtstoffes zur Volkskunde. Denn während man vordem bloß die äußere Existenz des Volkes beobachtete und sein inneres Leben höchstens nur sofern es sich in charakteristischen Sagen, Sitten und Bräuchen spiegelt, geht die moderne Volkskunde viel tiefer und unterscheidet sich dadurch von allen früheren Versuchen. Das ganze kirchliche, religiöse, künstlerische, wissenschaftliche, politische Leben der Nation erschauen wir aus dem Mittelpunkte der Volkskunde in einem neuen Lichte, dessen Reflex auf das Volkstum selber wieder zurückfällt. Zur wissenschaftlichen Untersuchung einer deutschen Volkskunde gehören jetzt ebenso gut kirchengeschichtliche und kulturgeschichtliche Vorstudien wie volkswirtschaftliche und statistische. Denn die Nation ist ein Ganzes und auch die untersten Schichten des Volkes tragen ihre Gabe bei zu unsern höchsten geistigen Entwicklungen, wie sie von dorther Gaben die Fülle zurückempfangen.

Fragen Sie, wer denn dies alles seit hundert Jahren vollbracht habe, so muss ich Sie auf eine ganze Kette der folgenreichsten wissenschaftlichen Tatsachen verweisen: auf die Begründung und Fortbildung einer selbstständigen Disziplin der Statistik seit Achenwall, auf die Neugestaltung der Nationalökonomie seit Adam Smith, auf die Pflege einer selbstständigen Wissenschaft der Kulturgeschichte, wo für uns namentlich Heeren mit seinen Verdiensten um die Verbindung von Geografie, Ethnografie und Geschichte bahnbrechend voransteht; auf die Zusammenführung des Volksstudiums mit der Ethik, wie sie Justus Möser so erfolgreich versuchte; auf die Arbeiten der historischen Schule der Staats- und Rechtsgelehrten; auf die Reform der Geografie, wie sie durch Ritter zum Fundament und unmittelbarsten Vorbild für die Volkskunde angebahnt wurde; endlich und ganz besonders auf die mythologischen, antiquarischen und philologischen Forschungen der sogenannten Germanisten, wo ich statt Vieler nur die Namen der Gebrüder Grimm zu nennen brauche, um Ihnen mit der Erinnerung an ihre Werke unmittelbar zu veranschaulichen, dass wir von einer neuen Wissenschaft der Volkskunde selbst dann reden könnten, wenn wir auch gar nichts weiteres besäßen, als was diese beiden Männer zur Erkenntnis des deutschen Volkes ausgesonnen und ausgearbeitet haben.

Und dennoch nannte ich trotz so reicher Vorarbeit und Mitarbeit unsere Wissenschaft eine nur erst halb vollendete. Der Nachweis, warum sie zurzeit noch ein wahrer Torso ist, würde aber kaum minder umfangreich ausfallen können, als der eben versuchte, dass sie eine Wissenschaft ist, und zwar eine neue Wissenschaft.

Ich glaube aber bei einem so trockenen und abstrakten Gegenstand Ihre Geduld schon fast über Gebühr in Anspruch genommen zu haben. Allein die Wissenschaft, der wir dienen, ist unsere geistige Heimat, und jeder rechte Mann hält seine Heimat für die schönste der ganzen Welt und spricht gerne von ihr und meint, es müssten auch Andere gerne davon sprechen hören. Und weil wir die veredelnde, sittigende Kraft eines kräftigen und fröhlichen Heimatsbewusstseins würdigen, hören wir ihm mit Nachsicht zu, mit derselben Nachsicht, welche ich mir von Ihnen erbitten möchte für diesen Vortrag, der Ihnen ja nur dartun wollte, dass, wer seine Heimat in der Volkskunde gefunden zu haben wähnt, doch nicht eigentlich wissenschaftlich heimatlos ist.

Der Geldpreis und die Sitte

1857

I.

Mit melancholischen Betrachtungen über das teure Pflaster der norddeutschen Städte wanderte ich zu Fuß von Vegesack nach Bremerhafen. Der einförmige Weg ließ mir Muße genug, meine Gedanken über den Unterschied süd- und norddeutschen Geldpreises zu ordnen und über den Widerspruch von alten Volksmeinungen und moderner Nationalökonomie. Es gibt ja nicht bloß religiösen und poetischen, sondern auch nationalökonomischen Volksaberglauben und Volksgespenster, wie z. B. der Wucher. Sollte es auch ein solcher Volksaberglaube sein, dass man im Guldenlande mit dem Gulden so weit reiche, als im Talerlande mit dem Taler? – ein solches Volksgespenst, dass das süddeutsche Volk sich förmlich

lich fürchtet vor den Talern, weil es glaubt, die norddeutsche Teuerung sei ihnen aufgestempelt? Der Oberländer Reisende kann freilich beim Eintritt in den rheinischen Südwesten sein Budget getrost verdoppeln, beim Einzug in die norddeutschen Städte verdreifachen, und so die Lehre von der Dreiteilung Deutschlands recht mit Händen greifen. Andererseits erhitzt sich der Groll des altbayerischen Spießbürgers gegen alles Norddeutsche gelegentlich an der Kunde, es habe irgendein Berliner im hellen Staunen über die billigen Zechen des oberbayerischen Gebirges den Wirten gesagt, sie möchten doch keine so naiven Esel sein und ihre Preise so lächerlich niedrig stellen.

Der Nationalökonom wird diesen Unterschied des Geldpreises durch den entwickelteren Handel und Verkehr des Nordens zu erklären suchen durch das Vorwiegen größerer Städte und den Einfluss Englands an den Nordseeküsten, wohl auch durch die höhere Regsamkeit des norddeutschen Volkes, welches – materiell und geistig – weniger Kapital ruhen lässt und schon dadurch überall mehr Kapital zu besitzen scheint als der langsamere Süden. Allein diese Gründe erklären zwar Vieles, doch nicht alles. Denn auf ganz verkehrsarmen Heiden und Hochrücken des mittleren und nördlichen Deutschlands zehrt man in eben dem Grade teuer als billig an mancher reich belebten malten Hauptstraße des oberdeutschen Hochgebirges.

Unter diesen Erwägungen wurde ich vom Dunkel überrascht und musste in einer ziemlich elenden Schnapskneipe am Saume der Geest Nacht machen. Die Wirtsstube erinnerte mich auf ein Haar an ähnliche abgelegene Herbergen in unsern magern mitteldeutschen Bergstrichen; aber als mein Abendbrot bereitet war, servierte mir der Wirt seitab im Staatszimmer, das ganz städtisch eingerichtet und ausgeputzt erschien, wie man's bei uns in einer Bauernschenke mit einem Strohdach niemals finden wird, und legte mir gar zweierlei Brod vor und, ganz vornehm, zweierlei Teller für Schinken und Eier. In sonst völlig ebenbürtigen Schenken meiner mitteldeutschen Heimatberge müsste man statt solchen Tafelluxus vielmehr gewärtigen, dass die Wirtin einen frage, ob man auch ein Messer brauche, und wo wir so unglücklich wären, keines in der Tasche zu führen, da putzt sie das schmutzige, schartige Ding erst vor unsern Augen an ihrer Schürze ab. Ich notierte mir im Gedächtnis; diese Tatsache für meine Betrachtungen über den Unterschied nord- und süddeutschen Geldwertes. Denn es war ja natürlich, dass ich bei der gegen eine süddeutsche Kneipe gleichen Schlages allerdings bedeutend höheren Zeche nicht nur die Speisen und Getränke, sondern auch die Polsterstühle und Wolkenvorhänge der Staatsstube mitgenossen und mitbezahlt hatte und zweierlei

Teller und die Gabel mit dem unerbetenen Messer, dessen Reinigung ich nicht mitanzusehen verdammt war.

So trat mir der Gedanke nahe, der Preisunterschied zwischen Süd und Nord dürfte doch nicht so groß sein, als er sich obenhin darstelle, wofern man nur mit vollkommen gleichartigen Größen gegeneinander rechne. Der Unterschied der Sitte erschwert es uns aber freilich gar sehr, die wirklich gleichartigen Grüßen herauszufinden.

Des andern Morgens wanderte ich in die fetten Wesermarschen hinaus und spazierte so in einer heitern und lehrreichen Woche durch die Osterstader Marsch und das Land Wursten und Hadeln um die Spitze von Cuxhaven herum und durch das Land Kedingen hinüber zur Mündung der Elbe. Obgleich mich auf dieser vergnüglichen Wanderung die Gastfreundschaft alter und neuer Freunde eigentlich kaum recht erfahren ließ, ob man mit süddeutschem Geldbeutel hier teuer oder billig lebt, so wurde mir doch durch die höchst originellen Zustände gerade dieses Küstenwinkels recht deutlich, dass der Urgrund nord- und süddeutschen Geldpreises viel mehr ein sozialer als ein wirtschaftlicher ist.

Um historisch zu beginnen, fange ich auf dem Kirchhofe an. Bei einer altromanischen Tuftsteinkirche im Lande Wursten sah ich Grabsteine von Bauern aus dem sechzehnten und siebzehnten Jahrhundert. Die alten Bursche waren nach ihrer ganzen Länge im Relief ausgehauen – im spanischen Mantel, mit dem Barett auf dem Kopfe und dem Degen zur Seite, auf dessen Knauf die Hand so trotzig ruhte, als sei der Mann ein Graf oder Herr und nicht ein einfacher Wurster Bauer gewesen.

Es ist also etwas altüberliefertes, wenn die Bauern dieser Marschen auch heute noch als Herren sich kleiden und als Herren leben. Noch wohnen sie freilich im uralten Sachsenhause mit dem mächtigen Strohdach, und der Haupteingang führt durch den Kuhstall, als die eigentliche Prunk- und Schatzkammer. Aber hintendran kommen auch noch ganz andere Prunkgemächer, mit dem reichsten städtischen Komfort ausgerüstete Zimmer, geschmückt mit Teppichen und Mahagonimöbeln, prächtigen Spiegeln und Bildern, so recht städtisch herrenmäßige Räume nach dem neuesten Geschmack, in denen manchmal selbst eine elegante kleine Bibliothek nicht fehlt. Und der Garten hinter dem Hause ist kein Bauerngarten, sondern ein anmutiger kleiner Herrengarten, dessen verschnittene Linden und Taxusbäume wiederum bezeugen, dass auch vor hundert Jahren schon diese Bauern vornehme und feine Leute gewesen sind. Die Wolkenvorhänge, welche mich bei jener Schenke an der Geest im Staatszimmer überrascht hatten, fand ich hier gar in der Küche wieder. Einen solchen Großbauer

bauer nennt man einen »Hausmann«, wenn man aber sieht, was bei ihm Küche und Keller zu leisten vermag, dann kann man den herkömmlichen Sinn des Wortes »Hausmannskost« nur noch wie lucus a non lucendo nehmen.

Man denkt wohl zunächst, weil die landschaftlich so einförmige, oft unwegsame, dem steten Kampf mit Wind und Wasser preisgegebene Marsch den Menschen gar wenig aus dem Hause lockt, so haben die reichen Leute ganz klug daran getan, ihr Haus und ihren Garten möglichst reizvoll auszuschmücken, und wenn sie ihr Haus gleich den Engländern und ihren Garten gleich den Holländern halten, so müssen's ihnen auch die Engländer bezahlen. Der englische Zuchtstier mit seinem gedruckten und wohlbeglaubigten Stammbaum von vier und mehr Ahnen wandert in die Marschen hinüber, und das englische Zuchtschwein, eine wandelnde Fettwalze mit vier winzigen Beinen, dessen Nachkommenschaft haarsträubend rationell gezwungen wird, seine Zeit bloß zwischen Fressen und Liegen zu teilen; – dafür gehen dann aber auch die Mastochsen der Marsch, so kunstreich ausgefüttert, dass man ihre hintere Fronte mit einem Holzklaftermaß in's Quadrat messen kann, nicht umsonst in ganzen Dampfschiffladungen nach London zurück.

Nun drängt sich aber die weitere Frage auf, ob denn diese Hausleute mit ihrer Großwirtschaft, mit städtischem Luxus und städtischer Bildung noch wirkliche Bauern genannt werden können? Man kann nicht rundweg mit Ja oder Nein antworten. Ohne Zweifel repräsentieren sie die soziale Macht des Bauernstandes im ganzen Lande; denn der neben ihnen sitzende kleine Mann, der »Köthner,« der freilich noch in vollkommen bäuerlicher Naivität dahin leben mag und mitunter, – von Gardinen an den Küchenfenstern ganz abgesehen, – nicht einmal einen Kamin oder Schornstein besitzt, sondern gleich den Lappen, Finnen und etlichen Spessarter Bauern den Rauch zu Türe und Fenster ausströmen lässt und darum seine Schinken zur Not in der Wohnstube oder im Kuhstall räuchern könnte – dieser Köthner entbehrt noch immer jeder selbstständigen sozialen Geltung. Die bäuerliche Gesittung also findet in der Tat ihre Träger in den reichen Hausleuten. Diese aber haben seit alter Zeit städtische Bildung und städtischen Luxus auf das Land verpflanzt, d. h. eine Menge von idealen und eingebildeten, wichtigen und nichtigen Bedürfnissen sind landläufig geworden und eben damit ward das Leben teurer. Nicht die Dinge an sich stiegen zunächst im Preise, sondern die kostspieligen Nebenbedürfnisse mehrten sich. Ergibt sich aber die ganze tonangebende Gesellschaftsschicht solchen Bedürfnissen, so weiden sie zur Sitte des Landes und selbst bei den einfachsten Gegenständen der Lebensnotdurft tatsächlich so gut als im

Preise mit eingerechnet. Die Volkssprache bezeichnet diesen Zustand höchst logisch und treffend mit dem Ausdruck: »Das *Leben* wird teurer.« Denn in der Tat steigt zunächst gar nicht der Preis an sich und das Geld wird nicht wohlfeiler, sondern die Lebensart wird kostspieliger, die Sitte anspruchsvoller, wodurch dann in *zweiter Linie* allerdings neben der scheinbaren auch eine wirkliche Preissteigerung eintreten muss.

In dem üppigen Weizenlande des Donaugaues zwischen Regensburg und Passau kann man noch einen Feststaat der reichen Bäuerinnen sehen, der an Kostbarkeit gewiss nur bei dem Putz der vornehmsten Damen seines Gleichen sucht. Denn Häubchen, Rock und Mieder sind von den schwersten Seidenstoffen, mit Goldstickerei bedeckt, das Mieder mit goldnen Ketten, Medaillen und anderem massivem Schmuck behangen, Haube, Mieder und Schuhe aber manchmal gar mit ächten Edelsteinen besetzt. Allein das Ganze ist doch ein standesmäßiges Bauernkleid, durchaus nicht vergleichbar dem Herrenkleid jener alten Wurster Bauern, und die Bäuerin, welche einmal im Jahr einen solchen Rock anlegt, beschränkt sich an allen übrigen Tagen auf einfache Bedürfnisse und lebt billig trotz jener ungeheuren Verschwendung.

So verkehrt die alten Luxusgesetze und Kleiderordnungen waren, so lag ihnen doch ein gesunder Gedanke zugrunde. Sie gehen nämlich von dem Satze aus, dass ein überstandesmäßiger Luxus zumeist das Leben verteuere. Darum sind diese Gesetze auch nicht von Volkswirten angeregt worden, sondern von denen, die sich für die berufenen Wächter der öffentlichen Sittlichkeit hielten, von den Theologen. Eine Verschwendung innerhalb der Grenze der Standessitten kann vereinzelt stehen bleiben, eine Verschwendung, welche diese Grenze überschreitet, wird es niemals. Ein Gelehrter mag zweitausend Gulden im Jahre für Bücher ausgeben und doch in allem Übrigen so bedürfnislos bleiben, wie vorher; wenn er aber zweitausend Gulden für Equipage ausgibt, so werden sich auch seine übrigen Bedürfnisse verdoppeln. Erstreckt sich dieses Überschreiten der Standessitte auch nur in einem Punkte auf eine ganze Volksgruppe, so tritt sofort entschiedene Verteuerung des Lebens ein.

In einem Lande, wo die Bauern noch standesmäßig bäuerlich leben, wird auch – bei sonst gleichen Verhältnissen – das Leben billiger sein, als in einem Lande mit verstädtelter Bauernschaft. Ja man kann kurzweg sagen, wo noch ächte Volkstracht herrscht, da lebt man billig. Denn dieser Bauernrock ist das Wahrzeichen des naiven Bauerntums, welches noch wenig eingebildete Bedürfnisse kennt, wenn auch in einzelnen Punkten – bei Hochzeiten, Kirchweihen u. – ausnahmsweise ein großer Luxus, ja eine unsinnige Verschwendung herrschen sollte. Darum verachten und verspotten die meisten Fabrikanten und Kaufleute, ingleichen alle Musterreiter und Hausierer mit gutem Grund die bäuerliche Volkstracht, denn deren Herrschaft verheißt ihnen einen schlechten Markt für kurze und lange Waren.

Man klagt in neuerer Zeit, dass im ganzen Niedersachsenland, von der südwestlichen Ecke Westfalens bis hinüber nach Schleswig-Holstein, der reiche Großbauer, welcher bis dahin für so eichenfest und eichenhart in seiner Standessitte galt, zusehends mehr städtischen Genüssen sich ergebe. Dadurch steigert sich natürlich die Kostspieligkeit des nordwestdeutschen Lebens überhaupt, selbst wenn jene Bauern für den neuen städtischen Luxus keinen Kreuzer mehr ausgäben als für den alten bäuerlichen. Ja es kann den Einzelnen billiger kommen, an den langen Winterabenden ein »Kasino« im Dorfe zu besuchen, als nach väterlichem Herkommen auf Metzelsuppen und in Spinnstuben der Geselligkeit zu leben. Dennoch wird ein solches Bauernkasino alsbald das Leben im Allgemeinen verteuern, denn mit dem städtischen Wort kommt das städtisch elegante Lokal und städtisches Kleid und tausend bis dahin unbekannte und wirklich eitle städtische Moden, die zuletzt das ganze Leben umspinnen und mit der scheinbaren Preissteigerung auch die wirkliche in jeder Notdurft heraufführen. Ich habe wohl in Oberdeutschland gesehen, dass reiche ächte Bauern bei Wallfahrten und ähnlichen Volksfesten das Kegelspiel in ein gräuliches Hazardspiel verwandelten, indem je vier Mann zusammen zwei bis vier Gulden auf die Bahn warfen und dann je einen Wurf taten, und wer die höchste Kugel hatte, der steckte gleich den ganzen Einsatz ein, und in dieser kindisch einfältigen Weise ging das Spiel rastlos fort, dass ein unglücklicher Spieler im Handumdrehen und geschwinder als man eine Maß Bier trinkt etliche Louis d'or verlieren konnte. Den Spielern wird zwar auf diese Art die Wallfahrt teuer, aber das Leben im Lande wird doch nicht Allen verteuert, wie wenn die Bauern sich in's Kasino setzen und Whist spielen.

Kostbare oder billige Sitten sind eben so entscheidend für die örtliche Billigkeit des Lebens, als die hohen oder niederen Preise der notwendigen Bedürfnisse an sich. Selbst die Geschichte der Kornpreise, auf deren Boden die Nationalökonomie gleichsam ihre fundamentale Gradmessung vorgenommen hat, um danach ihre Meridiane und Breitekreise bequem über das ganze wirtschaftliche Leben zu spannen – selbst die Geschichte der Kornpreise erhält manchen neuen Lichtstrahl durch die Geschichte der Sitten. Andauernd hoher Kornpreis fördert nur den reichen Bauer, den Kleinbauer drückt teuere Zeit ebenso gut wie den Bürger. Der Großbauer wird bei andauernd geringen Ernten zuletzt mehr Kornhändler als Bauer und bringt mit diesem bürgerlichen Beruf in seinem gefüllten Geldbeutel zugleich allerlei städtischen Luxus auf's Land zurück. Wenn manche westfälische Bauern jetzt einen Teil des Jahres ihrem Gute den Rücken kehren, um eine »Saison« in der Stadt zu verbringen, und auf ihren Gehöften oder Dörfern Kasinos gründen, wo Polka getanzt und Whist gespielt wird, so ist dies sicher mit eine Folge der vieljährigen hohen Kornpreise. Nun wird aber durch die Einführung der kostbareren Sitten nicht nur das Leben des Einzelnen, der die neue Weise mitmacht, sondern allmählich des ganzen Landes verteuert. Denn bei dem aristokratischen Bauernvolk wirkt ein von oben und im eigenen Stande gegebenes Beispiel ganz besonders energisch, und der kleine Bauer, den die teuere Zeit eigentlich keineswegs bereichert hat, wird doch zuletzt in die anspruchsvollere Sitte mit hineingezogen. Zur wirtschaftlichen Verteuerung gesellt sich also eine soziale. Die wirtschaftliche weicht, denn nach sieben mageren Jahren kommen auch endlich wieder sieben fette; die soziale dagegen bleibt. Es ist unerhört, dass ein Volk friedlich und freiwillig von üppigeren Sitten zu einfacheren zurückgekehrt wäre. Schwere Kriege und Revolutionen, Völkerwanderungen und Völkerzertrümmerungen, in summa nur die schwersten Gerichte Gottes vermögen ein solches Wunder zu wirken. Darum trägt die infolge teurer Jahre fast immer eintretende Verteuerung der *Sitten* auf dem Lande wesentlich dazu bei, dass das Leben auch bei den günstigsten Ernten doch nachgehends nie wieder so billig wird, als es vorher gewesen. Durchgreifende Änderung, ja vollständige Auflösung der Volkstracht erfolgt fast immer mit und nach den hohen Kornpreisen. Ich bemerkte schon oben, dass das Beharren bei dieser Tracht, wenn man von Land zu Land sieht, ein Wahrzeichen billigen Lebens sei. So ist es auch, wenn man von Zeitraum zu Zeitraum blickt.

Man könnte jedoch meinen, wenn teuere Zeit auch wirklich den Bauer zu üppigeren Sitten führe, so zwinge sie dagegen den Bürger, um so sparsamer zu hausen, und so hebe eine Wirkung die andere auf und das Ergebnis für die Verteuerung des Lebens im Allgemeinen sei wieder gleich null. Zeitweilig mögen magere Jahre den Städter in der Tat zu schlichterem Leben zwingen. Allein es liegt in der Natur des beweglichen Bürgers, bei günstigerem Wind um so rascher das Versäumte wieder nachzuholen. In dem Bauer dagegen ruht die konservative Macht der Sitte, und wenn er teurer zu leben anfängt, so hilft es nichts, dass man in der Stadt spart; das Leben wird doch durchweg teurer werden. Als im achtzehnten Jahrhundert die vornehmen Leute maßlos verschwendeten und den kostspieligsten Sitten sich ergaben, war trotzdem das Leben unendlich billiger, als jetzt, wo der Adel spart und der Bauer nur erst mit bürgerlichem Luxus zu leben beginnt. Das Dorf ist – oder soll sein – die Burg der Sitteneinfalt. Solange diese Cidatelle sich hält, schadet es wenig, wenn die Außenwerke fallen. Gar mancher flieht ja auf das Land, um dem teueren Leben in der Stadt zu entrinnen, – nicht den höheren Preisen an sich, sondern den kostspieligeren Sitten. Denn, mit Ausnahme der Wohnung, zahlt bekanntlich der Städter seine Bedürfnisse auf dem Dorfe höher, als in der Stadt und kauft selbst sein Fleisch und Gemüse besser und billiger auf dem städtischen Markte, wo reiche Zufuhr und Konkurrenz ist, als unmittelbar bei dem produzierenden Bauern. Aber er darf zwangloser, einfacher leben auf dem Lande und lebt darum doch unvergleichlich billiger, und, wenn ihm ein freier Geist und wahre Bildung tausend eitle Bedürfnisse des vornehmen Komforts entbehrlich macht, selbst besser als in der Stadt. Kommen aber die städtischen Sitten in das Dorf, dann schwindet auch hier die freie Wahl zwischen wirklichen und eingebildeten Bedürfnissen und eben in dieser freien Wahl lag die Wohlfeilheit; das Gegengewicht einer – auch wirtschaftlich – beharrenden Macht ist verloren, und so ist in der Tat ein aus der standesmäßigen Überlieferung herausschreitendes Leben der Bauern das sicherste Zeichen, dass es im ganzen Lande teuer wird. Im Süden erleben wir sogar heute noch die gewiss merkwürdige Tatsache, dass sich der billigste und bequemste Bauernrock, die Loden-Joppe und der Loden-Kittel, bei den Städtern wieder eingebürgert, eine ächte deutsche Volkstracht statt der Paletot-Muster des Pariser Modejournals. Der Norddeutsche geht fleißig auf Reisen, in die großen Städte, in die Luxusbäder, er lernt dort neue städtische Bedürfnisse; der Südwestdeutsche dagegen geht noch viel mehr auf's Land, d. h. in eine Einsamkeit, welche noch nicht gleich der Schweiz, dem Harze, dem Thüringerwald ein Tummelplatz der vornehmen Welt geworden ist; er lebt dort bauernmäßig; braucht dabei freilich mehr Geld, als wenn er zu Hause geblieben wäre, kehrt aber dennoch fast bedürfnisärmer zurück, als er ausgezogen ist. Es liegt übrigens auf der Hand, dass die hier gezeichneten Gegensätze nicht schlechtweg nord- und süddeutsche Zustände darstellen. Ich will in diesem Aufsatze überhaupt nicht den Norden und Süden zeichnen, sondern nehme nur Tatsachen von da und dort zum Erweis meiner Thesen. Auch in Norddeutschland gibt es Bauerschaften von wenig berührter Sitteneinfalt; in ihrem Kreise wird dann allemal das Leben auch nicht besonders teuer sein. Allein im Allgemeinen sind auf viel größeren und zahlreicheren Strichen des nördlichen und mittleren Deutschlands die bäuerlichen Sitten bereits aus den überlieferten Standesgrenzen herausgetreten, als im hochgebirgigen Oberdeutschland. Und hierin ist die in der frischweg generalisierenden Volksmeinung behauptete größere Billigkeit des Guldenlandes vor dem Talerlande allerdings teilweise begründet.

II.

In ganz ähnlichem Verhältnis, wie die Stadt zum Lande, stehen aber auch im Punkte der Sitte und des Geldpreises die meisten niederdeutschen Städte zu den meisten oberdeutschen. Dadurch wird natürlich das billigere Leben im Süden gleichfalls mitbedingt. Zu dem oben charakterisierten Grunde des stärkeren Rückhaltes, den die ländliche Sitte in Oberdeutschland bietet, gesellen sich jedoch hier noch weitere, in örtlichen sozialen Zuständen des Städtebürgertums selber ruhende Ursachen. Diesen sei zunächst unsere Aufmerksamkeit zugewendet.

Ein ganz besonders feiner Barometer der Sitten ist das Wirtshaus. Nirgends tritt nämlich das öffentliche Vorurteil greller hervor, als hier, und Tausende, die in ihrem Hause noch selbstständig genug sind, einer neuen Mode nicht zu huldigen, huldigen derselben im Wirtshause. Namentlich leuchten unsere großen Hotels als wahre Venezianer-Spiegel des öffentlichen Vorurteils. Was ist aber die Sitte anders als das gefestete Vorurteil – im Guten und Schlimmen?

Meine bewusstere Jugend habe ich in engen Gebirgstälern verlebt und pflege darum mit Vorliebe die Dinge von unten nach oben anzuschauen und in ihrer Begrenzung und Besonderung, gleichsam als ein Nahesichtiger. Andere, die vom Berge und der Ebene kommen, mögen ihre Rund- und Umschau, welche aus der Ferne und von oben anhebt, ergänzend danebenstellen. Doch vielleicht gelingt es auch mir, indem ich beim Nachfolgenden wieder ganz vom Nächsten und Untersten beginne, allmählich ein wenig auf den Berg und zu einiger Fernsicht in das weite Flachland der Prinzipien zu kommen.

In den altbayerischen Wirtshäusern wird das Brod, auch bei der größten Zeche, dem Gaste besonders vorgerechnet, und wo dies nicht geschieht, da sieht es fast verdächtig aus. Entweder will der Wirt doppelt kreiden, oder wir sind – in der Hauptstadt – aus Versehen gar in ein Hotel geraten. Jene Sitte hat ein soziales Fundament: Sie rührt daher, dass man noch immer voraussetzt, ein Teil der Gäste bringe sein Stück Brod in der Tasche mit nach Art der Arbeiter und Bauern. Das heißt, die ganze Gesellschaft wird in diesen Wirtshäusern, die übrigens auch weitberühmte und vortreffliche städtische Gasthöfe sein können, nach Maßgabe der niederen und mittleren, nicht der höheren Stände behandelt.

Dies ist ein höchst wichtiger Zug, der aber nicht bloß bei dem kreuzerweise einzeln verrechneten Brod in den Wirtshäusern, sondern im ganzen sozialen Leben hervortritt, und durch welchen sich ein großer Teil Oberdeutschlands noch fast allein in unserm Gesamtvaterlande auszeichnet:

Dass nämlich die allgemeine gesellschaftliche Sitte hier überwiegend noch im Herkommen des Bürger- und Bauerntums wurzelt und nicht der aristokratischen und höfischen Kreise.

Den unbekannten Mann mit anständigem Kleid und halbwegs anständigen Manieren behandelt man in Norddeutschland als »Gentleman.« Es droht dieser englische »Gentleman« – ebenso wie der »Komfort« – in gleicher Weise verhängnisvoll für unser Volkstum zu werden, wie vor zweihundert Jahren der französische »Monsieur« und die »Eleganz.« Denn beides geht von der Einbildung oder der Heuchelei aus, dass der mittlere Durchschnitt der Gesellschaft in den vornehmen Kreisen und nicht im eigentlichen Bürgertum liege. Wo man den Unbekannten von vornherein als Gentleman und Monsieur fasst, da muss derselbe auch wie ein großer Herr bezahlen; wo man ihn aber als einfachen Bürger nimmt, da sind auch die Preise bürgerlich. Man spricht ja in solchem Sinn auch von »civilen« Preisen; es wäre gut, diesen Ausdruck, der die Sache in ihrer Tiefe erfasst, im deutschen Worte gleichfalls festzuhalten. Der unmittelbare Einfluss des englischen Geldpreises auf den Geldpreis unserer Nordseeküstenstädte ist kaum minder entscheidend als der Einfluss englischer Sitte auf den dortigen Geldpreis. Wer das bezweifelt, dem braucht man nur auf die rechte Seite einen »Gentleman« zu stellen und auf die linke einen oberdeutschen Bürger, der sich erst sein gehöriges Stück Brod in die Tasche steckt, bevor er zum Wirtshause geht. Solange in der Schweiz noch oberdeutsche Sitteneinfalt herrschte, war das Leben dort auch billig; erst als mit den anspruchsvollen englischen Touristen der Begriff des Gentlemans und des Komforts einwanderte, d. h. mit den englischen Sitten und Bedürfnissen, nicht mit den Einflüssen englischen Handels und Gewerbes, wurden auch die Preise gentlemanartig und schossen neben der fortdauernden Billigkeit der unberührten Orte wie ein Alpengebirge in die Höhe.

Es wäre eine köstliche Aufgabe für einen Lustspieldichter, der etwas von Holbergs Kraft der niederen Komik und von dessen Gesundheit des Urteils und der Gesinnung besäße, einen ehrsamen deutschen Spießbürger zu zeichnen, der sich auf der Reise durchaus als Gentleman behandeln lassen muss, der aber mit verschlucktem ärger sich doch auch wieder gern wie ein vornehmer Herr molestieren lässt und wie ein Herr bezahlt, weil es ihn insgeheim ganz stolz macht, wenigstens von Kellnern und Hausknechten als ein vollkommener Gentleman angefasst zu werden. Unter dem heiteren Spiel würde sich das ernste Bild eines Geschlechtes verstecken, welches nur nach oben ständisch, nach unten aber standeslos sein will, welches sich das Leben willig verteuern lässt, um nur standesmäßig zu leben, dabei aber das

Wort Stand so erschrecklich fürchtet, dass man selbst in den Fremdenbüchern nicht seinen Stand, sondern seinen »Charakter« einzuzeichnen hat.

Es ist sehr bemerkenswert, dass in den größeren norddeutschen Städten die soliden und anständigen Wirtshäuser mittleren Ranges mit alten deutschen Namen im Schild fast ganz verschwunden sind und nur noch die Wahl zwischen vornehmen und geringen Häusern geblieben ist, während die größere Billigkeit des Reisens in Oberdeutschland wesentlich noch auf der Möglichkeit beruht, dass hier auch der feinste Mann in einem altertümlich bürgerlichen, dabei aber höchst bequemen und anständigen Gasthof immer noch absteigen kann. Wie die besondere kreuzerweise Verrechnung des Brotes in Altbayern eine soziale Symbolik einschließt, so gibt die einzelne Berechnung der »Bougies« in den norddeutschen Hotels eine wahre Fackelbeleuchtung für die dortigen Sitten und das teuere Leben. Diese zwei sogenannten »Bougies« werden uns am Abend, wir mögen wollen oder nicht, auf den Nachttisch, und am andern Morgen zu 5 bis 10 Silbergroschen (ein ganzes Pfund kostet 12 Groschen) auf die Rechnung gesetzt, auch wenn wir nur um eines halben Fingergliedes Länge davon abgebrannt hätten. Ein junges Ehepaar aus Süddeutschland, welches seine Hochzeitreise nach dem Norden machte, nahm sich ein eigenes Kästchen für diese »Bougies« mit, um eine so kostbare Beleuchtung nach der Heimkehr im neuen Haushalt wenigstens zu Ende genießen zu können. Im Allgemeinen aber lässt man sich derlei Überforderung ruhig gefallen und steckt nicht einmal die Lichter ein; denn es ist doch wohl »gentlemanmäßig,« beim bloßen Auskleiden für 36 Kreuzer Licht zu verbrennen, genau so viel, als in recht anständigen Münchener Gasthäusern das ganze Nachtquartier zusamt der Beleuchtung kostet.

Nicht die Dinge, die man verbraucht, sind in Norddeutschland teurer, sondern die Façon, in welcher sie verbraucht werden. Man muss nicht meinen, weil man in Hannover etwa dreimal so viel für eine Kotelette bezahlt, als in Augsburg, seien die Fleischpreise dort dreimal so hoch, als hier. Denn hier erhalten wir eine Kotelette schlechtweg, dort eine Kotelette mit drei Kellnern – mit drei Kellnern, die englisch und französisch sprechen und sogar hochdeutsch, die meist eleganter aussehen wie wir selbst. Der Philister bezahlt diese Kellner mit Vergnügen doppelt, nämlich einmal im Tarif der Speisekarte und dann unter der Rubrik »Service,« welche den Schwanz einer norddeutschen Rechnung bildet, wie die »Bougies« den Kopf, laut vorsorglich beigedruckter Note aber das Trinkgeld für den Hausknecht nicht in sich schließt. Und warum sollte der Gentleman dieses »Service« nicht mit Vergnügen bezahlen? Ist er nun doch auch wieder einmal flink und untertänig bedient worden, fast wie ein vornehmer Mann und wie er's im eigenen Hause niemals erleben wird, indes wir uns im plebejischen Hofbräuhause zu München das Bier selber holen und zu Zeiten wohl gar ein Glas dazu mitbringen müssen, falls wir nicht, wie Diogenes, aus der hohlen Hand trinken wollen. Man kann im Allgemeinen annehmen, dass man billiger zehrt, wo Kellnerinnen (welche Mägde sind) servieren, als wo Kellner, welche junge Herren sind. Zunächst nicht aus wirtschaftlichen, sondern aus sozialen Gründen; nicht weil man in der Tat minder gut, sondern in der Tat minder vornehm bedient wird. Mit Recht lächelt man jetzt über den Luxus, welchen das Mittelalter mit überflüssiger Dienerschaft getrieben und der in feudalistischen Ländern, wie Spanien und Russland, teilweise heute noch fortbesteht. Nun ziehen unsere vornehmen Herren freilich nicht mehr mit einem endlosen Dienstgefolge von Müßiggängern auf, dafür aber lassen sich jetzt fast alle Stände, mit Ausschluss der ächten Bauern, durch ein Heer von Dienstboten, Droschkenkutschern, Lohndienern, Kellnern, Tagelöhnern, ja selbst von Gewerbetreibenden zahllose kleine Dienste verrichten, die jeder unbeschadet seiner gemessenen Zeit sehr gut sich selber verrichten könnte und in unserer Väter Tagen auch noch unbeschadet seiner Würde verrichtet hat. Man kann darum kaum sagen, dass der überflüssige Luxus der Dienerschaft geschwunden sei; er ist nur in andere Formen und auf einen größeren Gesellschaftskreis übergegangen. Denn wenn sich z. B. hunderttausend Menschen schämen, ihre leichte Reisetasche höchst eigenhändig zum Bahnhof zu tragen und hierdurch die ständige Dienstleistung von etwa fünfzig Proletariern gefordert wird, so ist dies am Ende kein geringerer Luxus, als wenn ein großer Herr weiland fünfzig Bediente hinter sich drein laufen ließ. Die Sitte solcher überflüssiger Dienste macht zuletzt alle feinen Leute unbehilflich in den einfachsten Lebensverrichtungen und bricht das Vertrauen auf die eigene Kraft. Sie trägt aber auch selbstverständlich bei zur Verteuerung des Lebens. Darum kann man unsern jungen Leuten nicht eifrig genug das Fußwandern, ja das wirkliche Reisen zu Fuße predigen. Denn abgesehen davon, dass man kaum auf anderem Wege ein Virtuose der Natur- und Menschenkenntnis und der scharfen Beobachtungsgabe werden kann, lernt man hier erst recht sich selber helfen und ohne Dienerschaft auf den eigenen Beinen stehen.

Viel bedenklicher als die Sitte der überflüssigen Bedienung ist die damit eng verknüpfte Unsitte, einen besonderen Dienst als geschehen vorauszusetzen und aus Vornehmtuerei als solchen zu bezahlen, wo er eigentlich gar nicht vorhanden ist. Ich meine die Unsitte der renommistischen Trinkgelder, die aus den höfischen Kreisen bereits tief in die bürgerlichen herabgestiegen ist. Sie wirkt entschieden mit zur Verteuerung des norddeutschen Lebens. Immer mit Ausnahme der allerwege teuren großen österreichischen Städte und der Schweiz zeigt der Süden noch wenige Spuren von diesem sozialen Krankheitssymptom der Trinkgelder. Hinter der Mainlinie nimmt es seinen deutlichen Anfang; denn schon in Frankfurt kann man bei einem Freunde kaum eine Suppe oder eine Tasse Tee nehmen, ohne der Köchin dafür, dass sie doch nur ihre verfluchte Schuldigkeit getan, einen halben Gulden in die Hand zu drücken. Hamburg steht in dem Rufe, nächst Wien diesen Unfug auf die Spitze getrieben zu haben. So berührt sich also auch hier der äußerste Norden und der äußerste Süden. Ein soziales Krankheitssymptom nenne ich jene Mode um deswillen, weil sie lediglich aus einem Kokettieren des Mittelstandes mit aristokratischer Depense hervorgegangen ist, ein Ausfluss jener Tendenz standesmäßig nach oben und standeslos nach unten zu sein. Sie liefert sogar einen der schlagendsten Beweise für die Kraft dieser Tendenz, denn die Leute besinnen sich ja nicht, denn vornehmen Schein selbst mit gutem baren Gelde zu bezahlen. Der Bayer und der Schwabe aber ist noch so klug, bei solcher Berührung bürgerlichen und aristokratischen Wesens mit George Dandin zu denken:» *La noblesse de soi est bonne; c'est une chose considérable assurément, mais elle est accompagnée de tant de mauvaises circonstances, qu'il est très-bon de ne s'y point frotter.*« Und dafür lebt er auch um ein Erkleckliches billiger.

Wie bei manchen Silberwaren, so bezahlt man auch bei tausend Lebensbedürfnissen mehr für die Façon, als für den Metallgehalt. Und gar oft liegt lediglich in dieser höheren Wertung der Façon das eigentliche Geheimnis des teureren norddeutschen Lebens. Insofern in der Façon eine Fülle von Arbeit steckt, darf der Nationalökonom sich über dergleichen Luxus freuen; der Sozialpolitiker wird sich aber auch erinnern, dass zu allen Zeiten, wo man den Luxus mehr in der Façon als im Gehalt suchte – z. B. im achtzehnten Jahrhundert – ein bedenklicher Zustand des sozialen Lebens angezeigt war.

Es ist aber, um gerecht zu sein, nicht bloß der Luxus der Façon, es ist häufig auch die *Zeit*, die man in dem wirtschaftlichen Norden höher wertet und bezahlt, als im Süden, und oft glauben wir nur für den müßigen Luxus der Façon – *pro studio et labore*, wie die Apotheker sagen – bezahlt zu haben, während wir in der Tat uns ein kostbares Stück Zeit erkauften. In den billigen bayerischen Wirtshäusern dankt man Gott, wenn man binnen einer Stunde zu einer Portion Braten für 12 Kreuzer gekommen ist, während man dasselbe Gericht in Norddeutschland für 36 Kreuzer in einer Viertelstunde erhalten und verzehrt hat. Sehr urteilsfähige Norddeutsche finden darum die Abnahme des Schnapstrinkens zugunsten des Bieres in ihrer

Heimat keineswegs von so unbedingt günstiger Wirkung, als man sich's wohl einbilde; denn bei einem Seidel Bier sitzt man dreimal so lange, als bei einem Glase Schnaps, und wenn auch – so urteilen jene weiter – beim Branntwein ein paar Leute sich den Säuferwahnsinn im Stehen an den Hals tranken, so arbeitet jetzt schier der ganze Handwerkerstand weniger; denn ungezählte Stunden werden im Sitzen beim Bierglase verdämmert.

Der langsamere Griff zur Arbeit, die vielen Feierstunden und Ruhetage, das geringe Raffinement der Zeitausnützung bei dem Oberdeutschen hängt – neben anderem – innig mit der Tatsache zusammen, dass die kleinbürgerlichen und bäuerlichen Sitten hier noch so vielfach das soziale Leben beherrschen. Bauern und Kinder haben bekanntlich immer Zeit; je älter, gebildeter und vornehmer die Welt wird, um so mehr geht ihr die Zeit aus. Mit der höheren Wertung der Zeit sinkt aber naturgemäß der Geldpreis; wir leben also da am billigsten, wo die Menschen am meisten Zeit haben; denn sie schenken uns die kostbarste Ware, die Zeit, fast umsonst. Es kommt dann nur darauf an, ob wir dieselbe kostbare Ware nicht ebenfalls verschleudern.

Man sieht, viele scheinbare Rätsel im oberdeutschen Volksleben lösen sich nur mit dem Schlüssel, dass dort der Kleinbürger nach altem Schnitt noch in vielen Stücken als der Mann gilt, wonach man jeglichen misst. Man hat es oft als einen bedientenhaften Charakterzug dargestellt, dass der Bayer und Österreicher jeden sauber gebürsteten Menschen »Euer Gnaden« und »Herr von« nennt. Es liegt diesem Gebrauch aber keineswegs ein übermäßiger Respekt vor dem Adel zugrunde – wie ja im Gegenteil das Adelsprädikat dadurch vielmehr abgenutzt und im Kurs vollständig entwertet wird – sondern es ist rein ein altbürgerlicher Schnörkel aus dem vorigen Jahrhundert, der neben einer ebenso altmodischen, für uns fast demokratischen Sitteneinfalt ganz harmonisch auf derselben Basis fortbestehen kann. Als die gleiche großväterlich altmodische Art erscheint es, wenn uns der Kaufmann, zu dem wir als Käufer treten, mit einer für ein norddeutsches Ohr geradezu derben Barschheit behandelt, am Schlusse aber »g'horsamst bittet,« dass wir ihm »bald wieder die Ehre schaffen möchten.« Wo ein solches Übermaß von Höflichkeit mit einem Übermaß von Grobheit brüderlich zusammengeht, da wird es in der Regel billig sein. In demselben oberdeutschen Bierhause, wo man uns von vornherein als gnädige Herren begrüßt, werden wir doch um kein Haarbreit besser bedient, als die Bauern und Proletarier, die mit uns am selben Tische sitzen, und wollten wir eine Aufwartung verlangen, die außerhalb der höchst einfachen altherkömmlichen Hausordnung läge, so hätten wir uns von dem reichen Wirt, der sich vielmehr als den Herren und uns gnädige Herren als hergelaufenes Volk ansieht, der handgreiflichsten Geringschätzung zu gewärtigen. Da ist überall nichts vom Gentleman zu verspüren, sondern nur vom Bürger, und wenn im Grünen Baum zu München, in der Herberge der Floßknechte, noch vor Kurzem Minister und Diplomaten Diners zu geben pflegten, so hatten sie sich keiner so gar besonders auszeichnenden Bedienung vor den Floßknechten zu erfreuen, aber eben so guter Kost – und die Floßknechte wissen auch, was gut schmeckt – und schließlich eben so billiger Zeche. Die Tatsache, dass in Oberdeutschland häufig noch der Kleinbürger da den Ton der Sitte angibt, wo in Niederdeutschland längst nur noch die Sitte der vornehmen Welt entscheidet, schließt eine tiefe Charakterverschiedenheit in sich, die sich auch in einem anderen Satze anschaulich aussprechen lässt. Auf zweierlei Art können wir unserem Stolz des Standesbewusstseins schmeicheln: einmal, indem wir uns in der Weise und den Kreisen einer möglichst vornehmen Welt sonnen und dadurch unsere eigene Bedeutung recht klar ausgesprochen und anerkannt fühlen; dann aber auch, indem wir umgekehrt in den äußeren Formen einer niederen Sphäre uns bewegen und dadurch unsere verborgene Würde um so stolzer und durch den Gegensatz gesteigert für uns selbst empfinden. Das Eine ist weit mehr norddeutscher, das Andere süddeutscher Gesittung zusagend. Im Style des achtzehnten Jahrhunderts würde man jenes den Stolz des Weltmannes, dieses den Stolz des Philosophen nennen. In den vornehmsten Zirkeln habe ich, eine entschieden süddeutsche Natur, mich wahrhaftig nicht halb so stolz gefühlt, als wie wenn ich auf meinen Fußmärschen da und dort in einer Herberge campierte, an deren Stubentür geschrieben stand, dass hier nur Reisende aufgenommen werden, die sich vorher über den Besitz von 2 Kreuzern für Schlafgeld und 6 Kreuzern für Zehrung ausgewiesen haben. Man hat da ganz das Bewusstsein eines Fürsten, der incognito reist, – wobei die Zechen billig sind, während der Norddeutsche viel lieber wie ein Fürst auf öffentlicher Reise sich behagen mag, und das gibt bekanntlich verzehnfachte Zechen. Für die sittliche Würdigung mögen beide Formen des Stolzes völlig gleich gelten, im Punkte des teueren oder billigen Lebens aber bedingen sie nicht bloß auf der Reise, sondern in unserer ganzen Existenz einen unglaublichen Unterschied.

III.

Berlin, die Kunsthauptstadt des deutschen Nordens, übertrifft unsere süddeutsche Kunstmetropole München in der Zierlichkeit und dem feinen und reichen Geschmack des *künstlerischen Handwerks*, während in eigentlich kunstschöpferischen Taten die Münchener Epoche König Ludwigs dem Norden weit voranging. Wir müssen die elegantesten Körbe, Kronleuchter,

Öfen, Tafelaufsätze von Berlin beziehen; aber Berlin holte sich Cornelius und Kaulbach von München.

In Berlin, ja selbst in Hannover hat sich die bürgerliche Baukunst neuerdings weit origineller, fantasievoller und luxuriöser ausgebildet als in München, freilich unter starker Beihilfe von Steinpappen-, Zinkguss- und Tonornamenten. Das norddeutsche Bedürfnis eines formvolleren bürgerlichen Lebens gab aber dem Architekten erst die Möglichkeit zu solch freierem Spiel der Formen, und diese modern eleganten Wohnräume sind zugleich ein Zeugnis der teureren weil der bedürfnisreicheren Existenz im Norden.

Aber beruhen diese Tatsachen nicht doch zuletzt auf dem wirtschaftlichen Grunde des reicheren Verkehrs, der entwickelteren Gewerbekraft? Allerdings, bis auf einen gewissen Grad. Denn alle Sitte hat ein ökonomisches Fundament, und doch fallen die Begriffe und Gesetze der Sitte und der Wirtschaft nicht absolut zusammen. Augsburg mit seinen großen Bankhäusern und Fabriken, Nürnberg mit seinen zahllosen bienenfleißigen Werkstätten sind gewiss eben so reich und reicher als die Stadt Hannover. Dennoch ist die Sitte dort noch ohne Vergleich bedürfnisärmer. Vor dreihundert Jahren war das Leben in diesen Reichsstädten anspruchsvoll genug und das Luxusgewerbe blühte. Mit den nachfolgenden armen Zeiten kamen bescheidenere Sitten. Und diese gibt der verschlossene, schwerfällige Oberdeutsche unendlich zähe wieder auf, wenn er auch längst wieder neue Reichtümer gewonnen haben sollte.

Hausgeräte aller Art, namentlich Gefäße und Zierstücke aus Metall und Porzellan, werden in Berlin, wie gesagt, weit zierlicher, mannigfaltiger und prunkhafter verfertigt als in München, und wer im Süden seinen Salon mit einem recht geschmackvollen Fayenceofen schmücken will, der lässt denselben aus Berlin kommen. Es sind freilich in Berlin zwei Kunstmeister von unerschöpflicher Einbildungskraft in neuen und anmutigen Zierformen dem Handwerk tonangebend und befruchtend vorausgegangen: Schinkel und Rauch; allein es fragt sich sehr, ob denn diese schöpferischen Geister auch eine solche Bahn eingeschlagen hätten, wenn ihnen nicht in der luxuriösen Sitte Berlins schon die Stätte bereitet gewesen wäre, und ob die bei Gärtner und andern Münchener Meistern so oft gerügten breiten Massen der Häuserfronten und die flüchtige Durcharbeitung des Ornamentwerks nicht vielmehr in dem geringen Anspruch des oberdeutschen Lebens auf Eleganz und zierliche Form ihren Grund haben, als in dem nur jenen Meistern persönlich eigenen Mangel des Gefühls für solche Dinge. Hier kreuzen sich Ursache und Wirkung. Man lebt in Berlin teurer, weil – neben Anderem – Haus und Hausrat so besonders zierlich ist; aber an-

andererseits konnte auch Haus und Hausrat dort erst so zierlich ersonnen werden, weil es die Sitte seit Menschengedenken gebot, teurer, d. h. bedürfnisreicher zu leben. Und umgekehrt: nicht, weil es an künstlerischer Anregung fehlte, noch an vorbedachter Agitation (der Münchener »Verein zu Ausbildung der Gewerbe« ist im letzteren Sinne ein Musterinstitut, welches in Berlin schwerlich seines Gleichen hat), sondern weil das Bedürfnis fehlt, leistet die Münchener Luxusindustrie minder Reiches und Zierliches als die Berliner.

Die wirtschaftlichen Tatsachen haben das wunderbar Anregende, dass auch die kleinste derselben sich nicht einfach erklären lässt, sondern dass man die Motive in allen Wurzeln unserer physischen und geistigen Existenz suchen muss. Man gesteht jetzt, dass keiner mehr ein epochemachender Historiker sein könne, der nicht ein tüchtiger Nationalökonom. Aber man wird bald nicht einmal die Kunstgeschichte mehr zu begreifen wagen ohne die Nationalökonomie. Andererseits gehört es dann aber auch zum tüchtigen Nationalökonomen, dass er die Kunstgeschichte studiere und die soziale Volkskunde und andere Zweige dazu, die uns auf dem Umwege des moralischen Lebens erst recht in's Herz des wirtschaftlichen hineinführen. Aus dem Enzyklopädismus retteten wir uns in's Einzelstudium; aber dieses Einzelstudium führt uns selber wieder zurück zu einer höheren Form des Enzyklopädismus, zur Kulturgeschichte.

Durch die Eisenbahnen gehen die *städtischen* Sitten in Deutschland am raschesten einer Verschmelzung entgegen. Da es aber in der Natur des Menschen liegt, ohne Not gewiss nicht vom bedürfnisloseren Nachbar die Beschränkung, wohl aber vom bedürfnisreicheren das Bedürfnis anzunehmen, so wirkt schon dieser einzige Grund zur ausgleichenden Verteuerung des Lebens im ganzen Lande. Auch im abgeschlossenen oberdeutschen Binnenlande wird der Städter zusehends formvoller und eleganter, und die zierlichen, den Berlinern nicht unähnlichen Privatbauten Münchens im letzten Jahrzehnt mögen uns diese Tatsache auch architektonisch versinnbilden.

Gegen diesen geheimen Rapport zwischen Sitte und Geldpreis erscheint alle vorbedachte Erziehung des Volkes zu reicherem oder ärmerem Schmuck des Lebens, zur Mehrung oder Minderung der Bedürfnisse ohnmächtig. Dies wurde unlängst der wohlmeinenden Regierung eines mitteldeutschen Kleinstaates von den Töpfern des Landes in recht drolliger Art bewiesen. Jene Regierung hatte nämlich die Pariser Industrieausstellung beschickt und unter Anderem anmutige Muster der gangbarsten irdenen Gefäße mitbringen lassen, damit der Gewerbeverein dieselben einer fast nur aus Töpfern bestehenden Gemeinde zur Verbesserung ihrer plumpen

Schüsseln und Teller gratis übermittle. Die Töpfer besahen sich das schöne Geschirr und erklärten, sie könnten solches freilich wohl auch nachmachen, aber sie würden es nur unter der Bedingung, – dass die Regierung einen zwischen der Gemeinde und der landesherrlichen Domänenkammer schwebenden Prozess niederschlage! Sie wollten also noch bezahlt sein dafür, dass sie eine Förderung ihres Gewerbes als Geschenk annähmen!

Aus alledem mag man die Riesenmacht von Sitte und Herkommen erkennen, eine moralische Macht, die in unsern ökonomischen Untersuchungen gemeinhin noch gar wenig mitberechnet wird. Denn diese Macht der Sitte – oft der letzte Urgrund des beschränkten oder entfesselten Bedürfnisses – hat nicht bloß auf den unterschiedenen Geldpreis, nicht bloß auf Luxusindustrie und Kunstwerk, sondern sogar auf das Kunstideal in den Hauptzonen unsers Vaterlandes tiefen Einfluss geübt. In dem billigen Altbayern, wo Luxus und Eleganz und moderner Komfort die Gemüter noch gar wenig bestrickt, konnte die ernste, der verfeinerten Form oft bis zum Puritanismus entkleidete, aber gedankenreiche Schule der Malerei und Baukunst eine Wurzel schlagen, für welche am fröhlichen Rheine zu Düsseldorf oder auf dem teueren Pflaster von Berlin kein rechter Boden mehr war; und wenn an der Isar so manches nüchterne Kasernenhaus im Elefantenstil gebaut wurde, so konnten sie an der Spree eine Kirche hinstellen, so überzierlich, dass sie der Volkswitz »des lieben Gottes Sommervergnügen« nennt. – –

– – Wir sprechen vom teuren und billigen » *Leben*«, und in der Tat ist der Geldpreis ein Resultat der ganzen Lebensführung eines Volkes. Finanzielle, ökonomische, soziale Motive wachsen hier untrennbar ineinander, und die Sitte ist ebenso gut Ursache als Produkt des wirtschaftlichen Haushaltes.

Vergleicht man Österreich und das übrige Deutschland im Punkte des Geldpreises, so wird man zunächst nicht an die Sitten, sondern an die eigentümlichen Finanz- und Münzverhältnisse des Kaiserstaates denken müssen, welche das Leben in Wien wie in den Provinzen mehr und mehr verteuert haben. Vergleicht man aber das nördliche Deutschland mit dem südwestlichen, das Talerland mit dem Guldenlande, so ist es vor allem das unterschiedene Maß der durch die Sitte gebotenen Lebensbedürfnisse, welches das süddeutsche Leben billiger macht, als das norddeutsche. Darum finden wir Süddeutsche, die wir mit geringen Bedürfnissen nach dem Norden kommen und dort gezwungen werden, höhere zu befriedigen oder wenigstens zu bezahlen, das Leben daselbst entsetzlich teuer; kommt dagegen der ächte Norddeutsche nach dem Süden, so findet er es bei uns gar nicht so auffallend wohlfeil; denn wer in München leben will wie ein

Berliner, der muss dafür freilich ebenso viel, ja noch mehr zahlen, als in Berlin. Nicht sowohl der Geldpreis ist unterschieden als die Sitte. Daraus könnte am Ende einer folgern, dass die angebliche Wohlfeilheit des Südens eigentlich nur ein Zeugnis der Barbarei unserer Heimat sei. Denn das Bedürfnis ist der Vater der Tatkraft und des Fortschrittes. Es gibt aber höhere und niedere Bedürfnisse und gerade eine recht große Summe niederer, willkürlicher Bedürfnisse kann das Leben außerordentlich verteuern, Geld und Arbeit in's Land bringen und doch die Kraft der Nation brechen. In Deutschland, wo man, Gottlob, die Arbeit immer noch mehr nach ihrer inneren Würde, als nach dem äußeren Ertrage hochhält, erkennt man den wahrhaft gebildeten Mann zurzeit auch noch daran, *dass er viel kann, aber wenig bedarf,* d. h. dass er der höheren Bedürfnisse viele hat, die das geistige Kapital wohlfeil machen, aber nicht der niederen, die das Geld verwohlfeilen und das Leben verteuern. Trotz der Macht der Nationalökonomie darf man bei uns doch immer noch das Wort Sitteneinfalt mit Ehrfurcht aussprechen. Das bloße niedere Bedürfnis der äußerlich bequemen und geschmückten Existenz, welches hauptsächlich das Leben verteuert, ist allerdings ein Vater des Fortschrittes, es ist aber auch in seiner einseitigen Herrschaft ein Vater des Verfalls der Nationen. Und in der Geschichte aller Völker spricht uns doch mit gutem Grund jene bedürfnisarme Epoche unendlich erhebender an, wo Männer von Granit im Holz- und Lehmhause wohnen, als jene bedürfnisreiche Zeit der Altersschwäche, wo ein wachsweiches Geschlecht unter Granitsäulen haust.

Augsburger Studien

1857

I. An vier Flüssen

Augsburg ist eine Stadt, die von außen keine Ansicht bietet: Man kann sie nur von innen oder aus der Vogelperspektive landschaftlich fassen. Nicht von außen oder unten, sondern von oben herunter, vom Perlachturm herab, so erzählen die Augsburger, hat Robert Peel Augsburg für die schönste Stadt in Deutschland erklärt; aber so undankbar ihre Lage für den Maler ist, so vielverheißend für den Geografen. Mit einem Blick auf die Karte begreift man viel mehr die örtliche Notwendigkeit der weltberühmten Stadt als mit hundert Blicken auf die Landschaft. Dieser Zug der versteckten Bedeutung, die mehr ist, als scheint, geht durch das ganze Wesen Augsburgs.

Vier Flüsse lassen die alten Augsburger am Augustusbrunnen zu den Füßen des Imperators lagern, der ihre Stadt gegründet. Wer nicht ortskundig ist, der muss eine genaue Specialkarte zur Hand nehmen, um diese vier Flüsse aufzufinden: Er entdeckt dann als dritten und vierten Fluss neben Lech und Wertach die Singold und den Brunnenbach und lächelt darüber. Dieses Lächeln ist aber voreilig. Denn die beiden Bäche repräsentieren nicht bloß ihren eigenen Wasserfaden, sondern je einen ganzen Strang von kleinen Parallelbächen, ein ganzes Netz von Quellen, wodurch die Lech- und Wertachauen mit zahllosen nassen Gräben durchschnitten, die Stadt Augsburg nach außen verteidigt, nach innen mit dem reichsten Schatze nutzbaren Wassers versehen wird.

Die rätselhaften Wasserzüge dieses Tafellandes sind ein wahrer Lustgarten für den feinen Beobachter. Innerhalb der alten Stadtgrenze von Augsburg, kaum eine Stunde Wegs lechaufärts entspringen gut ein Dutzend kleiner Bäche inmitten der Lechniederung fast auf gleicher Höhe und in der nächsten Nachbarschaft des Flusses, und laufen dann höchst eigensinnig unter sich und mit dem Hauptflusse parallel, oft kaum auf einen Büchsenschuss Abstand, durchkreuzen und verwirren sich und bilden so wieder neue Bäche. Ähnlich ist es auf der Wertachseite mit der Singold und ihrer Bachfamilie. Sie rinnt von Schwabmünchen bis Augsburg beiläufig eine Viertelstunde seitab der Wertach in getreuer nachbarlicher Begleitung, sendet derselben sechs Abzweigungen zu, ergänzt sich aber doch immer wieder durch neue Quellen, und fließt sogar – nach der Volksmeinung – bei Göggingen quer durch die Wertach hindurch, um auf der andern Seite abermals eine kleine Strecke neben derselben parallel zu laufen.

So absonderliche Flüsse verdienen also schon wegen der Originalität ihrer Linien eine Statue zu Füßen des Kaisers Augustus. Aber sie machten sich auch noch durch andere weit dankbarere Originalität bemerkbar. Im Mittelalter war Augsburg berühmt wegen seines Reichtums an Fischen, namentlich an Forellen dieser quellenklaren Bäche. Bis 1643 bezogen viele städtische Beamte einen Teil ihres Gehaltes in Forellen. Bei solcher Fülle frischer einheimischer Fische war man – nebenbei bemerkt – etwas misstrauisch gegen die Seefische. Allzu alte Heringe galten hier bis in's fünfzehnte Jahrhundert für pesterregend, und wo solche betroffen wurden, ließ man sie durch Henkershand verbrennen.

Gewiss ist keine in der Ebene gelegene deutsche Stadt so reich wie Augsburg an trefflichen Brunnen und Quellen, und dieser Reichtum hängt mit dem wunderlichen Wassersystem von Singold und Brunnenbach eng zusammen. In den letztvergangenen Jahrhunderten war es der besondere Stolz des Augsburger Bürgers, dass seine Stadt vor allen Städten des Rei-

Reiches die größte Fülle von Brunnen besitze, und dass in fast jedes reichere Haus fortwährend reines Wasser zuströme. Noch jetzt gehören die vielen prunkhaften, oft mit schönen kleinen Metallfiguren geschmückten Brunnen im Innern der Höfe zu den anziehendsten häuslichen Altertümern der Stadt, wie an den großen drei Brunnen der Maximiliansstraße die monumentale Plastik ihr Bestes versucht und geleistet hat, und die kunstreichen Wasserwerke und Brunnentürme als eine rechte Stadtmerkwürdigkeit noch immer den Fremden gezeigt werden. Wo wir auf dem Boden einer recht uralten Stadtsiedelung stehen, da werden in der Regel auch reiche Trinkwasserquellen sprudeln, und wie die alte Augusta Vindelicorum die brunnenreichste deutsche Stadt ist, so meine ich ein köstlicheres Wasser nie getrunken zu haben, als welches in Ingelheim angesichts des letzten Trümmerrestes der Kaiserpfalz Karls des Großen aus einem mächtigen vielarmigen Röhrbrunnen springt.

Aber nicht bloß Trinkwasser ergoss sich aus jenen Quellen und Bächen nach Augsburg; im Verein mit den Lech- und Wertachkanälen treiben sie ein viel verzweigtes Aderngeflecht des mächtigsten Gefälles durch die Stadt und deren Bann und gaben ihr seit Jahrhunderten den Beruf zum Großgewerbe. Friedrich List pflegte zu sagen, die Stadt Augsburg allein habe mehr natürliches Wassergefälle, als alle englischen Fabrikbezirke zusammengenommen. Als vor etlichen Jahren ein unerhörter Wassermangel die Augsburger Fabriken belästigte, ward der Schaden, trotz der bei den meisten großen Werken befindlichen Dampfmaschinen, sofort auf enorme Summen berechnet, und die Leute liefen in echt deutscher Art zum Magistrat und schrien nach Wasser, wie der Hirsch im Psalter.

Bei diesem Aderngeschlecht von mehr als einem Dutzend Stadtbächen, dem eigentlichen Heils- und Lebenswasser des Augsburger Großgewerbes, erweist aber ein Umstand ganz besonders die natürliche Notwendigkeit der Stadtlage. Nur auf dem mäßigen Raume des Augsburger Stadtgebiets war gleichzeitig eine solche Sammlung und Zerspaltung des Wasserlaufs möglich. Im ganzen oberen Donauland findet sich ein gleich günstiger Punkt nicht wieder. Auch die neuesten Augsburger Fabrikanlagen beschränken sich durchaus auf das Mündungsdreieck von Lech, Wertach, Singold und Brunnenbach. Obgleich jetzt keine politische Schranke mehr wehren würde, Fabriken auf dem kaum einen Büchsenschuss entfernten altbayerischen Boden anzulegen, blieb man doch auf dem alten augsburgischen Gebiete, weil es allein der höchsten Gunst des Wasserlaufes teilhaftig ist. So sprechen die vier Flussgötter am Augustusbrunnen in der Tat auch für unsere Zeit eine tiefe Wahrheit aus: die Wahrheit, dass Augsburg die natürlichste und notwendigste Stadt auf weit und breit für alle

Epochen sei. Das stolzeste Bild, die imponierendste Ansicht Augsburgs, zeichnet sich darum in wenigen Linien auf der hydrografischen Karte des Stadtgebiets, und ich gestehe, dass ich mich lange nicht habe sattsehen können an der trefflichen kleinen Augsburger Wasserkarte des Baurates Kollmann, denn es ließe sich ein ganzes Buch geografisch-kulturgeschichtlicher Weisheit aus der Hieroglyphik ihrer Linien entziffern.

Es hat aber der Lech die Eigenart, dass er, kanalisiert, in und vor den Stadtmauern Augsburgs dem fleißigen Gewerbsmann willig seine Dienste bietet; draußen aber im natürlichen Bett als reißender Hochgebirgsstrom unbändig die Brücken abwirft, die Ufer scheidet und verheert. Den Bauer schädigt er, den Bürger macht er reich; nach außen wehrt er den Zugang zur Stadt, im Innern öffnet er dem Fleiße des Bürgers tausend Wege, ein Wehrstrom nach außen, ein Nährstrom nach innen. Obgleich der Zusammenfluss von Lech und Wertach hart unter Augsburg das geläufigste Stichwort gibt für die geografische Lage der Stadt, so ist dieser merkwürdige Punkt doch fast unzugänglich, eine Wildnis mit dem abschreckenden Namen der »Schinderinsel;« das nächste Haus heißt der »Wolfzahn« und nahe dabei residiert der Abdecker. Unmittelbar aus einer Wüstenei von Geröllbänken und sumpfigen Auen mit Gestrüpp und Buschwald fließt der Lech in den Burgfrieden Augsburgs, und so wie er diesen verlässt, begleitet ihn auch wieder die gleich wilde Natur. In früherer Zeit riss der Fluss aus dem Dickicht nahe vor dem Tore einmal einen Hirsch, das andere Mal gar ein Wildschwein mit sich fort und warf die Bestien den ehrsamen Bürgern in die Stadt und zwar direkt in den Brunnenturm.

Man kann sagen, auf der ganzen weiten Strecke von Landsberg bis zur Mündung ist kein Punkt, wo der Lech dem Menschen freundlich gesinnt wäre, außer bei Augsburg. Dies ist wiederum ein natürliches Privilegium der natürlichen und gewordenen Stadt, wertvoller vielleicht als alle die vielen kaiserlichen Privilegien, womit sie in alten Tagen so reich begnadet wurde.

Darum besaß der Lech für Augsburg niemals eine Handelsbedeutung, aber oft eine strategische und immer eine gewerbliche. Das turnierlustige Mittelalter hat zwar Schifferstechen auch auf diesem Flusse abgehalten, der niemals eine eigentliche Schifffahrt gehabt; heutzutage würde ein solcher Wettkampf bei niederem Wasser ein lächerliches, bei hohem ein gefährliches Spiel sein. Wenn Kaiser Sigismund den Augsburgern das Privilegium der freien Lech-Schifffahrt verlieh, so klingt dies fast wie eine Satire. Und da dieser Kaiser neben andern Gnaden der Stadt auch das Recht des

Torzolles verbriefte, so nimmt es sich fast wie ein guter Witz aus, dass die Augsburger sein Steinbild als des kaiserlichen Torzöllners, unter der Torhalle des Jakoberturmes, also am Lechtor, eingemauert haben, wo es heute noch zu sehen ist.

Nicht einmal die früher öfters versuchte freie Holztriftung, die sich auf der Isar als ein wunderlicher Rest mittelalterlich resoluter Transportweise (etwa zwanzig Prozent des Holzes verkommen dabei) bis auf diesen Tag erhalten hat, vermochte auf dem Lech zu bestehen. Doch kann man noch immer in einer für Handwerksbursche und Volksnaturforscher recht empfehlenswerten Weise per Lechfloß in 10 bis 14 Tagen von Augsburg direkt nach Wien fahren. Ein solches kleines Lechfloß ist das einzige Handelsfahrzeug der Augsburger zu Wasser. Um so tiefer mag man den Hut ziehen vor jenen alten Augsburgischen Kaufleuten, die im 16. Jahrhundert Schiffe nach Ostindien rüsteten und dieses Geschäft glorreich zu Ende führten mit 175 Prozent Gewinn.

Als vor hundert Jahren Macht und Reichtum der Stadt unaufhaltsam zerrann, schob man diesen Unstern auf die geografische Lage, die eben keine rechte Handelslage mehr sei. Denn Städte und Völker wie der Einzelne suchen die Ursache ihres Missgeschicks immer lieber außer sich, als in sich. Allein die Handelsbedeutung Augsburgs war immer nur hervorgewachsen aus der gewerblichen. Der Beweis steht auf der Landkarte geschrieben. Auch in den Geschichtsbüchern. Erst als das Augsburgische Gewerbe im vierzehnten Jahrhundert aufblüht, kann sich der Platz neben so viele ächte Handelsstädte des Rheinischen Bundes und der Hansa stellen, deren Handelsmacht die seinige weit übertroffen. Ebenso gewinnt Augsburg nach dem Dreißigjährigen Kriege noch einmal eine Nachblüte des Reichtums aufgrund seines Gewerbefleißes; der bloße Handel würde ihm so wenig wie heutzutage dazu verholfen haben. In der alten Augsburger Zunftverfassung nehmen zwar die Kaufleute den ersten Raum ein, die Weber den zweiten; der Natur der Dinge nach hätten aber die Weber voran gehört, wie auch aus ihrer Zunft das mächtigste Kaufmannsgeschlecht der Reichsstadt und das glänzendste im ganzen Reiche hervorgegangen ist. In der geografischen Lage der Stadt ist ausgesprochen, dass Handelsmacht möglich war, Gewerbsblüte aber notwendig.

Eine Stadt von natürlichem Beruf zu einem großen historischen Namen muss so gelegen sein, dass man die Position sofort in wenigen Schlagworten nach ihrer vollen Originalität charakterisieren kann.

Augsburg, von Natur so fest abgeschlossen und doch zugleich so verkehrsoffen, war durch lange Jahrhunderte der wahre strategische Mittelpunkt des oberen Donaulandes, die Burg der Lech-Donau-Linie. Darum setzten die alten bayerischen Herzoge den Augsburgern die Veste Friedberg vor die Nase, ein rechtes Trutz-Augsburg und für die Bürger der Reichsstadt nichts weniger als ein Berg des Friedens. Die kriegerische Geltung Augsburgs war für Römerzeit und Mittelalter ebenso naturnotwendig, wie später seine gewerbliche Größe. Deshalb rühmt sich hier auch die weiland vornehmste Zunft – der Weber – ebenso gut der Großtaten mit dem Schwert, als mit dem Weberschiff und hat ihr rot und goldenes Wappen auf dem Schlachtfeld gewonnen. Gegenwärtig darf man aber gar nicht laut reden von der strategischen Berufung Augsburgs, sonst meinen die Fabrikanten, man agitiere für die Bewahrung der alten Stadtmauern, und die sind zurzeit ganz in Ungnade gefallen.

Auf der äußersten Spitze des Lechfeldes gegen die Donauniederung und ihre Hügelzone gelegen, thront Augsburg wie auf einem Vorgebirge. Die ungeheuere Geröllfläche des Lechfeldes aber ist zugleich der letzte Ausläufer, der weithin gestreckte Trümmerschutt des Hochgebirges, die Grenzmark der südbayerischen Hochflächenzone. So öde und ungesegnet das obere Lechfeld ist, so kostbar wird seine unterste Spitze für die begünstigte Reichsstadt; es hebt sie über die Sumpfniederung der vielen hier zusammenrinnenden Gewässer, sammelt und entläßt an seinem Rande die reichen Quellen, die es meilenlang eigens zum Profit der Augsburger bei sich behalten zu haben scheint, und macht so die Stadt zur Beherrscherin dieser mannigfaltigen Wasserschätze, während in der ganzen Nachbarschaft umgekehrt das Gestade von dem Wasser beherrscht wird. Die Vorgebirgslage zeichnet in den Grundplan Augsburgs die glückliche Doppelart einer Hoch- und Tiefstadt, einer patrizisch dominierenden Anapolis neben gewerbefleißigen, von Kanälen durchschnittenen Vorstädten, und wenn der augsburgische Patriot seine Fantasie ein wenig erwärmt, so kann er seine Vaterstadt auf sieben Hügeln über dem Gestade gegründet erkennen, wie Rom und Konstantinopel. Das Lechfeld gibt der Umgegend jenes Gepräge der Dürftigkeit und mäßigen Ackersegens, der fast wie eine Vorbedingung zum Aufkommen natürlicher Großstädte erscheint. Große Menschen wachsen ja auch in der Regel nicht in allzu fetter Umgebung. Im fettesten Fruchtboden gibt es viele reiche Dörfer und Kleinstädte, aber weil sie es je für sich allein zu gut haben, so zwingen sie sich nicht zur Sammlung. Auch hierin mag die Kolonialstadt des Augustus, *splendissima Rhaetiae Colonia*, stolz sich trösten mit der Mittelstadt Rom: Rom hat seine Campagna und Augsburg hat sein Lechfeld.

Wir haben also in Augsburg den letzten großen städtischen Vorposten des hochgebirgigen Oberdeutschlands gegen Mitteldeutschland, die Burg der

Lech-Donau-Linie, die beherrschende Fabrikmetropole des ganzen oberen Donaulandes, den notwendigen Straßenmittelpunkt zwischen der Donau und den Alpen, sowohl in Zeiten, wo man nach Art der Römer Straßen anlegte zur Fesselung des Landes, wie in der unsrigen, wo die Straßen das Land frei machen. Kein Wunder, dass bei solcher Originalität der Lage die alten Augsburger meinten, ihr Stadtbann müsse mindestens schon gleich nach der Sintflut zu einer bedeutenden Siedelung ersehen worden sein, und »wenn nicht die Aborigines oder Jafetskinder, so seien doch zum wenigsten die Amazonen die ersten Bewohner des Platzes gewesen.«

Und bei alledem sind diese unvergleichlichen Vorzüge der Lage dem Blick des flüchtigen Reisenden ebenso versteckt, als hell leuchtend dem schärferen Beobachter – ein Zug, der uns bei unserer schwäbischen Reichsstadt von vornherein recht schwäbisch anmutet; denn die Schwaben sind ja überhaupt in der Regel viel gescheiter, als sie aussehen.

II. Der Stadtplan als Grundriss der Gesellschaft

Eine Stadt wie Augsburg, die zugleich einen Staat in sich beschloss, und zwar einen doppelten, den geistlichen des Bischofs und den weltlichen der bürgerlichen Republik, muss natürlich schon in ihrer äußeren Physiognomie gar mannigfaltige und eigenartige Linien zeigen. Hier war nicht nur die gesamte Stadt eine kleine Welt für sich, sondern jedes Quartier, jede Straße verkörpert wiederum eine besondere Phase des Volkslebens.

So strenge schied sich vor Zeiten die Stadt des Bischofs von der Stadt der Bürger, dass das Domkapitel (im vierzehnten Jahrhundert) ein Statut machte, welches die Bürger und später sogar die Bürgerssöhne vom Kapitel geradezu ausschloss. Und als die Reformation kam, schied sich die Bürgerschaft, vielfach auch örtlich, in eine protestantische und katholische. Schon vor dem Tore kündigt sich dem Wanderer diese Scheidung an, denn auf der Lechseite sieht er das katholische, auf der Wertachseite das protestantische Stadtjägerhaus, auf dem einen Flügel die protestantischen, auf dem andern die katholischen Schweinställe (nämlich die Schweineställe der protestantischen und katholischen Bäckerzunft), und ältere Leute wollen sich erinnern, dass über der Türe des einen Schweinstalles noch die Buchstaben A C gestanden – »Augsburgische Konfession« – und über des anderen C – »Katholisch.« – Auch politisch teilt der Volksmund die ganze Stadt in zwei Seiten, eine schwäbische und eine bayerische, und versteht unter letzterer die dem bayerischen Grenzfluss, dem Lech, zugewandte Tiefstadt, unter ersterer die der Wertach und dem Schwabenlande zugewandte Hochstadt. Man unterscheidet demgemäß auch zwischen einem schwäbischen und bayerischen Holzmarkt u. dgl. Da die Bauern der weiten Umgegend, welche Augsburg wirtschaftlich beherrscht, an Sonn- und Markttagen die eigentliche Masse des Straßengewühles bilden, so erhält die Lechseite, wo die meisten Bayern einstellen, schon eine andere Volksstaffage, als die Wertachseite, wo die Schwaben absteigen. Wenn aber auch in dem Augsburgischen Volkstum selber ein gewisser Übergangston schwäbischen und bayerischen Wesens nicht zu verkennen ist, so hat doch Augsburg immer auch in diesem Stücke als schwäbische Reichsstadt seine Selbstständigkeit bewiesen, und dazu als eine schwäbische Stadt, die an der Grenze Schwabens liegt und darum um so heiliger verpflichtet war, im Hauptstück recht zähe schwäbisch zu bleiben.

Solange die Bürger noch korporativ gegliedert waren, gruppierten sich auch ihre Häuser nach dieser Gliederung; Straßen und Stadtviertel ordneten sich zu einem Bilde der Gesellschaftsverfassung. In den modernen Städten des gleichheitlichen Bürgertums reihen sich die Häuser nur noch nach dem Unterschiede des Geldes und der Bildung, und so erhalten wir wohl auch noch Geheimratsviertel in den Residenzen und Millionärsstraßen in den Handelsplätzen und Arbeiterquartiere in den Fabrikstädten, aber von einem so individuell und durchgreifend ausgesprochenen Standescharakter wie in den alten Straßen Augsburgs kann natürlich nicht mehr die Rede sein. Da steht neben dem Dome das Stadtviertel der Klerisei, die sogenannten »Pfaffengässchen,« so sauber und korrekt im standesmäßigen Kolorit angelegt, als hätte ein Novellist sie hingedichtet: trauliche, stille, dem Verkehr ganz entrückte Straßen, in denen unser Schritt am hellen Mittag im Echo widerhallt, als wäre es lautlose Mitternacht, Gässlein mit wenigen freundlichen und bescheidenen Häusern, aber um so mehr mit schönen Gärten geschmückt, die mit hohen klösterlichen Mauern umgeben sind: Und von der ganzen großen Stadt schauen nur die beiden Domtürme und der hohe Chor des Domes herein in diese Gärten, wo vordem der Friede und die Beschaulichkeit ein Asyl inmitten des altaugsburgischen Weltgewühles gefunden hat.

Aber die Pfaffen waren nicht allein so glücklich, auch den Soldaten wusste der alte Reichsstädter einen wahren Landaufenthalt mitten in der Stadt zu bereiten. Oben auf die wallartig breite Stadtmauer baute man nämlich seit dem Ende des sechzehnten Jahrhunderts eine lange Linie kleiner Wohnhäuschen für die Stadtgardesoldaten, damals »Landknechte« genannt. Diese originelle Kolonie auf der Mauer, die »Zwingerhäuschen,« bildet das schärfste Widerspiel einer Kaserne. Es sind lauter selbstständige Familienwohnungen, Häuschen von je nur einem Geschoss. Jedes Haus hat seinen Rasenplatz, der zugleich als Hof und Gärtchen dient, jeder Rasenplatz seine Laube oder mindestens seine Ruhebank, und da die Front sämtlicher Häuser gegen den Stadtgraben gerichtet ist, so schaut man aus den Fenstern und Gärtchen hinaus in's Freie, auf die hochwipfeligen Bäume der Stadtpromenade und der Patriziergärten; und da die ganze lange Zeile der Zwingerhäuschen gerade die Südwestseite der Stadtmauer krönt, so liegt das Sonnenlicht während der größeren Tageshälfte auf Haus und Gärtchen, und alte Mütterchen und viele Kinder und ganz besonders viele Katzen sonnen sich und spielen vor den Haustüren, von Pferden und Fuhrwerk ungestört; denn man steigt auf Treppen zu dieser alten Soldatenkolonie, die jetzt von Arbeitern und Tagelöhnern bewohnt wird. Wenn man die Fuggerei eine Stadt der kleinen Leute in der Stadt nennen kann, so sind die Zwingerhäuschen ein Dorf der kleinen Leute in der Stadt. Es veranschaulicht den Mutterwitz der Altvordern, dass sie die Soldaten auf die Stadtmauer quartiert haben, wo dieselben mit der Stadt zunächst ihren eigenen Herd verteidigen muhten. Aber statt einer Kaserne setzten die Alten die Idylle eines Dorfes auf die Stadtmauer, und als man sich in unserer Zeit nach Kasernen für die Augsburgische Garnison umsah, fand man sie lediglich in den alten Klostergebäuden von St. Ulrich und Heiligenkreuz; denn die Klöster sind in der Tat fast das einzige gewesen, was das Mittelalter von Kasernen aufzuweisen hat. Im Rittertum und Bürgertum besonderte sich das mittelalterliche Leben, nur in der Kirche ward es zentralisiert.

Die stolze Maximiliansstraße mit ihrer Umgebung führt uns in die patrizische Welt. Fast alles, was Augsburg an vornehmen Häusern besitzt, lagert sich auf dem Plateau der oberen Stadt. Die Stätte der Römerkolonie, die Altstadt mit dem ehrwürdigen Stammbaum, ist zugleich durch alle Jahrhunderte die adelige Stadt geblieben. Man behauptet sogar, dass die vornehmsten Gebäude der römischen Augusta den Grundbau zu den meisten der jetzt noch stehenden monumentalen Hauptgebäude dieses Stadtteils hätten abgeben müssen. Von den Baudenkmalen römischer Macht und Pracht über der Erde ist freilich nichts mehr sichtbar geblieben, und nur das demütigste Römerwerk soll sich bis auf unsere Tage erhalten haben – die Kloaken.

Wenig ist auch mehr von den Patrizierhäusern des Mittelalters erhalten; doch zeugt hier eines für viele, das Imhofische Haus. Mit seiner turmartigen Bekrönung und den hohen Zinnen erscheint es als eine Burg, an die Stadtburgen der großen Geschlechter Oberitaliens erinnernd, und weislich ist die gut gedeckte hohe Einfahrt an der Seitenfront angelegt. Die Grundformen des Hauses setzen uns in die Hohenstaufenzeit zurück und eine graue, abgewitterte Farbe breitet sich als der Schleier hohen Altertums über das Ganze. Von denselben alten Tagen weiß auch ein Nachbar zu erzählen, der arg verunstaltete Frauentorturm mitten in der Stadt, den die Augsburger erbauten, da sie es als Ghibellinen mit Konrad IV. hielten und eines Überfalls Heinrich Raspes gewärtig waren.

Aber selbst die trutzigste patrizische Burg der Stadt, das Imhof'sche Haus, muss uns bekunden, dass es die Zünfte doch zuletzt gewonnen haben über die Geschlechter. Denn das Herrenhaus ist zum Miethaus geworden und Kaufläden aller Art durchbrechen das einst zur Verteidigung fensterlos abgeschlossene Erdgeschoss. So steht auch das wichtigste Zunfthaus, das Weberhaus, bedeutungsvoll in Reih und Glied mit den alten Palasthäusern der Maximiliansstraße, und das Bäckerzunfthaus steigt am Perlachberg ganz breit und sicher aus dem eigentlichen Quartier des Handwerks empor und blickt mit der vorderen Schmalseite keck in die Staatsstraße der vornehmen Leute.

Sonst kann man fast sagen, die Rangabstufung der Gesellschaft lasse sich bei dem alten Augsburg in einem Höhenprofil nach der höher oder niederen Lage der drei Hauptmassen der Stadt bildlich darstellen. Denn so wie man von dem vornehmen Plateau den Perlachberg hinabsteigt, lagern sich am Abhange die wichtigsten Gewerbestraßen; *auf* der Höhe dominierten die Patrizier, *an* der Höhe die Zünfte, *unten* in der Talsohle aber liegt die Vorstadt, vorwiegend das Viertel der kleinen Leute und der Proletarier. Oben sind die Straßen breit und groß und tragen vornehme Namen; am Hügel werden sie enge, aber Wohlstand und Betriebsamkeit blickt auch hier aus den altersgrauen, winkeligen Gebäuden; unten kommen die kleinen Häuschen, die engen Gässchen, kommt die berühmte Stadt der Armen, die Fuggerei, und schon die oft sehr wunderlichen Namen melden uns, welche Volksschicht hier seit alters vorwiegend, wenn auch nicht ausschließend wohnt. Zum Beispiel: das Elend, der Sack, das Ketzergässchen, das Kauzengässchen, die Paradiesgasse, kurze und lange Lochgasse, der Saumarkt, die Saugasse, Namen, die durch den Duft der dazwischen liegenden Rosengasse und der ehemaligen Pomeranzengasse doch nicht in ihrem Arom verbessert werden, dazu die Arbeitshaus-, Pulverhaus-, Blatterhaus-, Pilgerhausgasse u. Wie schon die letzten dieser Namen (dazu auch das ehemalige Rothhaus am Vogeltor, das Holzhaus als Spital für Venerische, und das Schneidhaus für chirurgische Kuren) andeuten, legte man statt der prunkenden öffentlichen Gebäude vielmehr solche hierher, deren Nachbarschaft gemieden wird, und es ist bezeichnend für das alte Augsburg, dass mitten unter diesen Häusern auch das Theater steht, in seiner Fassade obendrein fast mehr einem Nothaus oder Pilgerhaus, als einem Kunsttempel ähnlich. Was das ehemalige Pulverhaus betrifft, so

Pulverhaus betrifft, so stand es ursprünglich nicht in dieser Vorstadt. Die Schwaben sind vorsichtige Leute: Weil Pulvermachen eine so gefährliche Sache ist, so ließ man im fünfzehnten Jahrhundert zu Augsburg das Pulver im sichersten und festesten Hause der Stadt verfertigen – nämlich im Rathause. Erst später schob man die Pulverfabrikation aus dem Mittelpunkte der vornehmen Welt in das Viertel der geringeren Leute.

Wie in den Fürstenstädten des achtzehnten Jahrhunderts die Prunkstraßen oft nur auf fürstlichen Befehl und mit gelindem Zwang hergestellt werden konnten, so musste man vor Zeiten in Augsburg den Ausbau des Quartiers des »eigentlichen Volkes,« der Jakobervorstadt, auf dem Zwangswege betreiben. Im vierzehnten Jahrhundert ließ man verschiedene neue Bürger nur gegen das Versprechen zum Bürgerrecht, ein Haus bei St. Jakob zu bauen.

Es liegt übrigens auf der Hand, dass die standesmäßige Straßengliederung unserer alten Reichsstadt nicht gar zu buchstäblich verstanden werden darf. Man muss das im Großen und Ganzen nehmen, wie der Teufel die Bauern. Auch in der Jakobervorstadt stehen vereinzelte Häuser, welche noch die Trümmerspur von wahrhaft patrizischem Luxus zeigen und gar nicht weit vom Blatterhaus lagen die Prunkgärten der Fugger im Banne dieses untersten Viertels. Auch die Hochstadt, das vornehme Plateau, ist nicht durchweg vornehm gewesen; aber das Zentrum war patrizisch, die Achse der Hochstadt gehörte entschieden der patrizischen Welt. Geht man von der Maximiliansstraße gegen dir oberen Tore, so wird das Straßengepräge immer bürgerlicher, je mehr man sich der Stadtmauer nähert; an der Mauer selber wird es wohl gar ein bisschen proletarisch und auf der Mauer sind die ganz kleinen Zwingerhäuschen. Nicht in der Peripherie, wie bei den toten Geheimratsvierteln und Millionärsstraßen der modernen Städte, sondern im Zentrum, *im Herzen des pulsierenden Verkehrs liegen die Paläste der Reichen:* dies zeigt an, dass aus dem Herzen des bürgerlichen Lebens der Adel der Geschlechter hervorgewachsen ist. Nicht draußen am Tore in halber Landluft war der stolzeste Wohnsitz, sondern mitten im Staub und Gewühl des Handels und Wandels, der bürgerlichen Arbeit. Wo das Rathaus steht und wo das Weberhaus, da war die Palaststraße.

Übrigens begreift man erst bei solcher ständisch-organischen, nicht kastenhaft mathematischen Gliederung der Augsburger Straßen das Geheimnis der Fuggerei, der traulichen kleinen Stadt der arbeitsamen Armen innerhalb der großen Stadt. Wo der Grundplan der sozialen Gruppen schon in den architektonischen Stadtplan eingezeichnet war, da schämte sich auch der fleißige Arme nicht, in einer eigenen Armenstadt zu wohnen. Wollte heute auch ein Menschenfreund so großartig verfahren, wie die Brüder

Ulrich, Georg und Jakob Fugger, da sie die Fuggerei erbauten, er fände höchstens noch Gesindel, aber nicht fleißige Arme, die ihm in seine Armenstadt einzögen. Denn der moderne arme Arbeiter will lieber für teuer Geld in einem Loche wohnen, als gratis in einem hübschen Häuschen, welches die Touristen angaffen, als ein interessantes Armenhaus. Sein Bier würde ihm Abends sauer werden bei dem Gedanken, dass sein Nachbar auf der Bierbank im Stillen zu sich spräche: da neben mir sitzt auch Einer, der wohnt in der Armenstadt.

Nirgends ermisst man überhaupt die Kluft zwischen modernem und mittelalterlichem Volksleben deutlicher, als beim Anblick der standesmäßigen Stadtviertel Augsburgs. Ich schrieb in meiner »bürgerlichen Gesellschaft,« der moderne Bürger sei keineswegs ein verfeinerter Bauer, sondern vielmehr qualitativ von demselben verschieden, dagegen habe der mittelaltrige Bürger wohl eine soziale Rolle gespielt, wie sie jetzt *zum Teil* dem Bauern zugefallen sei. Auf den Straßen Augsburgs kann man allerlei Beweise dafür lesen. Der Bürger baute hier sein Haus standesmäßig, und gattungsweise gruppieren sich Straßen und Viertel, gerade wie Dörferanlage und Häuserbauart der Bauern sich noch immer nach Gattungsgruppen gliedern lässt. Alte Augsburger wollen sich erinnern, dass man in verschiedenen Quartieren der Stadt einen merklich abweichend gefärbten Dialekt gesprochen habe. Von dem benachbarten Kempten und Memmingen sagt man dies noch heute. Das gemahnt an Bauernart. Wo noch gattungsmäßig volkstümlicher Häuserbau ist, da wuchern auch noch die feinen Unterschiede des Volksdialekts: eines fällt mit dem andern. Im Quartier der Augsburgischen Feuerarbeiter, namentlich in der Schmiedgasse, sieht man, wie die Häuser ursprünglich ganz nach gleicher Art gebaut waren, ächte Handwerkerhäuser mit der Werkstatt durch's ganze Erdgeschoss, dann dem Wohnraum mit seinen sparsamen kleinen Fenstern in dem mäßig vortretenden ersten Stock; darüber ragt die hohe fensterlose Mauerfläche des Söllers mit den Vorratsräumen und endlich unter dem niederen Dach krönt ein offener Umgang statt des Gesimses die wunderliche Fassade. So gab es also ein Zünftlerhaus, wie es heute noch ein Bauernhaus gibt, während das moderne Handwerkerhaus sich schon längst nicht mehr von andern bürgerlichen Häusern unterscheidet. Jetzt baut der Bürger individuell und nur noch der Bauer gattungsmäßig.

Auch zeigen uns die mittelaltrigen Handwerkerhäuser Augsburgs deutlich, wie jedes Haus nur für eine Familie eingerichtet war. Dies ist wiederum heute fast nur noch Bauernart. Es hat sich aber auch bei den meisten Nachkommen der vornehmeren Familien unserer Reichsstadt die stolze Sitte erhalten, das väterliche Haus, und sei es noch so geräumig, möglichst

möglichst allein zu bewohnen. Infolgedessen ist es trotz der vielen großen Privatgebäude immer noch schwer, eine stattliche, glänzende Mietwohnung zu finden.

Neben fortblühenden Gewerbsstraßen besitzt Augsburg halb erstorbene. Sie liegen fast sämtlich an dem wasserlosen Nordwestende der Hochstadt, bei St. Georg und St. Stephan. Schön gemalte große Häuser zeugen hier noch von früherem Glanze, aber inwendig ist es stille geworden, nur in dem Kellergeschoss hört man vielleicht noch da und dort den Handwebestuhl schlagen, zur melancholischen Erinnerung an die frühere Macht der Augsburger Weberzunft. In den Seitengässchen wuchert Gras zwischen dem holperigen Pflaster; aber so schlecht dieses auch sein mag, ist es doch ein klassisches Pflaster für den Kulturhistoriker. Es gibt das klarste Bild mittelalterlicher Pflasterkunst. Augsburg, später durch das schlechteste Pflaster berüchtigt, war im vierzehnten Jahrhundert fast allen deutschen Städten vorangegangen mit der Straßenpflasterung, und weithin in's Reich verschrieb man sich Augsburger Pflasterer, deren aus spitzen Flusskieseln zusammengesetzte Trottoirs für mittelalterliche Holzüberschuhe recht praktisch sein mochten. Nachdem man in Augsburg durch beiläufig vier Jahrhunderte auf diesem Fuße fortgepflastert hatte, erklärte Napoleon am 10. Oktober 1805 den Abgeordneten des Augsburger Handelsstandes, die um Neutralität für die alte Reichsstadt baten: »Er müsse ihre Stadt einem Fürsten geben, damit sie ein besseres Pflaster bekomme.« Durch vortreffliche geplattete Trottoirs in den Hauptstraßen haben sich die Augsburger inzwischen würdig gerächt für den Spott des korsischen Eroberers. Im Mittelalter waren die deutschen Reichsstädte überhaupt voran in straßen- und baupolizeilicher Ordnung; in der Rokokozeit dagegen kamen sie auch in diesem Punkte weit zurück hinter die fürstlichen Residenzstädte. Sie wurden am frühesten gepflastert und am spätesten beleuchtet; denn in der Straßenbeleuchtung gewannen später die Fürstenstädte den Vortritt. Vielleicht konnten auch die in jener traurigen Zeit immer noch bildungseifrigen Reichsbürger in dem Bewusstsein, dass es bei ihnen um so heller im Kopfe sei, das Dunkel auf der Gasse leichter ertragen.

Die durch Krieg und gewerbliche Krisen verödeten Handwerkerstraßen der wasserlosen Hochstadt versinnbilden im Gegensatz zu den aufblühenden Straßen der wasserreichen unteren Vorstadt eine wirtschaftsgeschichtliche Tatsache, die uns noch durch mehr als ein Menschenalter genügendes Kopfbrechen bereiten wird: den Rückgang des Kleingewerbes und den Aufschwung der großen Industrie, die das erstere verschlingt, umgekehrt wie in der Geschichte von den zweimal sieben Kühen Pharaonis. In der weiland proletarischen unteren Stadt flutet jetzt die nachhal-

nachhaltigste Verkehrsströmung, durch die Fabriken genährt, und wenn früher das »Nothaus« hart am Vogeltore stand, so sehen wir jetzt dort die glänzenden Salons eines der größten Industriellen Augsburgs und Bayerns.

Zu dem reichen Straßenbilde Augsburgs gehört ein reicher Rahmen. Wie man ein trauliches Haus mit Hof und Garten schmuckvoll umkränzt, so hat der Augsburger auch die Gesamthäuslichkeit seiner Stadt mit Mauer, Wall und Graben umgeben, die allmählich zu einem Lustgarten der Romantik geworden sind, und statt martialisch zu schrecken, nur noch malerisch und historisch anziehen. Die Gegend weit und breit zeigt nirgends mehr eine schöne Burgruine, aber die halbverfallene Stadtmauer mit ihren reizenden burgartigen Prospekten am Luginsland und am alten Einlass, mit ihrem Heer von großen und kleinen Türmen aus allerlei Jahrhunderten, ihren mächtigen Steinbrücken und Wasserleitungen, mit der heimlichen, dunkelschattigen Schlucht des Stadtgrabens am Brünnlein des Kaisers Maximilian und den friedlich anmutigen Wasserpartien am Jakober- und Oblattertor, wiegt wohl ein Dutzend der schönsten Burgen auf. Es ist das keine neue, gemachte Romantik; sie ist alt und grau geworden und erzählt uns schon vor dem Tore von der Geschichte und dem Charakter der Stadt. Die hundertjährigen Linden- und Kastanienalleen am Walle zeigen uns, wie friedlich auch die alten Reichsstädter schon von ihren Festungswerken dachten. Schon seit dem sechzehnten Jahrhundert hegt man Hirsche und Rehe in den oberen Stadtgräben, städtische Schwäne schwimmen auf dem klaren Wasserspiegel unter den Mauern der Vorstadt, und unter dem Rasen der Wälle sucht und findet man köstliche Trüffeln. Vor keinem Tore fehlt ein großer alter Baum, zumeist eine mächtige Linde, mit einer Bank, darauf die Wachmannschaft seit vielen Menschenaltern im Schatten ruhen und ihr Bier in Beschaulichkeit trinken kann. Der Rasenhang der Wälle, namentlich beim Vogeltor, ist der Tummelplatz bunter Kinderschwärme. Als der Magistrat die Grasnutzung des letztgedachten Platzes versteigern wollte, und solchergestalt Gefahr drohte, dass die Kinder ihren schönsten Spielplatz verlören, erstand ihn ein reicher Fabrikherr, lediglich um ihn auch für die Zukunft den Kindern zu überlassen. Das war echt reichsstädtisch patrizisch gehandelt. Wie von einigen Nürnberger Thortürmen die Sage geht, dass Albrecht Dürer den Plan gezeichnet, so sind mehrere Augsburger Tore von dem größten Baumeister der Stadt, von Elias Holl, erbaut. Denn das Thor soll nicht bloß verteidigen, es soll auch repräsentieren; es soll dem Fremden schon von fernher verkünden, was hinter der Stadt steckt. Darum schmückten die Altvordern ihre Tore sinnvoll und symbolisch, und eine Stadt ohne Mauer und Thor war ihnen nicht bloß ein Mann ohne Harnisch, sondern auch ein Mann ohne Rock. So prangt das

Vogeltor mit schöner gotischer Steinmetzenarbeit, das Klinkertor mit einem kräftigen Freskobild, am Jakobertor ist das Kaiserbild, ein alter Stadtpyr und ein Römerstein zur Schau eingemauert, der zerstörte Festungsturm auf dem Luginsland galt für einen der reichsten gotischen Türme der Stadt, und unter jedem Thorbogen sehen wir eine gemalte Tafel mit der Kreuztragung Christi aufgehangen: das macht sich alles würdevoll und reichsstädtisch. Die Neueren aber haben unter den Thorbogen Bretterverschläge etabliert mit der Aufschrift: »für Männer!« Das macht sich gar nicht würdevoll und reichsstädtisch, und die Alten würden die Begrüßung des Einziehenden durch eine solche Anstalt in der Torhalle für den ärgsten Schimpf erachtet haben, den nur ein Feind der Würde der Stadt hätte antun können. Nehmt Augsburg seine malerischen Tore und Mauern, und ihr habt den schönsten und eigentümlichsten Zug ausgelöscht, der noch von der äußeren Physiognomie der ehrwürdigen Reichsstadt übrig geblieben ist. Das fühlten die Nürnberger wohl, als sie zur Erleichterung des modernen Verkehrs Fahrbahnen zur Rechten und Linken ihrer stolzen Tortürme brachen, die Türme selber aber ungebrochen ließen. Triviale englische Anlagen kann jede neugebackene Stadt für's Geld haben, aber so poetische und malerische Wälle und Mauern und Tore und Stadtumgänge, wie die Augsburgs und Nürnbergs, sind gleich dem ächten alten Adel: wer sie nicht ererbt hat, der wird sie nimmer gewinnen.

III. Das Pompeji der Renaissance

Es gibt einige köstliche Bildchen des Samtbrueghel, Landschaften, aus der Perspektive eines Mannes gedacht, der sich tief auf den Boden setzt, dass er gleichsam mit der Nase an den Vordergrund stößt, dabei aber doch auch zur Rechten und Linken weit hinausblickt über Berg und Tal. So steht denn etwa ein breitblättriges Kraut oder ein Blumenbusch bis auf die Blattadern ausgeduftelt zunächst großmächtig vor uns, und wir wissen nicht, ist diese Staffage das Hauptstück am Bilde oder die kleine Welt dahinter, die weite Landschaft, auf der es ebenso wimmelt von Menschen und Bäumen und Häusern, wie auf der Pflanze des Vordergrundes von Mücken und Käfern – alles winzig klein, aber dennoch scharf und erkennbar gemalt mit dem bekannten nadelfeinen Miniaturpinsel des Meisters. Und über die große nahe Blume und die kleine meilentiefe Landschaft gießt sich dieselbe Stimmung, derselbe grüne Ton, dass die Blume nur wie die konzentrierte Landschaft und die Landschaft wie die auseinandergelegte Blume erscheint, eines wie der Widerschein des andern.

An ein solches Breughel'sches Bildchen gemahnt Augsburg. Indem wir uns die Stadt recht genau vor Augen rücken, schauen wir zugleich meilentief in die deutsche Kulturgeschichte hinein. Und zwar ist es zunächst die Kulturgeschichte der Renaissance, die vor uns im reichsten Bilde ausgebreitet liegt. Nicht bloß architektonisch ist Augsburg das deutsche Pompeji der Renaissance. Der Schwerpunkt seiner ganzen Geschichte ruht in der Übergangsperiode vom Mittelalter zur neueren Zeit. Die weltbewegenden Tatsachen, wie wir sie beim Jahre 1500 schon auf der Schulbank gelernt, schufen zugleich Augsburgs besondere Größe, gleichwie bei jenem Bilde Breughels die ganze Landschaft in Stil und Stimmung sich zusammenfasst in dem einzigen Blumenbusch des Vordergrundes. Jede Straße, jede Kirche verkündet's, dass nicht das Mittelalter, sondern der Bruch mit dem Mittelalter unserer Reichsstadt die tiefste Originalität gewann. Weil Augsburg alle die bewegenden Ideen der Renaissance – die großen Erfindungen und Entdeckungen, den Humanismus, die Bezwingung und Verjüngung ausgelebter germanischer Einseitigkeit durch den Romanismus und die Antike, die Reformation und was sonst noch in Kohlrauschs Geschichtstabellen steht – wie in einem Brennpunkt sammelte, festhielt und im Kleinen charaktervoll verkörperte, erhielt es erst die Signatur einer eigenartigen, einer wirklich weltgeschichtlichen Stadt. Dies aber unterscheidet die natürlichen und gewordenen Städte von den gemachten, dass sie solch einen auszeichnenden Beruf irgend einmal erfasst und mit der Einseitigkeit und Allseitigkeit eines Genies durchgeführt haben, und dass man sagen muss, in *einer* Epoche wenigstens ist die Stadt um einen Kopf größer gewesen, als alle ihre Schwestern: Es unterscheidet sie der Adel eines historischen Namens.

Der Augsburgische Archivar Herberger hat ein lehrreiches Büchlein geschrieben: »Augsburg und seine frühere Industrie,« worin er unter Anderem ungekannte Verdienste Augsburgs um die wichtigsten Tatsachen der Gewerbegeschichte nach neuen Quellen an's Licht zu ziehen sucht. Hiernach soll unserer Reichsstadt vorweg gar die Ehre der deutschen Kapitalerfindungen gebühren, des Schießpulvers, des Buchdruckes und des Linnenpapiers. Denn nicht der fabelhafte Mönch Berthold Schwarz hat nach Herberger das Pulver erfunden, sondern der Augsburger Jude Typsiles anno 1353, und Guttenbergs Prophet war ein Augsburger Pfarrer, Meister Johannes, der schon 1407 mit Holzstempeln druckte, und die Linnenpapierurkunden Augsburgs sind die ältesten in Deutschland und Europa, denn sie beginnen schon mit dem Jahre 1320. So geht Herberger Schritt für Schritt weiter durch alle möglichen Kunstfertigkeiten, und wenn wir die letzte Seite des patriotischen Büchleins umschlagen, mögen wir glauben, im späteren Mittelalter und der Renaissance sei fast jeder Fortschritt in diesen Dingen aus Augsburg gekommen. Zwar wird der Beweis fast immer nur negativ geführt, indem der Verfasser zeigt, dass keine andere Stadt gegründetere Beweise der Wahrscheinlichkeit beibringen könne. Allein für mich, der ich den *Genius Augsburgs in Begriff und Wort fassen* möchte, ist auch hiermit schon sehr viel bewiesen. Denn wenn sich's die alten Augsburger so besonders angelegen sein ließen, von ihren gewerbegeschichtlichen Taten *Urkunde* zu geben, so muss sich die Stadt eben frühe schon ihrer gewerblichen Bedeutung *bewusst* gewesen sein, und dieser Umstand gibt ihr an und für sich schon Charakter und Originalität.

Jeder Kulturhistoriker kennt die Kunst- und Gewerbegeschichte Augsburgs von Paul Stetten dem Jüngeren und weiß, in wie viel hundert Büchern sie schon benutzt wurde, um die Löcher der allgemeinen deutschen Gewerbegeschichte mit Augsburgischem Zeuge zu flicken. Es ist aber durchaus nicht zufällig, dass Augsburg schon seit achtzig Jahren ein solches Buch besitzt, die fleißigste Lokalchronik der Handwerke und Künste, von den Leinewebern bis zu den Feuerwerkern und Alchimisten, und von der Bildhauerei und Malerei bis hinab zu der namenlosen Kunst, das ganze Apostolische Glaubensbekenntnis lesbar auf einen Kirschenkern zu schreiben. Weil Augsburg die ganze Gewerbegeschichte Deutschlands so treu im verjüngten Bilde spiegelt, so musste notwendig auch hier zuerst ein solches Buch entstehen, welches dann wieder ein Fundamentalbuch für die allgemeine deutsche Gewerbegeschichte geworden ist.

Es gibt drei große Meister, die uns die ganze Macht, womit die Renaissance das höhere Geistesleben Augsburgs ergriff, in persönlicher Verkörperung darstellen: Konrad Peutinger der Gelehrte, Hans Holbein der Maler, Elias Holl der Baumeister.

Beginnen wir mit dem letzten, weil sein Wirken das augenfälligste und örtlich durchgreifendste gewesen ist.

Elias Holl brachte im Anfang des siebenzehnten Jahrhunderts die neue italienische Bauweise aus Venedig nach Augsburg, wo man allerdings schon längere Zeit eine minder entwickelte Renaissance gekannt hatte. Sein Vater hatte noch gotisch gebaut. Der Einfluss des zur neuen Lehre der Renaissance belehrten Sohnes aber ist so schlaghaft und einzig, dass wir den Mann recht als den kühnsten Revolutionär unter den Architekten anstaunen müssen. Fast genau in denselben vier Jahren, da Holl das Augsburger Rathaus aufführte, hat Eucharius Holzschuher das neue Rathaus zu Nürnberg errichtet, gleichfalls ein Renaissancewerk und an Kunstwert dem ersteren wohl ebenbürtig. Aber Nürnberg blieb trotz dieses Rathauses dieselbe mittelalterliche Stadt, die es gewesen; Holl dagegen baute mit seinem Rathause zugleich ganz Augsburg um. Den gotischen Türmen nahm er die spitzen Hüte ab und setzte ihnen runde wälsche Kappen auf, sodass in der ganzen Stadt auch nicht eine einzige gotische Turmpyramide mehr übrig geblieben ist; Zunfthäuser und Kirchen, Paläste und Festungstürme wurden binnen wenigen Jahrzehnten so massenhaft in den Renaissancestil umgeschmolzen, dass die halbe Stadt wie uniformiert erscheint bis auf diesen Tag. Was Holl selber stehen ließ, das bewältigten rasch seine Nachfolger; denn in Revolutionszeiten des Geschmacks wie der Politik hat man keinen Pardon für geschichtliche Überlieferungen. Die Volksbauart in den einzelnen Quartieren, die vorgedachte gattungsmäßige mittelalterliche Anlage, musste erstarren, seit ein solcher Gewaltsmeister wie Elias Holl die Architektonik nach akademischen Heften in die Hand nahm. Wie die Volkspoesie gegen die Kunstpoesie, so tritt das alte Augsburg jetzt gegen das neue zurück. Ich kenne keine zweite Stadt, wo dieser Umschwung gleich rasch und entschieden erfolgt wäre und so siegesgewaltig durchgefochten durch einen einzigen Mann. Dafür lebt aber auch Elias Holl im Volksmunde seiner Vaterstadt wie wohl selten ein Baumeister, und die malerische Physiognomie Augsburgs erstarrte in den Zügen, die Holl so keck umrissen, dass es heute noch dreinschaut, wie aus dem Grabe des siebzehnten Jahrhunderts erstanden, das deutsche Pompeji der Renaissance.

Der Weg nach Italien war ja den Augsburgern so bequem und altgewohnt, dass sie den neuen wälschen Geschmack gar leicht herüberholen mochten. Schon im Mittelalter tranken sie besonders gerne *vinum latinum*, italienischen Wein, wie auch heute noch Augsburg berühmt ist durch das reichste Lager italienischer und griechischer Weine und ein in Verona gemästeter Truthahn der feinste Leckerbissen einer Augsburgischen Tafel, und Südfrüchte teilen sich mit Tiroler Trauben und äpfeln in die Beherrschung des Obstmarktes, dass württembergisches und fränkisches Gewächs trotz der Eisenbahn noch immer nicht recht aufkommen kann, italienische Familiennamen kreuzen sich noch oft genug mit deutschen, und die Augsburgischen Orchestermusiker treiben noch immer ein nahrhaftes Handwerk neben ihrer freien Kunst, also dass etwa der erste Flötist ein Nudelfabrikant wäre und das zweite Horn ein Glasermeister und der Kontrabass ein Grobschmied, ganz wie in Florenz zu Benvenuto Cellinis Zeiten, wo die Ratspfeifer zugleich in Wolle und Seide arbeiteten. Warum sollten die Augsburger, deren Stadt seit alten Tagen die große deutsch-italienische Handelsstation gewesen, nicht gerne auch ihr künstlerisches und wissenschaftliches Leben an dem italienischen Licht der Renaissance neu entzündet haben?

Als aber die Altvordern so viele mittelalterliche Bauten abtrugen, um moderne an ihre Stätte zu setzen, hatten sie wenigstens reichsstädtischen Gemeingeist genug, die Holzmodelle der alten Werte auf dem Rathause aufzustellen. Diese Modelle lehren uns gleich den noch vorhandenen romanischen und gotischen Denkmalen, dass bei reicher Schönheit im Einzelnen dennoch eine epochemachende und schöpferische Entwickelung der mittelalterlichen Baukunst nicht von Augsburg ausgegangen ist. Die Kraft sparte sich auf für eine spätere Zeit.

Bekanntlich ist aber auch innerhalb der Renaissance die Baukunst nicht die schöpferische Kunst gewesen, sondern vielmehr die Malerei. Der größte Maler aber und zugleich der größte Künstler Augsburgs, Hans Holbein, ist es wiederum, der gleich seinem großen Geistesbruder Dürer die Schranken der mittelalterlichen Malerei zerbricht und ohne der vaterländischen Tradition untreu zu werden, eine neue Welt des Naturstudiums, der klassischen Formenanmut und der freien modernen Gedankenfülle für seine Kunst erobert. Ist Holbeins äußeres Leben gleich nicht so eng an seine Vaterstadt Augsburg gefesselt, wie Dürers an Nürnberg, so war doch seine künstlerische Entfaltung eine ebenso charakteristisch altaugsburgische, als er zu den wahren Propheten der Renaissance im edelsten Sinne zählt.

Doch habe ich hier nicht die kunstgeschichtliche Bedeutung der Augsburgischen Malerschule zu verfolgen, sondern vielmehr den volkstümlichen Einfluss der Kunst, der in Augsburg höher entwickelt ward als irgendwo in Deutschland. Schon die Straßen der Stadt predigen diese Tatsache. Vor fünfzig Jahren noch sollen sie anzuschauen gewesen sein wie ein großes Bilderbuch, dessen Blätter die mit Fresken bedeckten Häuserwände waren. Jetzt nimmt sich dieses Buch freilich fast aus wie eine Fibel, die unter die Hände allzu bildungsbegieriger Kinder geraten ist; die eine Hälfte der Blätter ist herausgerissen, die andere zerfetzt.

Aber trotzdem kann man aus diesen zerstückten Blättern noch immer eine Bilderchronik des inneren Volkslebens der alten Reichsstadt zusammensetzen, die klarer belehrt und anschaulicher als die meisten gedruckten Geschichtswerke. Ich selber habe jahrelang die vielen Straßengemälde betrachtet und wieder betrachtet und Augsburgische Geschichte daraus gelernt, bevor mir irgendeine andere Chronik der Stadt in die Hand gekommen war. Denn dies ist überhaupt eines der wichtigsten Handwerksgeheimnisse des Volksstudiums, dass man die lebendigen und die monumentalen Quellen erforscht, ehe man die geschriebenen auch nur von ferne ansieht. Dadurch lesen wir Neues aus den letzteren heraus, während wir bei der umgekehrten Methode nur die toten alten Historien in die lebendige Gegenwart hineinbuchstabieren.

Die Augsburger Hausfresken bekunden zuvörderst eine merkwürdige kunstgeschichtliche Tatsache. Ausgezeichnete Meister versuchten sich in ihnen, vor Allen: Hans Burkmayer, Albrecht Altdorfer, Hans Rottenhammer, Matthäus Kager, Johann Holzer, Julius Licinius, genannt der jüngere Pordenone, Antonio Ponzano. Sie malten aber fast alle diese Fresken mit weit mehr Genie und Tüchtigkeit als ihre übrigen Bilder, sodass man sagen kann, sie stellten ihre Meisterstücke auf die Gasse zum Schmucke schlichter Bürgerhäuser. Namentlich gilt dies von den fünf Letztgenannten. Die Staffeleibilder Rottenhammers in der Münchener Pinakothek sind kalt und maneriert, während seine Fresken in der Grottenau zu Augsburg gewiss zu dem Edelsten und Anmutigsten gehören, was je im Geiste der venezianischen Schule von einem Deutschen gemalt worden ist. Zwar verleugnet er auch hier nicht seinen roten, unwahren Fleischton; allein die Komposition und Zeichnung der nackten Kindergruppen, in welchen er die vier Jahreszeiten darstellt, ist so rein, maßvoll und lieblich, dass sie uns in die schönste Zeit der italienischen Malerei des sechzehnten Jahrhunderts zurückversetzt. Und diese Perle der Augsburgischen Hausfresken befindet sich in einem engen, dunkeln Gässchen, wo kein Mensch venezianische Schule an den rauchigen alten Häusern sucht, von welcher es auch einem Inwohner jenes Hauses nicht geträumt zu haben scheint, als er vor längerer Zeit einem der mit raffaelischer Grazie gezeichneten Genien Rottenhammers einen Haken durch den Leib schlagen ließ, um ein Aushängebild daran zu befestigen. – Der jüngere Licinius war ein arger Manierist und würde mit Recht ganz vergessen sein, wenn er seine Augsburger Fresken nicht gemalt hätte, ein kolossales mythologisch-allegorisches Werk an einem Hause der Philippine-Welserstraße, ein Rokokostück voll der abenteuerlichsten Fantasie, dessen Sinn und Verstand gewiss kein Sterblicher mehr enträtseln kann, aber bei aller barocken Manier so übermütig keck und mit so flottem breitem Pinsel auf den Kalk geworfen, dass man vor Staunen über des Meisters Mut und Vermessenheit und über manchen wahrhaft pompösen Einzelzug erst nachträglich dazu kommt, sich über die Geschmacklosigkeit des Ganzen zu ärgern. Hätte er viele solcher Bilder gemalt, so würde er als der riesenhafteste Geschmacksverderber unsterblich geworden sein. Ähnlich ergeht es mit Antonio Ponzano, einem sonst kaum genannten Meister. Seine Fresken in den Innenräumen der Fuggerhäuser galten lange für Werke Tizians. Erst in neuester Zeit hat man durch äußere Beweise dargetan, dass jene höchst geistvollen und lieblichen Kompositionen, die gar mancher Kenner als Zeugnisse der Anwesenheit des großen Venezianers in Augsburg gläubig bewunderte, nur von dessen Schüler Ponzano herrühren. Matthias Kager hat, als ein echter Bürgermeister der kunstreichen Reichsstadt, das Rathaus, das Weberhaus, das Stadtgefängnis und zwei Stadttürme mit seinen Fresken geschmückt. Bei ihm wie bei seinem Ruhmesgenossen Holzer staunen wir darüber, dass in der verderbten Zeit des siebzehnten und achtzehnten Jahrhunderts zwei deutsche Meister noch so tüchtig und in so würdevollem Style Fresko malen konnten. Wiederum sind Kager's Ölgemälde ohne allen Vergleich schwächer als seine Fresken, und unter diesen abermals die ausgeführteren und effektsüchtigeren im goldenen Saale des Rathauses unerquicklicher, als die frisch, schlicht, unbefangen und in großen Zügen gemalten Bilder am Weberhause. So edel stilisierte historische Kompositionen aus der jammervollen Periode des Dreißigjährigen Krieges gibt es in Deutschland wahrlich nicht viele. Es ist dazu eine originelle Geschichte, dass der Bürgermeister von Augsburg an den Häuserwänden Fresko malte, während draußen schon der Donner des Dreißigjährigen Krieges von ferne heranrollte.

Die vorstehenden Beobachtungen führen uns nun zu dem Schluss, dass man auf der Gasse noch lange eine unbestreitbare Würde und Reinheit des historischen Styles bewahrte, indes dieselben Künstler für die Kirche, den Prunksaal und die Galerie nur noch manieriert zu malen wussten. Denn für die Kirche hatten sie die naive Innigkeit verloren, für den Prunksaal mussten sie Effekt haschen, für die Galerie Purzelbäume der akademischen Virtuosität schlagen. An den Bürgerhäusern dagegen malten sie schlecht und recht, wie es ihnen ihr Genius eingab, und dies schafft immer den reinsten Stil. Sie malten hier für alles Volk, getragen von dem stolzen Bewusstsein, das größte Publikum zu haben, angesichts eines öffentlichen Lebens, welches wenigstens im sechzehnten und siebzehnten Jahrhundert noch immer von dem Nachklang der politischen Selbstständigkeit des mittelalterlichen Städteturmes erfüllt war. Summa: In einer Zeit, der man das politische Volksleben und eben darum den Beruf zur historischen Kunst abspricht, fanden sie auf den Gassen der Reichsstadt dennoch einen mächtigen Rest dieses Volkslebens, und von ihm getragen, erhoben sie sich auch noch einmal zum großen historischen Stil. Ich glaube diese Tatsachen verdienten wohl einige Beachtung in der noch so wenig durchgearbeiteten Kunstgeschichte der deutschen Renaissance und des Rokoko.

Die alten Augsburger hielten ihre Hausfresken so hoch in Ehren, dass sie manche derselben in Kupfer stechen, von andern auch erklärende Beschreibungen drucken ließen. Erst als das reichsstädtische Bürgertum zum tiefsten Fall gekommen, missachtete man diese Zeugen vergangenen künstlerischen und politischen Glanzes und schlug viele der besten Bilder ohne Not von den Wänden herunter. In unsern Tagen wird dann wieder geschützt und ausgebessert, was noch zu retten ist.

Der Antiquar wird die Abkunft der Augsburgischen Häuserfresken hoch hinaufführen. Er wird uns erzählen, dass schon im fünfzehnten Jahrhundert Schwaben und Bayern einen Reichtum an kirchlichen Fresken besessen und sinnreich mit der gotischen Architektur verbunden habe, wie kein anderer deutscher Gau; er wird uns berichten, dass die bayerische Backsteingotik sogar versucht habe, die Steinmetzen-Ornamente der Außenwände (wie bei St. Martin in Landshut und der Kirche zu Pipping) durch eine in Fresko gemalte Skulptur zu ersetzen und die Wandflächen der Kapelle in Blutenburg durch figurenreiche Freskokompositionen mit dem gotischen Prinzip der individuellen architektonischen Durchbildung zu versöhnen, und dass man demgemäß in unserm zwischen Schwaben und Bayern mitten inne liegenden Augsburg schon im vierzehnten Jahrhundert öffentliche und Privatgebäude mit Außenbildern geschmückt und laut urkundlichen Nachweises schon im Jahre 1448 »auf nassen Tünich« gemalt habe.

Dadurch ist nun zwar wohl die Möglichkeit, aber noch nicht die Notwendigkeit erklärt, dass Augsburg allein unter allen schwäbischen und bayerischen Städten in eine wahre Straßenbildergalerie von Freskowerken verwandelt wurde. Eine ganze Schaar kulturgeschichtlicher Motive musste in einem Zeitpunkte hier zusammentreffen, damit dies geschehe. Der Zeitpunkt war eben im Durchbruche der Renaissance.

Mit Bewusstsein wurden die neuen Ideen in dem durch Kaiser Maximilian damals so hoch gehobenen Augsburg ergriffen: Sie finden ihren reichsten künstlerischen Ausdruck in der Malerei. Konrad Peutinger, Augsburgs größter Staatsmann und Gelehrter, wirkt für die »neu römische Art« in der Kunst.

Er gibt selber die Gegenstände an, welche am Rathause und den Fuggerhäusern gemalt werden sollen: – es sind historische Scenen aus der Zeitgeschichte, zugleich zur Verherrlichung Kaiser Maximilians. Man hat diesen »letzten Ritter« unter den Kaisern scherzweise den Bürgermeister von Augsburg genannt; wer die Physiognomie Augsburgs zur Zeit der Renaissance zu erkennen weiß, für den beschließt dieses Scherzwort einen tiefen Sinn. Eine solche historische Malerei, wie sie Peutinger als eine Ehrentafel für Maximilian forderte, bezeichnete schon ganz die neuere Zeit.

So war Peutinger auch anderswo recht im modernen Sinn ein Mann des historischen Geistes. In Italien gebildet, verpflanzt er den italienischen Humanismus nach Augsburg. Er sammelt Bücher und Münzen, ein Ahnherr so vieler prunkliebender Sammler unter den späteren Patriziern Augsburgs; er erbittet sich seltene Handschriften als »Beutepfennige« aus Ma-

Maximilians Kriegen; er ediert historische Quellenschriftsteller und rettet römische Denksteine; er macht sein Haus zu einem antiquarischen Museum und beginnt die Geschichtsquellen der Vaterstadt zu sammeln. Dies sind lauter Züge, die uns bezeugen, dass die Sonne des Mittelalters im Niedergange steht. Die besten Bürger der Reichsstadt werden von ähnlicher Begeisterung für Kunst und Wissenschaft ergriffen, und die Stadt der Handelsleute rechnet es sich zum höchsten Ruhme, eine Kunststadt zu heißen. Als damals (1555) ein Fugger von dem Rate begehrte, er möge ihm ein Haus im Sankt Annenhof zu einer Reitschule gewähren, entgegnete der Rath: Es schicke sich nicht dort, als neben einer Schule der Wissenschaft, Pferde abzurichten, vielmehr sei der Rat gesonnen, eine Bibliothek in dieses Haus zu stellen.

Und doch mag dieser Pferde liebende Fugger ein echtes Kind seiner Zeit gewesen sein, einer Zeit, die ebenso derb und dazu prunk- und genussliebend und vollsaftig im sinnlichen Leben war, als ruhelos zur Tiefe strebend im Geisterkampfe. Ein Fugger – vielleicht der nämliche – führte den Wahlspruch:

»Nichts angenehmer's ist doch auf der Erd'
Als eine schöne Dame und ein schönes Pferd.«

Ist nicht auch dieser Spruch an manchem Augsburgischen Hause *al fresco* illustriert in heiteren, sinnlich kecken Gruppen? Der ganze weite Kreis des Lebens, dessen lachende Oberfläche, wie dessen ernste Tiefe ward für den endlosen Bilderreigen der Hausfresken ausgebeutet. Was man in Augsburg erlebte, das wollte man auch gemalt sehen. Die Tänze und Bankette der Geschlechter wurden für den Festsaal gemalt, und der »Bauerntanz« in einem köstlichen Freskostück für die Außenwand eines Wirtshauses. Hans Burkmaier stellte die Stände und Berufe, halb historisch, halb genrehaft stilisiert, in reichen Hausfresken dar; ein Anderer malte das Straßenleben der Augsburger in den vier Jahreszeiten für das Rathaus auf vier große Tafeln mit genau porträtierter architektonischer Staffage, und so geht es weiter in das Reich der Allegorie und Mythologie, der biblischen Geschichte und Legende. Aber mag Castor und Pollux über der Haustüre stehen, oder die heiligen Dreikönige, immer sitzt zugleich ein Stück vom alten Augsburg in und neben ihnen. Zuletzt stand das ganze zum Selbstbewusstsein gekommene Kulturleben der Zeit und der Stadt in bunten Bildern auf den Häuserwänden.

Und nicht bloß die Paläste des Bürgertums, auch das Häuslein kleiner Zünftler ward mit Fresken bedeckt, die manchmal mehr wert waren, als die winkelige Baracke selber. Schmucklos blieben nur die Außenwände der

Kirchen, aber desto üppiger und unruhiger, oft maßlos buntfarbig, waltete der Freskopinsel im Innern. Hier allein fehlte die Harmonie; Klarheit war außen und Überladung inwendig.

Augsburg hatte am Ausgange des Mittelalters einiges nachzuholen in monumentalem künstlerischem Schmucke. In einer bruchsteinlosen Gegend war es mit seinen Bauwerken zurückgeblieben hinter andern Städten, und erst 1385 wurde das Rathaus (vordem das »Dinghaus« genannt) aus einem Holzbau in einen ziemlich unbedeutenden Steinbau verwandelt. Später aber boten die der Gotik so ungünstigen breiten Wandflächen des Backsteinbaus um so prächtigeren Raum für die Malerei. Der Einfluss Italiens kam hinzu, und die vorgedachten ideellen Motive trafen wiederum mit allen diesen zusammen, und so ward, wie vom Blitz, das Opferfeuer einer neuen und eigenen monumentalen Kunsttätigkeit entzündet. Das Feuer flackerte nicht bloß, es brannte fort, hell und nachhaltig. Denn dies gerade verkündet Augsburgs Ehren als einer wahren Kunststadt, dass es selbst in den Bedrängnissen des siebzehnten Jahrhunderts die Kunst nicht fallen ließ, dass es seine kolossalsten Bauwerke in einer geldarmen Zeit aufführte, ja den großen Rathausbau mit unternommen haben soll, um armen Leuten Brod zu schaffen, und dass sein Bürgermeister noch Fresken an die Häuser malte, als der Dreißigjährige Krieg schon vor den Toren donnerte. Darum kehrte in Augsburg aber auch rasch der alte Kunstfleiß zurück, als sich der Pulverdampf dieser Gräueljahre verzogen; in andern Städten war er verloren für länger als ein Jahrhundert.

Und wie die Stadt damals geworden ist, so blieb sie stehen bis auf diesen Tag. Nürnberg teilt den Ruhm der schönsten mittelalterlichen Prospekte mit mehreren deutschen Städten, Augsburg aber steht einzig da in unserm Vaterlande als das Pompeji der Renaissance.

IV. Aus der Zunftstube

Die Augsburger Weber haben einen ganzen Zunftsagenkreis, Traditionen, die alle nicht historisch wirklich und dennoch symbolisch wahr sind. Die Zunft rühmt sich der entscheidendsten Teilnahme an der Ungarnschlacht auf dem Lechfeld und feierte vor Zeiten den Jahrestag durch pomphafte Umzüge mit klingendem Spiel, obgleich die Weber eigentlich erst vierhundert Jahre nach der Schlacht zu jener korporativen Bedeutung gekommen sind, aus deren Bewusstsein jener Mythus aufwuchs. Sie wollen ihr Zunftwappen von Otto I. erhalten haben, geraten aber dabei in bedenklichen Widerstreit mit aller Chronologie der kritischen Heraldik. Sie zeigen auf ihrem Zunfthause ein Gewebe, welches die Fugger, da sie noch Leineweber waren, gewoben haben sollen; allein es ist vielmehr die Sage, welche hier in ein Gewebe, das aus den Händen einer immer arm gebliebenen Familie Fugger hervorging, den Namen der reichen Fugger eingewoben hat. Dennoch bleibt die poetische und historische Kraft dieser Zunftsagen ungeschmälert, und wenn auch der arme Handweber, der jetzt im Kellergeschoss sein Schifflein fliegen lässt, den Glauben an den Sieg der Zunftvorfahren über die Ungarn verlieren sollte, so mag er sich immer noch mit Stolz des andern Sieges erinnern, worin die Weber mit dem Meister Hans Witzig an der Spitze vorangingen, um den Kampf mit den Geschlechtern für alle Zünfte zu entscheiden.

In späteren Jahrhunderten galten die Metzger für eine besonders blühende und gefestete Zunft. Daher ließen sich unabhängige Fremde, die privatisierend in Augsburg wohnen wollten, dabei aber doch nominell in eine Zunft eintreten mussten, häufig zur Zunft der Metzger schreiben. Wie die Weberzunft durch die Sage, so ist die Metzgerzunft durch ihre innere Geschichte ausgezeichnet. Die Augsburger Metzger bildeten in alten Zeiten ein besonders wohl abgeschlossenes Handwerk: ihre Fleischbänke waren teils freies Eigentum, teils Lehen und erbten von dem Vater auf den Sohn; daher erhielten sich hier die ältesten Familiennamen, und die verwickelte Entwicklungsgeschichte dieser allodialen und feudalen Fleischbänke heischt ein gründliches historisches Studium. Mehrere der noch bestehenden Zunftnamen reichen bis ins fünfzehnte Jahrhundert, ja zwei noch blühende Metzgerfamilien, Tenn und Räuschle, werden sogar schon im vierzehnten genannt. Ein aristokratischer, der geschichtlichen Sitte zugewandter Geist lebt bis zum heutigen Tag in dieser Gewerbegenossenschaft. Die Chronik berichtet von einem Metzger, der im siebzehnten Jahrhundert den ganzen Rath der Reichsstadt durch seinen patriotisch-historischen Sinn beschämte. Als nämlich 1615 das alte Rathaus abgebrochen wurde, rettete ein Metzger nur dadurch das kunstvolle gotische Getäfel des Saales, dass er es sich schenken ließ, und seine Nachkommen hielten das Kunstwerk so in Ehren, dass es unversehrt aufs neunzehnte Jahrhundert gekommen ist.

Neuerdings ist die moderne Erscheinung der »Charcutiers« mit ihren ausländischen Würsten und Rauchfleischwaren etwas störend in den Kreis der alten erbgesessenen Meister von der Fleischbank gedrungen. Allein auch hier hat man dennoch wenigstens das Wrack des reichsstädtischen Herkommens aus den Wogen zu bergen gewusst. Denn die Charcutiers dürfen alle Arten von Würsten machen, nur nicht die altaugsburgischen Stamm- und Nationalwürste, namentlich keine »nackte rinderne Wurst,« die nackten rinderen Würste gehören den Herren von der Bank; als die ältesten der Stadt haben sie das Privileg für das ungefälschte Augsburgische Volksbedürfnis zu wursteln, mögen dann die fremden Charcutiers immerhin für den nivellierten Gaumen der modernen Weltbürger Wurst hacken.

Das Originellste im Augsburger Gewerbeleben ist freilich durch den modernen Staat und seine Gewerbeordnung beseitigt worden; dennoch hat sich neben und mit dem Gesetz auch hier noch gar viel altertümliche Sitte bewahrt; und nicht bloß die Handwerker, sondern auch die konsumierenden Bürger wachen als Zensoren für deren Fortbestand. Ein Beispiel mag für viele reden. Denn auch diese Dinge sind nicht zu klein, wofern man nur ihren Sinn erfasst. In der Volkskunde wie in der Naturwissenschaft gibt es überhaupt keine kleinen Stoffe; es ist allemal nur der Bearbeiter klein gewesen, wenn sich sein Thema klein ausnimmt. Nach Recht und Herkommen schenken die Augsburger Bäcker ihren Kunden auf Allerseelen eine kleine Brezel, die man darum »Seelenbrezel« nennt. Der Brauch ist lästig für beide Teile, denn auch der Beschenkte zahlt dem Bäckerjungen mehr Trinkgeld, als die Brezel wert ist. Am Allerseelentag 1853 erklärten nun sämtliche Bäcker, dass sie dieses Geschenk von nun an abstellen und dafür 100 Gulden alljährlich an die Armen zahlen wollten. Diese willkürliche Beseitigung der altüberlieferten Seelenbrezeln erregte aber so großen Unwillen und ward so heftig in den Lokalblättern erörtert, dass nicht wenige Familien, der öffentlichen Aufforderung eines Freundes der alten Sitten folgend, sich entschlossen, von nun an alles Weißbrot im Hause selber zu backen und keinem Bäcker mehr einen Kreuzer für Semmel zu verdienen zu geben. Und in der Tat beharrten Einzelne geraume Zeit bei dieser mühseligen Bestrafung und so begannen denn auch die meisten Bäcker wieder Seelenbrezeln auszuschicken zum Allerseelentage, wie es Recht und Sitte ist.

Die demokratische Bewegung der Zünfte gegen die Geschlechter vollzog sich in Augsburg später und minder gewalttätig als in andern schwäbischen Städten. überhaupt zeichnet sich unsere Stadt mehr durch stätige Entwicklung als durch jähe politische Krisen aus. Das schwere, beharrende Wesen der bayerischen Nachbarn spielt schon einigermaßen in die rührige, aber gründliche Natur der Lechschwaben herüber.

So wird denn auch die Geschichte der Augsburger Gewerbe durch zwei scheinbar widersprechende Züge charakterisiert: emsiges, gründliches Vordringen des Kunstfleißes beim zähesten Festhalten an den sozialen Standeseinrichtungen und Sitten. Ich finde in den Annalen der Stadt eine erstaunliche Zahl von epochemachenden Autodidakten und von Männern, die von der Pike auf dienend zuletzt hohen Rang gewonnen, während doch die aristokratisch-konservative Sitte und die soziale Verfassung einem solchen eigenmächtigen Vordringen der genialen Persönlichkeit geradezu den stärksten Damm entgegensetzt.

Wie die alte Tracht der Zünfte in Augsburg kaum der Form nach, sondern nur im Stoffe sich etwas unterschieden haben soll von der vornehmen Tracht, diese aber wiederum an Pracht und Gediegenheit dem Kleide von Fürsten und Grafen nichts nachgab, so wetteiferten auch die Handwerker in Form und Schmuck ihres korporativen Lebens durchaus mit den Patriziern, ja mit Fürsten und Herren. In den Zunftbüchern waren die Wappen aller Zunftmeister aufgestellt und in der Zunftchronik der Weber sah man sogar die gemalten Bildnisse aller der Zunftgenossen, die einmal Bürgermeister gewesen. Es sorgte überhaupt jede hervorragende Standesgruppe für die Verewigung ihrer Mitglieder. Die Bildnisse sämtlicher Bischöfe reihen sich zu einer eigenen Galerie in einem Seitenschiffe des Domes; die Köpfe sämtlicher protestantischer Geistlichen sind in Kupferstichen bewahrt in mehreren Predigerbüchern; die Porträts aller magistratischen Häupter und Pfleger der Stadt sind im »Stadtpflegerbuch« niedergelegt. Die Geschlechter hatten dann wiederum ihre eigenen »Ehrenbücher« voller Wappen und gemalter Scenen und Bildnisse und ausgeziert mit den subtilsten kalligrafischen Meisterstücken. So besaßen die Fugger ihr *Pinacotheca Fuggerorum*, ein vollzähliges Sammelwerk der Familienporträts des berühmten Hauses. Was also bei den Zünften die ganze Standesgruppe tat, das übernahm hier die Familie; im Übrigen liegt Beidem derselbe historische und monumentale Sinn und derselbe Stolz eines standesmäßigen Prunkes zugrunde.

Allein auch dem Individuum wollten die Angehörigen ein Stück irdischer Unsterblichkeit schaffen. So entstanden in den zwei letzten Jahrhunderten die zahllosen, oft malerisch sehr flotten Porträtkupferstiche, an denen jedoch Nürnberg noch viel fruchtbarer war als Augsburg, und die in der Regel den gedruckten Leichenpredigten beigegeben wurden. Von der ungeheuren Verschwendung, welche Private und Genossenschaften in diesen Reichsstädten mit Kupferstichen trieben, um die Erinnerung an Tatsachen und Personen dauernd zu festigen, hat die Gegenwart kaum mehr eine Ahnung. Was dem Mittelalter und der antiken Welt hier Baukunst und Skulptur geleistet, das musste der beweglicheren Zopfzeit der Kupferstich ersetzen. Gab es doch in Augsburg und Nürnberg viele tüchtige Meister, deren ganze behagliche Existenz gegründet war auf Fertigung von Porträts zu Leichenpredigten, von allegorischen Scenen zu den Thesenblättern der Doktordissertationen und von sogenannten Geschichtsbildern, d. h. Gelegenheitsblättern, worauf merkwürdige stadtgeschichtliche Vorfälle sofort zum ewigen Gedächtnis abkonterfeit wurden.

Wo wir uns jetzt mit einem winzigen Wandkalender begnügen, da hatte der reiche Augsburger seit 1680 seinen sogenannten Kirchenkalender, ein Monstrum von einem aus mehreren Platten zusammengesetzten Kupferblatt, über und über bedeckt mit allerlei allegorischen Figuren und den Wappen aller Herren des Rates. Ich habe einen solchen Wandkalender vom Jahre 1784 gemessen und fand ihn, ohne Rand und Rahmen, 6½ Fuß lang und 3 Fuß 4 Zoll breit.

Übrigens war die Lust am Porträt in Augsburg sehr alt, sie geht hoch ins Mittelalter hinauf, war im sechzehnten Jahrhundert schon breit entfaltet, und es ist gewiss nicht ohne Zusammenhang damit, dass gerade ein Augsburger, Hans Holbein, der größte deutsche Porträtmaler geworden ist. Zu dieses Künstlers Zeit lebte sogar in Augsburg der Mann, den man als den größten Narren der Porträtliebhaberei ansehen muss, Matthäus Schwarz. Er legte nämlich eigene Bücher an, in welchen er sich Porträtiren ließ, so oft irgend die kleinste äußere Veränderung mit seiner werten Persönlichkeit vorgegangen war, z. B. so oft er ein neues Kleid angezogen oder sich die Haare hatte schneiden lassen. Er ließ diese Porträts von vorn, von der Seite, oft auch von hinten fertigen, und ging in der Gründlichkeit so weit, dass er für sein Konterfei nicht bloß von der frühesten Kindheit bis zum hohen Alter sorgte, sondern auch ein Bild malen ließ, worauf er so weit möglich schon im Mutterleibe zu sehen ist: Denn der noch erhaltene merkwürdige Zyklus beginnt mit dem Porträt seiner mit ihm schwanger gehenden Mutter.

In der kleinen Welt einer so abgeschlossenen Stadt werden natürlich sehr frühe schon tausend kleine Dinge wichtig und in ihrer Bedeutung erkannt und fixiert, wofür ein großer Lebenskreis erst weit später das Auge gewinnt. So ließen die Augsburger schon am Ausgange des Mittelalters Trachtenbilder anlegen; sie ahnten hinter ihren engen Stadtmauern damals schon ein Interesse der wechselnden Tracht, wie es der Nation erst bei viel durchgebildeterer Gesittung zum Bewusstsein kommen konnte. In der Rokokozeit spielten die Augsburger sogar schon humoristisch mit ihrer eigenen Tracht und benützten eine Zusammenstellung der vaterstädtischen Moden zu Spielzeug und Nippsachen, ganz wie wir heute die moderne Weisheit der Volkskunde in porzellanenen Charakterfigürchen auf unsere Etageren pflanzen. Übrigens hatten die alten Augsburger ein Recht stolz zu sein auf ihre Moden, denn sie gaben den Ton an, und noch nach dem Westfälischen Frieden beherrschte ihr Frauenkleid als »Augsburger Tracht« einen weiten Kreis Süddeutschlands. Diese Tracht war charakteristisch und ganz der alten Reichsstadt angemessen. Sie wird als steif, gediegen und kostbar geschildert, sodass derselbe Rock von der Großmutter auf die

Enkelin sich vererben konnte. Nach dem Naturgesetz aller Entwickelung der Trachten ging sie von den Vornehmen zu den niederen Ständen über und verschwand bei den Mägden; doch überdauerte sie auch diese Stufe noch als absichtlich altertümelnde Trauerkleidung und zuletzt als Uniform der Hochzeitladerinnen.

V. Antiquarische Privatstudien

Auf der Versammlung der deutschen Altertumsforscher zu Augsburg erzählte Uhland, man brauche nur im »untern Fletz« des Augsburger Rathauses ganz hinten linker Hand an einer gewissen Klingel zu ziehen, so kämen uns sofort alle gewünschten urkundlichen Notizen über Augsburgs Specialgeschichte aufs Freundlichste entgegen. An dieser Klingel habe auch ich zum öfteren gezogen und bin jedes Mal beladen mit allerlei köstlichem Material wieder weggegangen, welches ich in diesem Aufsatze verarbeitet habe. Ein solcher Zug an der wohlbekannten Klingel des Herrn Archivar Herberger verschaffte mir unter Anderem ein sehr vollständiges Verzeichnis der Augsburger Wirtshausnamen in alter und neuer Zeit. Ich versuche aus der interessanten Liste einige Ausbeute für die vorliegenden Studien zu ziehen; denn eine Stadt wie Augsburg birgt auf diesem Felde natürlich noch die ergötzlichsten Altertümer, die eben auch wieder für die Naivität, den Humor und den reichsstädtisch konservativen Geist der Bevölkerung Zeugnis ablegen.

In einer Zeit, welche noch unbefangener war im religiösen Glauben als die unsrige, taufte man selbst die Wirtshäuser auf kirchliche Namen, und weil man keine Profanation dabei ahnte, beging man auch keine. So findet oder fand sich in Augsburg ein Wirtshaus zur Hochzeit von Cana, zum Fischzug Petri, zum guten Hirten, zum Osterlamm, zum heil. Georg, zum heil. Jakob, zu den heil. Dreikönigen. Höchst charakteristisch ist dabei die Umtaufe, welche manche dieser Schilder im Laufe der Zeit erfuhren. Die Hochzeit von Cana hieß z. B. ursprünglich, volkstümlich arglos: zur alten Hexe; dann erkannte man wohl die Gottlosigkeit dieser Aufschrift, ward ganz fromm und verwandelte sie in die Hochzeit von Cana; allein noch später mochte man spüren – so denke ich wenigstens – dass gerade in diesem frommen Titel erst die rechte Profanation sitze, und so heißt denn jetzt das Haus, als wäre es von einem Almanachlyriker getauft, zum Blumenschein.

Noch greller sind solche Umwandlungen bei den alten Aufschriften voll Derbheit, Zynismus und Humor (diese drei sind ja nahe Vettern), die der modernen Prüderei gar zu saftig klangen. Und doch lacht uns das Herz, wenn wir in Oberdeutschland noch immer so viele dieser tollen Titel fin-

finden, ein Zeugnis, dass das Volk noch Charakter zu haben wagt. Ich nenne von derlei halb noch bestehenden, zur Hälfte aber auch schon erloschenen Bezeichnungen in Augsburg: die Froschlache, das Stockhaus, das Regenbögle und Bettelhäusle, das blutige Wamms, die Weiberschule, die finstere Stube, das bayerische Häubl, das Kühloch, unter der Stiege, zum leeren Trog, zum blinden Eck, zum Paritätswirt, zum Lochwirt, zur Lungenwurst, zur Lechhütte, zur Rauchhütte, zum Bierkönig; dazu auch um des schon von Kobell besungenen Humors willen das vierblättrige Kleeblatt des Mohrenkopfes, des Mohrenköpfles, des (freilich längst entthronten) Möhrenkönigs und der drei Mohren.

An einzelne dieser Namen knüpfen sich seine Züge zur Augsburgischen Volkskunde, so z. B. an das blutige Wamms und die Weiberschule. Es sind dies nämlich zwei Nachbarhäuser hinter der Metzig, die von dem Glanz und der Gemütlichkeit der Metzgerzunft erzählen können. In der »Weiberschule« versammelten sich früher – und teilweise noch – die Metzgerfrauen am Vormittag, um einen Augenblick zu verschnaufen und Wein und Wurst zu frühstücken, während nebenan, nur durch eine Wand getrennt, ihre Männer nicht träge sind, im »blutigen Wamms« das Gleiche zu tun. Ich nehme an, dass ein gewisses feines Biskuitgebäck, unter dem Namen »Weiberschulengugelhupf« jedem Augsburger bekannt, wenigstens als Eine nützliche Frucht jener weiblichen Schulstunden anzusehen sei.

Besonders reich ist Augsburg an solchen Wirtshausnamen, die ich um des reinen Parfüms der Altertümlichkeit willen kulturgeschichtlichen Novellisten zur geneigter Auswahl empfehle: der Eisenhut, die Sackpfeife, das hohe Meer, das kaiserliche Werbehaus, die weite Kanne, das blaue Krügel, der Güterwagen, der rostige Harnisch, zum Lutz am Block, der braune und der weiße Scherer (nach zwei Familien, von denen die eine vor hundert Jahren braunes, die andere weißes Bier braute), die lange Bank, die Fortuna, die Egge, die Saujagd, zum Krippenwirt, Lettenwirt, Böltenwirt ec. ec. Die meisten dieser Namen bestehen, wie gesagt, noch heutigen Tages; manche sind durch vornehmere und charakterlosere freilich vom Schild verdrängt worden, leben aber doch noch im Munde des Volkes. Bei dem Schildwechsel geschah es manchmal, als habe man den Wandel der Zeitgeschichte epigrammatisch versinnbilden wollen. Am Ende des achtzehnten Jahrhunderts schlief der »Römische Kaiser« ein, aber im neunzehnten erstand ein »Deutsches Haus.« Der »Goldene Ritter« ist aus dem Volksmunde verschwunden, und statt seiner der »Schäfflerwirt« stehen geblieben, und selbst der »Rostige Harnisch« ward in neuerer Zeit vom Schilde herabgenommen, um dem »Ackersmann« Platz zu machen. Man könnte dieses Wirtshaus, welches in der Geschichte seines Schildes schon wie ein Olivenblatt predigt, Herrn Elihu Burrit zum Absteigequartier empfehlen.

Doch ist hier nicht zu scherzen; freuen wir uns vielmehr im Ernste darüber, dass Augsburg noch so eine *ganze* Stadt ist, konsequent charaktervoll, wo man es nur angreift, umringt von noch fast allen seinen hundert Festungstürmen (worunter die ehrsamen alten Reichsstädter allein vier bestimmt hatten für junge Leute, die ihr Geld liederlich durchbrachten), geschmückt mit so vielen köstlichen Resten altväterlichen Kunstfleißes, auszeichnet durch tausenderlei Originalität der Sitten, eine ganze Stadt, konsequent charaktervoll bis zu ihren Wirtshausschildern herab, auch hier ein Pompeji der Renaissance; und dennoch bei alldem eine lebendige Stadt, die sich täglich kräftiger aufschwingt in dem Wettkampf des modernen Lebens.

VI. Verfall und Wiederaufbau

So kann man jetzt wieder sprechen, wo eine lange Epoche der Verkommenheit gründlich zu Ende gegangen ist und einer neuen kräftigen Entwicklung Raum gegeben hat. Ein Gemeinwesen wie unsere Reichsstadt, welches sich stets durch seine aristokratische und konservative Natur auszeichnete (konsequenter noch in der Sitte als in der Politik), musste in ähnlicher Weise wie die Aristokratie in der bürgerlichen Gesellschaft zu Fall kommen. Es erstarrte und verknöcherte. Nur sehr wenige Reichsstädte sind ja überhaupt nach Art der Demokratie am hitzigen Fieber gestorben, sondern die meisten vielmehr an der Erbkrankheit der Aristokratie, am Marasmus.

Die lachendste Blüte der Stadt barg auch schon den Wurm des Verderbens. Durch die Reformation gelangte Augsburg zu solcher Selbstständigkeit, dass es dem Kaiser sieghaft Trotz bieten konnte, aber durch die kirchliche Spaltung, die zugleich eine politische erzeugte, sank es auch wieder am tiefsten unter des Kaisers Macht. Stetig wuchs damals die Volkszahl bis zum Dreißigjährigen Kriege, sie verdoppelte sich binnen fünfzig Jahren: Denn im Anfange des sechzehnten Jahrhunderts zählte man 5000, im Jahre 1860 10,000 Familien und notierte dazu als etwas besonders glänzendes, dass die Stadt von einer Osterzeit zur andern 13,000 Ochsen geschlachtet habe. Aber keineswegs verdoppelte sich Reichtum und Macht mit der Zahl der Köpfe und der Ochsen; denn es begann bereits eine proletarische Menge einzuziehen; in jener Zeit, wo die bloße persönliche Arbeitskraft viel niederer als heute gewertet war, ein sehr bedenkliches Zeichen. Die Kriegsläufte brachen vollends die alte Herrlichkeit. Alles ging verloren, nur der alte Augsburgische Kunstfleiß nicht. Er brachte im siebzehnten und achtzehnten Jahrhundert eine Nachblüte, wie sie wenig anderen deutschen Städten vergönnt war.

Aber der politische Geist reichsstädtischer Selbstständigkeit war für immer gewichen. Als Markgraf Ludwig von Baden im Spanischen Erbfolgekrieg zu Augsburg lag, schrieb er unterm 29. September 1703 an den Kaiser: »Furchtsam und kleinmütig zu sein ist unter denen Bürgern eine durchgehende Krankheit.« Es ging bei der Reichsstadt im Großen, wie bei ihren Zünften im Kleinen: Die taube Schale, das tote Formenwesen der alten Selbstherrlichkeit hielt man um so steifer fest, je mehr der Kern, Freiheit und Tatkraft zusammengeschrumpft war. Doch das sind bekannte Dinge, die sich in dem gesamten deutschen Städtewesen der Zopfzeit wiederholen.

Nur eines heischt noch ein besonderes Wort. Wie der Adel im achtzehnten Jahrhundert durch seine soziale Zersetzung zugleich den historischen Sinn verlor, und, obgleich äußerlich stolzer als je auf den bloßen Stammbaum, die ehrwürdigsten Denkmale von Haus und Geschlecht zerstörte und verschleuderte, so geschah es auch in den Reichsstädten. Die Missachtung der vaterstädtischen Denkmale ist das sicherste Wahrzeichen der Auflösung des alten Bürgersinnes. In Augsburg zeigt sich dieses Symptom später als anderwärts, recht gründlich wohl erst zur Zeit der Französischen Revolution und der Napoleonischen Herrschaft.

Damals verklang auch die alte volksfestliche Herrlichkeit auf den Straßen: Das Johannisfeuer wird nicht mehr angezündet, um dessen 95 Fuß hohen Scheiterhaufen einst selbst Kaiser Maximilian mit der schönen Susanne Neidhartin zu tanzen nicht verschmäht hatte: die vielen Maskenzüge, Umritte, der Schäfflertanz, die vielen öffentlichen Fest- und Fastenessen, der »süße Trunk,« Staatsmahlzeiten auf allgemeine Kosten – alles kam ab, oder siechte doch nur noch eine Weile dahin als ein unverstandenes Schattenbild. Auch die berühmten Schnepfenschmäuse verschwanden, welche vordem von den Gastwirten ihren Stammgästen zu Ehren im Herbste gegeben wurden, nicht weil jetzt die Schnepfen, sondern weil die splendiden altreichsstädtischen Gastwirte so viel rarer geworden sind. Nur eines blieb: das nach seiner Form kleinste und fast kindische, nach Sinn und Geschichte aber älteste und bedeutsamste Augsburgische Volksfest – der Perlachmichel. Dieser Perlachmichel ist eine kleine bemalte Holzfigur des Erzengels, der dem Teufel seinen Spieß in den Leib stößt. Er wird am Michaelstage bei jedem Stundenglockenschlag aus dem unteren Fenster des Perlachturmes geschoben und sticht dann zur großen Erbauung der den ganzen Platz erfüllenden Volksmenge dem Teufel so oftmals seinen Spieß in den Leib, als die Uhr Schläge tut. Früher galt der Michaelstag als ein

ein ganz besonderes städtisches Volksfest und bis 1528 wurde sogar schon der Vorabend durch einen Umritt solenn ausgezeichnet. Auch den kleinen hölzernen Perlachmichel würdigte man seit Jahrhunderten besonderer Sorgfalt. Der berühmte Elias Holl hat ihn selber so hergerichtet, wie er heute noch zu sehen ist; nur spaziert der Engel nicht mehr kraft eigener Mechanik vor das Fenster, sondern zum Jubel der Gassenjugend wird jetzt allemal eine Hand sichtbar, welche ihn samt dem Teufel ins Freie dirigiert. Über diesen also halb zerbrochenen Perlachmichel könnte ein Antiquar ein dickes und gelehrtes Buch schreiben. Denn er wird gezeigt zum Gedächtnis des Falles der römischen Augusta Vindelicorum, der Wiedereroberung durch die Deutschen. Was dem Westfalen sein Hermannsdenkmal, das ist dem Augsburger sein Perlachmichel. Als der sieggewaltigste unter den Christenheiligen trat der Erzengel an die Stelle des Wodan und verkündet so zugleich hier den Sieg des Christentums über das Heidentum, wie des Germanentums über das Römertum. Es ist aber die Tradition, dass dieses städtische Michaelsfest zugleich eigentlich die Gründungsfeier der deutschen Stadt Augsburg sei, niemals ganz erloschen, wenn auch verkehrt und missdeutet worden, wie man sich aus Stettens Chronik überzeugen kann.

Doch ich kehre zurück zu dem Verfall Augsburgs in der Zopfzeit. Die Geringschätzung der Kunstdenkmale kann man wohl mit dem damaligen bornierten Despotismus des alleinseligmachenden akademischen Geschmackes im Allgemeinen erklären. Örtlich bedeutsamer ist die in fast allen Reichsstädten mit dem Verfall des Reiches eintretende Verwahrlosung der Archive. Da hier die Gemeinde zugleich ein Staat, so war das Archiv auch politisch und staatsrechtlich höchst wichtig. Allein insofern die alten Rechte und Freiheiten zu Plunder geworden waren, machte man sich auch kein Gewissen, die Verbriefung derselben als Plunder anzusehen, und wo der politische Geist in der Gegenwart erstirbt, da verbleicht auch die Teilnahme für die Rechts- und Geschichtsquellen der Vergangenheit. Schon der patriotische Kulturhistoriker Augsburgs, Paul von Stetten, nannte das Durchsuchen des Stadtarchivs eine »nicht bloß mühsame, sondern auch ekelhafte Arbeit.« Man brachte dasselbe zuletzt zum großen Teile – recht zweckmäßig – auf den Speicher des Rathauses, vermutlich damit das durch die Dachritzen eindringende Wasser die alten zähen Pergamente etwas weicher und genießbarer machen solle. Erst in neuester Zeit barg man die reichen Schätze an würdigerem Ort, ordnete sie und rettete, was noch zu retten war.

Es geht überhaupt gegenwärtig wieder ein höchst löbliches Streben nach Erhaltung und Verjüngung der vaterstädtischen Denkmale durch die

Augsburger Bürgerschaft. Im letzten Jahrzehnt hat man keine Hausfresken mehr mutwillig zerstört, vielmehr manche halb verwitterte gut restauriert, manches altertümliche Haus auch architektonisch charakteristisch neu geschmückt und in dem »Maximiliansmuseum« eine lehrreiche Sammlung städtischer Altertümer angelegt und mit so feinem Sinne für die historische Gesamtentwicklung der Stadt geordnet, dass der Beschauer nicht eine tote Antiquitätensammlung zu sehen, sondern in einem künstlerisch und anmutig geschriebenen Buche über Augsburgische Kulturgeschichte zu lesen glaubt.

Ich muss bei diesem Anlass einen Satz aufstellen, der manchem wunderlich klingen mag und doch wahr ist: Seit Augsburg eine blühende moderne Fabrikstadt geworden, ehrt und bewahrt es seine Geschichtsaltertümer wieder, und als es die historische Mumie einer abgestorbenen mittelalterlichen Zunftstadt war, verachtete und zertrümmerte es dieselben. Dieser Satz spricht aber an sich weder für die Fabriken, noch gegen das Handwerk, sondern er bestätigt nur meine vorhin schon begründete Behauptung, dass ein erstarrtes Volk seine Geschichte gering schätzt; das fröhlich auflebende aber hält sie in Ehren.

Mit der modernen Fabrikstadt Augsburg aber hat es auch wiederum seine eigene Bewandtnis. Sie liegt zum besten Teile gar nicht in der Stadt, sondern vor den Toren. So berührt sie denn auch die äußere Physiognomie der alten Reichsstadt bis jetzt nicht feindselig. Vor den Toren entstanden riesenhafte Fabrikkasernen; innerhalb der Mauern dagegen sind überhaupt seit Jahrzehnten kaum ein paar Neubauten aufgestiegen. So sitzt auch das Volk der Fabrikarbeiter nur zum kleinen Teile in der Stadt; sehr Viele wohnen auf den naheliegenden Dörfern und wandern bis aus dem Schmuttertale täglich herüber zur Arbeit, viele Andere sind Ausländer, die als eine rasch ab- und zuwogende Masse das Augsburger Volksleben nur ganz flüchtig berühren. Man behauptet zwar, der Rauch der großen Schornsteine sei neuerdings schon so stark geworden, dass er die ganze sonst so reine Atmosphäre der Stadt in eine leichte Dunstwolke hülle, aber die geistige Atmosphäre des eigentlichen Augsburger Volkes ist gewiss noch sehr wenig verdickt worden von diesen vielen Schornsteinen. Auch zeichnen sich gerade die hiesigen Fabriken aus durch treffliche Anstalten zur sozialen Konsolidierung der Arbeiter, sodass man die nachtheiligen Einflüsse eines Fabrikproletariats noch nicht zu fürchten braucht.

Im Gegenteile ist Augsburg ein tröstliches Beispiel des naturgemäßen Übergangs aus der alten großen Manufakturtätigkeit in das moderne Fabrikwesen auf historisch ebenso sehr als durch die Natur begünstigtem Boden. Viel mehr als bei den Kleinbürgern kann man eine entscheidende

Veränderung in den höheren Kreisen wahrnehmen, indem jetzt der moderne Bankier, der Kapitalist und Fabrikherr immer entschiedener in die Stellung einrückt, welche früher der so grundverschiedene patrizische Kaufmann und der Künstler eingenommen. Im Kleinbürger und selbst im armen Volke lebt der alte Augsburger fort; aus dem reichen Manne aber ist zumeist schon ein Weltmann der Börse und der Fabrik geworden.

VII. Die kirchliche Parität

Die sozialen Zustände Augsburgs sind durchaus nicht zu scheiden von den kirchlichen; durch das kirchliche Volksleben erhält das weltliche hier erst seine volle Eigentümlichkeit. Man mag Sitte und Herkommen fassen, wo man will: Überall reckt die »*Parität*,« Gegensatz und Gleichberechtigung der Konfessionen, den Kopf hervor. Die Buchstaben *AC* und *C*, welche an den vorerwähnten protestantischen und katholischen Schweineställen geschrieben standen, wiederholten sich an allen möglichen Gebäuden und Gegenständen des öffentlichen Besitzes und kursierten geradezu als Parteinamen; ein rechter Protestant hieß kurzweg ein »*AC*«, ein eifriger Katholik ein »*C*«. Doch ist es viel leichter, über jene konfessionellen Schweineställe zu spotten, als sie in ihrer historischen Deutung zu begreifen. Sie sprechen ja eigentlich nur die strenge kirchliche Zweigliederung zunächst der Bäckerzunft und dann weiter aller Zünfte aus, wie sich dieselbe in dem evangelischen und katholischen Verkaufsgewölbe der Weber usw. wiederholt. Die größte Energie des kirchlichen Lebens trat im sechzehnten Jahrhundert vielmehr bei den Zünften als bei den Geschlechtern Augsburgs hervor, und bei dem Johannisfeuer, welches während des durch die Übergabe der Augsburger Konfession welthistorisch gewordenen Reichstages von 1530 auf dem Fronhof brannte, war es wie zum Wahrzeichen einer der geringsten aus dem Volke, ein Schuhknecht, der angesichts Kaiser Karls V. den Kranz von dem Gipfel des brennenden Scheiterhaufens gewann. Durch die Zünfte wurde der Rath in mancher entscheidenden Stunde gedrängt, in Sachen der Reformation voranzugehen und Stand zu halten, und die kirchliche Zähigkeit der Zünfte (auf beiden Seiten) sprach sich dann auch ganz naturgemäß in einer recht entschiedenen konfessionellen Auseinandersetzung aller Zunfteinrichtungen aus, und dazu gehören ja wohl auch die beiderseitigen Schweineställe.

Im achtzehnten Jahrhundert bestanden in Augsburg acht Kaffeehäuser – natürlich paritätisch: vier protestantische und vier katholische. Als 1762 zwei neue konzessionirt wurden, gab man das eine in katholische, das andere in protestantische Hände, damit die Parität nicht gestört werde. Parität soll überall bestehen, bei den Bürgern und im Rath, bei Zivil und

Militär. Denn auch bei der Stadtgarde unterschied man eine katholische und eine protestantische Lieutenantsstelle. Solche Unterscheidungen galten aber nicht bloß gestern, sie gelten vielfach auch heute noch. Soll der Protestant sein Fleisch bei einem katholischen Metzger taufen? Soll der Katholik ein zerbrochenes Stuhlbein von einem protestantischen Schreiner zusammenleimen lassen? Das sind für manchen Augsburger noch immer skrupulöse Fragen. Entschieden fordert es aber die Sitte, dass katholisches Gesinde nicht in protestantischen Häusern stehe und umgekehrt, und vollends dass eine ordentliche Bürgersfrau sich nicht durch eine Hebamme der andern Konfession entbinden lasse.

Der Ernst mischt sich hier mit dem Humor, und Augsburg ist eine nicht zu erschöpfende Fundgrube der Komik, so wie man bei der Frage von der Parität den Spaten einsetzt. Die St. Jakobspfründe zum Exempel dient paritätisch für protestantische und katholische Pfründner. Nun galt das Herkommen, dass die allgemeine Wohnstube mit Kerzen beleuchtet wurde, deren »Stumpen« die einzelnen Pfründner unter sich verteilen und auf ihren Kammern zu Ende brennen durften. Es entzündete sich aber ein solcher konfessioneller Hader über die Frage, welche Stumpen als katholische und welche als protestantische anzusehen seien, dass die Verwaltung unterm 4. Oktober 1816 genötigt war, aktenmäßig zu erklären, »um den bisherigen Zänkereien wegen der sogenannten katholischen und protestantischen Stumpen ein Ende zu machen,« – solle in Zukunft gar keine Kerze mehr, sondern nur paritätisches und unteilbares Öl gebrannt werden. Ein Fabeldichter könnte diese Geschichte vom Streit über die katholischen und protestantischen Stumpen in Verse setzen, um die Moral der ganzen neueren Geschichte Augsburgs daran zu hängen. Ein Blick in die Chronik zur Zeit des Dreißigjährigen Krieges und des Spanischen Erbfolgekrieges zeigt, dass durch die konfessionelle Zweitheilung und das Abmarken der Parität die alte Wehrhaftigkeit der Stadt und hiemit auch die politische Macht rettungslos verloren ging. Lagen die Bayern vor der Mauer, so war ihnen die katholische Hälfte in der Stadt verbündet, und lagen die Schweden draußen, so stand die protestantische Hälfte der Bürgerschaft mit den Belagerern. Darum war für beide Parteien die alte Veste allezeit leicht zu gewinnen, denn jedes Mal galt es ja eigentlich nur einer Belagerung der halben Stadt. Und so erging es zuletzt den Bürgern wie den Jakobspfründnern: Man nahm diesen die Lichtstumpen und jenen die Reichsfreiheit und führte dafür eine paritätische königlich bayerische Ölbeleuchtung ein.

Ein vollkommenes Lustspiel mit etlichen tragischen Intermezzos ist die lange und verwickelte Geschichte der Einführung des Gregorianischen

Kalenders in Augsburg. Das Sträuben der protestantischen Geistlichkeit, die Empörung des Volkes gegen die neue päpstliche Zeitrechnung, sodass man gar Söldner in die Stadt rücken und Kanonen aufpflanzen musste, zum Schutze des verbesserten Kalenders, ist gerade nichts besonders Augsburgisches; dergleichen Scenen haben sich bekanntlich im ganzen protestantischen Deutschland wiederholt. Aber originell und durchaus charakteristisch für den Augsburgischen Begriff der Parität ist ein Vergleich vom Jahre 1584, welcher den Protestanten gestattete, das Pfingstfest noch nach dem Julianischen Kalender zu feiern, im Übrigen aber die Durchsetzung des Gregorianischen erzwang.

Noch im vorigen Jahrhundert waren Protestanten und Katholiken in Augsburg erkennbar an ihrer Tracht; namentlich sah man's den Leuten an der Kopfbedeckung an, ob ein AC oder C darunter steckte. Bei dem konservativeren weiblichen Geschlecht ist diese Unterscheidung bis auf den heutigen Tag noch nicht ganz verschwunden. Die protestantischen Mädchen des eigentlichen Bürgerstandes tragen keine Hauben, die katholischen dagegen setzen die bayerische Riegelhaube auf, namentlich beim Kirchgange. Gewiss wird kein protestantisches Mädchen wenigstens eine solche katholische Haube tragen, und wenn ein Wirtshaus der Stadt das Schild führt »Zum bayerischen Häub'l,« so wittert der feinere Kenner in diesem Emblem sofort die katholische Tendenz; ein Wirtshaus solchen Zeichens war ursprünglich gewiss nur auf rechtgläubige katholische Gäste berechnet. Dafür gibt es aber auch ein Wirtshaus »zum Paritätswirt« (goldener Adler), sodass also selbst in den Wirtshausnamen das Recht der Parität vollständig gewahrt ist. Die protestantische Haube, das paritätische Gegenspiel zum bayerischen Häub'l, existiert leider nur noch in seltenen Exemplaren als sogenannte Heiligengeisthaube, durch eine Art Flügel zu beiden Seiten malerisch ausgezeichnet.

Mag aber auch die Sitte noch so hartköpfig stehen geblieben sein bei Heiligengeisthauben und Riegelhauben und bei protestantischen und katholischen Hebammen: der Volksaberglaube, älter als die Kirchenspaltung, ja oft genug als die Kirche selber, überrankt heute noch auch diese konfessionelle Kluft. Altaugsburgische Protestanten, die sich stark bedenken würden, in Erkrankungsfällen einen katholischen Arzt zu rufen, schicken, wenn es gar schlimm geht, wohl noch heimlich zur h. Kreuzkirche, um eine anonyme Messe für ihre Genesung lesen zu lassen bei dem sogenannten »wunderbarlichen Gut,« einer in Fleisch verwandelten Hostie, die als besonders gnadenwirkend in hohen volkstümlichen Ehren steht und auch zur Behütung des Hauses über vielen Haustüren abgemalt ist. Ebenso lassen protestantische Mütter, die zu ihrer Entbindung gewiss keine katho-

keine katholische Hebamme annehmen würden, nachgehends doch manchmal ganz in der Stille ein wunderkräftiges Kissen bei St. Ursula holen, worauf man die Kinder legt, um sie vor Krämpfen zu bewahren. Wie unendlich viel einiger sind doch die Deutschen im Aberglauben als im Glauben!

Die Augsburger waren schon zur Reformationszeit durch die bischöfliche und bürgerliche Stadt in zwei Religionsparteien derart örtlich nebeneinandergestellt, dass an ein Aufgehen der einen in die andere nicht gedacht werden konnte. Zwei feindliche Brüder unter einem Dache mussten sie sich zeitig vertragen lernen. In den nachfolgenden Kriegsläuften geschah es zwar vorübergehend, dass in allen Kirchen protestantisch gepredigt wurde, selbst im Dom, und dann wieder, dass nur noch der katholische Kultus durchaus zu Rechte bestand. Aber diese Ausnahme des Gewaltzustandes bekräftigte erst recht die Regel gegenseitigen Vertragens und Abmarkens der konfessionellen Gerechtsame. Die kirchliche Gleichberechtigung wurde also in Augsburg schon zu einer Zeit antizipiert, wo man anderwärts noch ganze Länder zwang, unterschiedslos dem Bekenntnis des Herrschers zu folgen, und schon in dem Jahrhunderte Luthers ward an der Geburtsstätte der Augsburgischen Konfession den Singschülern verboten, das Lied Luthers

»Erhalt uns, Herr, bei Deinem Wort
Und steur' des Papsts und Türken Mord etc.«

als ein Ärgernis der Katholiken auf den Straßen zu singen.

Allein natürlich paktierte man in solchen Dingen vor dreihundert Jahren gar viel individueller, kleinlicher und kindlicher als heute, und das Erbstück jener altertümlichen Pakte sind eben die noch immer umlaufenden Augsburgischen Paritätskuriosa, die uns recht klar beweisen, wie gründlich konfessionelle Vertragung im Sinne der Reformationszeit und des Westfälischen Friedens und konfessionelle Gleichberechtigung und Toleranz im modernen Sinne voneinander verschieden sind. Die letztere, auf die Erkenntnis der innerlich notwendigen sittlichen und historischen Berechtigung der Gegenpartei und nicht bloß auf die formelle Anerkennung ihres zufälligen äußeren Rechtsbestandes begründet, ist nun natürlich in Augsburg längst ebenso wohl eingezogen wie im übrigen gebildeten Deutschland. Trotzdem aber stehen jene wunderlichen Überlieferungen der Parität noch auf dem alten Grunde des bloß juristischen Paktes, und eben dieser Widerspruch erzeugt dann den Humor in jenen Überlieferungen.

Da Augsburg, die Bischofstadt des heiligen Ulrich, sich ebenso gut als eine Burg des Katholizismus ansah, wie die Reichsstadt Augsburg, die Geburtsstätte der Augsburgischen Konfession, als eine Burg des Protestantismus, so mussten hier beide Teile nebeneinander auch je für sich die größte innere Energie entfalten. Dieser Wettstreit erweckte gar manche segensreiche Tat. Keine deutsche Stadt kann sich mit Augsburg an Fülle und Reichtum der Stiftungen für Wohltätigkeit und Bildung messen. Es wäre diese Fülle nimmer so groß geworden, hätten sich's nicht die reichen Katholiken und Protestanten durch drei Jahrhunderte im Glanze der guten Werke zuvortun wollen. Auch manch andere nützliche Anstalt verdankt diesem Wettstreit ihr Dasein. Als die Jesuiten in Augsburg auf fuggerischem Grund und Boden festen Fuß gefasst hatten und ihre agitatorische Lehrtätigkeit mit allem Nachdruck entfalteten, ward von den Protestanten das nachgehends so berühmte Collegium von St. Anna gegründet, um in höherer wissenschaftlicher Jugendbildung den Jesuiten Schach zu bieten. Im Wettkampf mit der protestantischen literarischen Produktion ward Augsburg im achtzehnten Jahrhundert der Hauptsitz des katholischen Bücherverlags im ganzen Reiche. Erbauungsbücher und theologische Werke, später aber namentlich katholische Jugendschriften gingen in Massen aus den hiesigen Druckereien hervor, und noch heute besitzt die Stadt eine ganze Gruppe katholischer Zeitblätter. Nicht einmal mit Einem paritätischen Blatte für Geschäftsanzeigen und kleine Lokalneuigkeiten konnte sich Augsburg begnügen. Es hat zwei solcher Organe, und nun kann in dem mehr katholischen »Tagblatte« der Katholik und in dem mehr protestantischen »Anzeigeblatt« der Protestant mit ganz beruhigtem Gewissen den redlichen Finder ersuchen, ihm sein verlorenes Schnupftuch wiederzubringen. Selbst in der Machtstellung des Besitzes, der Bildung und des politischen Einflusses schwankte die Wage von Epoche zu Epoche zwischen Katholiken und Protestanten, gleich als hätte auch hier immer die Kraft auf der einen Seite eine siegreiche Gegenkraft auf der andern geschaffen. Obgleich die Statistik gegenwärtig den 25,000 katholischen Einwohnern nur etwa 14,000 Protestanten gegenüberstellt, so soll doch jetzt die überwiegende Macht des Besitzes und seit 1848 auch des politischen Gewichtes in der Gemeindeverwaltung aufseiten der protestantischen Minderzahl sein, während im vorigen Jahrhundert umgekehrt die katholische Bevölkerung als die reichere und mächtigere galt.

Die Augsburger sind allezeit kirchlich eifrige Leute gewesen, und der fleißige Kirchenbesuch hat bei beiden Bekenntnissen bis auf diesen Tag stets zur ächten altreichsstädtischen Sitte gehört. Ohne den konfessionellen Wetteifer würde man hierin gewiss manchmal so lässig wie anderwärts geworden sein. Als ein rechtes Ehrendenkmal des innigen Verhältnisses zwischen der protestantischen Gemeinde und ihren Pfarrern erscheint die Sitte, dass sämtliche Geistliche seit der Reformation bis ins achtzehnte Jahrhundert zur Erinnerung für die Gemeinde porträtiert und in Kupfer gestochen wurden. Nachgehends ließ man die ganze Galerie dieser, auch für die Geschichte der Tracht sehr lehrreichen Köpfe zu einem Gesamtwerk nachstechen und mit biografischem Texte begleiten. So ward zugleich eine Chronik der Gemeinde daraus. Ein Zeugnis für die Bedeutung, welche man in Augsburg dem kirchlichen Leben beimaß, liegt auch wohl darin, dass Paul von Stetten der Ältere seiner höchst detaillierten Geschichte von Augsburg (1743) noch eine besondere katholische und protestantische Kirchengeschichte der Stadt angehängt hat, worin er zu der ungeheuren Masse kirchengeschichtlichen Stoffes, den er im allgemeinen Teile schon beigebracht, nun weiter alle möglichen persönlichen Einzelheiten nachträgt, wie er sie namentlich in dem vorgedachten Buch der Predigerbildnisse von Hainzelmann aufgezeichnet fand. Er gibt übrigens, wiederum echt Augsburgisch, nicht einmal den katholischen und protestantischen Pfarrern einen gemeinsamen Namen, sondern nennt die einen schlechtweg Geistliche, die andern Prediger. Charakteristisch erscheint auch, dass in einem mir vorliegenden Predigerbuche aus dem 18. Jahrhundert, die Prediger, welche das Interim angenommen, nicht nur in den Lebensbeschreibungen sehr schwarz gemalt, sondern auch von dem Kupferstecher mit sichtlich tendenziösem Grabstichel als wahre Galgenphysiognomien behandelt sind.

Den Baumeister Burkhard Engelberger, der die St. Ulrichskirche, die größte und prächtigste nach dem Dome, erbaut, ehrten die alten Augsburger in höchst sinniger, dem kirchlichen Geiste der Stadt entsprechenden Weise dadurch, dass sie seiner Familie auf ewige Zeiten eigene Kirchenstühle in der Kirche des Meisters einräumten.

Schärtlin von Burtenbach zertrümmerte im sechzehnten Jahrhundert die alten katholischen Bilder in den protestantischen Kirchen Augsburgs. Aber schon im folgenden Jahrhundert wetteiferten die Protestanten wieder mit den Katholiken, ihre Kirchen durch neue Bilder auszuzieren. Die Wände bedeckten sich mit den buntesten Fresken und Tafelgemälden, mit Allegorien und Geschichtsstücken und Heiligenbildern dazu, sodass man gleich farben- und figurenreiche protestantische Kirchen gewiss in ganz Deutschland nicht wieder findet. Indem die Konfessionen ihren Gegensatz recht tapfer wahren wollten, suchte eine der andern die Alleinherrschaft ihres eigensten Gebietes streitig zu machen, und indem sie solchergestalt einander zu überbieten wähnten, ahmten sie einander nach. So hat man also aus also aus dem heiligsten protestantischen Eifer die lutherischen Kirchen derart im Innern aufgeputzt, dass sie ganz wie katholische aussehen. So widerspruchsvoll diese Sätze scheinen, so beleuchten sie doch das frühere Augsburgische Kirchentum recht ins Herz hinein.

Selbst für die Ausbildung der Kirchenmusik scheint mir der konfessionelle Wetteifer in Augsburg befruchtend gewesen zu sein. In verschiedenen Zeiten war die katholische Kirchenmusik der Stadt hochberühmt. Statt vieler tüchtiger Meister Namen brauche ich nur einen zu nennen: Johann Leo Haßler, der hier in Octavian Fuggers trefflicher Kapelle seine beste Kraft entfaltete, ein würdiger Genoss' Palestrinas und Orlando di Lassos, vielleicht der Meister, der am tiefsten italienischen und deutschen Geist in den strengen Formen des alten Kirchensatzes verschmolz. Die Nachbarschaft der ausgezeichneten katholischen Musik musste aber auch die Protestanten der kunststolzen Reichsstadt anspornen, ihre künstlerischen Mittel besser als andere Gemeinden zurate zu halten. Bis auf die neueste Zeit ward in Augsburg eine eigene protestantische Kirchenmusik unterhalten und dem musikalischen Element eine sehr hervorragende liturgische Geltung vergönnt. Die in ernstem und würdigem Style durchgearbeiteten Psalmen und Motetten, welche bis vor drei Jahren noch allsonntäglich mit teilweiser Orchesterbegleitung vor der Predigt aufgeführt wurden, und in denen sich namentlich der verstorbene Kirchenkapellmeister Drobisch eine den liturgischen Bedürfnissen angepasste modern protestantische Art von geistlicher Musik eigentümlich zu gestalten wusste, finden nur noch in einigen deutschen Hofkirchen, im Dom zu Berlin etc., ihr Gegenbild. In Augsburg war die Aufrechthaltung eines eigenen Sänger- und Musikerchores, bloß aus Mitteln der Kirchengemeinde, ein ehrenvolles Zeugnis altreichsstädtischen Kunstsinnes und kirchlicher Teilnahme. Aber auch hierbei führte die notwendige Unterscheidung von den Katholiken zu den wunderlichsten Dingen. Denn ein Orchester in der Kirche klingt doch wohl katholisch. Dennoch war ein subtiler Unterschied zwischen katholischem und protestantischem Orchester nicht minder wie zwischen Riegelhauben und Heiligengeisthauben. Das protestantische Orchester durfte an hohen Festtagen alle Instrumente zählen, auch Streichinstrumente, nur keine Violinen. Die E-Saite war verpönt; der unterscheidend katholische Klang reduzierte sich also auf den hellen dünnen Ton der Violinquinte. In Sebastian Bachs so religiös-tiefsinnigen, freilich aber auch oft so weltfreudigen Kirchenkantaten war die E-Saite noch ganz entschieden protestantisch. Mehul hat bekanntlich eine Oper geschrieben, worin auch keine Violinen vorkommen, sondern nur Violen, also keine E-Saite; aber keineswegs um eine protestantische Färbung auszudrücken,

Färbung auszudrücken, sondern um die Traum- und Nebelgestalten Ossianischer Helden musikalisch zu charakterisieren. So nahe berühren sich die Extreme, und keltisches Heidentum und Protestantismus wären demnach einig in der Verneinung der Quinte.

In einer Stadt, die so viel religiösen Streit gehabt und die nicht einmal die Gebeine der Bekenner der beiden christlichen Kirchen an gemeinsamer Stätte begräbt, sondern auch hier noch scheidet zwischen einem katholischen und protestantischen Gottesacker – in dieser Stadt feiert man trotzdem (oder vielleicht gerade deswegen) alljährlich ein eigenes Friedensfest zur kirchlichen Erinnerung an den Westfälischen Frieden als Religionsfrieden. Auch diese Feier hat allmählich ihren Charakter gewechselt und ist aus einem vorwiegend katholischen Feste ein entschieden protestantisches geworden, für welches der selige Drobisch jedes Mal eine besondere Friedenskantate zu komponieren pflegte, während man noch früher »Friedensbilder« mit allegorischen Kupfern und Sprüchen an die Gemeinde verteilte. Man verbindet mit diesem Feste ein sogenanntes »Kinder-Friedensfest,« eine Nachfeier, bei welcher die ganze Kinderwelt bis herab zu winzigen Tragkindern in der Kirche erscheint. Es ist eine tiefsinnige Sitte, dass man die kleinen Kinder zum ersten Male an dem Tage zur Kirche führt, da der religiöse Friede gepredigt wird.

Der größte Friedensprediger in Augsburg aber ist die allversöhnende Zeit gewesen, welche neue Formen der Gesittung heraufgeführt hat, worin die alten Marken der rein juristischen Parität doch nur noch dastehen wie Wegweiser zur Vergangenheit. Das Haus, in welchem die Augsburgische Konfession überreicht ward, musste einem nichtssagenden Schlossbau der Zopfzeit Platz machen; andererseits wird in der Jesuitenkirche gegenwärtig der Wollmarkt abgehalten und es wurde vor etlichen Jahren heftig darüber gestritten, ob es schicklich sei, eine Truppe englischer Reiter in derselben gaukeln zu lassen. An der Mauer des katholischen Gottesackers aber sieht man das Grab der dorthin übertragenen Gebeine der alten Jesuiten mit der bedenksamen Inschrift: *In hoc tumolo ossa patrum Soc. Jesu, queis neque viventibus neque mortuis genius saeculi quietem concessit ...carnis resurrectionem expectant.*

Drittes Buch
Zur ästhetischen Kulturpolitik

Unsere musikalische Erziehung
Briefe an einen Staatsmann
1853 und 1858

Erster Brief

Plan und Ziel

Sie fordern mich auf, meinen Satz zu begründen: Dass unser Musiktreiben trotz vereinzelter Fortschritte nahezu den Charakter eines *öffentlichen Notzustandes* angenommen habe, dass unsere planlose musikalische Erziehung einen dicken Strich quer durch unsere ganze übrige Pädagogik mache; dass überhaupt, eigentlich von musikalischer Erziehung nirgends die Rede sei, sondern nur von Musikunterricht; dass allerlei krankhaftes Wesen im Geistes- und Gemütsleben der gebildeten Volkskreise die reichste Nahrung finde in diesem verkehrten Musiktreiben, und dass es Pflicht unserer Staatsmänner sei, auf die bisher fast gar nicht von ihnen beachtete musikalische Erziehung und Verziehung des Geschlechts endlich auch einmal einen Blick zu werfen.

Sie wundern sich, dass ich, der ich selber ein so eifriger Musiker bin, dennoch des Glaubens lebe, die deutsche Nation sei auf dem besten Wege, sich mit ihrem ziellosen Eifer für die Tonkunst nachgerade ganz dumm zu musizieren.

Ich will Ihnen also meine Gründe nicht länger schuldig bleiben: Gedenke meinen Beweis aber nicht im Style eines Sophisten zu führen, der einen paradoxen Satz durch einen viel verschlungenen Kunstbau spitzfindiger Schlüsse stützt, sondern indem ich einfach eine Reihe klarer Tatsachen in dieser meine Herzensangelegenheit reden lasse.

Es gibt künstlerische Erziehung in zwiefachem Sinne: Erziehung durch die Kunst und Erziehung für die Kunst. Die erstere setzt die letztere nicht notwendig voraus, und die Erziehung für die Kunst wird an sich den Staatsmann wenig kümmern, wohl aber als Grundlage der Erziehung durch die Kunst. Denn diese ist zugleich ein Hauptelement der gesamten Volksbildung! sie birgt ein tiefes und allgemeines Kulturinteresse.

Nun ist aber die Erziehung für die Kunst ohne Zweifel die Wurzel der Erziehung durch die Kunst, und wenn nur die schaffenden Künstler selbst von Anbeginn den rechten Weg gehen, dann wird auch der Einfluss ihrer Kunst auf alles Volk – und dies ist ja die Erziehung durch die Kunst – der rechte sein.

Dieser Satz ist so gewiss in seiner Allgemeinheit wahr, als für die Praxis nichtssagend. Denn weit weniger in dem Schaffen der lebenden Künstler, als in den unermesslichen Kunstschätzen der Vergangenheit liegt das künstlerische Erziehungsmaterial für die Gegenwart. Und zudem ist gerade der schöpferische Genius immer mehr oder minder Autodidakt und geht trutzig seine eigenen Wege, und es ist überhaupt wohl noch keinem vernünftigen Menschen eingefallen, vom Staate zu fordern, dass und wie er die Erziehung produktiver Künstler für die Kunst regeln solle. Er kann höchstens die Gründung tüchtiger Kunstschulen unterstützen, die aber dann um so reicher blühen werden, je freier und selbstständiger man sie gewähren lässt.

Dagegen soll der politische Mann den Einfluss der Kunst als einer gegebenen Tatsache fleißig bei allem Volke beobachten. Er findet dann sicher mancherlei Punkte, wo dieser Einfluss zu stärken, zu schwächen, nach besonderen Zielen zu lenken ist. Ferner soll er aber auch jene Erziehung für die Kunst ins Auge fassen, wie sie als ein allgemeines Bildungsmoment uns Alle erst recht befähigen soll zur Erziehung durch die Kunst.

Und lediglich in diesem zwiefachen Sinne möchte ich Ihnen einige Gedanken über unsere musikalische Erziehung mitteilen.

Das Volk wird entsittet durch die tägliche Gewöhnung an schlechte Musik, und der Einzelne wird verschroben und entnervt, wenn man ihn durch liederliche Modemusik in jene Schule künstlerischer Bildung führen will, für welche nur das strengste leicht und nur das beste gut genug ist.

Zweiter Brief

Geistliche Gassenmusik

Zunächst bedaure ich, dass der Staat, die Gemeinde, der Hof, die Kirche im Laufe der Zeit fast alle Gelegenheit mutwillig haben fahren lassen, durch welche sie auf eine veredeltere Sangeslust im Volke einwirken konnten, während dem auf den rohesten Sinnenreiz der Massen spekulierenden musikalischen Handwerk das ganze Feld geräumt worden ist.

Ich beginne mit einigen ganz kleinen und unscheinbaren Tatsachen, um zu gewichtigeren aufzusteigen. Denn Sie wissen, ich halte es auch in literarischen Arbeiten mit meinem großen Vorbild und Freunde Joseph Haydn, der gerne mit einem so kleinen Thema anhebt, dass wir darüber lächeln,

lächeln, und uns im Spiele durch dieses kleine Thema dennoch unvermerkt zu den höchsten und heiligsten Dingen führt.

In vielen protestantischen Städten und Flecken galt bis auf die neueste Zeit das Herkommen, dass Morgens und Abends oder auch zur Mittagszeit vom Turme herab ein Choral geblasen wurde. Der Arbeiter im Felde hielt eine Weile seinen Pflug an, wenn die feierlichen Töne in die Stille der Morgenlandschaft hinein schallten, in der Werkstatt ward es auf Minuten ruhig, und manchem verzagenden Herzen sind bei dieser Musik urplötzlich die rechten Gedanken des Trostes aufgeleuchtet. Wie es den einsamen Wanderer erhebt und gleich als ein Gebet ihm durch die Seele zieht, wenn er am Abend in's Quartier rückt und ihn schon weither vom Turme der Choral begrüßt, das habe ich selber manchmal tief empfunden und möchte diese musikalischen Eindrücke um manches prächtige Konzert nicht hingeben. Es war durch solche Musik allem Volke eine religiöse und künstlerische Weihe wenigstens auf etliche Augenblicke eines jeden Tages gelegt.

Die Turmbläser wurden manchmal aus Stiftungsfonds bezahlt, oft auch aus dem Gemeindesäckel. Obgleich wir nun täglich reicher werden, so hat man doch fast überall kein Geld mehr für solche Dinge. Nur noch als eine Ausnahme, als eine Kuriosität erschallen hier und da Choräle von den Türmen. Und oft wie erbärmlich geblasen! Haben die Gemeinden aber auch bedacht, dass sie mit der Turmmusik einen tüchtigen Hebel zur musikalischen Erziehung des Volkes mutwillig weggeworfen? Gelehrte Forscher haben unsern Choralgesang gereinigt und verjüngt. Spürt aber das Volk schon sonderlich viel davon? Wenn in der Dorfkirche elend gesungen wird, so lässt sich's durch die Orgel allein und den Schulmeister mit seinen Kindern nicht besser machen. Würden aber die gereinigten alten Weisen vom Turme herab täglich den Bauern in's Ohr klingen, dann lernten sie dieselben auch wieder so fest wie ihre Vorfahren. Es war zudem des gemeinen Mannes einzige Probe einer ernsten und klassischen Musik *außerhalb* der Kirche, die ihm vom Turme herab vorgeblasen wurde; jetzt findet er seine musikalischen Klassiker lediglich noch auf dem Tanzplatze; freilich Klassiker, über die sich Gott erbarmen möge. Schon allein um der Befruchtung willen, welche der geistliche Volksgesang, der Choral, dem weltlichen Volksgesange gab, durfte man die Turmbläserei nicht abschaffen, ob man sie gleich vielfach hätte reformieren sollen.

Es schwärmen ja gegenwärtig wieder so viele reiche und vornehme Leute für den lutherischen Choral. Sollte nicht der Eine und Andere die paar Gulden finden, um die Stiftung einer feierlichen Turmmusik in seinem Heimatsorte zu erneuen? Das wäre namentlich ein echt adeliger Luxus.

Und sollten Gemeinden, welche noch Sinn für einen würdigen Schmuck ihres Gemeinlebens bewahren, nicht hier und da die Mittel auftreiben können, die schöne alte Sitte wieder zu beleben?

Und noch Eines. In den lärmenden großen Städten verliert das Blasen vom Turme freilich seinen Sinn. Solch eine künstlerische Weihe des Tages ist vielmehr eines der schönen natürlichen Privilegien von Dorf und Landstadt. Gegenwärtig, wo sich die Großstadt immer mehr vermisst, Land und Leute zu verschlingen und die Welt für sich allein zu repräsentieren, wo es deshalb aber auch um so entschiedener gilt, den Werth der kleinen Orte zu erheben, dass Dörfer und Kleinstädte nicht gar erdrückt werden von den großmächtigen Schwestern und ihrer guten Eigenart beraubt durch deren Einfluss: – gegenwärtig tut es allen kleineren Gemeinden dringend not, eifersüchtig das zu bewahren, was sie vor den großen Städten von Natur voraushaben und dazugehört auch – so seltsam es klingen mag – ein echter und gerechter Turmchoral.

In Thüringen und einem großen Teile Norddeutschlands, dazu auch in einigen württembergischen Städten, war es bis zur neuesten Zeit Sitte, dass die Sänger des Kirchenchores, ärmere Schüler der Oberklassen, an bestimmten Tagen frühmorgens oder in den Abendstunden mehrstimmige geistliche Lieder und Motetten auf den Straßen sangen. Dafür ward eine kleine Geldspende gesammelt und vierteljährlich unter die Sänger verteilt. Diese Straßenkoncerte haben mich manchmal musikalisch erbaut; tausend Anderen wird es ähnlich ergangen sein. Einzelne Familien bestellten sich wohl auch an besonderen Tagen der Freude oder Trauer den kleinen Sängerchor des Abends vor das Haus und wählten sich die Weisen aus, welche der Stimmung des Tages entsprachen. Gewiss ein köstlicher Brauch! Der schlechten Straßenmusik der Jahrmärkte und Kirchweihen war hier eine Musik ernsterer und würdigerer Art auf denselben Straßen gegenübergestellt. Der protestantische Kleinstädter, welcher eine figurierte Kirchenmusik oft im ganzen Leben nicht hört und Oratorien, Symphonien und Quartette vielleicht ebenso wenig, konnte hier wenigstens ein Ohr gewinnen für den strengeren figurierten Satz. Und gar manchem Knaben ist an solchen Motetten der Sinn für die höhere musikalische Form geweckt worden. Leider ist nun aber das schöne Herkommen fast aller Orten eingeschlafen, und die Gemeinden haben sich damit abermals freiwillig eines Mittels begeben, direkt auf die musikalische Erziehung des Volkes zu wirken. Sangen diese Chöre schlecht, dann hätte man sie verbessern, nicht aber abschaffen sollen, und war man zu sentimental geworden, um die *armen* Schüler fürder noch allein vor den Häusern singen zu lassen, dann musste man die reichen noch dazu stellen, nicht aber flugs den ganzen Brauch zerstören.

Die Kluft zwischen unserer Kunst und dem Volksleben ist nicht so groß, wie die gemeine Rede behauptet; wenn man aber freilich jede Brücke gedankenlos abbricht, dann muss auch eine kleine Kluft zuletzt unüberschreitbar werden.

Dritter Brief

Die Kirche als Kunstschule

Noch immer ist die Kirche die einzige höhere Kunstschule des gemeinen Mannes. Wenn das Volk des katholischen Oberdeutschlands noch so viel schöpferischer ist im Volksgesange, als die protestantischen norddeutschen Bauern, so darf der Einfluss der katholischen Dorf-Kirchenmusik hierbei gewiss nicht übersehen werden. Der Bauer hört da einen freieren, reicheren Vokal- und Instrumentalsatz, der dem modernen weltlichen Volkslied oft sehr nahe steht und – sei es auch eine rechte Rumpelmesse im Zopfstil des vorigen Jahrhunderts – doch immerhin nach der Schablone der idealeren kontrapunktischen Form zugeschnitten ist. Wo könnte er außerdem dergleichen Kunsteindrücke von jugendauf und allfesttäglich finden? Aber auch der bessere Dilettantismus der Kleinstädte kräftigt sich in der Mitwirkung zu diesen Kirchen-Chören und Orchestern, und wenn nicht so viele Lateinschüler und Handwerkslehrlinge geigen gelernt und Freude am Ensemblespiel gewonnen hätten in jenen Landmessen, dann wäre gewiss die private Pflege des Streichquartetts nicht so weit verbreitet im deutschen Süden. Das Quartettgeigen aber bildet eine solide Grundlage sonder Gleichen für alle musikalische Erziehung und wird so leicht zum köstlichsten Schmucke häuslicher Geselligkeit.

Kirchlicher Puritanismus möchte jetzt gern alle freiere, reichere Kunstübung verbannen aus dem Hause Gottes. Wo wir es aber ganz versäumen, *in der Kirche* das Volk auch zum Hohen und Heiligen in der Kunst zu erziehen, da wird sich dasselbe *außerhalb* der Kirche zuletzt in eine so lediglich profane und frivole Kunst hineinmusizieren, dass kein Pfarrer, und hätte er feurige Zungen, zuletzt auch die üblen moralischen Folgen wieder wird hinpredigen können.

Beim Anblick der Kirchenkantaten Joh. Seb. Bachs kommt mir gar oft der Gedanke, was doch wohl unsere heutigen Geistlichen und mit ihnen die große Mehrzahl unserer protestantischen Gemeinden dazu sagen würden, wenn man ihnen solche geistliche Musik in der Kirche vorführte? Sie würden den Künstler steinigen, der solches wagte und die Kirchenbehörde dazu, die es zugelassen. Man würde über die Herabwürdigung der Kirche zu einem Konzertsaal klagen, wie man umgekehrt über die Heraufwürdigung des Konzertsaals zur Kirche geklagt hat, als man irgendwo Beethovens große Messe in einem solchen Saale aufführen wollte. Als ob die höchsten Ziele der Kunst nicht ebenbürtig seien den höchsten Zielen der Kirche! Obgleich uns nun die Bachischen Cantaten wie Konzertstücke anmuten, so sind sie doch ihrer Zeit wirklich für das praktische Bedürfnis, des Gottesdienstes geschrieben und zur Erbauung unserer Urgroßväter in den Kirchen aufgeführt worden. Eine solche Cantate ist aber nichts Geringeres, als ein kleines Oratorium und solch ein unsterbliches Kunstwerk durften die Leipziger allsonntäglich ebenso gut hören, wie wir eine bloße Predigt!

Ein einziges Exempel möge Ihnen die Fülle der musikalischen Elemente zeigen, davon jede einzelne dieser Kirchenkantaten strotzt. Ich nehme die auf den 16. Sonntag nach Trinitatis über den Choral; »Liebster Gott, wann werd' ich sterben?« Zuerst tritt der Chor auf und singt eine Art Hymne, in welcher die Choralweise zu freieren, ich möchte sagen, minder kirchlichen Formen herrlich ausgearbeitet ist. Dazu gesellt sich aber ein breit entfalteter, selbstständiger Orchestersatz. Das Streichquartett begleitet in Pizzicatotönen gleich einem Harfenchore den Gesang, zwei Oboen (und obendrein ist es gar » *Oboe d'amore!*«) blasen dazu ein wunderliebliches konzertierendes Duett, und über diesem ganzen volltönigen Harmonienbau, dessen tiefes Fundament die Orgel, geht noch die Flöte ihren eigenen Weg, indem sie in gemessenen Zwischenräumen im höchsten Staccato das helle Klingen des Totenglöckchens nachahmt. Dann kommt der Tenor und schildert in einer großen, von der Orgel und einer obligaten Oboe begleiteten Arie das Entsetzen der Kreatur vor dem Tode. Die Rhythmik des *Basso continuo* malt diese Stimmung des Entsetzens in so bewegt dramatischer Weise, wie sie Gluck in seinen Opern nicht farbenvoller und ergreifender aussinnen konnte. Der Alt nimmt alsdann den Gedankengang des Tenors auf und erhebt in einem vom Streichquartett begleiteten Rezitative die bange Frage der Seele über die dunkle Zukunft nach dem Tode. Aber sogleich nach dem letzten fragenden Tone dieses Rezitativs fällt das Orchester ein und deutet in dem heiter bewegten Ritornell auf die tröstende Antwort des Basses, welcher in einer Arie die rettende und schirmende Gemeinschaft mit Christo dem Erlöser schildert. Diese Arie ist aber nach Melodie und Rhythmus eine Art Tanzmusik in der Urgroßväter Geschmack und zwar eine recht lustige, nämlich eine Giga. Das Gepräge der Heiterkeit wird noch erhöht durch die Instrumente, da die Flöte mit den Geigen in allerlei hüpfenden und springenden Figuren beständig wettsingt. Es bedurfte eines Meisters, der in derselben gläubigen Naivität setzte, in welcher van Eyk gemalt hat, dass ein solches Musikstück selbst uns puritanischen Modernen trotzdem nicht weltlich, nicht frivol, sondern recht wie das geistliche Lied einer jubelnden gläubigen Seele erscheint. Endlich führt ein Rezitativ des Soprans zu dem reich orchestrierten Schlusschoral, der die Zuversicht des ewigen Lebens in majestätischen Akkorden predigt. Solche dramatische Musik ist vor hundert Jahren in protestantischen Kirchen aufgeführt worden. Die Kirche verschmähte es nicht, mit der Kunst zu gehen, darum ging aber auch die Kunst noch mit der Kirche. Sie wissen, dass man heutzutage viele gebildete Leute vexieren könnte, wenn man ihnen eine Bachische Gavotte oder Allemande vorspielte und sagte, das sei Kirchenmusik; sie würden es glauben. Wo aber die Tanzweise so hoch, ideal und gedankentief gehalten ist, da kann man auch ohne Profanation eine Kirchenarie nach dem Gang einer Tanzweise bauen. Die Kirche verliert nichts bei solcher Verbrüderung weltlicher und geistlicher Kunst; das weltliche Leben aber gewinnt. Was ist denn eigentlich kirchlicher Stil in der Musik? Wenn wir heute einen Chor für die Kirche schreiben, wie ihn Händel vor hundert Jahren für's Konzert geschrieben hat, so klingt er uns sehr kirchlich. Also in alten, abgestorbenen Formen schreiben, heißt kirchlich schreiben? Und ist denn der Gedanke nicht gerade Profanation, dass eigentlich nur das Abgestorbene für die Kirche gut sei? So denkt unsere künstlerische – und kirchliche? – Epigonenzeit; die Reformatoren des sechzehnten Jahrhunderts haben nicht also gedacht, und die großen schöpferischen Künstler schöpferischer Perioden noch viel weniger. Palestrina, Händel, Bach, selbst Haydn, Mozart und Beethoven dichteten in ihren eigensten und neuesten Formen geistliche Musik; es fiel ihnen gar selten ein, veraltete Weisen für die Kirche künstlich nachzuahmen. Mendelssohn dagegen musste sich schon bequemen, altmodisch zu stilisieren, wo er recht geistlich sein wollte. Dies beweist aber nicht, dass der geistliche Stil schlechtweg altmodisch sein müsse, sondern lediglich, dass uns in der Kirche wie in der Kunst der naive Glaube abhandengekommen ist. Als man noch mauerfest in diesem Glauben stand, da dachte man noch an keine Scheidung weltlicher und kirchlicher Kunstformen; erst als man wankend ward, trennte sich ein weltlicher Stil von dem kirchlichen; und als man jenen naiven Glauben gar verlor, da gliederte man vollends kirchliche, geistliche und weltliche Form.

Aber sollen wir denn in der Kirche musizieren wie im Theater oder auf dem Jahrmarkt? Gewiss nicht. Die Kunstformen der Zeit dürfen in der Kirche nur ihre strengste, reinste und würdevollste Anwendung finden, und obgleich eine kirchliche Musik durchaus nicht undramatisch zu sein braucht (Orlando Lasso so gut wie Bach waren gewaltige Dramatiker in der Kirche), so gehört doch das Bühnenpathos der rein subjektiven Leidenschaft gewiss nicht vor den Altar. Vor allem aber sei die Kirchenmusik des bloß sinnlichen Reizes der spielenden Form entkleidet: im Gedanken reich, einfältig im Schmucke der Figuren. Dies letztere fand man nicht mehr in einer sinnenreizenden, veräußerlichten Kunst des Tages und glaubte darum, für die Kirche dürfe nur das Tote lebendig, nur das Vertrocknete frisch, nur das Veraltete neu sein, weil wir diesem freilich den Sinnenreiz nicht mehr anmerken, welchen es für längst begrabene Geschlechter hatte.

Es fällt mir im Traume nicht bei, solche kleine geistliche Opern, wie die Cantaten Bachs, zur Aufführung bei unserm Gottesdienste zu empfehlen. Nicht weil sie unkirchlich, sondern weil sie in zu vielen Stücken veraltet und überhaupt nur dem musikgeschichtlich Gebildeten nicht aber einer ganzen Gemeinde rein verständlich sind. Allein angesichts dieser Zeugnisse aus alten Tagen fühle ich um so tiefer den Rückschritt, dass der ausgeführtere, *der Gegenwart eigene*, Kunstgesang fast ganz von unsern protestantischen Kirchenchören verschwunden ist, und damit zugleich ein mächtiges Element für unsere musikalische Volkserziehung.

Wir rühmen uns mit Recht des wiederauflebenden Eifers für das Studium der älteren Kirchenmusik, die mit guter Auswahl noch gar vielfach brauchbar wäre zur Erhöhung unsers protestantischen Gottesdienstes. In's Konzert passt sie nicht; in die Kirche darf sie nicht passen. So ist dieses neue Studium lediglich den Gelehrten gewonnen, ob es wohl auch den Gemeinden fruchtbar sein könnte. In einigen Kirchen, wo man dergleichen kleinere und allgemein verständliche Werke wieder mit dem protestantischen Kultus zu verflechten wagt, geht man dabei so spitz wie auf Eiern einher. Es darf z. B. wohl eine Nummer von Schütz, Eccard, Gallus, Bach, wohl gar von Mendelssohn gesungen werden, aber der Name des Tonsetzers und das Datum des Werkes darf nicht auf den Kirchenzettel. Man nennt doch den Namen des Predigers auf demselben Zettel, man druckt neuerdings auch wieder Dichter und Datum unter die Gesangbuchslieder. Sind die alten Musiker allein so gottlos gewesen, dass man ihre Namen verschweigen muss vor einer modernen Gemeinde? Dies ist es nicht. Allein der Kirchenzettel soll nicht wie ein Konzertzettel aussehen, niemand soll in die Kirche gelockt werden um der Musik willen, die Musik soll überhaupt nur religiös erbauen, nicht künstlerisch. Eine Scheidung der letzteren Art ist aber nur bei dem ganz rohen Haufen und selbst hier nur annähernd möglich. Ein geistliches Musikstück, mit historischer Erkenntnis seiner Gedanken und Formen angehört, wird den Musikgebildeten auch religiös unendlich tiefer und ruhiger erbauen, als ein rätselhaftes Werk, dessen kritische Entzifferung, wenn man ihn absichtlich über den Autor im Dunkeln lässt, nun erst recht seinen technischen Scharfsinn reizt und ihn so in ganz profaner Weise von dem eigentlichen Erbauungszwecke vollständig abzieht. Oder meint man, es sei überhaupt erbaulicher, über ein unverstandenes Kunstwerk so obenhinaus träumen, als in klarem Verständnis die Gedanken und Gefühle des religiösen Sängers nachdenken und nachempfinden? Dann wäre freilich den dümmsten Menschen vom lieben Gott die Erbauung am leichtesten gemacht. Wer nichts von Musik versteht, dem ist es ohnehin gleichgültig, ob er den Namen Schütz oder Gallus auf dem Zettel liest, wer aber etwas davon versteht, dem ist es ein Ärgernis, wenn man ihm in der Kirche kunstgeschichtliche Rätsel vorlegt, und dadurch sein Denken und Sinnen geradezu aus der Kirche hinaus und in's Studierzimmer lockt. Ich denke doch, eben in der Erkenntnis der poetisch volksbildenden Kraft unserer Gesangsbuchslieder hat man Dichternamen und Jahrzahlen wieder in die Gesangbücher eingedruckt, damit die strebsameren Gemeindeglieder diesen Dichtern weiter nachgehen und zugleich ein Bewusstsein von der Geschichte des protestantischen Kirchenliedes selbst aus dem bloßen Gesangbuch gewinnen können. So wird man auch die Namen unserer Kirchenmusiker nicht mehr verschweigen, wenn die Erkenntnis von der volksbildenden Kraft der ächten Musik dereinst unseren Theologen voll und ganz aufgegangen sein wird.

Selbst bei vielen Katholiken regt sich jetzt der Gedanke, ob es nicht würdiger sei, statt ihrer reichen, oft freilich mit übermäßigem Prunk beladenen neueren Kirchenmusik lediglich die einfachen reinen Vokalsätze im Palestrina-Stil beim Kultus beizubehalten. Wie können aber die Geistlichen über die wuchernden sittenverderbenden Einflüsse einer liederlichen Tanz- und Opernmusik klagen, wenn sie selber dahinwirken, dass eine den Formen der Zeit und dem Ohre des Volkes naheliegende Musik fast gar nicht mehr gehört werden kann? Denn Palestrina und unsere Bauern sind doch wahrhaft wie durch ein Weltmeer voneinander geschieden, und zwischen der historischen Bildung der Gelehrten und dem Volksleben wird durch solchen Purismus erst recht eine Kluft gerissen, die fürder keine Brücke mehr trägt.

Protestantische Geistliche erklären es jetzt häufig für Missbrauch, dass in Stunden, wo die Kirche leer steht, etwa ein Orgelkonzert darin abgehalten oder ein Oratorium aufgeführt werde, während selbst die kirchlich so strengen Engländer ihre Kirchen gern zu solchen Zwecken öffnen. In der Tat hat auch in dem musikarmen England die geistliche Musik einen weit breiteren Boden in allem Volke als bei uns. Einem Konzert mit schlechtem oder profanem Programm soll man freilich die Kirchentüren verschließen; außerdem aber scheint es mir viel mehr dem Zweck der Kirche, als eines Hauses des Herrn, zu entsprechen, wenn unter der Zuhörerschaft eines geistlichen Konzerts in ihren Mauern auch nur drei sich durch die göttliche Kraft der Musik zu Gott erhoben fühlen, als wenn sie leer steht. Bekanntlich erstirbt die Kunst des ächten Orgelsatzes immer mehr, und kaum denkt noch ein Komponist bedeutenden Ranges daran, Orgelwerke zu schreiben. Auch die ausgezeichneten Organisten sind selten geworden. Natürlich. Wozu sollen sich große Tonsetzer und Spieler für dieses Instrument bilden, wenn ihnen ein ausgeführter Vortrag weder beim Kultus noch im Kirchenkonzert gestattet ist und sie höchstens bei verschlossenen Türen und für sich allein ihre Kunst entfalten können? Die Orgel ist schier gestrichen aus dem Kreise der lebenden Instrumente, und den Triumph davon hat wahrlich nicht die gediegene Musikbildung, sondern die Afterkunst jener extremen Manieristen des subjektiven Pathos, die schon lange mit Hector Berlioz vermeinen, die im leidenschaftslosen Gleichmaße des Tones erhabene Orgel sei eben darum das langweiligste und unbrauchbarste aller Tonwerkzeuge.

Doch genug meiner Ketzereien; denn selbst meine theologischen Freunde werden diese Gedanken für nichts besseres ansehen. Ich schreibe sie aber dennoch nieder, überzeugt, dass es eine Pflicht der Kirche, als unserer ältesten Kunstschule, sei, auch heute noch mitzuwirken zur künstlerischen Erziehung des Volkes.

Vierter Brief

Volksgesang

Mein letzter Brief schloss mit ernsten Betrachtungen: Ich habe seitdem fröhliche Reisetage verlebt und lenke unter dem frischen Eindruck derselben mein Thema in eine neue Tonart. Ich durchwanderte das bayerische Hochgebirge, eine Landschaft, die eben so reich ist an Naturschönheit als arm an Kunstwerken. Dennoch hat das Volk eine wunderbare künstlerische Ader. Und so ward ich denn auch hier in meinen Kunststudien angeregt, obgleich ich während der ganzen Reise nichts gehört noch gesehen habe von eigentlicher Kunst. Ich hörte nur das Gejauchze und die Lieder und Tanzweisen der Bauern; allein ich lernte dabei, wie vortrefflich das Volk sich selber musikalisch erziehen kann, wenn ihm nirgends fremde Hände in's Zeug pfuschen. Solches ist freilich fast überall schon reichlich geschehen, dass man eben in die einsamsten Alpentäler blicken muss, um hier überhaupt noch von Selbsterziehung zu reden.

All diese Musik der Gebirgsbauern knüpft sich enge an den Boden. Jedes Tal hat seine eigenen Lieder, jede Landschaft ihr eigenes Gejauchze. Viele Lieder ziehen sich wohl auch durch's ganze Gebirge, aber die bedeutendsten Orte wollen dazu auch wieder ihren besonderen Sang haben. Am Tegernsee jauchzt man anders als am Inn oder an der Salzach, und wenn uns die Sennerin von ferne her mit diesem musikalischen Jubelrufe grüßt, dann weiß das kundige Ohr sogleich, ob sie eine einheimische oder fremde ist und aus welchen Bergen. Dieses Jauchzen ist eine oft sehr originelle melodische Phrase, ein langgehaltener hoher Ton, von dem man in örtlich verschiedener Intervallfolge meist zur Oktave herabsteigt. Gleich dem Volkslied, dessen fragmentarische Basis das Gejauchze, wird es jeder Stimmung angepasst, zu jeglichem Signal gebraucht. Der letzte Nachruf des Abschiedes und der Freudenschrei des Wiedersehens, das stille Wonnegefühl eines sonnigen Tages, wie der lauteste Festjubel, der Gruß an den Wanderer: Alles dies wird mit den gleichen Tönen des Jauchzens ebenso deutlich und unterschieden ausgesprochen, wie der Kegelbube dieselben anschlägt, wenn alle neune geworfen sind, oder der Scheibenwärter, wenn in's Schwarze getroffen ist. Das Volk hat so großes Entzücken an diesen ewig wiederholten Tönen, weil es weiß, dass sie *ganz sein eigen sind*. Und in diesem Gedanken ist zugleich der höchste pädagogische Werth echter Volksmusik ausgesprochen.

Wenn die Liebe am eigensten Besitz schon die bloße Phrase des Jauchzens als ein Symbol der Heimat und als unerschöpflich schön erscheinen lässt, wie viel mehr muss dies noch von dem ausgeführten Lied und der Tanzweise einer Gegend gelten? Musikalisch sind diese Dinge ja oft von sehr geringem Werte, dennoch aber freuen wir uns solcher Musik, weil sie uns *gesund* dünkt. Was heißt hier gesund? Man sagt wohl: was wahr und echt ist. Aber was ist hier wahr und echt? Ein Lied dessen Form und Gedanke, im Volke selbst erwachsen, nichts anderes ausspricht als was diese Volksgruppe selber fühlt, begreift und auszusprechen sich berufen und gedrungen fühlt, solch ein *eigenes* Lied ist allemal auch ein gesundes und wahres Volkslied. Es kann darum ästhetisch arm, geringhaltig, inkorrekt sein, aber es ist doch gesund und wahr. Denn es gibt allerdings schlechte gesunde Musik, aber freilich nicht umgekehrt auch gute ungesunde. Man spricht von *unverdauter Musik,* die vielerlei Volk gedankenlos weitersinge. Der Ausdruck trifft; denn solche musikalische Formen und Gedanken, die dem Organismus einer Volksgruppe fremdartig, von außen ihm eingetränkt worden, unverdaute und unverdauliche Stoffe, sind allerdings, wie jeder Doctor weiß, höchst ungesund. Denn die Tanzmusik auf einer Bauernkirmes mit verminderten Septimenakkorden und sentimentalen

Terzen-Vorhalten kokettiert, so ist dies ganz ebenso widerlich, wie wenn die Bauern in Frack und Ballschuhen tanzten statt in Joppen und Wadenstiefeln. Nicht minder verkehrt ist es aber auch, wenn unsre Modekomponisten in künstlicher Einfalt nachgeäffte »Volkslieder« für den Salon schreiben. Wir sollen uns an den Weisen des Volkes erfrischen, wir sollen sie auch mit unsern eigenen Ideen verarbeiten, aber wir sollen sie nicht nachäffen.

Als der König das Hochgebirge bereiste, kam vor einem der sangreichsten Dörfer zwischen Isar und Inn die ganze Gemeinde ihrem Fürsten entgegen und sang ihm ihre schönsten eigenen Lieder. Und als sich darauf der König lange mit dem Ortsvorsteher unterhalten hatte und ihn zuletzt huldvoll mit dem Worte entließ: »Ich bin recht zufrieden mit Euch!« erwiderte der Vorsteher in treuherziger Zuversicht dem Könige: »Und wir sind es auch mit Euch!«

So kann nur noch ein Bauer sprechen, der eigenes Kleid hat, eigenes Haus, eigenen Brauch und eigenen Sang und Tanz. Sollte er aber je eines oder das andere aufgeben, so will ich viel lieber noch, er schafft sich einen städtischen Rock an als städtische Lieder. Man kann in Deutschland zwar nicht sagen, wo echtes Bauernleben blüht, da blühet auch noch echter Bauerngesang. Denn leider singen viele unserer besten Bauerschaften gar nicht mehr, und in einigen tief gesunkenen Gauen tönt noch ein echtes und eigenes Lied als der letzte wehmütige Nachhall verlorener besserer Tage. Aber umgekehrt darf man behaupten: wo eine unverdaute städtische Modemusik auf dem Lande das Feld gewonnen hat, da ist auch der Bauer verdorben.

Aber – werden Sie sagen – das alles sind Dinge, die sich von selber machen müssen, und es ist nicht abzusehen, wie hier eine äußere Macht erziehend einwirken soll. Ganz gewiss. Ich selber schrieb ja auch, wie vortrefflich das Volk sich musikalisch zu erziehen wisse, wenn ihm nirgends fremde Hände in's Zeug pfuschten, und will Ihnen nur auch ein Beispiel solcher Pfuscherei mitteilen.

Bald nach dem Vorfall der vorgedachten Anekdote fuhr ich durch dasselbe Dorf mit einem Postillon aus der Gegend. Der Bursche war zur Musik aufgelegt wie alle seine Landsleute und blies sein Horn vortrefflich. Aber was blies er in diesen durch ihren eigenen, unberührten Sang berühmten Tälern? Heines »Schönste Augen« in der liederlich sentimentalen Melodie von Stighelli! Ein altbayerischer Postillon, so stockig und maulfaul, dass man nicht einmal über Weg und Steg drei Worte aus ihm hervorlocken kann, bläst den Bauern am Fuße des Wendelstein alltäglich die Weise vor: »Auf

»Auf deine schönen Augen hab' ich ein ganzes Heer unsterblicher Lieder gedichtet« –

Ich fuhr zwar nicht aus der Haut über diesen Postillon mit seinen »unsterblichen Liedern,« aber ich glaube fest, dass die Bauern über kurz oder lang aus ihrer Haut fahren, mit ihren guten Liedern auch manche andere gute Sitte um städtischen Flitter eintauschen und einen ganz andern Menschen anziehen werden, wenn man ihnen standhaft solches Zeug vorsingt.

Nun fördert man aber offiziell das musikalische Talent der Postillone. In verschiedenen deutschen Staaten sind Preise ausgesetzt für die Postillone, welche *am besten* blasen. Ich würde vielmehr Preise aussetzen für die Postillone, welche *das Beste* blasen, nämlich die echtesten, schönsten Volksweisen. Mit jenem lockt man den Reiz des Virtuosentums gar unter den Bauern hervor; mit diesem übt man musikalische Volkserziehung. Der Virtuosen auf der Estrade des Konzertsaals haben wir ja leider schon zu viele; muss denn die Postverwaltung auch noch Virtuosen für den Bock des Eilwagens ausbilden? Und zum Preise schenkt man dem gekrönten Postillon wohl gar ein recht kunstreiches Posthorn mit Ventilen, ein Ventilhorn, auf welchem man die ganze Chromatik der modernen Ball- und Opernmusik blasen kann, während das alte rohe Posthorn den Postillon *zwang*, sich hübsch in den einfachen Naturtönen des Volksliedes zu halten.

Ich hätte wahrlich diese Postillonsgeschichten nicht berührt; allein Sie meinen, der Staat könne direkt nichts tun zur musikalischen Volkserziehung? Sie sehen aber, er greift hier ja bereits direkt ein, nur mehr pfuschend als fördernd. Denn ein solcher preisgekrönter Postillon mit dem Ventilhorn, der den Bauern mit völlig fremden, unverdauten Phrasen die eigene Sangesweise verdirbt, ist eine Kunstautorität im Dorfe, oft eine größere musikalische Autorität als Pfarrer und Schulmeister. Krönte man ihn für das Blasen echter Volkslieder, so würde man Gutes stiften. Sollen denn unsere Politiker absolut bloß gute Menschen, aber schlechte Musikanten sein?

Und da ich nun doch einmal von Preisen und Krönen rede, so meine ich, bei unsern landwirtschaftlichen Volksfesten, wo man bis jetzt in der Regel nur die Ochsen und Pferde krönt, sollte man auch dazu eine höhere Saite anschlagen und neben das Wettrennen, Wettpflügen und Wettspielen auch ein Wettsingen der Bauern setzen. Der Preis aber dürfte nicht schlechtweg denen zufallen, die am besten, sondern die auch zugleich *das Beste* singen, nämlich die echtesten, *auf dem eigenen Boden gewachsenen* Volkslieder.

Ich weiß, Sie achten diese Dinge nicht für klein; denn nicht von oben herab, sondern von unten herauf reformiert man das öffentliche Leben, und fange ich ja eigentlich nur darum bei den preisgekrönten Postillonen an, damit ich mit Beethoven schließen kann.

Fünfter Brief

Heermusik

Aus den Budgets unserer Kriegsministerien werden stattliche Regimentsmusiken und Hornistenkorps besoldet. Der Heerdienst ist ja in so manchem Stück eine Schule für das Volk, warum nicht auch in der Musik? Eine ächte Militärmusik soll Volksmusik sein, sie soll sich enge den wirklichen Volksliedern anschließen; das gibt recht lustig und hell tönende, recht kriegerische Weisen. Es entspricht zugleich dem nationalen Charakter des Heeres, welches sich auch musikalisch nicht mit geborgten Lappen schmücken soll. (Nur muss ich mich gleich von vornherein verwahren, als ob jedes deutsche Volkslied, jedes tändelnde oder sentimentale Schnaderhüpferl auch zum Soldatenliede tauge. Habe ich doch unlängst von einer Regimentsmusik gar das »Mädele ruck, ruck, ruck« als Marsch aufspielen hören, wobei es einem ordentlich leidtat, dass Männer mit Degen und Schnurrbart ganz ernsthaft hinter einem solchen Liede einherziehen mussten.)

Den bildenden Einfluss der eigenen Volkslieder und echter Soldatenweisen auf das Heer hat man tatsächlich anerkannt; denn wohl in den meisten deutschen Armeen bestehen besondere Sängerchöre, die Soldaten werden zum Singen guter frischer Lieder angehalten, und manches dieser Lieder nimmt der ausgediente Mann in die Heimat mit, wo es mit den originalen Gesängen des Volkes untrennbar verwächst. Aber was man so im Gesange gut macht, das verdirbt man in der Instrumentalmusik: im Chore singen die Soldaten nationale Weisen und auf der Parade wird ihnen Donizetti und Verdi vorgeblasen und ein ganzer Hofball parfümierter Polkas und Mazurkas. Es ist als ob für die Gemeinen gesungen und für die Offiziere gespielt würde. Die Wirkung der Militärmusik auf den Geschmack der Massen ist aber tief und weitverzweigt. Wie die Landmesse dem Volksgesang Fingerzeige des höheren Kunststils gibt, wie der Turmchoral den Ernst des geistlichen Liedes auch am Werktag dem Bauern einprägt, so schmettert ihm die Militärmusik Melodien des Prunkes und Festjubels in's Ohr, welche für die Entwickelung selbst der einfältigsten Sing- und Tanzweisen durchaus nicht verloren gehen. Die Parade ist das Odeon, das Gewandhaus nicht bloß des Soldaten, sondern des geringeren und bildungsloseren Mannes überhaupt. Aber welch wunderliche, verwirrende Klänge nimmt er aus diesem Odeon mit nach Hause! Ist doch diese Parademusik längst sprichwörtlich geworden für eine hohle renommistische Spektakelmusik. Der Abhub liederlicher Pariser und italienischer Opernmelodien dringt nicht unmittelbar aus den Theatern so tief in das Ohr unserer Nation als es leider der Fall ist. Er muss vorher noch einmal in's Kleine verarbeitet, noch einmal verwässert werden, und dies geschieht zumeist durch jene fabrikmäßigen Klavierstücke, welche die grobe Münze des Theaters in zahllose Kupferpfennige umwechseln, und dann durch unsre Militärmusiken. Durch den Kanal der letzteren geht die fremde Weise, verballhornt, unverdaut und unverstanden alle Stadien des Musikantengewerbes hinab bis zur Dorfkirmes. In vielen Gauen hat der eigene Gesang des Volkes langst nicht mehr Stand halten können gegen die wälsche Opernmelodie, welche dem Bauern auf der Parade wie auf allen Tanzböden eingetrichtert wird. In der Kriegsmusik sollten sich alle echt nationalen Weisen sammeln, alles Volk erhebend und begeisternd; statt dessen schlägt uns diese Musik das deutsche Volkslied vollends tot, damit sich die Leutnants an Arien und Tanzstücken unter der Fahne erheben und begeistern können, musikalisch träumend von einer Primadonna oder von ihren Tänzerinnen vom letzten Ball. Wenn mancher alte Haudegen von einem General, der zum Glücke unmusikalisch ist, die ganze verkünstelte Militärmusik zum Teufel wünscht, so liegt diesem frommen Wunsche ein sehr richtiger Instinkt, ja ein ganz feiner künstlerischer und soldatischer Takt zugrunde. Muss denn auch unser nationales Selbstgefühl nicht tief beschämt werden, wenn wir heute oder morgen den Italienern oder Franzosen entgegenrückten, während unsere Musikchöre denselben Kriegsmärsche entgegenbliesen, die aus italienischen oder französischen Opern zusammengestohlen sind?

Aber was sollen wir denn blasen? Das reine Volkslied freilich auch nicht; allein so gut man jegliche Arie marschgerecht verarbeitet, kann man's auch mit den Motiven unzähliger Volkslieder. Man gewinnt dadurch nicht bloß nationale Kriegsweisen, sondern man bildet auch den Volksgesang weiter. Denn dieser soll ja nicht stehen bleiben; er soll seine Formen fort und fort reinigen und erneuern, er soll neue Ideen und Figuren von Außen aufnehmen, nur müssen es verwandte und verstandene Ideen und Figuren sein. Darum ist es so heilsam, die echten Lieder größerer Landstriche zu sammeln und unter dem Volk zu verbreiten: Die Leute assimilieren sich dadurch das Fremde und doch Verwandte und erweitern unvermerkt ihren Liederkreis. Vor etlichen Jahren gab Herzog Max von Bayern eine solche Sammlung für das bayerische Hochgebirge heraus; aber einzelne Pfarrer nahmen den Bauern das frische Liederbüchlein weg, wegen etlicher verliebter Verse, als ob die jungen Bursche allesamt gleich ihnen zum

Zölibat geschworen hätten. Große musikalische Pädagogen scheinen diese Pfarrer freilich nicht gewesen zu sein.

Als eine leibhaftige Propaganda für die *Erweiterung* des Liederkreises auf nationalem Boden sollte eben auch unsere Kriegsmusik auftreten. Sie hat dabei weit leichteres Spiel als jene Liederbüchlein und braucht sich auch keineswegs zu beschränken auf Motive der Volksweise im engeren Sinn. Gerade unsre größten Tonmeister stehen in der sicheren Plastik ihrer gewaltigsten Melodien dem Volkslied so nahe, dass sie hier dem ganzen Volke verständlich sind und auf dessen Gesang befruchtend zurückwirken können. Oder ist so mancher Marsch von Händel und Gluck nicht eine erhabenere, deutschere und volkstümlichere Kriegsmusik, als eine Arie von Donizetti? Und wenn es gar ein Marsch aus einem Händel'schen Oratorium wäre? Hält man den zermalmenden Ernst, der hier wie mit dem Tritt eines Riesen einherschreitet, etwa für unkriegerisch? Ich glaube fast. Denn wir sind ja nur noch gewöhnt, mit Balltänzen und leichtem Opernsang unsre Mannen zur Schlacht zu führen! Aber diese Sitte, welche das Theater und den Tanzsaal überall dem Heere so nahe rückte, stammt eben aus faulen Friedenstagen, wo die Parade wesentlich eine große Volkskomödie im Freien gewesen ist, und der Statistendienst in Oper und Ballett viel wichtiger für die Grenadiere, als der Dienst in der Fronte und auf der Wacht. Alle unsere großen Klassiker bergen zahllose echt volkstümliche Motive zur Militärmusik. Aber man hält es vielleicht für eine Profanation, aus so hohen Meistern zu schöpfen, und manchem strenggläubigen Musiker schauert wohl gar die Haut, wenn er sich etwa die Themen des Finales von Beethovens c-Moll-Symphonie als Parademarsch und den Götterfunken der Freude aus der neunten als Feldschritt zurechtgeschnitten dächte. Freilich muss unsere Militärmusik arg heruntergekommen sein, wenn es wie eine Profanation aussieht, eine hohe Weise in ihren Formen allem Volke zu verkünden; Andere fürchten, solch hohe Weisen möchten im Munde unsrer Regimentstrompeter und Hautboisten zu Gemeinplätzen abgeblasen werden und ihren aristokratischen Odeur im Konzerte verlieren, wie ja auch manche Kapellmeister keine Haydn'schen Symphonien mehr im Konzerte aufführen mögen, weil deren Menuette und Adagios in den Zwischenakten des Dramas trivialisiert werden. Das ist jene Beschränktheit der Musiker, die immer nur ein neues und apartes Stück für vornehm hält, nach der Weise der Schneider und Kattunfabrikanten. Kein Architekt glaubt, der Straßburger Münster verliere an Wirkung, weil tausend mangelhafte Abbildungen seiner Turmseite umlaufen, kein Maler, Rafaels Bilder würden entwertet, weil die Schule von Athen in Holzschnitt im Pfennigmagazin steht. Warum leben denn so viele Musiker allein dieses

Musiker allein dieses Glaubens? Gerade dann bestehen ja die größten Meister ihre Feuerprobe, dass sie in aller handwerklichen Verarbeitung niemals ganz zu verderben sind, dass ihr Geist niemals ganz auszutreiben ist, sofern nur etliche ächte Grundlinien stehen bleiben.

Wenn man aber mit so leichter Mühe von Außen her verderbend auf die musikalische Erziehung des Volkes wirken kann, sollte es dann so unmöglich sein, mit denselben Kräften fordernd zu wirken? Unnahbar ist ein Ort doch wenigstens nicht, an welchem man Zerstörung übt: Aber freilich ist Zerstören leichter als Aufbauen.

Sechster Brief

Geige und Klavier

Wir führen die Jugend zum Studium der Poeten alter und neuer Zeit, nicht, damit sie Verse machen und Gedichte deklamieren lerne, sondern auf dass sie den Geist der Völker und Zeiten erkenne und unterscheide, wie er sich in der Dichtkunst spiegelt. Darum studiert man griechisch um der griechischen Dichter willen, die griechischen Dichter um der gesamten griechischen Kultur willen, griechische, römische und deutsche Kultur aber um der Humanität, um der freien menschlichen Bildung willen, und nennt also das Ganze Humanitätsstudien.

So hoch greift man's beim Musikunterricht noch lange nicht. Wir lassen unsern Kindern das Klavierspielen, Geigen, Singen lehren, an guten und schlechten Mustern; sie können dann mit diesen Fertigkeiten treiben, was ihnen beliebt. Die meisten Musiker wissen sich selber nicht einmal Rechenschaft zu geben über Geschichte und Ästhetik ihrer Kunst: Wie sollten sie das Andern beibringen? Wer aber bloß spielen kann, der kann eben nichts weiter als – spielen. Spielen ist ein Zeitvertreib und jeder bloße Zeitvertreib macht zuletzt dumm. Ich spreche hier nicht von der Heranbildung junger Künstler, sondern von der allgemeinen Erziehung durch die Kunst. Da hat es dann doch wahrhaftig einen gar kleinen pädagogischen Werth, wenn einer fingerfertig wird auf dem Klavier oder der Geige; hingegen einen sehr hohen, wenn er es dahin bringt, gute Musik zu verstehen, tüchtig Partitur zu lesen, die Gesetze der Komposition zu begreifen und in ihrer Anwendung zu beurteilen, die Style der verschiedenen Zeiten und Schulen sich einzuprägen und die großen Meister in ihrem historischen Charakterbilde stets leibhaftig vor Augen zu haben. Jenes ist bloßer Musikunterricht; dieses musikalische Erziehung.

Es sind in neuester Zeit eine Menge billiger Partiturausgaben erschienen, und ein unschätzbarer Gewinn ward uns namentlich durch die handlichen

Partiturstiche der größten Kammer- und Konzertwerke, der Quartette und Symphonien unserer drei großen Instrumentalmeister: Haydn, Mozart und Beethoven. Wie wenig können aber diese nationalen Schätze vorerst benutzt werden, da die große Mehrzahl unserer Musikfreunde und sehr viele Musiker dazu solche Partituren gar nicht zu lesen vermögen oder doch die damit verbundene Geistesarbeit scheuen! Was hilft uns denn all unser endloses Musizieren, wenn es uns nicht einmal befähigt, die edelsten Werke unserer Klassiker im Original und ohne die Eselsbrücke eines Klavierauszugs für uns zu genießen und zu studieren?

Wie das einseitige Haften in der Technik der Fluch unserer gegenwärtigen Musikzustände ist, so auch insbesondere des Musikunterrichts. Die Musik wird ruiniert durch die Musiker. Mit demselben Aufwand an Zeit und Kraft, den wir daran setzen, dass die Schüler die technischen Schwierigkeiten wertloser Tagesmusik überwinden, brächte man sie auch zum Spiel und Verständnis der einfachen Partituren klassischer Meister. Mit solcher Kunst könnten unsere jungen Herren und Damen dann freilich nicht im Salon glänzen, allein es wäre ihnen dafür eine Fülle des reichsten Bildungsstoffes für's ganze Leben erschlossen. Die Faulen und Unbegabten aber, die immer noch erträglich klimpern lernen, schreckten vorweg vor der ernsteren Arbeit zurück und hingen die Musik gleich ganz an den Nagel.

Damit Sie jedoch nicht meinen, ich fordere das Unmögliche, so will ich an einige Züge aus meinen eigenen musikalischen Lehrjahren anknüpfen, wo mich Glück und Zufall auf Umwegen zu denselben Zielen führte, die man geraden Weges und mit Absicht dann doch wohl noch weit sicherer und bequemer wird erreichen können.

Ich lernte frühzeitig die Geige; von dem Klavier dagegen hielt mich mein Vater möglichst lange fern; denn er hasste dieses Instrument als buhlerisch, charakterlos und widerborstig gegen eine strenge Stimmführung, und wenigstens ein Teil seiner Abneigung hat sich auch auf den Sohn vererbt, der das Klavier am liebsten als ein höchst notwendiges Übel gelten lassen möchte.

Dagegen war mein Vater ein leidenschaftlicher Quartettspieler, und ein regelmäßiges Streichquartett im Hause sein Stolz und seine Freude. Ich achte es als einen großen Segen für mein ganzes Leben, dass ich so manches Jahr lang, da ich noch gar nicht oder nur ganz dürftig musizieren konnte, dennoch viele hundertmal mit den keuschesten, reinsten und reichsten Weisen Haydns, Mozarts und Beethovens in den Schlaf gegeigt worden bin! Denn wenn auch ein Kind so hohe Werke nicht versteht, so ist es doch nicht gleichgültig, ob zuerst Traumbilder himmlischer Schönheit oder verzerrter und seichter Manier vor unserer Seele dämmern.

Genug, ich lernte zu jenen großen Meistern wie zu den treuesten väterlichsten Freunden aufblicken, noch ehe ich sie verstand, und sie wurden mir schon sehr frühe eine Autorität, ein Heiligtum, woran mir keiner tasten durfte.

Es ist hier nicht meine Sache, nachzuweisen, wie man geigen lernt. Technische Schule macht man an Schulstücken und nicht an Tondichtungen. Aber wer die Skalen geigt etwa mit jener geistvoll kontrapunktierten Begleitung, welche Cherubini für die Violinschule des Pariser Konservatoriums geschrieben hat, wer also schon beim bloßen Handwerksstudium klassische Luft atmet, dem ist damit von Anbeginn die Lehre gegeben, über dem Handwerk niemals die Kunst zu vergessen.

Deutsche und italienische Meister der klassischen Periode bieten unendlichen Stoff zu guten Schulstücken; man muss sich nur die Mühe nehmen, die einfachsten, edelsten und charaktervollsten Weisen für diesen Zweck auszuziehen und zu bearbeiten. Viele Tondichter zweiten und dritten Ranges, aber aus guter Zeit, bergen, obgleich im Ganzen veraltet, im Einzelnen oft gerade die köstlichsten Perlen für diesen Zweck. Welcher Violinlehrer und welcher Klavierlehrer gewinnt den Ruhm, handgerechte kurze Schulstücke herzurichten aus den Werken Händels, Bachs und seiner Söhne, Scarlattis, Leos, Durantes, Pergoleses, Vesozzis, Hasses, Bendas, Glucks, der großen Wiener Meister und ihres reichen Schülerkreises? Übungsstücke, bloß für den Schulzweck erfunden, sind immer tot und entzünden kein Leben, und ein Mann, der, wie Bach Klavierübungen schreibt, die trotzdem unvergängliche Kunstwerke, ist vielleicht in der ganzen Kunstgeschichte nicht zum zweiten Male dagewesen.

Wie man für die Schulen Anthologien aus den klassischen Dichtern macht, so mache ich sie auch aus den klassischen Musikern: Dies wäre ein Grundstein zum historischen Studium der Musik. Auch bei der bloßen Fingerübung wird sich dann der Schüler unvermerkt schon einleben in einen edlen und reinen Stil; er wird nicht bloß Musik spielen, sondern auch Musik verstehen lernen.

Für diesen ganzen Gang einer historischen Erziehung ist aber die Wahl des Instrumentes entscheidend, woran man das Handwerkliche des Spielens sich aneignet. Die Lieblingsinstrumente der Dilettanten bezeichneten zu jeder Zeit den Geist der Epoche. In den Tagen des schnörkelhaften Rokoko plagten sich die Liebhaber mit der eigensinnigen, komplizierten Laute, mit der überladenen Viole d'amour, überhaupt mit tonschwachen, ein ewiges

Harpeggio begünstigenden Saiteninstrumenten. In der klassischen Periode kam dagegen bei den Musikfreunden die Geige obenauf, dieses wunderbare Instrument, welches darum das ausdrucksfähigste ist, weil es das einfachste, das Instrument, welches allezeit verdorben wurde, wenn man es durch äußere Zutat verbessern wollte, das Instrument, welchem man vor allen Seele zuschreibt, während es geistlos angefasst das trockenste Holz bleibt – lauter Züge, die von der klassischen Musik ebenso gut, wie von der Geige gelten. Zur Zeit der sentimentalen romantischen Epigonen dagegen siegte die weiche Flöte, die Harfe, die Guitarre, schwächliche Instrumente einseitigen Charakters, die mit Maß und dienend bezaubern können, im Unmaß aber und herrschend langweilen. Gegenwärtig beugt sich der Dilettantismus dem enzyklopädischen aber charakterlosen Klavier, dem rechten Tonwerkzeuge einer Kunstära, die alles versuchen und reproduzieren will, wobei ihr dann die Originalität des Schaffens naturgemäß verloren geht. Sehr charakteristisch nennt man das Klavier jetzt häufig schlechtweg »das Instrument,« wie man in den alten Tagen der absoluten Kirchenmusik die Orgel schlechtweg das Instrument, Organon, nannte.

Eine ordentliche musikalische Erziehung heischt das Studium zweier Instrumente: zuerst der Geige und später des Klaviers. Sie meinen wohl, dies sei zu viel? Allerdings zu viel, wenn man zum bloßen Amüsement musizieren oder Virtuosität auf einem Instrumente gewinnen will. Aber diese beiden Zwecke widersprechen an sich schon einer guten Musikbildung. Ich begehre nur eine mäßige Technik: Denn sie genügt, um uns nicht zwar die vollendete Wiedergabe, wohl aber das volle Verständnis; aller wahren Meisterwerke zu erschließen. Bekanntlich gebieten selbst viele unserer berühmtesten Kapellmeister und Komponisten nur über solch eine mäßige Spieltechnik und sind darum doch in viel tieferem Sinne Musiker, als die glänzendsten Virtuosen. Ja man sagt wohl gar sprichwörtlich: Er spielt so schlecht wie ein Kapellmeister. Wem es aber zu sauer dünkt, die zwei Hauptinstrumente auch nur mäßig zu erlernen, der soll eben seinen Bildungsstoff anderswo, als in der Musik suchen. Denn wenn ich sage, es werde dermalen zu viel musiziert, so meine ich nicht, dass die Berufenen weniger, sondern dass weniger Unberufene musizieren sollen. Sie sehen übrigens, dass ich nur an junge Männer und nicht an die Frauen denke, für welche man ganz andere Briefe über musikalische Erziehung schreiben müsste.

Die Geige führt uns zunächst zu den älteren Klassikern! Das Klavier wird – trotz Bach – immer mehr bei der modernen Zeit anknüpfen. Unsere klassischen Instrumentalmeister haben ihre originalsten Formen und Weisen im Geiste der Geige ersonnen, sie haben sogar häufig ihren Satz unbewusst für die Geige gedacht, wenn sie für das Klavier schrieben: Sie komponierten aus dem Streichquartett heraus, wie etwa Cornelius aus der Zeichnung heraus malt, die alten Venezianer dagegen aus der Farbe. Bei Beethoven beginnt der Übergang zur modernen Art, die zunächst am Klavier und für das Klavier musikalisch denkt und nur allzu oft die ächte Klavierphrase auch auf Quartett, Orchester und Gesang überträgt. Die Schubert'schen Quartette z. B. sind doch eigentlich nur großartige Klavierfantasien für Streichinstrumente bearbeitet, während mancher Haydn'sche Klaviersatz umgekehrt das reine Streichduett ist. So würde Bach der menschlichen Stimme nicht so abenteuerliche Dinge zumuten, wenn er nicht aus der Orgel heraus komponiert hätte. Um Mozart vollauf zu würdigen, muss man Sänger und Geiger sein; um Haydn, ein Geiger; der bloße Klavierspieler wird diese Meister immer zu gering schätzen; denn wo sie für das Klavier mitunter nur in Formen spielten, die der Zeit verfallen, da enthüllen sie im Quartett und der Symphonie ihre eigensten unsterblichen Gedanken. Zum Verständnis der modernen Musik muss man dagegen Klavier spielen. Eine Mendelssohn'sche Symphonie lässt sich ganz wirkungsreich im Klavierauszuge geben: Das einfachste Haydn'sche Quartett dagegen kann man so wenig in die Sprache des Klaviers übersetzen, wie den Homer in's Französische. Wer aber Beethoven, den großen Vermittler beider Extreme, vollauf würdigen will, der muss Klavier spielen *und* geigen können.

Die Geige weckt die Sehnsucht nach dem Partiturstudium; das Klavier erfüllt sie; die Geige lehrt uns die melodischen Formen in ihrer reinsten Plastik durchempfinden; das Klavier verbindet sie. Daher entsetzt sich der Geiger vor bloß modulatorischen Effekten, die nicht in scharfer melodischer und kontrapunktierter Gestaltung durchgearbeitet sind. Das Geigenspiel ist ein sicheres Gegengift wider die formlose, narkotische Modulationsmusik der Wagner'schen Schule. Dergleichen Dinge kann man nur am Klavier aussinnen. Dazu heischt die Geige von Anbeginn eine unendlich müheseligere Zucht der Schule als das Klavier, und ihre spröde Technik schreckt den talentlosen Schüler sofort zurück, indes das Klavier für den Spieler die Töne selber bildet und Musik macht und so nicht selten die unberufensten Leute verlockt, ihr Leben lang zu ihrer eigenen Verdummung an den verzauberten Tasten fortzuklimpern. Das Klavierspiel konnte eine Modeseuche werden, das Geigen wird es niemals.

Siebenter Brief

Historische Studien

Ich kehre zu meinem eigenen musikalischen Entwickelungsgange zurück.

Die Geige wird erst im Zusammenspiel vollauf lebendig. Im Quartett oder Trio eine leichte zweite Stimme mitspielen zu dürfen, ward für mich allmählich der höchste Lohn meiner Studien. Nichts reizt aber mehr, in den inneren Bau eines Tonwertes zu blicken, als wenn man fleißig Mittelstimmen spielt. Man lernt da Partitur hören, während der erste Geiger häufig nur sich selber hört. Partiturhören ist aber die erste Vorstufe zum Partiturlesen. So zeigt das Quartettspiel dem Schüler lockende Geheimnisse in der Ferne, während das Klavier diese Geheimnisse gleich sichtbar darlegt und darum unendlich weniger das Nachdenken reizt.

Genug, ich begann durch das Quartett meine Schule mitten aus dem Zentrum der absoluten Musik heraus und dachte mir, wer alle Quartette Haydns, Mozarts und Beethovens spielen könne, der sei ein ganzer Geiger, und wer sie alle verstehe und in dem Wie und warum jeglichen Tongefüges beurteilen könne, der sei ein ganzer Musiker. Und man brauche da nicht weiter zu fragen, wer sein Lehrmeister in der Tonkunst gewesen, denn er sei eben selber ein Meister.

Dieses Grunddogma erweiterte sich mir später zwar, im Wesen aber blieb es dennoch stehen und fest ruhte auf ihm all meine entwickeltere musikalische Erkenntnis.

In dem Musikzimmer des väterlichen Hauses war eine an historischen Seltenheiten reiche musikalische Bibliothek aufgestellt; doch durfte ich mich anfangs nur verstohlen in die alten Notenbücher einwühlen und meinen Heißhunger nach neuen Meistern und Werken stillen.

Zuerst war es eine Händelsche Partitur, die mich fesselte, und zwar eine Händel'sche Oper. Es war die erste Opernpartitur, die ich in meinem Leben zu Gesicht bekam. Wie imponierte mir die magere Instrumentierung, die bei seltenen Effektstellen höchstens noch ein paar Oboen und Hörner zu dem Streichquartette fügt! Im Geiste klang mir eine Fülle und Kraft aus dem armen Händel'schen Orchester heraus, wie sie etwa unsere Urgroßväter herausgehört haben mögen, wie sie aber das moderne Ohr so leicht nicht mehr in diesen einfachen Tonreihen finden wird. Ich war bestrickt von der heimlich studierten Händel'schen Oper, wie andere junge Leute von einem heimlich gelesenen Roman. Freilich widerstrebte anfangs die spröde, fremde Form des alten Werkes. Allein, wenn uns das Alte noch neu ist, übt es dann nicht denselben Reiz der Neuheit wie das Neueste? Zudem lebte ich des Glaubens, dass nicht Händel, sondern dass nur ich ein Esel sei, wenn mir seine Musik schlecht klinge, und bemühte mich darum redlich, Sinn und Ausdruck in die verschnörkelten Rokoko-Arien zu bringen. Diese ästhetische Gewissensangst trug gute Frucht. Ich lernte unterscheiden zwischen dem äußern vergänglichen Schmuck und dem dauernden Kern eines Kunstwerkes; ich lernte meinen eigenen unreifen Geschmack beugen vor den herben Formen eines großen Meisters. Schon um dieser Selbstbezwingung frühreifer Naseweisheit willen kann man die Jugend nicht zeitig genug zu jenen Kunstwerken führen, die innerlich ewig lebendig, aber doch in ihrem äußeren Glänze längst verblichen sind. Händels gewaltigen Geist habe ich doch herausgeahnt aus den Schnörkel-Arien seines Ulyss und Agamemnon, und als ich später die Oratorien kennenlernte, war meine Freude nicht gering, so ganz denselben Charakter hier gestalten und walten zu sehen, nur heldenhafter noch und deutscher und, wenn das nicht zu kühn klingt, sittlich erhabener in Ziel und Form seines Schaffens. Ich versöhnte mich mit dem Gedanken, dass auch der Genius seinen Zoll der wandelnden Mode zahlen muss, ohne dass er darum aufhört, für alle Zeiten zu dichten; aber mich fasste auch von da an ein Grimm gegen jene Musiker, welche überall am Handwerk kleben bleiben und meinen, Bach sei veraltet, weil er so starr kontrapunktiert, Glucks und Händels Instrumentation müsse mit dicken neuen Farben aufgefrischt und übermalt werden, wenn sie dem modernen vergröberten Ohr wieder genießbar werden solle; Haydns Symphonien seien Zopf, weil er die Hörner und Trompeten doch in gar zu schlichten Naturtönen blasen lasse.

Übrigens liegt auf der Hand, dass ich mich als ein Geiger, der kaum ein wenig Klavier zu klimpern begann, mit dem Studium meiner Händel'schen Partitur weidlich plagen musste. Da wurden die Quartettstimmen der Ouvertüre, Zwischenakte und Chöre ausgeschrieben und unter Freuden gegeigt, und je mehr man diese wunderliche Musik belächelte, um so eifriger suchte ich sie zu verstehen, zu erläutern, zu verteidigen. Die einfachsten Arien, bloß von einer unbezifferten Bassstimme begleitet, wurden wohl auch gesungen, indem ich dieses ganze Orchester auf dem Violoncell selber dazu spielte, und ich empfand dabei den Reiz eines sicher kontrapunktierten, in großartiger Einfalt angelegten zweistimmigen Satzes tiefer, als wenn ich die Begleitung vollgriffig in einem ergänzten Klavierauszug gespielt hätte. Aber ich erkannte doch auch die Notwendigkeit Klavier zu lernen, dessen fruchtbarster Beruf als Werkzeug bequemen Selbststudiums der gesamten Musik mir jetzt erst hell einleuchtete.

Die klassischen Meister des Streichquartetts waren mir entgegengeführt worden, meinen Händel dagegen hatte ich mir selber errungen und zwar in einer Zeit, wo ich nach dem hergebrachten Gange des damaligen Musikunterrichtes wahrscheinlich noch mit den *Récréations musicales* von Herz, Rondos von Hünten und andern nach neuestem Pariser Muster lackierten Unterhaltungsstücken »erzogen« worden wäre. Wie frisch und neu mutete mich später die Sprache der Händel'schen Oratorien an, weil ich vorher gelernt hatte, auch in den veralteten italienischen Opernarien den deutschen Geist des Meisters zu erkennen! Zugleich war mir aber auch der Sinn für die einfache Großheit der alten Italiener erschlossen. Wenn ich von da an Händels Lob hörte, dann lauschte ich ihm begieriger, als hörte ich mein eigen Lob; denn er war ja ein Jugendfreund, den ich mir selber früh gewonnen hatte. Seine fest und stetig in kühnen Schritten vorschreitenden Bässe, die seiner Rhythmik vor allen andern Meistern den königlich gemessenen Schwung geben, sind mir tief in die Seele gegangen, und in mancher Lebenslage kam es mir schon vor, als müsse ich selber jetzt fest vorschreiten, wie ein in Oktavengängen einherdröhnender Händelscher Grundbass. Der mannhafte Ernst dieser Musik wächst hinein in den Charakter dessen, der sie mit Hingabe studiert; darum soll, wer ein rechter Mann werden will, seine historischen Musikstudien mit Händel anheben.

Nun möchte ich die bisher beschriebenen Anfänge meiner musikalischen Erziehung wahrlich nicht im Einzelnen zum Muster aufstellen. Im Ganzen aber halte ich folgende Hauptzüge fest:

Man lerne zuerst geigen und nachher das Klavier.

Der Geiger suche sich durch das Quartett zunächst im Zentrum der absoluten Musik festzusetzen. Leicht wird er von da den Weg finden zu jedem anderen Zweige seiner Kunst.

Hat er solchergestalt in der klassischen Zeit festen Fuß gefasst, dann gehe er zur vorklassischen, die er jedoch ohne das Klavier viel weniger als jene wird bewältigen können. Doch soll man sich hier mit dem Lesen der einfachsten Partituren plagen, bevor man sich's am Klavierauszuge bequem macht. Je mehr einer mit saurem Fleiß und gebührender Selbstverleugnung sich hineingearbeitet hat in die spröden, fremden, veralteten Formen der vormozartischen Periode, um so stärker ist er gewappnet gegen den Zauber jener glatten Formspielerei, die sich in unserer Zeit für Musik ausgibt.

Es ist eine alte tiefe Weisheit, dass wir die Jugend zunächst durch das mühselige Studium der nach Stoff und Form uns fernliegenden altdeutschen, griechischen und römischen Dichter vorbereiten zum Verständnis des modernen Geistes. Kann man dort mit Homer und den Nibelungen beginnen, dann kann man es in der Musik noch viel leichter mit Händel und Haydn. Hier fährt man aber flugs mit den neuesten Opern- und Tanzstückchen darein, wenn der Schüler eben noch am A B C sitzt, ja man ahnt gar nichts Arges, wenn das Gemüt eines Kindes vergiftet wird mit üppiger, lüsterner, koketter Musik, die etwa für einen Pariser Salon oder die Hefe des großstädtischen Theaterpöbels ersonnen ist; man bearbeitet solche Musik zum Schulgebrauch und schneidet Lehrstücke für zwölfjährige Kinder aus Tänzen, nach welchen das Ballet der großen Oper tanzt! In einem Nonnenkloster von strenger Regel, welches eine Erziehungsanstalt für junge Mädchen besitzt, hörte ich unlängst Proben des Musikunterrichts. Ein fünfzehnjähriges Kind sang eine mit kadenzierten Seufzern, Trillern und ähnlichen Rührungsschüttlern durchwebte Arie, deren Stil so etwa die Mitte hielt zwischen Meyerbeer und Verdi, und die Nonne ließ die verminderten Septimenakkorde der Begleitung im Tremolando durch das Klavier brausen, dass der Kontrast dieser weltlich lüsternen, dämonisch leidenschaftsvollen Musik und des weltentsagenden Gesichtes und Gewandes der Spielerin und der kindlichen Unschuld der Sängerin mir durch Mark und Bein ging. Statt des Operntextes war aber – eine Hymne an die Madonna unterlegt! Als ob hier die Musik nicht viel giftiger wäre, denn der Text! Die Madonna hatte man arglos als Primadonna kostümiert. In vielen Klosterschulen soll derselbe schneidende Widerspruch zwischen der musikalischen und sonstigen Erziehung gangbar sein seit alten Tagen, und ich besitze selber die Partitur einer Oper von Jomelli aus der Bibliothek eines aufgehobenen Klosters, in welcher die alten Mönche die erhabensten Stellen des Messtextes den süßesten schäferlichen Liebesarien unterlegt haben. Aber man muss nicht meinen, dieser Widersinn existiere bloß im Kloster: Er existiert offen und verhüllt im Musiktreiben der ganzen gebildeten Welt. Es macht keine wälsche Oper Glück, so laufen auch flugs ihre Weisen in handgerechtem Auszug durch alle Lehrstunden, wahrend es Niemand an der Zeit hält, die strengen, ernsten, den Geist stählenden und zur wirklichen Arbeit zwingenden Werke der alten Meister *nach einem umfassenden Plane* für die Lehre zu bearbeiten. Hier kann ein musikalischer Pädagoge noch als ein Reformator auftreten. Er würde nicht lange einsam stehen. Die *Gebildeten* würden ihm zufallen, die Leute, welche längst schon den sittenverderbenden Einfluss unsers dilettantischen Musiktreibens wahrgenommen haben, ohne sich über den Grund dieser Tatsache klar zu werden, die Leute, welche es darum jetzt schon vielfach vorziehen, ihre Kinder ohne Musik auszubilden, als sie mit der Musik in geisttötender Spielerei tausend unersetzliche Stunden verträumen zu lassen.

Achter Brief

Das subjektive Pathos

Sie finden einen noch unausgesprochenen Hintergedanken darin, dass ich bloß die guten alten und nicht auch die *guten* modernen Meister für die Schule empfehle und meinen, es sei nicht bloß die einfachere Form, sondern auch die Kühle der Empfindung, die Leidenschaftslosigkeit, das Maßhalten im subjektiven Pathos, um deswillen ich Jene pädagogisch um so viel höher stelle. Ganz gewiss; – wenn man diese Worte recht versteht. Aber es fleckt mir nicht recht, mit einem Politiker von Empfindung und Leidenschaft zu reden; weit besser gelang es mir jüngst, da ich über dieses Thema an eine Dame schrieb. Gestatten Sie, dass ich Ihnen als einem Diplomaten, der zwischen den Zeilen zu lesen weiß, das Konzept jenes Briefes kurzweg abschreiben lasse. Es lautet wie folgt:

»Liebe Freundin!

»Ich bin eine leidenschaftslose Natur, im Leben wie in der Kunst« – so ungefähr sprachen Sie: – »Ich weiß, dass ich warm und begeistert zu singen vermag: aber jene Leidenschaft des Vortrags finde ich nicht, die uns bei andern Sängerinnen aus jeder Note entgegenzittert, gleich als hätten sie ihre ganze Seele selbst in jeden Auftakt und in jeden Schluss-Schnörkel gegossen. Das Concert liegt mir darum weit näher als die Bühne. Es gibt Menschen wie Lieder, bei welchen jeglicher Ton akzentuiert ist. Jene verstehe ich nicht, diese mag ich nicht singen. Erwärmt und begeistert habe ich mich schon für manches geliebte und verehrte Menschenherz; leidenschaftlich hingegeben jedoch an keines. Die Schule der Kunst wie des Lebens waren mir vor allem ein steter Kampf wider die Leidenschaft. Wo nur ein Triebreis derselben aufschoss, da hab' ich es, wie die Gärtner sagen, zurückgeschnitten, und wenn ich einer Freundin recht nahe kam, dann zwang ich sie das Gleiche zu tun.« – –

So ungefähr sprachen Sie, als wir gestern Abend am Ufer des Sees lustwandelten, und auf jeden Ihrer Sätze zuckte in mir Antwort und Widerspruch: Da wurden wir durch den fröhlichen Schwarm unserer Freunde unterbrochen, und ich musste meinen ganzen Krieg gegen Ihre Ketzereien stille in mir selbst auskämpfen und kam nicht mehr zum Wort. Aber ich will die Sache los werden, die mich ernsthaft in Harnisch gebracht hat; darum gebe ich Ihnen meine Antwort schwarz auf weiß zum weiteren Bedenken, bis wir uns wiedersehen.

Sie behaupten in einem Atem leidenschaftslos zu sein und – fort und fort jeden Sprössling von Leidenschaft, der in Ihnen aufwuchere, zurückzuschneiden. Das ist ein Widerspruch; denn wer gegen seine Leidenschaft kämpft, ist eben darum nicht leidenschaftslos. Eher umgekehrt: wer sich selber zur Leidenschaft anreizt.

Ich stand einmal zwischen den Kulissen, als eine gefeierte ächt moderne Sängerin sich eben anschickte, die hochdramatische Szene im vierten Akt von Meyerbeers Hugenotten zu singen. Sie zerzauste ihr wild herabhängendes Haar, welches der Friseur doch schon so kunstreich zerzaust hatte, noch viel kunstreicher, stürzte auf mich zu, rief: »Aufregung, recht viel Aufregung! Leidenschaft, wütende Leidenschaft!« wütete sich durch Worte des Affektes in den Affekt, flog dann auf die Bühne und sang die Szene mit einer solchen Gewalttat des entfesselten Pathos, dass der gesamte Kunstpöbel ihren Gefühlssturm durch seinen Beifallssturm noch überstürmte. Von Stund' an erkannte ich, dass diese gepriesene Meisterin der Dramatik eigentlich eine rechte tote, leidenschaftslose Natur sei, die sich mit Gewalt den Affekt von Außen holen musste, den sie nicht in sich selber fand. Sie war mir damit freilich eine vollendete Repräsentantin Meyerbeer'scher Musik und zugleich jener musikalischen »Leidenschaft« im modernen Sinne, deren Nichtvorhandensein bei unsern Klassikern man jetzt so schlechthin für Trockenheit und Philisterei zu erklären pflegt.

Verfolge ich dagegen, wie Sie Gluck und Mozart singen, so erscheint mir ein ganz anderes Bild. Je größer die Aufgabe, um so gesammelter und ruhiger sind Sie vorher, nämlich nicht bewegungslos, sondern Ihre Bewegung niederkämpfend, um so maßvoller beginnen Sie, und je mehr Sie die Leidenschaft äußerlich zurückdrängen, um so ergreifender lassen Sie uns ahnen, wie tief Sie von derselben inwendig bewegt werden. So machten es auch jene klassischen Meister, selbst wenn ihre Weisen wie im Sturme des wogenden Menschenherzens einherbrausen sollten. Denn die moderne Musik scheint meist leidenschaftlich ohne es zu sein; die klassische aber ist leidenschaftlich ohne es zu scheinen.

Wir streiten uns also bloß um ein Wort, nicht um die Sache, – um das Wort »Leidenschaft.«

So lange die wärmste Empfindung, das reichste Gefühlsleben untertan bleibt dem abwägenden und zergliedernden Verstände, ist es nicht Leidenschaft. Diese erwächst erst, wenn unser Gefühl auf Einen Punkt gesammelt, nach Einem Ziele ringend, übermächtig wird und unsern ganzen inwendigen Menschen packt und mit sich fortreißt nach jenem Ziel. Also wäre Leidenschaft eine einseitige Aktion unsers Geistes? Und jeder einseitig webende Organismus ist unharmonisch, ist krankhaft. Leidenschaft ist ein Leiden, eine Passivität der höheren Geisteskräfte unter dem Joche der niederen! So urteilen Sie. Ich aber will Sie wiederum zu unsern musikalischen Klassikern führen, um Ihnen zu beweisen, dass Ihr Urteil noch viel einseitiger ist als Ihr Gespenst der Leidenschaft.

Wenn der Musiker, leidenschaftlich erregt, ein Thema erfasst, welches vielleicht selbst wieder die volle Glut einer Leidenschaft malen soll, dann wird er in der Tat weniger noch als andere Künstler dem verständigen Nachdenken Raum geben. Aber wird er darum unharmonisch, krankhaft, sinnlos komponieren? Vielleicht; nämlich wenn er zum Künstler nicht geboren ist. Denn zum Künstler geboren sein heißt: niemals verständig schaffen können, und aber eben darum niemals unverständig. Man sagt, der geborene Künstler folgt seinem *Genius*. Dieser Genius aber ist das Gesamtbewusstsein unserer sittlichen, intellektuellen und ästhetischen Persönlichkeit, welches uns als ein himmlischer Schutzgeist gerade dann am richtigsten führt, wenn uns die Leidenschaft des Schaffens gar nicht mehr zum verständig zergliedernden Nachdenken kommen lässt. Der Stümper komponiert krankhaft, inkorrekt, formlos, indem er leidenschaftlich komponiert; der klassische Meister dagegen, der Mann des Genius, setzt niemals korrekter und formvollendeter, als wenn er sich zur höchsten Leidenschaft aufgeschwungen hat. Gleich dem Nachtwandler geht er im Mondlicht und Sternenschein sicher auf schmaler Kante mit geschlossenem Auge, und nur wenn ihm der altkluge Verstand plötzlich ein brennendes Talglicht unter die Nase hält, fällt er herunter. Darum weiß er oft nicht, warum er so und nicht anders schafft, und gibt doch den Gelehrten die herrlichsten Thesen auf, woran sie später nachweisen, dass und warum er so und nicht anders habe schaffen müssen. Verstehen Sie nun mein Paradoxon, dass der geborene Künstler niemals verständig schaffen könne und doch eben darum niemals unverständig?

Dies aber ist das Befruchtende des Studiums aller echt klassischen Kunstwerke, dass in ihnen der Konflikt zwischen Leidenschaft und Verstand geschlichtet erscheint durch den Genius, dass Maß und Ruhe in ihnen das Produkt der tiefsten Bewegung ist, dass sie uns leidenschaftslos bedünken, wenn wir sie zum ersten Male sehen, aber mehr und mehr der gewaltigsten Leidenschaft voll, je tiefer wir ihnen ins Herz schauen.

Unter allen Ihren Sätzen lasse ich nur den Einen gelten, welcher die Leidenschaft in der Kunst und im Leben vollständig gleich stellt. Auch im Leben ist nur die bare Mittelmäßigkeit leidenschaftslos – ein neuer Beweis, dass Sie es nicht sein können. Wem aber jenes harmonische Gesamtbewusstsein fehlt, welches uns in allem Sturm der Leidenschaft vor dem Unvernünftigen und Unsittlichen bewahrt, jener Genius, der uns zwar manchen tollen Streich, aber niemals einen dummen und schlechten tun lässt, der ist überhaupt nichts Besseres wert, als dass er an seiner Leidenschaft zugrunde gehe. Dieser Genius aber ist nicht bloß angeboren, er ist zugleich ein Produkt unsers ganzen Lebens, und es ist ein böser Aberglaube, als ob uns der Genius der Kunst bloß so im Schlafe gegeben werde; denn wer sich das göttliche Geschenk nicht fort und fort verdient, dem geht es auch wieder im Schlafe verloren.

Wenn aber unser sittliches Pathos aus gleicher Wurzel sprosst mit dem künstlerischen, wie mächtig muss dann auch der Einfluss unserer künstlerischen Erziehung auf unsre sittliche sein! Sie haben das an sich selbst erfahren. Im steten Umgang mit jenen großen Tonmeistern, die gerade in der Bändigung ihrer Leidenschaft zeigen, wie tief diese Leidenschaft und aber auch wie göttlich ihr Genius sei, gewannen Sie unbewusst jenes Maß der sittlichen Haltung, welches Ihnen fälschlich Mangel an Leidenschaft dünkt. Ihre Kunstgenossen gaben Ihnen darum den Spottnamen »Iphigenia.« Lassen Sie sich denselben gefallen; er ist ein Ehrenname, bei welchem zwei unsrer größten Geister, Gluck und Goethe, Gevatter gestanden. »Sage mir, mit wem du umgehst, auf dass ich dir sage, wer du bist.« Glauben Sie, das gelte bloß von unserm Umgange mit Menschen? Wahrlich es gilt eben so gut von unserm Verkehr mit Kunstwerken, der doch oft so viel treuer und gründlicher ist, als das flüchtige Vorbeistreifen an hundert Eintags-Freunden.

Jeder jungen Dame würde ich's übel nehmen, wenn sie mir von ihrer leidenschaftslosen Natur spräche, nur einer Tonkünstlerin nicht. Denn unsere modernen Musiker, bei welchen »jeglicher Ton akzentuiert« ist, treiben einen solchen Unfug mit dem Scheine der Leidenschaft, dass es hier fast wie ein Zeichen der höheren Bildung erscheint, sich mit dem Scheine der Leidenschaftslosigkeit zu schmücken. So erstand denn eine neue Ketzerei, vor welcher ich Sie doppelt warnen möchte. Viele treffliche Männer glauben jetzt den rechten Geist unserer klassischen Tonmeister erfasst zu haben, wenn sie dieselben so ruhig und gelassen vortragen, als seien es ganz leidenschaftslose Philister gewesen, wenn sie Bach, den ureigenen aber auch ureigensinnigen Mann, so zahm und zierlich spielen wie eine bloße Fingerübung, wenn sie Gluck so steif im Tempo singen, als ob der stürmische Pulsschlag des großen Dramatikers nach dem Metronom gepocht habe, wenn sie Haydns übermütig frische, kecke Weisen so unfrei und akzentlos wiedergeben, als seien sie für eine Spieluhr gesetzt.

Zwischen diesen Extremen treiben wir uns umher: hölzerne Klassizität, form- und fessellose Romantik und eine absterbende moderne Kunst, die uns gleich einer alternden Kokette in jeder Note zeigen will, wie glühend und jung noch ihre Leidenschaft sei.

Preisen Sie sich glücklich, dass Sie im unbefangenen steten Umgang mit unsern größten Meistern der Scylla wie der Charybdis entronnen sind und ergriffen von einer Leidenschaft, die Sie nicht suchen, und die nur um so gesunder sprosst, je mehr Sie ihre Schösslinge zurückgeschnitten haben.«

Neunter Brief

Musikalische Architektonik

Ich nehme die Skizze meines musikalischen Selbstunterrichtes wieder auf.

Die Händel'sche Oper führte mich zu den Italienern jener Zeit. Eine reiche Auswahl weltlicher Kantaten und Arien von Astorga, Durante, Traetta, Nicolo Porpora, Stefano di Spiga u. a. ward zu enträtseln versucht. Darunter war freilich manche Mumie, der ich vergebens den Odem des Lebens wieder einzublasen strebte. Aber der Bau namentlich der Solokantaten ward mir lehrreich. Ich erkannte, dass sie nichts als Sonaten für die Singstimme seien, in welchen die kargen Textesworte nur die allgemeine Stimmung gaben, im Übrigen sich aber durchaus der hergebrachten Architektur des Tonstücks fügen mussten. Diese Kantaten führten mich darum zu den Sonaten und Geigentrios der gleichzeitigen Italiener. Ich meine nicht die Virtuosenstücke eines Tartini oder gar die geistlosen Schnörkeleien eines Pugnani, sondern jene schlichten Sätze eines Besozzi, die gleich Ottavio Pitonis Messen so oft wie der letzte Nachklang des strengen Palestrinastils in das achtzehnte Jahrhundert hinein tönen. Sie stehen den Quartetten unserer drei großen Klassiker dieses Stils gegenüber wie die Basilika dem gotischen Dom. Und wie es zu den sinnigsten und lehrreichsten Aufgaben der Kunstgeschichte gehört, dem Schüler das Hervorwachsen der Gotik aus dem romanischen Bau und der Basilika in seiner inneren Gesetzmäßigkeit und Notwendigkeit darzulegen, so auch das stetige Wachsen und Reifen der Sonate durch das ganze achtzehnte Jahrhundert. Wie sehr können doch unsre Musiker von den Architekten noch lernen, dass ein solcher Rückblick zu den Anfängen ihr eigenes Komponieren läutert und befruchtet. Einem berühmten Tonsetzer, dem anerkannten Leiter einer Musikschule, legte ich die Trios von Besozzi einmal vor, und er war erstaunt über den ächten Geigeneffekt des Satzes, der mit den einfachsten Strichen das Eigenste aus der Natur des Instrumentes hervorzieht, und bat mich um eine Abschrift dieser Werke für – seine Violinschüler. Hätte er mich um eine Abschrift für sich selbst gebeten, damit er daran komponieren lerne, so würde ich sie ihm mit Freuden gegeben haben.

Ein Kursus, welcher die Architektonik der Sonate, als der höchsten instrumentalen Form, von den kleinsten altitalienischen Tonstücken dieser Art, von den bescheidensten Suiten bis zur Beethoven'schen Sonate an Beispielen kennen lehrt, würde den Sinn für musikalische Logik, für gerechte Maße und Formen schärfen, Ordnung in die musikalische Phantasie bringen und ein Verständnis; für diese Kunstgattung erzeugen, wie es jetzt nur wenige Fachmänner besitzen. Man glaubt Wunder was getan zu haben, wenn der Schüler planlos etliche Sonaten von Mozart und Beethoven spielt, und nennt das schon einen besonders klassischen Unterricht. Aber wer nicht die Anfänge der Sonate bei den Italienern und in den Suiten kennt, wer nicht ihre Fortbildung etwa bei den Söhnen Bachs, bei Benda und in der früheren Epoche Haydns verfolgt und so stufenweise das Werden dieses Wunderbaues erfasst, der kennt auch die Sonate nicht. Es wäre eine herrliche Aufgabe für einen reformatorischen Mann unter den Musikern: ein Sonatenwerk zur Lehre herauszugeben, ich meine ein Werk, in welchem das ganze Wachstum der Sonate durch schlagende Muster und kritischen Text anschaulich gemacht ist, ein Werk, in welchem der Schüler die Geschichte der Sonate durchspielen und durchstudieren könnte. Viele der kleinern alten Meister zeigen übrigens die Genesis der Sonatenform weit anschaulicher als die großen Zeitgenossen; denn der Genius eisten Ranges nimmt sich überall Freiheiten heraus, die jedem Andern den Hals brechen würden, und wer nicht zu vergessenen Werken hinabsteigt, dem muss die Geschichte der Sonate stets lückenhaft bleiben.

Die italienischen Kantaten und Sonaten führten mich zur Hasse'schen Oper, deren einfach schöner, oft auch erhabener Gesang bei dem durchsichtigen, sparsamen Orchester ein Musterbild der Kunst gibt, wie man viel sagt mit wenig Worten. Dies unterscheidet überhaupt so manchen alten Meister von so manchem neuen, dass jene wenig Mittel aufbieten um viel, diese viele Mittel um wenig zu sagen. Dem Schüler aber, der gewonnen werden soll für eine einfach große, maßvolle Kunst, kann man solche Komponisten, die sich in ihren Mitteln geflissentlich beschieden, nicht fleißig genug vorführen. In diesem Sinne zählt Hasse zu den lehrreichsten Meistern seines Jahrhunderts.

Wenn einmal ein neuer Komponist ersteht, der es wieder wagt, einfach zu werden, die Kunstgriffe einer üppigen Technik zu verschmähen, sparsam im Kolorit, desto größer, reiner und gedankenvoller aber in der Zeichnung, dann wird ein echter Reformator unserer entarteten Tonkunst gekommen sein. Die drei vorzugsweise reformatorisch bahnbrechenden Genien unter unsern sechs größten Tonmeistern: Händel, Gluck und Haydn, waren auch zugleich die technisch sparsamsten.

Wäre Richard Wagner jener Reformator, für den ihn manche halten, so hätte er vorweg zu stolz sein müssen, mit der übermäßig fetten Instrumentierung nach wohlfeilen Effekten zu greifen. Solange die Welt steht, war es ein Zeichen der sinkenden Kunst, wenn die Künstler die technischen Mittel in ihrer äußersten Fülle ausbeuteten. Darum bezeichnet Beethoven nicht nur den Höhepunkt der neueren Musik: Er deutet auch in seinen letzten Werken den unmittelbar nach ihm hereinbrechenden Verfall vor. In seltsamer Verblendung meint man, eben weil er in seiner neunten Symphonie gar nicht mehr Mittel genug habe finden können, um seine Gedanken auszudrücken, eben darum sei diese sein größtes Kunstwerk, während sie doch im Gegenteil gerade darum aufhört, ein fertiges Kunstwerk zu sein. Es verhält sich mit der neunten Symphonie etwa wie mit dem zweiten Teile von Goethes Faust; auch dem Dichter wird hier das Kunstgebilde unter den Händen monströs, weil er zu viel sagen will, weil er die Grenzen der Poesie vergisst und so zuletzt alle Form der Tragödie auseinandersprengt. So wenig nun Goethe aufhört, der Dichterfürst zu sein, obgleich er den zweiten Teil des Faust geschrieben, so fällt es doch wohl keinem Menschen mehr ein, diesen zweiten Teil als Goethes Meisterwerk zu bezeichnen und als den Eckstein zur Poesie »der Zukunft.« Unter den Literatoren herrscht denn doch zu viel ästhetische Zucht und historische Bildung, als dass man mit einem solchen Urteil Partei machen könnte. Die meisten Musiker sind aber leider noch lange nicht so weit.

Vielleicht wundert man sich, dass ich Arien und Kantaten zum Studium der instrumentalen, der absoluten Musik empfehle. Allein so sehr die Melodie bei jenen alten Italienern echtester Gesang, so acht instrumental ist der Bau aller ihrer Vokalsätze. Wir machen es dermalen in Deutschland oft umgekehrt: wir bauen Instrumentalsätze gleich dramatischen Szenen und Gesängen, behandeln aber die Gesangesweise in Oper und Lied oft wie den echtesten Instrumentalsatz. Beide Extreme muss man durchgearbeitet haben, um das hohe Verdienst der klassischen deutschen Periode in der gerechten Abmarkung beider Kunstformen zu würdigen.

Wer in den Genius des reinen Vocklsatzes eindringen will, der muss nicht Arien studieren, sondern das Lied. Obgleich nun aber unsere Zeit in den Liedern Schuberts, Mendelssohns und Schumanns dem vorigen Jahrhundert kühn die Wette anbieten kann, so wähne doch keiner das deutsche Lied zu kennen und in seinen Formen zu begreifen, wenn er bloß moderne Meister kennt. Auch hier lernt man das Neue erst recht verstehen durch das Alte. Gleich dem vorgedachten Sonatenwerk ist auch ein Liederwerk an der Zeit, welches uns in reichen und schlagenden Proben zeigt, wie die Söhne und Schüler Bachs, wie Hiller, Reichardt, Haydn, Mozart, Schulz

u. a. Lieder gesungen haben, um uns über alle die kleinen Stufen und Absätze endlich auch zu Weber, Schubert, Mendelssohn, Schumann und Spohr zu führen. Schlüge eine solche Anthologie durch, so könnte sie ein mächtiges Werkzeug zur musikalischen Reform werden. Denn man würde gewiss bei den Fragmenten der alten vergessenen Liedersänger nicht stehen bleiben; die Lust sie ganz wieder zu besitzen wäre geweckt. Die Kunst des Vortrages gewänne einen Damm wider einseitige Manier. Es ist für uns schwerer das einfachste Lied von Reichardt gut zu singen als das ausgeführteste von Schubert. Jenes muss mit Selbstentsagung historisch studiert werden; Schubert dagegen liegt nach Form und Idee noch ganz in der Luft der Zeit und studiert und singt sich von selbst. Jeder Kenner aber weiß welche ästhetische und sittliche Zucht in der Wiedereroberung des Fremden liegt. Das haben die deutschen Künstler jüngst bei der historischen Kunstausstellung in München empfunden, wo sie bei aller Pracht und Fülle der heutigen Kunst doch auch mit Händen greifen konnten, was man vor zwanzig und fünfzig Jahren gemacht, und ich weiß einen berühmten Virtuosen des Pinsels, der sich's in dieser Erkenntnis gelobte, wieder einmal von vorn anzufangen und ohne den anerkannten Fortschritt aufzugeben, doch auch wiederum so treu und ehrlich zu malen, wie es seine Lehrer vor fünfundzwanzig Jahren getan. Wir können in der Musik keine historischen Ausstellungen machen, und historische Konzerte sind gemeinhin nur eine Schnepfenpastete für Feinschmecker. Aber wir haben's viel bequemer: Wir brauchen nur die verschollenen epochemachenden Werke neu aufzulegen, so ist die historische Ausstellung fertig und noch etwas mehr dazu.

An Philidors »*Soldat magicien*,« den ich schon frühe aus dem Schacht des väterlichen Musikschrankes heraufzog, wurde mir der nationale Unterschied zwischen dem französischen Chanson und dem deutschen Liede klar, nicht minder der Einfluss der Volksweise auf die durchgebildeten Musikformen. Ich achte es für ein Glück, dass ich zunächst an diesen Vater der französischen komischen Oper geriet und nicht an seine zahlreichen Söhne. Die volkstümlichen Themen, welche bei Nicolo Isouard, D'Alayrac, Boieldieu und Auber, obgleich mit der Zeit immer manierierter, doch noch so liebenswürdig uns anmuten, glänzen hier in frühlingshafter Jugendfrische. Philidors Chansons und Romanzen sind köstliche Studien; denn die nationale Eigenart gibt sich bei ihm noch naiv und rein, noch nicht getrübt von jenem Beisatz der mit sich selbst buhlenden Tendenz, der Effektsucht, welcher jetzt die französische Musik so tief herunterdrückt und aus jeder kleinen Romanze, die man zur Gitarre singt, eine Szene macht, worin die Leidenschaft fliegenden Haares einherstürmt.

Neben der Partitur von Philidor stand Lullys Alceste in der Prachtausgabe von 1708, ein Notenstich, der auch dem Auge schon Stoff zur kulturgeschichtlichen Erkenntnis bietet und in seinen Kostüme- und Szeneriebildern voll halbnackter Göttinnen, Nymphen und Heldinnen den ganzen Pomp und die ganze Liederlichkeit der alten französischen Hofoper an uns vorüberführt. Lully ist, mit den Philologen zu reden, kein »Schulautor.« Formell kann man bei ihm sehr wenig lernen. Man müsste denn aus seinen trockenen Harmonien sich veranschaulichen, wie man nicht harmonisieren soll. Dagegen kann Glucks historische Größe nicht vollauf würdigen, wer Lully nicht studiert hat. Dieser ist der Richard Wagner des achtzehnten Jahrhunderts. Seine Alceste ist, wie er selber sie nennt, eine *tragédie mise en musique*, keine Oper; sie gliedert sich nicht nach Arien, Duetten, Ensembles etc., sondern nach fortlaufenden Szenen; Lully singt nicht, er declamiert bloß. Das Ganze ist ein stetes obligates Rezitativ, von zerbröckelten Melodiestückchen und etlichen Chören unterbrochen. Ich sage das alles von Lully; man könnte auch meinen, ich sage es von Wagner; es gilt für beide. Nur die eingestreuten Märsche und Tänze sind wirkliche Musik und wurden populär, bei Lully – und Wagner.

An vielen Stellen ist Lully überraschend groß und wahr im dramatischen Ausdruck, ganz wie Wagner; dann fällt er aber auch wieder in die ungeheuere Langeweile des endlos rezitierenden Dialogs zurück, ganz wie Wagner. Die Chöre sind einfach und tragen ein Gepräge der Feier und Würde, welches, selbst in Einzelzügen der Harmonie, mitunter an die hohen Kirchenhymnen der alten Italiener gemahnt. Dasselbe nicht geringe Lob kann man auch manchen Chören Wagners nicht versagen. Lully opfert die musikalische Architektur dem dramatischen Ausdruck; er hat Anläufe zu Melodien, aber keine Melodie. Lully oder Wagner? Musik »setzt« man; – schon dieses charakteristische Wort erinnert an die Architektur; – wem aber die Phantasie nicht langt, um Musik zu setzen, der sagt, er »dichte« Musik. Maler, welche nicht malen können, dichten auch mitunter Gemälde, und poesielose Dichter malen Poesie. Es ergibt sich also bei Lully doch zuletzt ein zerstücktes, ungefüges, unruhiges Ganzes, welches einen wirren, langweilenden Eindruck hätte machen müssen, wenn nicht die raffiniertesten Gegensätze der Szenen und der Prunk der Ausstattung, für welchen wenigstens in der Alceste (und im Tannhäuser) buchstäblich Himmel und Hölle in Bewegung gesetzt werden, der Fantasie des Hörers zu Hilfe gekommen wären. Lully und Wagner sind als Musiker schwach, stärker als Tondichter, am stärksten aber als Regisseure.

Gerade jene Formlosigkeit der Lully'schen Oper war es, *die von Gluck vernichtet ward*, während er zugleich das Streben nach Wahrheit der Dramatik aufnahm und weiterbildete. In der Form seiner Tonsätze steht Gluck den guten Italienern weit näher als Lully, und Wagner erinnert weit mehr an Lully als an Gluck. Würden sich unsere Musiker etwas eifriger historischen Studien widmen, so müssten sie erkennen, dass es doch nicht wohl ein so großer Fortschritt sein kann, wenn man nach fast hundert Jahren von der inzwischen so reich entwickelten Weise Glucks wieder zurückspringt auf eine der Weise Lullys entsprechende Opernform. Man kann auch aus lauter Fortschrittseifer ein Reaktionär werden.

Stünde unter den Malern ein Künstler auf, der das Evangelium verkündete, dass man mit der Kunstgeschichte brechen müsse, dass es nur verwirre und verknöchere, wenn man *alle* Pfade Dürers und Rafaels belausche, dass man aber vollends die Werke von Meistern wie Rubens und van Dyck, Fiesole, Leonardo, Poussin, van Eyck, Rembrandt und derlei kleineren Leuten zum Heile der Welt ganz auf die Rumpelkammer zu stellen habe, – so würden ihm doch nur sehr wenige zufallen. Verkündeten nun gar seine Schüler, dieser Künstler eben sei es, der die Malerei der Zukunft geschaffen, der, unabhängig von seinen Vorgängern, die absolute Malerei in sich darstelle, ein künstlerischer Christus, ein Mann für dessen Beurteilung die Kritik erst in ferner Zukunft reif werde, – so würde man diese Apostel des neuen Messias geradezu auslachen. Denn da es bei den Malern noch zum Fache gehört, die Alten zu studieren und Galerien zu besuchen, wo auch die kleineren Meister in Ehren gehalten werden, so wissen sie auch, dass alle Kunst stetig aus großen und kleinen Keimen hervorwächst, dass alle großen Meister die Vorarbeit ihrer Vorgänger aufgenommen und weitergebildet haben, und dass nicht bloß kein Gelehrter, sondern auch kein Künstler jemals vom Himmel gefallen ist.

Bei den Musikern dagegen, wo es noch lange nicht zum Fache gehört, sich in die Geschichte der Kunst nach den Quellen einzuleben, kann ein Bekenntnis wie das vorgedachte noch immer eine starke Gemeinde von Gläubigen finden.

Unsere musikalische Erziehung drängt in unsteter Hast immerfort den neueren und neuesten Experimenten zu, ohne nach deren Wurzeln in der Vergangenheit zu fragen, und die Komponisten selber vergessen in der Sucht der Originalität die einfachsten Gesetze des Schönen.

Wo aber sind diese Gesetze rein und deutlich ausgesprochen? Ich könnte kurzweg sagen: Bei den Klassikern des vorigen Jahrhunderts und mich dafür auf die ganze Kette meiner hierüber bereits entwickelten Ansichten berufen. Allein Sie müssen mir schon gestatten, dass ich im nächsten Briefe noch einige größere und weitere Gesichtspunkte hinzufüge; denn ich stehe hier ja im Kern meines ganzen Systems.

Zehnter Brief

Die Antike in der Tonkunst

Es gibt keine Antike für den Musiker. Die griechische Tonkunst ist für uns nur eine theoretische Antiquität, bedeutungslos für das musikalische Schaffen.

Mit dem Studium der Antike fehlt unserer Kunst leider ein Mittel der ästhetischen Zucht, welches durch kein anderes ersetzt werden kann.

Die ganze gebildete Welt hat sich gleichsam einverstanden erklärt über gewisse Naturgesetze der bildenden Kunst und der Poesie, die in der Antike ihren reinsten, ursprünglichsten Ausdruck gefunden. Die Grundzüge der Kunst wurden in Hellas zuerst so naiv und vollendet dargestellt, dass alle spätere europäische Kultur auf den mannigfachsten Umwegen doch immer wieder den Ausgangspunkt für ihre Begriffe des Schönen, der Kunst, ihrer Formen und Arten bei der Antike fand. Jede Theorie der Kunst geht zuletzt auf allgemein anerkannte *historische* Tatsachen zurück, und in diesem letzten Grunde ruht unsere ganze Ästhetik der bildenden Künste und der Poesie auf der Antike. Die Ästhetik der Tonkunst entbehrt dieses Bodens; sie steht in der Luft. Über ästhetisch musikalische Fragen kann man mit niemanden streiten, denn es fehlen die Ausgangspunkte, über welche alle einverstanden wären, eben weil es keine Antike gibt für den Musiker. Die Geschichte der musikalischen Ästhetik ist darum eine wahre Jammergeschichte; überall Zank und Hader und fast nirgends ein positives Ergebnis. Die literarische Debatte ist hier ein Streit unter Leuten, deren jeder von ganz anderen letzten Grundsätzen ausgeht, sodass sie nie zu einem Einigungspunkte kommen werden.

Wenn ich die Grenze zwischen Plastik und Malerei ziehen will, so berufe ich mich auf die Antike. Jedermann gesteht mir diese Berufung zu. Soll ich dagegen die durch unsere Neuromantiker so sehr verwischte Grenze zwischen Musik und Poesie ziehen, so kann ich mich auf kein allgemein anerkanntes Gesetz berufen. In der Musik kann uns Richard Wagner noch in die ganze ästhetische Konfusion der Zopfzeit zurückwerfen und mit seiner Verwechslung des dichterischen und musikalischen Ausdrucks den halbgebildeten Sand in die Augen streuen. Für ihn haben Lessing und Winckelmann nicht gelebt, zu deren größten Taten es gehörte, im Hinblick auf die Antike die Grenzlinie gezogen zu haben zwischen Zielen und Mitteln der einzelnen bildenden Künste und der Poesie.

Die Antike gibt uns einen Kanon des einfach Schönen. Gerade von dem einfach Schönen sind wir gegenwärtig in der Musik am weitesten abgekommen. Wer das einfache Schöne darstellen will, der gilt für einen Flachkopf, mindestens für einen Mann ohne Phantasie. Einer solchen Barbarei hält der bildende Künstler den Schild der Antike entgegen.

Die Blütezeit der antiken Kunst nennt man die »klassische Zeit« und hat dann diesen Ausdruck bei allen Künsten auch auf die späteren Epochen übertragen, in welchen die Meister sich erhoben zu dem Ideal einer einfachen, naiven, maßvollen Schönheit. In solchen Epochen ist dann auch das Studium der Antike wieder belebt worden.

Welches aber ist in der Geschichte der Tonkunst die klassische Zeit? Darauf gibt es zahllose verschiedene Antworten; eben weil der Kanon der antiken Schönheit dem Musiker fehlt. Der Eine lässt die klassische Zeit mit Bach abschließen und der Andere fängt sie gerade erst mit Bach an, Beethoven wird von der halben musikalischen Welt das Haupt der klassischen Periode genannt, von der andern Hälfte das Haupt der romantischen. Den Neuromantikern gilt der spätere Stil Beethovens als der eigentlich klassische, den Musikern der älteren Schule dagegen umgekehrt gerade der frühere Stil. Ja es gibt jetzt sogar Viele, denen die Musik der Gegenwart oder gar erst die »Musik der Zukunft« als die klassische erscheint, die Haydn-Mozart'sche Periode aber als eine Periode des Zopfes; dagegen bin ich selber der unmaßgeblichen Meinung, dass jene Periode nur ein ganz kleines Zöpfchen gehabt und vielmehr in einem großen Teile der gegenwärtigen Musik der Zopf erst recht ausgewachsen und eine Verschnörkelung, ein gleißender Byzantinismus zutage gekommen sei, so widerwärtig, wie ihn kaum eine frühere Zeit in der Geschichte der Tonkunst kannte.

Wer hat nun recht und wo liegt die klassische Zeit?

Der antike Geist des Maßes, der Versöhnung, der naiven, heiteren Schönheit bricht schon bei jenem merkwürdigen Tondichter hervor, der sich als der letzte mittelalterliche Künstler mitten in die Zeit der Renaissance stellt, bei Palestrina. Er hat »klassische« Elemente, insofern er die einfachen, reinen Formen des italienischen Volksgesanges statt der überladenen kontrapunktischen Schnörkel der Niederländer in seine Messen bringt. Eben als ein solcher Klassiker, opfernd dem unbekannten Gott der musikalischen Antike, wird er der große Reformator seiner Kunst.

Die weltlichen und geistlichen Meister der späteren römischen Tonschule bauen weiter an den Vorhallen einer klassischen Musik, indem sie Symmetrie, eine durchsichtige hellenische Architektonik in die Tonstücke bringen, und die gebundene Melodie zu natürlicher Anmut und edler Sinnlichkeit entfesseln.

Sie waren dem achtzehnten Jahrhundert die eigentlichen Stellvertreter der musikalischen Antike, und was der Bildner in Rom bei den griechischen und römischen Marmortrümmern suchte, das trieb auch die deutschen Jünger der Tonkunst damals nach Rom: Auch sie suchten die ästhetische Zucht eines Studiums der Antike, aber sie suchten dieselbe bei lebenden Meistern.

Die alten Italiener hatten die wunderbare Naturgabe, mühelos jene einfach schönen, flüssigen, natürlichen Melodien auszuströmen, die sich wie von selbst singen, sparsam zu arbeiten, ohne arm zu sein, züchtig und doch nicht spröde, volkstümlich und doch edel und vornehm. Der klassische Himmel, der über ihnen leuchtete, der klassische Boden, auf dem sie wandelten, tat ihnen diesen gnadenreichen Zauber an, und gar manchem mittelmäßigen italienischen Musikanten war durch mehr als ein Jahrhundert dieser Hauch klassischer Formenanmut im Schlafe gegeben, um den sich in Deutschland die begabtesten Geister oft vergeblich mühten.

In der ersten Hälfte des achtzehnten Jahrhunderts haben wir eben so große und größere Tonmeister gehabt als die Italiener. Dennoch wanderte jeder Musiker, der etwas Tüchtiges werden wollte, über die Alpen. Die Technik, die den Musikanten macht, konnte er daheim lernen, aber das ästhetische Maß, den feinen Takt für die Reinheit und Klarheit der Form, was den Musiker macht, die Schule der musikalischen Antike suchte er in Italien.

Bei Händel mögen wir die Früchte dieser Wanderfahrt nach Italien deutlich erkennen. Gluck hängt inniger mit den klassischen Italienern zusammen, als man gewöhnlich meint; seine klaren Melodien und seine maßvolle Instrumentation bekunden die Begeisterung für das Studium der musikalischen Antike im Sinne seiner Zeit. Hier reicht er dem leichtfertig talentvollen Piccini versöhnt die Hand, mehr noch dem tiefer gehenden Sacchini. Und vernähme er, der Meister antiker Großheit im musikalischen Drama, den Unfug, welchen man heute mit seinem Namen treibt, indem man ihn als den Großvater aller modernen titanischen Struwelpeter, als einen formlosen Deklamator, als das Zwittergespenst eines halben Poeten und halben Musikers hinzustellen sucht: wahrlich, dieser ganze Musiker würde denen, die seinen Namen missbrauchen, nicht minder derb den Text lesen, als er ihn seiner Zeit nach der andern Seite hin den spielenden musikalischen Flachköpfen unter den Zeitgenossen gelesen hat.

Das Studium der klassischen Formen der alten Italiener trägt seine köstliche Frucht bei Haydn und Mozart, und auch der junge Beethoven nimmt noch Teil an diesem reichen Erbe mehr als eines Jahrhunderts. Was diese Leute so fest und meistermäßig sicher machte in Gedanken wie in der Technik, das ist nicht bloß ihr Genius gewesen: Es wirkte auch mit der feste, von den Italienern überkommene Kanon der einfach schönen Form. Schon in der bloßen Einbildung, als besäßen sie das Musterbild einer musikalischen Antike, gewannen sie die Kraft, ihre Epoche zu der vorwiegend vom klassischen Geiste durchdrungenen zu erheben. So ward auch ihnen, gleich den alten Italienern, der Hauch antiker Formenschönheit mühelos gegeben wie im Schlafe. Als eines der tiefsten Rätsel der Kulturgeschichte steigt es vor uns auf, dass diese Männer in derselben Zeit, wo Klopstock, Lessing, Goethe, Herder und Schiller bewusst und absichtlich in dem Studium des klassischen Altertums edlere und reinere Formen der deutschen Poesie gewannen, ohne allen Zusammenhang mit jener literarischen Strömung instinktiv dem gleichen Ziele zusteuerten. Für uns schufen sie ein neues Ideal der musikalischen Antike, Haydn, indem er Symphonien als Tafelmusik für den Fürsten Esterhazy schrieb, Mozart, indem er Opern für eigensinnige Theaterdirektionen setzte. Beide verfuhren dabei so naiv, wie die altdeutschen Maler malten. Es gilt von diesen äußerlich beschränkten, innerlich vollendeten Werken, was Goethe von Rafaels Sibyllen sagt: »Wie in dem Organismus der Natur, so tut sich auch in der Kunst *innerhalb der genauesten Schranke die Vollkommenheit der Lebensäußerung* kund.« Als Mozart eine Symphonie dichten wollte, die den Charakter des Herrschergewaltigen trüge, ward eine *Jupiter*-Symphonie daraus. Sie ist Mozarts *Sinfonia eroica*. Beethoven, der Romantiker, soll schon an Napoleon gedacht haben, als er seine Symphonie dieses Namens schrieb; Mozart dachte noch an Jupiter. Hier stellt sich der goldene Abend der klassischen Periode dem glühenden Sonnenaufgang der romantischen gegenüber. Mozarts Jupiter ist ein Stück von einer musikalischen Antike im Sinne der großen alten Italiener und der großen alten deutschen Meister. Es ist ein Jupiter voll seliger Heiterkeit, Jupiter, der bei Nektar und Ambrosia sitzt, der mit Semele, Danae und den vielen anderen Schönen allerlei kuriose Abenteuer hat, der im Menuett auf der Hochzeit der Thetis tanzt, aber dem auch im Adagio die versöhnten Hymnen der opfernden Sterblichen erklingen, und der in dem herrlich fugierten Finale als Weltbeherrscher auf das irdische Gewimmel niederblickt. Der wunderbar harmonische, klare, in sich befriedigte Gesamtbau dieser Symphonie ist eben »klassisch,« hellenisch, im Sinne des damals von den Italienern überlieferten Kanons der musikalischen Antike; die Gedanken aber und die einzelnen Melodien und Harmonien sind ächt deutsch. Beneidenswerte Zeit, der eine feste Form der musikalischen Architektonik noch wie für die Ewigkeit gebaut stand! Die großen Geister stützten sich daran; sie erstarrten nicht in diesen Formen. Mozarts Jupiter ward ein deutscher Jupiter; denn der Künstler vermochte wohl sich aufzuschwingen zu einer wahrhaft antiken einfachen Großartigkeit, aber er blieb dabei doch durchaus in seiner nationalen Art stehen, er dichtete nicht mit historischer und philosophischer Kritik, auch nicht befruchtet vom Studium des Altertums wie Schiller und Goethe, sondern bloß in genialer Divination des antiken Geistes und ohne sich selbst und seiner Gegenwart im Mindesten untreu zu werden.

So müssen wir denn die musikalische Antike in jener Frühlingszeit der modernen Tonkunst suchen, wo die großen Meister so naiv und doch so sicher die *Grundlinien der verschiedenen Kunstgattungen zogen und so den Grundbau zur musikalischen Ästhetik legten, ohne selber in ästhetischen Reflexionen befangen zu sein.* Für die Kirchenmusik taten dies die großen Italiener des sechzehnten, für die weltliche die großen Deutschen des achtzehnten Jahrhunderts. Wer solchen *historischen* Ausgang verschmäht, der kann das absolut Schöne in der Tonkunst am Ende auch *a priori* in der Negermusik finden oder das Ideal der Architektur in der indischen Pagode oder der Plastik in den Götzenbildern den Südseeinseln.

Man lerne und lehre Ästhetik an jenen Vätern der modernen Musik nicht bloß zur Erziehung der Jugend, sondern auch der ausgewachsenen Musiker. Zum naiven Schaffen ist unsere Kunst bereits zu alt. Sie wird entweder untergehen in der Maßlosigkeit und Verwilderung der deutschen und französischen Neuromantiker, oder sie muss mit klarem Bewusstsein sich wieder einleben in jenen Geist des Maßes, der uns in so verschiedener Form als der klassische Geist erschienen ist. Denn jenen modernen Byzantinern sind die Meisterwerke der musikalischen Antike vergraben unter Schutt und Trümmern, wie weiland ihren Ahnherrn die Meisterwerke von Hellas und Rom.

Die alten Fabelbücher sagen aber, als nach dem goldenen Zeitalter alle Götter der Erde entflohen, da sei nur eine Göttin – die Hoffnung – zurückgeblieben. So ist auch der entgötterten Musik nur die Hoffnung, nur eine einzige Verheißung zurückgeblieben, dass auch wir die Antike in der Tonkunst noch nicht ganz verlieren sollen. Diese Verheißung ruht *auf dem historischen und ästhetischen Studium unserer Kunst*, worin wir es jeder vergangenen Zeit leicht zuvorthun und wiedergewinnen können, was uns im naiven Schaffen für immer verloren ist. Diese Verheißung ist uns außerdem bewahrt in dem *deutschen Volksliede*, welches auch in der Zeit nach Beethoven fort und fort unsere musikalische Lyrik befruchtete und den reinen klassischen Geist in so manchem kleinen köstlichen Liede Schuberts, Mendelssohns und vieler Anderen fortleben ließ. Selbst bei Schumann blicht die blicht die Keuschheit und naive Schönheit der Antike durch, wo er sich der volkstümlichen Weise des deutschen Liedes unbefangen hingibt. Hier ist unsre moderne Musik noch wahlverwandt der Goethe'schen Dichtung, wenn auch in anderem Sinne, als es Mozarts Lieder waren. In der einfachen Liedesform besitzen wir wenigstens noch eine einzige ächt moderne Kunstform, die da *zwingt* zu Ebenmaß und Einfalt. Schon zweimal – bei Palestrina und Haydn – hat sich aus der schlichten volkstümlichen Weise heraus die ganze Musik verjüngt. Dieselbe Verheißung ist auch uns noch im Liede gegeben, eine Verheißung, die Hölderlin – auch ein Mann der antiken Form – in den tiefsinnigen Spruch gefasst hat:

»Und ist ein großes Wort vonnöten,
Mutter Natur, so gedenkt man Deiner!«

Elfter Brief

Musikgeschichte

Ich will meine Resultate noch einmal kurz und bündig fassen.

Wir sollen Musik studieren, nicht um des Spielens, sondern um *der Musik willen*, um der Kunst willen, um der ästhetischen Gesittung willen und von wegen der historischen Erkenntnis unserer gesamten Kultur, davon die Musik kein geringes Bruchstück ist.

Wir sollen uns *einleben* in die Geschichte der Musik, und selbst bei jedem Schritte des rein technischen Studiums soll dieser Gedanke beachtet sein.

Die ganze Literatur unserer großen Tondichtungen durchzuarbeiten, ist freilich eine Lebensaufgabe für den Fachmann. Aber ein jeder, der sich der Musik auch nur als eines Hilfsstudiums befleißt, soll wenigstens den einzelnen Zweig, an welchem er lernt, in seinem historischen Zusammenhange erfassen. Der Eine mag von Sonate, Quartett und Symphonie ausgehen, der Andere von Oper und Oratorium, der Dritte vom Lied, der Vierte von der Kirchenmusik. Aber er soll dann nicht bloß auf ein paar Stücklein oder etlichen Lieblingsmeistern reiten, denn dies ist der rechte schlechte Dilettantismus, sondern die ganze Gattung von der Wurzel an durchforschen und im steten Blick auf ihre Verästelung mit dem vielstämmigen Wunderbaume der ganzen Tonkunst. Der bloße Kunstfreund, welcher sich in seinen Studien beschränkt, aber in dieser Beschränkung *ganz* ist, hat mehr Frucht von der Kunst, als der Künstler, welcher fragmentarisch ziellos in allen Fernen und Weiten der Musik herumvagiert.

Ins Zentrum stelle man immer die wahrhaft schöpferischen Meister, nicht die bloßen Schüler und Nachahmer. Aber hat man einmal bei den epochemachenden Größen festen Fuß gefasst, dann lerne man auch die kleineren Männer der Vermittelung und der Übergänge kennen; denn sonst bleibt auch das gründlichste Studium jener Heroen dennoch dilettantisches Stückwerk.

Das Alte, Einfache, Spröde, Strenge ist ein besserer Stoff zur intellektuellen, künstlerischen und sittlichen Zucht, als das Moderne, Reiche, Weiche, Selbstverständliche. Zu jenem bedarf es strenger Lehre und selbstentsagenden Fleißes; dieses kommt uns nachgehend schon von selber angeflogen. Den Einflüssen der Gegenwart kann sich niemand entziehen: wer sich aber die Vergangenheit mit eigener Arbeit errungen hat, der wird inmitten dieser Einflüsse wenigstens fest auf seinen eigenen Beinen stehen. Wir führen den Jüngling durch Homer und Sophokles in das Studium der Poesie, ohne darum im Mindesten zu fürchten, dass ihm solchergestalt der Geschmack für die modernen Dichter verdorben werde oder dass er sein Leben lang festgebannt bleibe bei Hexametern und Trimetern. Man weiß, dass die Leute ihren Shakespeare und Schiller und Goethe, ihren Uhland und Platen nachgehend nur um so sicherer von selber finden; aber ihren Homer und Sophokles würden sie nicht von selber gefunden haben. Den gleichen Weg sollte auch der Musikunterricht gehen.

An den klassischen Meistern, an den Vätern der Kunst entwickele man das Fundament der musikalischen Ästhetik, nicht an den werdenden und verschwindenden Versuchen der Epigonen. Dem historischen Studium fehlt die Krone, wenn wir uns nicht zuletzt die ästhetischen Grundwahrheiten aus demselben abziehen, und die Ästhetik steht in der Luft, wenn sie nicht von den Tatsachen der Kunstgeschichte ausgeht. In der Kirchengeschichte steckt die Dogmatik und in der Dogmatik die Kirchengeschichte. Nur ist noch nicht Geschichte, was eben erst wird und wächst.

Man soll aber die Kunstgeschichte nicht bloß erleben an dem Studium der Kunstwerke, man soll sie auch wissenschaftlich geordnet überschauen. Darum geselle sich zu dem historischen Studium der Kunst auch noch das Studium der Historie der Kunst. Dies liegt für den Musiker leider noch tief im Argen.

Wir besitzen musikalische Konservatorien. Sie sollten die rechten Hochschulen für Ästhetik und Geschichte der Tonkunst sein. Sind sie es wirklich? An mehreren dieser Anstalten werden allerdings die vorgedachten Disziplinen gelesen. Aber ich habe auch noch kürzlich mit Staunen bemerkt, dass bei einem deutschen Konservatorium, welches Staatsanstalt und aus öffentlichen Mitteln fundiert ist, weder Geschichte noch Ästhetik der Tonkunst im Lehrplane steht und überhaupt gar kein Lehrer für diese

Fächer angestellt ist! Nun fällt aber doch ein solches Konservatorium kulturpolizeilich ganz in dieselbe Kategorie mit unsern Akademien der bildenden Künste. Das heißt, es ist nicht in erster Linie eine Anstalt, wo man gut Singen, Geigen, Flöteblasen und Orgelspielen lernen soll; denn dies lehren dieselben Meister, welche am Konservatorium wirken, als Privatlehrer ebenso gut, und es liegt doch wahrlich dem Staate sehr fern, für gute Sänger, Geiger und Flötisten Geld auszugeben. Dagegen gehört es zu seinen echtesten kulturpolitischen Aufgaben, eine Kunstpflege zu fördern, welche, das Maß der privaten Kräfte übersteigend, auf die Wahrung der höchsten Reinheit, Gesundheit und Idealität der Kunst als eines volksbildenden Elementes gerichtet ist. Bei einem Konservatorium als Staatsinstitut müssen daher voranstellen: Geschichte und Ästhetik der Tonkunst und Kompositionslehre. Die obengenannten rein technischen Fächer sollen freilich auch nebenhergehen, aber auch nur – nebenher. Die Fäden der ganzen Anstalt sollen zusammenlaufen in den Händen des Geschichtslehrers, des Ästhetikers und des Kompositionslehrers. Denn Sänger, Geiger und Flötisten werden immer nur Musikunterricht erteilen, jene aber leiten die musikalische Erziehung. In solcher Einheit und Unabhängigkeit aber wird kein Privatmann, und sei er der gefeiertste Meister, die Sache in die Hand nehmen können; denn der Einzelne kann immer nur eine Schule gründen, keine Akademie. Darum ist es recht, wenn der Staat zugreift und eine Hochschule der Musik fundiert, deren Wirkung nicht bloß auf die Fachmusiker, sondern auf die ganze gebildete Nation, auf unsere ganze ästhetische Kultur zielt. Die Vorträge über Geschichte und Ästhetik der Tonkunst müssten dann auch allgemein zugänglich sein und sie würden, wo der rechte Mann auf dem Katheder stünde, gewiss von Hospitanten aus allen Ständen besucht werden. Die technischen Übungen der eigentlichen Schüler aber würden ihre letzte Spitze gleichfalls in diesen Vorträgen finden; denn mit den Kräften der Anstalt müssten fortlaufende historische Konzerte in die historischen und ästhetischen Kollegien eingewebt werden, sodass die Anschauung stets neben der Lehre stünde. Der Vorteil wäre unberechenbar. Alle literarische Tätigkeit ist schwach und klein neben dem lebendigen Wort und den lebendigen Kunstgebilden, die man in den Sälen einer solchen Akademie hörte und schaute. Und eine Stadt, welche ein Konservatorium dieser Art besäße, würde in kurzer Frist eine herrschende Metropole sein im deutschen Musikleben.

An unsern Universitäten haben wir Lehrstühle der Literargeschichte, Lehrstühle für Geschichte und Ästhetik der bildenden Kunst, und zwar wirken auf diesen Lehrstühlen nicht etwa Techniker als Maler und Poeten, sondern Historiker, Philologen und Philosophen, denen natürlich eindringende praktische Studien in den betreffenden Künsten nicht fehlen dürfen. Nun gibt es freilich auch Musiklehrer an den deutschen Universitäten; diese sind aber, mit seltenen Ausnahmen, bloß Techniker, nicht künstlerisch durchgebildete Männer der Wissenschaft, und in den Lektionskatalogen gerät solchergestalt die Musik leider noch oft unter die sogenannten »freien Künste,« das heißt in jenen hintersten Winkel, wo auch Reitlehrer, Fechtmeister und Tanzmeister als freie Künstler verzeichnet stehen, die Musikprofessur wird zu einer Sinekure, einem bloßen Titel. Dass diese Musiklehrer, so tüchtige Künstler sie sein mögen, nur in den seltensten Fällen als wissenschaftliche Lehrer wirken, dass sie überhaupt gar nicht zu dem Zwecke angestellt sind, um aus dem Schoße der philosophischen Fakultät heraus, die Wissenschaft der Tonkunst und namentlich die Geschichte der Tonkunst in ihrem Zusammenhange mit der allgemeinen Kulturgeschichte vorzutragen, das weiß jeder, der deutsche Universitäten besucht hat. Ich möchte Ihnen wohl die Frage dringend ans Herz legen, ob es nicht geboten sei, im Hinblick auf den wahren Notstand unserer musikalischen Erziehung, tüchtige Männer zum wissenschaftlichen Anbau der Geschichte und Ästhetik der Tonkunst an deutsche Hochschulen zu berufen und zwar in einer äußeren Stellung, welche den Studenten den alten Glauben benähme, als sei die Musikprofessur eine bloße Dekoration und Spielerei. Ein Kollegium über Bach oder Händel passt so gut in den Rahmen der philosophischen Fakultät, wie ein Kollegium über Dante oder Goethes Faust. Der Musikhistoriker an der Universität wird sich dabei ergänzend gegenüberstellen dem Musikhistoriker am Konservatorium. Jener wird als Kulturhistoriker mitarbeiten an der Kunstgeschichte; dieser gibt als Kunsthistoriker Forschungen zur Kulturgeschichte.

Sind nur diese ersten Schritte getan, dann wird man von oben nach unten weitergehen müssen. Auch der Musikunterricht an den Gymnasien und namentlich an den Schullehrerseminarien wird im kleineren Ringe teilnehmen am befruchtenden Geschichtsstudium. Eine Welt von Reformen für die ganze ästhetische Kultur der Nation liegt dann vor uns ausgebreitet.

Ich schwimme nicht gegen den Strom, indem ich dies alles sage; ich schwimme mit dem Strom. Seit zehn Jahren ist der Eifer für die Geschichte der Musik in Deutschland riesenhaft gewachsen. Hat ihm die Literatur auch noch nicht in epochemachenden großen Geschichtswerken Genüge geleistet, so doch in einer Reihe bedeutender monographischer Schriften, welche die Musik mehr und mehr in Verbindung bringen mit der gesamten Kulturgeschichte. Man spürt es nachgerade, dass die Musik ein ebenso gewaltiger Faktor in der Gesittung des 18. und 19. Jahrhunderts ist, wie Poesie und bildende Kunst und Wissenschaft, ja dass in der Periode von

Händel bis Beethoven der deutsche Geist bei den Musikern in einer Tiefe, Kraft und Reinheit hervorbrach, die nur in den größten Kunstepochen aller Zeiten und Völker ihres Gleichen findet. Selbst jene moderne Schule, welche uns lehren wollte, über der Zukunft die Vergangenheit zu vergessen, hat auf dem Wege der Opposition den Eifer für die Geschichte unserer Kunst erstaunlich gefördert, wie ja auch der Teufel mehr Menschen zur Tugend bekehrt als alle Heiligen.

Unsere musikalischen Klassiker sind niemals vorher in so vielen und korrekten Ausgaben gedruckt, so gründlich literarisch kommentiert und mit so großer Pietät in Konzerten und im Hause aufgeführt worden, wie gegenwärtig. Sie haben sämtlich jetzt schon einen *breiteren* Wirkungskreis in allem Volke als bei Lebzeiten. Dass diese Wirkung auch eine *tiefere* werde, dafür bedarf es der gründlichen Reform unserer musikalischen Erziehung, die nicht auf eine geträumte Zukunft zu harren braucht: Die Gegenwart ist schon reif für dieselbe.

Und mit diesem trostreichen Gedanken breche ich ab. Ich richtete diese Briefe an Sie als an einen unmusikalischen Mann; aber Sie sind ein politischer Mann, der den tiefen Zusammenhang zwischen unseren musikalischen Notständen und unserer ganzen Gesittung auch da herauszulesen weiß, wo ich ihn nicht immer andeutete, ein Mann von universeller Bildung, der also den Werth einer so hohen Kunst für unser ganzes Kulturleben scharf durchschaut, auch wenn Sie nicht Klavier spielen oder Lieder singen. Es ist an der Zeit, über die Musik auch von anderem Standpunkt zu reden als dem musikalischen. Die reinen Handwerksmusiker haben die Musik heruntergebracht und schelten auf die Dilettanten. Inzwischen waren es – seit alten Tagen – sogenannte Dilettanten, welche die Geschichte der Musik schrieben und eine Ästhetik dieser Kunst begründeten, Dilettanten, welche die vergrabenen Schätze der alten Kirchenmusik wieder ans Licht zogen, Dilettanten, welche Oratorienvereine ins Leben riefen und Sängerfeste und Sängerbünde, Dilettanten, welche durch ihre liebevolle Pflege echter Kammer- und Hausmusik die hunderttausendfältige Verbreitung unserer reinsten, klassischsten Tonwerke erst buchhändlerisch ermöglichten, Dilettanten, welche der musikalischen Debatte den Weg in die großen Organe der Presse bahnten und die verkommene musikalische Kritik der literarischen ebenbürtig machten. Lassen wir Dilettanten darum jene Musiker schelten und rächen wir uns an ihnen, indem wir die Musik rastlos hoher zu heben trachten, nicht uns zu Ehren, sondern zu Ehren der Kunst.